哈佛的启迪

通识教育的理念与实践

关增建 ○ 著

上海三联书店

图书在版编目(CIP)数据

哈佛的启迪：通识教育的理念与实践 / 关增建著
. —上海：上海三联书店，2024.5
ISBN 978 - 7 - 5426 - 8395 - 3

Ⅰ.①哈… Ⅱ.①关… Ⅲ.①通识教育-研究 Ⅳ.
①G40 - 012

中国国家版本馆 CIP 数据核字(2024)第 041699 号

哈佛的启迪：通识教育的理念与实践

著　　者 / 关增建

责任编辑 / 吴　慧
装帧设计 / 徐　徐
监　　制 / 姚　军
责任校对 / 王凌霄

出版发行 / 上海三联书店
　　　　　(200041)中国上海市静安区威海路 755 号 30 楼
印　　刷 / 上海惠敦印务科技有限公司

版　　次 / 2024 年 5 月第 1 版
印　　次 / 2024 年 5 月第 1 次印刷
开　　本 / 710mm×1000mm　1/16
字　　数 / 430 千字
印　　张 / 25.25
书　　号 / ISBN 978 - 7 - 5426 - 8395 - 3/G·1711
定　　价 / 80.00 元

敬启读者,如发现本书有印装质量问题,请与印刷厂联系 021 - 63779028

致远学院的通识教育

致远学院是上海交通大学一个独特的二级学院,她的产生,是上海交通大学积极探索具有自己特色的拔尖创新人才培养之路的结果。

上海交通大学是我国历史悠久、享誉海内外的著名高等学府之一,有着深厚的科技、人文底蕴,承担着为国家培养人才,尤其是培养能够引领中国经济、社会发展和科技进步的创新型领袖人才的重要使命。如何更好地实现这一使命,历代交大人对之做了孜孜不倦的思考和探索。从建校早期教育界"东方MIT"的称誉,到改革开放成为中国高校改革的领头羊,交大人从来没有停止过自己探索的脚步。

在人才培养上,交大人意识到,在自己的师资队伍中,有不少极具创新思维能力的教师;在自己的莘莘学子中,更不乏极具创新潜力的学生:如果能够打造一个平台,让这两群人聚集在一起,让他们的创造力相互激发,将既能使教师在跟学生的交往中产生灵感,保持科研之树常青,更能使学生在跟大师的求学及交往过程中获得受益终身的创新能力,最终成长为能够引领社会发展和科技进步的参天大树。为实现这一目的,2009年,学校正式启动"上海交大理科班"项目,以培养具有批判性思维能力、知识整合能力、沟通协作能力、多元文化理解和全球化视野的创新型领袖人才为旨归,揭开了交大的拔尖创新人才培养的制度化探索的大幕。第二年,学校进一步为这一探索在体制机制上进行了特殊设计和安排,正式成立了致远学院。时任校长的张杰院士自兼院长,统筹全校资源,合力培养新时代拔尖创新人才。交大的举措获得了教育部的认可,以致远学院为依托的上海交通大学"基础学科拔尖学生培养试验计划",被正式纳入国家教育体制改革试点项目,成为教育部旨在培养基础学科拔尖人才的"珠峰计划"的首批成员。

致远学院成立后,作为一个"特区",在人才培养方面进行了一系列深刻的改革创新,使其逐渐形成了具有上海交通大学特色的基础学科拔尖学生培养模式,办学成效显著,致远学子对科学的激情和成为引领时代发展的创新型领袖人才的梦想得到充分激发,创新意识和科研潜力得到极大的提升和放大。2014 年,致远学院人才培养模式荣获国家级教学成果奖一等奖。2018 年,在教育部组织的全国基础学科拔尖学生培养试验计划的考核评估中,上海交通大学以致远学院作为自己的基础学科拔尖学生培养基地,与清华大学并列第一。此后,上海交通大学顺理成章在教育部"基础学科拔尖学生培养试验计划 2.0"行列中继续榜上有名,致远学院也开始了自己新的探索。

在总结了"基础学科拔尖学生培养试验计划 1.0"成功经验的基础上,致远学院进一步对照自己设定的拔尖创新人才培养目标,检视已有的培养方案,并通过考察国内外科学大师如杨振宁、李政道等的成才之路,参考教育部考核评估专家的意见建议,决定进一步加强致远学院的通识教育。之所以做这样的决定,致远学院创院院长张杰院士一针见血指出了其必要性:"我从不怀疑致远学院的科研教育质量,但是我也很清楚,人必须拥有对社会的责任心、同理心和共情心,人也必须对科学以外的事物产生兴趣。致远学生的一生,必须是完整的,不能只有科研这一项选择。"(张杰,《成其高,致其远》,本套丛书中《雏凤清声》序言)而通识教育是实现这一目标的有效途径。

对致远学院来说,要做出这样的决定并不容易,因为致远学子未来的目标是成为引领社会进步的科学大师,他们有太多的专业知识需要学习,怎么可能再去涉猎跟自己的专业无关的其他学科的知识? 对此,致远人经过讨论,形成了共识:正是为了实现对致远学子的培养目标,才需要对他们加强通识教育。通识教育有助于他们在科研之路上的成长。美国著名天文学家、物理学家、科普作家卡尔·萨根有一段话,可以反映致远人对这个问题的认识。萨根曾回忆他在大学本科期间的求学经历,说:"在芝加哥大学我还非常幸运地修完了罗伯特·M. 胡钦斯开设的一门普通教育课。"[1]他的课程将科学作为人类知识灿烂辉煌的织锦中的一个组成部分展现在你的面前。难以想象一个有抱负的物理学家会不去了解柏拉图、亚里士多德、巴哈[2]、莎

---

[1] 这里所说的罗伯特·M. 胡钦斯,是美国教育家 Robert Maynard Huchins(1899—1977),曾任芝加哥大学校长和名誉校长(1929—1945;1945—1953)。正是他的努力,让芝加哥大学成为美国通识教育重镇。引文中的"普通教育课",一般译为"通识教育(general education)课",这里采用的是另一种翻译。

[2] 一般译为巴赫,全名约翰·塞巴斯蒂安·巴赫(Johann Sebastian Bach,1685—1750),巴洛克时期的德国作曲家,杰出的管风琴、小提琴、大键琴演奏家。巴赫被普遍认为是音乐史上最重要的作曲家之一,并被尊称为"西方现代音乐之父",也是西方文化史上最重要的人物之一。

士比亚、吉本①、马林诺夫斯基②和弗洛伊德以及其他的著名学者们。在一堂科学概论课上,他将托勒密③关于太阳围绕地球旋转的学说讲得生动感人、引人入胜,使得一些学生对哥白尼学说的研究有了更新的认识。在胡钦斯的课程中,老师的地位与他们的研究几乎毫无关系。与今天美国大学的标准不同,那时对老师的评价是根据他们的教学水平,以及他们是否具有向下一代传授知识和启发学生的能力。

"这种活跃的学术气氛使我得以填补上了我过去所接受的教育中的许多空白。许多以前非常神秘(不仅是在科学方面)的东西在我的头脑中变得清晰明了起来。我同时也亲眼看到了那些能够发现一些宇宙规律的人所享受到的荣耀。"④

胡钦斯的通识教育课唤起了萨根对科学的兴趣,我们也一样,希望通识教育课程能够加深致远学子对科学的理解,丰富他们的人文素养,坚定他们投身科学事业的信念,培养他们学会享受他们在科学领域耕耘本身所带来的愉悦。

2018 年 12 月 9 日,在教育部"基础学科拔尖学生培养计划"工作研讨会上,致远学院作题为"致远逐梦路,十年再出发"的主题汇报,并与与会者就致远建立"荣誉教师团队"和"荣誉导师团队"、打造通识教育体系、建设荣誉书院等设想进行了深入交流,得到评估专家和与会兄弟院校的一致好评。12 月 25 日,致远学院通识教育委员会成立,建立致远学院通识教育课程体系、打造多门精品通识课程的任务得以加速推动。经过 2019 年春季学期的筹备和试运行,2019 年秋季学期,致远学院通识教育课程体系开始正式运行。

致远学院通识教育课程体系的建立,秉持的是"量体裁衣,打造精品"的理念。所谓"量体裁衣",是因为致远学院本身就是上海交大的人才培养特区,这里的学子,一边肩负着繁重的专业学习任务,一边还要投入各种科研实践,尽早开始自己的科学研究生涯,这使得其通识教育课程体系的设计,在学分和课时方面受到很大限制。这种情况,就像上海话里说的"螺蛳壳里做道场"一样,只能在方寸之间腾挪。这种情况是完全可以理解的,在致远学院推行通识教育,其设计必须符合致远

---

① 爱德华·吉本(Edward Gibbon,1737—1794):英国历史学家。其名著有《罗马帝国衰亡史》。
② 布罗尼斯瓦夫·马林诺夫斯基(Bronislaw Malinowski,1884—1942):波兰社会人类学家。作品包括《澳大利亚土著家庭》(1913)、《科学的文化理论》(1944)等。
③ 托勒密(Claudius Ptolemy,90?—168),古希腊天文学家、地理学家和数学家,生于埃及,长期居住在亚历山大。他在天文学上的研究成果现在《至大论》这部巨著之中。另著有《光学》和《地理学指南》。
④ [美国]卡尔·萨根著,《魔鬼出没的世界——科学,照亮黑暗的蜡烛》,李大光译,海口:海南出版社,2015 年 6 月,原版序,第 9 页。

学院的实际情况。高教界过去在推广通识教育时,曾有人把知识学习与通识教育对立起来,认为当代科学发展迅速,人们在大学中学到的知识,毕业之后没有几年就过时了,"授人以鱼不如授人以渔",知识传授是"授人以鱼",通识教育才是"授人以渔"。这种说法是错误的。通识教育如果没有相应的知识作为基础,它一定是无根的,是空中楼阁,一推即倒。对学生来说,必要的专业知识学习不能虚化,这一点是教育设计者一定要坚持的。专业学习与通识教育应该统筹考虑,确定边界,做到彼此互补而不是互相冲击。这也是任何单位进行通识教育所必须遵守的原则。

在具体做法上,致远学院的通识课程包括三个模块,分别为人文学科、社会科学和科学文化,要求学生在每个模块至少选修一门 2 学分的课程。人文模块由审美素养、中华文明、世界文明、哲学素养等方面的课程组成;社会科学方面则包括法学基础、经济学原理、社会学知识等领域的课程;考虑到致远学子均为理工学科,对他们没有必要像一般的通识教育体系那样开设自然科学、工程技术模块,我们从理解科学、沟通文理角度,开设了科学文化模块,该模块由科学技术史类课程组成,希望学生通过该模块课程的学习,借助科技史学科本身兼具文理的特点,一方面,加深对科学本身包括对自己所学专业领域之外的科学的理解;另一方面,培养学生的历史意识和批判性思维习惯,使他们本身将来能够成长为沟通文理的使节。

需要指出的是,在致远学院的通识教育体系中,还专门开设了一门必修课——"学术写作与规范"。这一点,倒与哈佛大学有些相似。在美国高校,写作课是必修课,旨在培养学生的书面沟通和批判性思维能力。哈佛大学说理文写作课程创建于 1872 年,如今是该校本科生的唯一必修课。曾任该校"说理文写作项目"主任(1987—2008)、国际公认的写作研究领域领导者和获奖作家的南希·萨默斯(Nancy Sommers)教授认为,"写作是一种用文字和隐喻标记世界的方式,是一个引领学生批判地、深度地阅读和有效地、清晰地书写的过程,是一个让学生发现自己真正关心所在和写出自己所思所想的路径。……写作是帮助学生确定人生方向的力量"。[①] 这些说法,充分表明了开设写作课的意义。同样,我们在致远学院开设写作课,着眼点并不限于帮助学生提高其写作专业论文的能力——写作能力提升了,其写作专业论文的能力当然会水涨船高,我们的目的,在于帮助学生提升表达和沟通的能力、提出问题和解决问题的能力,以及批判性思维的能力。写作课的

---

① [美]南希·萨默斯(Nancy Sommers)、赫明珠、于海琴,写作何以成为哈佛大学唯一一门必修课程——南希·萨默斯与赫明珠、于海琴的对话,《华东师范大学学报(教育科学版)》2022,40(1):116-126。

教师团队，由人文学院历史系教师组成，在本套丛书的《雏凤清声》的"教学经验"篇中，有他们教授该门课程的亲身体验。通过阅读这些教师讲述从事写作课程教学体会的肺腑之言，通过阅读该书，我们不难想象这是一门怎么样的课程，不难想象学生通过这门课程的学习，会获得什么样的收益！

所谓"打造精品"，是指我们的每一门课都是精心选择的，是在充分考虑了它在整个通识课程体系中的作用、考虑了它本身的功能后决定的。课程选定以后，再以课觅人，面向校内外乃至国内外聘请最合适的教师承担教学任务。致远通识课程聚集了一批杰出的任课教师，每门课程从教学大纲到授课方式，都经历了某种形式的集体研讨。学院还组织通识任课教师定期开展集体研讨，为大家开阔学术视野、相互交流教学经验、提升授课质量，发挥了有益的作用。通过采取这些措施，确保致远学院通识课程成为当之无愧的通识精品课程。

致远学院通识教育运行三年来，已经取得了一定的成绩。致远通识丛书的问世，就是其部分成果的出版展示。这套丛书第一期包括两部书，反映的都是致远学子在通识课程学习中的所得。丛书的后续出版也已经列入议事日程。我们的目的，不仅在于以此鼓励致远学子继续努力学好通识课程，更重要的是，通过丛书的出版，让社会关注拔尖创新人才培养的有识之士了解致远学院的通识教育，帮我们进行诊断，是其是，非其非，以便我们总结经验，克服不足，更好地完成为国家培育英才的任务。

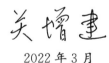

2022 年 3 月

持续不断开展通识教育探索与实践

    通识教育是时代的产物,它应该也必然会随时代的进步而相应变化。即以通识教育的标志性学校哈佛大学来说,哈佛大学在其 1945 年的通识教育改革中,催生出了《自由社会中的通识教育》(*General Education in a Free Society*)"红皮书",对通识教育的理念作了全面阐释,并以之为基础,制订了通识教育计划,并于 1951 年在全校实行。该"红皮书"的问世和通识教育计划的诞生,促进了美国通识教育改革浪潮的兴起,为美国通识教育的推行提供了一个可资借鉴的模板。1973 年,哈佛大学启动了新一轮通识教育改革,经反复讨论修订,于 1978 年形成了对后来通识教育发展影响深远的核心课程体系。该体系即使在今天看来,依然会给人以睿智的感觉,让人产生可以仿其道而行之的冲动。但哈佛大学并未止步于此,而是每过若干年,就要对之进行一次彻底的检讨,在反思的基础上进行改革,这样做的目的,就是为了让哈佛的通识教育能够保持活力,跟上时代的变化。

    从学理上说,通识教育要教会学生尊重常识,但社会常识是会变化的,例如当试管婴儿技术刚诞生时,社会舆论一片反对之声,绝大部分人士都认为该技术过度介入了自然进程,人做了本应属于"上帝"的事情,因而对之持否定态度。但几十年后,目睹着试管婴儿技术给人类带来的福祉,伴随着制度层面对人们担心的一些伦理问题相关规定的问世,社会舆论对该技术的态度彻底转变,认为它是造福于人类的一大福音。该项技术于 2010 年获诺贝尔生理学或医学奖,消息公布后,社会上对其获奖并无异议。在这种情况下,如果通识教育仍然按该技术诞生时的社会共识去教育学生,这样的通识教育一定会被时代抛弃。在科学史上,类似的例子不胜枚举。

    在当代社会,科学技术快速发展,与之相应的是科技伦理越来越受到重视,其在通识教育中所占比重也越来越大。在这一问题上,尤其要注意与时俱进。从本质上说,科技伦理学是要对科技的发展加以制约和规范,它对科技发展所起的是刹车作用,是用以减缓科技发展速度的。这当然是必要的,任何一种动力系统都需要有刹车机制的存在,以确保其运转的安全。这正如试管婴儿技术诞生以后,科技伦理学所发挥的阻尼作用,让该项技术变得更完美,让它的社会应用变得更合宜一样。但动力系统更新后,刹车系统也必须随之更新,不能把过时的刹车系统安装在新的动力装置上,这是理所当然的。与之类似,通识教育的结构和内容,也应该随着时代的变化而变化,只有保持与时俱进,才能更好地履行它所承担的历史使命,为社会培养优秀人才作出应有的贡献。

另一方面,也不是学术研究中所有新的提法都要进入通识教育,作为学科定论传递给学生的,因为有些新的提法本身就是过眼云烟,经不起学理上的推敲和实践上的检验。在人文社会科学类的通识课程中,这一点尤其要加以注意。我们还以科技伦理的发展为例,在近年来人们关注的机器人伦理领域,就有学者主张机器人的权利,认为机器人的发展,使其在很多功能方面超越了人类,这样它们就应该享有自己的权利。这种说法,把机器人伦理学关注的内容从人设计、制造和使用机器人时应该遵循的伦理转移到了机器人本身的权利上去,视角是新的,但学理上却是荒唐的,因为就单一功能超越人类来说,自然界很多物体都具备这样的特点。鱼类游泳速度比人快,石头比人的骨骼坚硬,那么,鱼、石头都应该享有自己的权利? 还有人主张,人工智能机器人经过学习,具备了思维能力,甚至情感表达,这样的机器人,我们已经不能单纯地将其视为人类制作的产品,应该将其当作与我们同等的"人"来对待,"AI 的命也是命"。这样的观点,很具有迷惑性,但真要推敲下去,是经不起诘问的。生命于人是唯一的,它有许多内涵,例如生命赋予人具有自主性,如果我们认为智能机器人也具有生命,是否也要让它自主决定自己的行止? 问题是智能机器人本身是人类的一种工具发明,工具的最大特点是其从属性,其行为是由其使用者决定的,如果智能机器人具备了生命,有了自主性,这就与它作为工具的属性发生了根本冲突,那时人还会把它作为工具对待吗? 如果不作为工具对待,而是把它作为与人平等的另一个物种,赋予其权利,在以人为本的社会,这样的观点,大众能接受吗? 而且,笼统地说"AI 的命也是命",不说清楚 AI 的命究竟包含哪些义项,在实践中该如何操作,这样的口号,除了造成思想的混乱,对 AI 行业的发展,没有任何益处。这样的观点,显然不能作为学界定论,在通识课程中教给学生。通识教育研究,不能不关注这些内容,不能不对这些观点加以甄别。

　　为使通识教育能够适应社会的发展，就必须对之进行持续不断的探索，并将探索与实践相结合，以检验探索的成效。这样做，是理所当然的。这种探索，首先要关注前人已有的成功案例，探讨其之所以成功的核心理念和典型做法，分析这些理念和做法是否能适用于我们的国家和社会，以之为借鉴，走出自己的通识教育发展之路。这正是本书以哈佛大学的通识教育改革为借鉴，探索通识教育发展之路的缘故。本书前身是在上海交通大学出版社出版的《他山之石——哈佛大学通识教育改革解读》，该书问世之后，受到同道的关注和鼓励，笔者也在其基础上，继续在通识教育领域进行探索，思考通识教育的理念和做法，特别是科学史、科学哲学、科学文化等领域一些习见说法本身的可信度及其在通识教育中的适用性，批判性思维的本质和应用范围，通识教育课程与一般课程教学方法的同异等问题，并把这些思考付诸自己的教学实践中。几年下来，倒也有了不少新的收获，产生了修订该书，将新收获纳入其中的想法。本书即是该书修订后的产物。因为修订后的书中不再仅仅是对哈佛大学通识教育改革的解读，而是包含了在哈佛大学通识教育改革的启迪下，笔者对通识教育的探索和实践，是新的一版而不仅仅是再版，这样，再沿用原来的书名就不太合适了。这是本书采用现在名称的缘由。至于书中可能存在的不妥之处，笔者一如既往欢迎读者的批评指正！

关增建

2023 年 5 月

我的通识教育研究之路

《他山之石——哈佛大学通识教育改革解读》终于杀青了,这是笔者涉足通识教育领域的一个阶段性研究成果。作为一个科学史工作者,由科学史学科跨界进入通识教育领域,笔者自觉是偶然当中有必然,更重要的是,跨界的结果,增加了对所在行业的认识,开阔了眼界,获得了不少学术乐趣,算是意外的收获。

笔者介入通识教育研究,最早可以追溯到对科学史学科教育功能的思考。大概任何一个学科的研究者,都会在一定的时候,思考自己所从事专业的社会功能问题。笔者也不例外。因为学了科学史,进入了科学史研究的行列,自然要问科学史有什么用这一问题。对此思考的结果,是 1995 年在《大自然探索》杂志上发表的《科学技术史的功能》一文,在该文中,已经意识到科学史有很强的教育功能,应该在我国的人才培养体系中占据一席之地。

博士毕业后,笔者到郑州大学任教,后来被学校任命为郑州大学文博学院院长。在这样的岗位上,不能不思考跟教育有关的事情。自己的专业是科学史,这样很自然会进一步思考科学史的教育功能。同时,对这一问题的关注,也伴随着一种危机感而不断深入。我们自认为科学史学科很重要,希望它兴旺发达。科学史学科要兴旺发达,首要问题是要后继有人,要做到这一点,前提是其培养的研究生要有出路。而科学史研究生是否有出路,则与能否充分发挥该学科的社会功能有关。

科学史学科确实有其独到的社会功能。它本身兼具文理学科特质,是跨越当今时代高等教育因文理分科而导致的思维鸿沟的最佳桥梁。在普及人文教育、拓宽科普渠道、培养历史意识、构建诚信社会、启发合作精神、养成包容习惯等方面,科学史也具有其他学科难以替代的作用。充分发挥科学史的社会功能,对当今社会的人才培养尤其是高等教育人才培养大有裨益。科学史学科的工作者,要抱着对国家和民族负责的态度对待此事。

出于这样的考虑，笔者在从事学院管理工作和科学史研究的同时，没有停止思考科学史的教育功能问题。2000年，在《光明日报》上发表了《关注科学史教材编著》一文，深入到了科学史教材编写问题。之后，又发表了一些文章继续讨论这个问题。

2000年，笔者调入上海交通大学工作。当时，上海交通大学刚于1996年庆祝了她的百年诞辰，全校洋溢着一种奋进的气氛，为争取把交大建成世界一流大学而努力。当时有一种说法，二流大学看指标，一流大学看人才培养。要创建一流大学，必须能够培养出一流的学生来。而通识教育关注的，恰恰是人才培养问题，现在看来，在这样的背景下，笔者介入通识教育，应当是适逢其时。

笔者进入通识教育研究领域，有一个渐进过程。在思考科学史的教育功能的过程中，笔者逐渐接触到通识教育，开始对从更广泛的角度看待本科教育的课程体系问题产生了兴趣。这中间有些机缘促成了自己对通识教育的了解。2007年，上海交通大学要接受教育部的本科教学评估，在迎接评估的准备阶段，当时是印杰教授担任主管教学工作的副校长，他希望笔者参加学校《自评报告》的审读和定稿工作。在近半个月的时间里，印杰副校长天天跟我们在一起，从报告的立意、篇章布局到遣词造句，细致推敲。参与这次学校《自评报告》的定稿工作，笔者获益匪浅，因为从中了解了交大的历史和文化，了解了交大的育人传统。《自评报告》把交大教学工作的传统，归纳为"厚基础，宽口径，高标准，严要求"十二个字。大家一致认为，这十二个字确实体现了交大人才培养工作的特点，交大百年名校底蕴深厚，确实是其来有自的。

"厚基础，宽口径，高标准，严要求"，体现的是交大的传统，也是交大人对教学工作的自我要求。"厚基础，宽口径"，表达的是交大人对人才培养目标的某种希冀，它所对应的，既是对学生个人学习成效的要求，也与课程体系设置原则密不可分。但是，"厚基础"，厚到何种程度？"宽口径"，宽到什么分寸？二者在课时安排上是否会有冲突？在社会和科技发展日新月异的今天，课程体系设置应该如何与时俱进？这些，都是需要随时间演进而及时加以研究的。

参与学校本科教学工作评估《自评报告》的审读，使笔者有机会对交大整体教学工作特点有了了解，也为进一步的思考提供了基础。评估工作结束后，学校组织一批中层干部赴美国考察本科教学工作，笔者也随团前往。那是一次认真的考察，跑了好几个大学,认真听报告,跟对方座谈、交流,学到了不少东西。考察结束后每人要提交一篇考察报告,笔者则受命执笔全团的总报告。完成这样的报告虽然花费了不少时间,但也值得,因为由此了解了美国大学教育尤其是通识教育的状况,为后来上海交大的通识教育改革完成了一些知识储备。

赴美考察结束后,学校决定推行通识教育。当时教务处副处长高捷教授具体负责此事,她不断邀我参加相关活动,我也就因缘际会介入其中。要推进通识教育,首先面临一个选择问题,因为在全世界范围内,没有一个通用的通识教育模式。在美国,哈佛大学的通识教育与芝加哥大学的通识教育就不一样。在国内,北京大学、清华大学、复旦大学等也都不同程度地在推进通识教育,但它们的做法各不相同。那么,上海交大应该采取什么样的通识教育模式呢? 我们经过分析,认为应该从通识教育的本义出发来设计通识教育。通识教育的本义是要培养能够面对 21世纪各种挑战,负责任地助益社会发展的公民。这样的公民,其知识构成应该有基本的要求,我们首先要弄清这些基本要求是什么,再据此设计相应的课程,来实现我们的教育目标。所以通识教育的课程体系必须是经过设计和遴选的,不是简单开些文史课程就叫通识教育。在设计方法上,上海交大的通识教育课程体系设计采用的是目标倒逼方法:首先厘定人才培养目标,将其分解,用倒逼法设计课程体系。具体到一门课来说,也是如此。我们经过分析,认为哈佛大学的通识教育体系对交大有比较大的参考价值。

上述说法,听起来容易,做起来并不简单。比如目标如何厘定? 课程体系如何设计? 什么样的课程能够满足通识教育的要求? 教师如何遴选? 教学质量如何保证? 等等。面临一系列问题。实际上,为了搞好通识教育,交大采取了研究先行的做法,在校内设立了一批相关项目,鼓励教师申请,对其开展研究。笔者自己还申请到了上海市教委教育科学类一个重点项目,对哈佛大学最新一轮通识教育课程体系改革进行研究,希望以此为推进通识教育提供些微知识裨益。本书就是在该项目研究成果的基础上,加上一些后续研究所得,汇集而成的。

就结构来说,本书共分三个部分:解读篇、研究篇、翻译篇。之所以这样划分,是出于如下的考虑。

我们知道,就世界范围来说,通识教育大本营在美国,而哈佛大学是美国通识教育的重镇。早在 20 世纪 40 年代,在第二次世界大战连天的硝烟之中,1943 年,身负为美国政府二战期间以及战后制定原子弹政策重任的哈佛大学校长科南特,就任命了一个由 13 位教授组成的专门委员会,研究"自由社会中通识教育的目标"。两年后,该委员会发表了题为《自由社会的通识教育》(*General Education in a Free Society*)的报告书,此即美国高等教育史上著名的《红书》(*The Red Book*)。该书对通识教育理念有全面阐释,在其思想引领下,1949 年,哈佛大学开始试行以该报告建议为基础的通识教育计划,并在 1951 年全面推行。20 年后,在时任校长博克教授的推动下,哈佛大学根据战后社会发展的现实,对运行了 20 余年的通识教育体系进行了新一轮改革,这次改革结果导致了引起世界各主要大学关注的通识教育核心课程体系的诞生。进入 21 世纪以后,哈佛大学与时俱进传统继续发挥作用,新一轮通识教育改革再次启动。这次改革,过程一波三折,各种观点争论激烈,经过几年反复的争论、反思之后,终于在 2007 年推出了哈佛大学《通识教育工作组报告》(*Report of the Task Force on General Education*),形成了新世纪哈佛大学通识教育指导纲领。在该纲领的指导下,2009 年 9 月,哈佛大学新的通识教育课程体系完成并付诸实施。鉴于哈佛大学每一轮通识教育改革都在世界高等教育界引起波澜,我们自然要对其进行解读,梳理其来龙去脉,厘清其核心意蕴,以发现对我们有益的借鉴。这就是解读篇的由来。

但是,中国不同于美国,中国的高等教育与哈佛大学模式也没有可比性,机械照搬哈佛大学经验肯定行不通。要找到适合中国大学特点的通识教育之路,我们必须有自己的研究——这样的研究当然应该在借鉴国外经验的基础上进行,但一定要与中国现实相结合。这是研究篇的由来,里面收集了作者对通识教育一些具体问题的思考。

为了给读者提供哈佛大学新一轮通识教育改革理论成果的完整形貌,避免管中窥豹之憾,我们全文翻译了哈佛大学 2007 版《通识教育工作组报告》,附于本书,供读者参考。这是设立"翻译篇"的缘由。同时,为了让读者对哈佛大学教育理念有更准确的理解,表明通识教育并非仅仅是对文史教育的加强,我们将哈佛大学理工规划委员会(The University Planning Committee for Science and Engineering)同时期(2006 年 12 月)发布的另一份报告《加强哈佛理工》(*Enhancing Science and Engineering at Harvard*)也全文翻译附上。翻译所依据的原始文本,均来自哈佛大学官方网站。

最后,也是特别需要指出的是,通识教育没有一定之规。实际上,即使是哈佛大学,在其推行通识教育的过程中,参与者的认识,与其最初通过大规模调研集体论证得到的结论之间，也会发生漂移。通识教育是一种一直处于发展过程中的教育。由此，本书中的那些说法，只是作者的一孔之见，供同道品头论足之用。不当之处，祈望能得到方家批评指正。希望我们共同努力，推进中国通识教育的发展。

关增建

2017 年 8 月

目　录

解　读　篇

研　究　篇

哈 佛 的 启 迪

翻 译 篇

目录

解 读 篇

哈佛大学最新通识教育课程体系改革及启示

2007 年,哈佛大学校务委员会通过了其"通识教育工作组"历经周折出台的《通识教育工作组报告》(*Report of the Task Force on General Education*),该报告是时隔三十年之后,哈佛大学对其通识教育课程体系所作的一次全面修订。在世界高等教育范围内,哈佛大学领袖群伦,其通识教育思想一直引领着世界上诸多大学本科教育课程体系的发展。20 世纪 70 年代,哈佛大学在修订当时的通识教育课程体系时,极力推行一种全新的核心课程概念,该概念成为嗣后许多大学构建本科教育课程体系时所遵循的圭臬。在经历了三十余年的实践之后,哈佛大学对其通识教育课程体系又进行了修订。鉴于哈佛大学在世界高等教育所具有的领袖地位,其新的教育理想和通识教育规定亦将成为世界各地新的模仿对象,这是没有疑义的。

哈佛大学新的通识教育《工作组报告》出台之后,已经引起世界上相关学者的关注,出现了一些对其新的指导思想和课程体系规定进行解读的文章。但整体来说,已有的研究侧重于对其最终报告本身的解读,而忽视了对该报告制订过程的分析,从而也就忽视了一些本不应被忽视的重要信息。在我国高等教育面临新的发展机遇的历史时刻,深入研究哈佛大学通识教育新的指导思想和规定的内涵及其制订过程,将其与我国高等教育现实进行比较,取其精华,为我所用,那就有可能使我们的本科人才培养直接反映世界高等教育新潮流,实现跨越式发展,为国家的现代化发展奠定更坚实的人才基础。

一、哈佛大学通识教育的变革历程

哈佛大学高度重视本科教育,其中包括重视通识教育课程体系的改革。哈佛大学本科课程体系改革具有与时俱进的特点,具体表现是几年一小改,几十年一大改。在本次通识教育改革之前,哈佛大学一共进行了四次大的课程体系改革。要了解哈佛大学最新通识教育课程体系改革的特点及意义,不能不对其课程体系改革的历史有所了解。

1. 第一次改革:选修制的建立

哈佛大学围绕通识教育进行的改革始于19世纪末。此前,哈佛大学的教育制度仿效英国,基本上是固定课程和古典课程,学校为学生提供的是传统英式贵族教育。19世纪,随着美国步入工业社会,如何主动适应社会,培养适应社会发展的人才,成为美国大学面临的新问题。1869年,35岁的查尔斯·W.艾略特(Charles W. Eliot)被推举为哈佛大学校长,由此拉开了哈佛大学本科教育改革的帷幕。

艾略特有一个信念,大学培养学生,应使学生做到"入以增长才智,离以更好地服务于国家和人类"。他认为哈佛那些传统的固定课程不能满足这样的培养目标,于是上任伊始,就提出要取消哈佛过去那种始终不变的狭窄的和硬性规定的课程,用选课制来改造哈佛大学。艾略特改革的目的,是要把新兴的和社会急需的应用学科引入哈佛大学,同时给学生在选课方面更多的自由,以使其不但有机会学到对社会有意义的课程,而且学会在选择过程中培养自我责任感。在他看来,学生在选课过程中培养和训练出来的自我责任感,在步入社会后会发展成为对社会的责任感,这才是高等教育的根本目的之所在。正因为如此,他强调大学必须为学生提供选择学科的自由,指出"哈佛要坚持不懈地努力建立、改善和推进选修制"。他在自己40多年的任期中,一步一步将其理想付诸实施。从1872年开始取消四年级所有规定课程开始,到1897年,整个哈佛的规定课程只有一年级的一门修辞学了。经过努力,艾略特建立选修制的理想,在哈佛得到了全面的实现。

由于选修制的出现,适应了当时社会发展的需要,在哈佛建立了全面的选修制以后,美国其他高校对选修制也都给予了不同程度的认可。到20世纪初,美国大部分高校都或多或少地实施了选修制。

必须指出的是,艾略特对高等教育要适应社会发展的强调,并非取悦大众的媚俗行为。艾略特深知哈佛文化传统的核心是"培养精英",他的改革不是要背离这一核心,而是要强化哈佛的这一文化传统,使哈佛的这一传统更好地适应社会。他强调自己坚持哈佛的"培养精英"的文化传统,只是过去哈佛人心目中的精英是有闲贵族,而他心目中的精英是工业化和都市化的领袖而已。

2. 第二次改革：集中与分配制

自由选课制度的建立,为美国高等教育的发展带来了蓬勃生机。但时间一长,这一制度固有的一些弊端也开始显露出来,比如刚入大学的新生,不具备作出成熟选择的能力,在选课时往往表现出很大的盲目性;也有一些学生避难就易,存在混课时现象;还有一些学生过于追求实用性,忽略了对基础课的学习,等等。这些现象,引起了一些有识之士的担忧。

1909年,劳威尔(A. L. Lowell)继艾略特之后任哈佛大学校长。在哈佛大学应该致力于美国社会的繁荣和进步并以此促进自身的发展这一点上,劳威尔与艾略特的认识是一致的,但对艾略特推行的选修制的弊端,他有着清醒的认识,早在任校长之前,即曾写文章批评过这种选课模式。正因为如此,上任之后,他开始着手改革艾略特的选修制。

劳威尔改革的指导思想是消除选修制的弊端,在尊重学生的自主学习和教师的指导控制之间搭建一座桥梁,其目的是建立所谓的集中与分配的选课制度。他用了五年时间建立这一新制度。1914年,集中与分配制度在哈佛大学全面实施,该制度规定,哈佛大学的本科生在读期间必须完成16门课程的学习,其中6门属于主修,必须"集中"于某一学科或专业领域;剩余的10门课程中,至少有6门要"分配"到所学专业之外的自然科学、社会科学和人文科学三个领域中;其余4门为选修课,则由学生自主选定。通过这种指定与自主选择相结合的方式,学生既可以学习到系统而牢固的专业知识,又可以与个人兴趣相结合,拓宽自己的知识面。

显然,劳威尔的分配制,与后世的通识教育不无相通之处。他的"集中"与"分配"相结合的课程设置,为学生的大学学习提供了严密的整体规划,减少了学生选课的盲目性和随意性,在一定程度上解决了通识教育与专业教育之间的矛盾。正因为如此,他的这套课程设置模式得到了美国不少大学的青睐。

3. 第三次改革：通识教育的出现

在通识教育发展历程中,哈佛大学第23任校长詹姆斯·科南特(James B. Conant)厥功至伟。1943年,任职哈佛大学校长已达10年的科南特任命了一个由13位教授组成的专门委员会,研究"自由社会中通识教育的目标"。两年后,该委员会发表了题为《自由社会的通识教育》(*General Education in a Free Society*)的报告书,此即美国高等教育史上著名的"红皮书"(The Red Book)。它与1947年美国高等教育委员会发表的《为美国民主社会服务的高等教育》(*Higher Education for American Democracy*)一道,为美国通识教育高潮的兴起提供了理论上的准备。

该报告的最大功绩是对通识教育的概念作了理论上的阐释。该书指出,普通教育的主要任务是继承人类的知识财富,将学生教育成民主社会中负责任的人和公民。普通教育可以分为专业教育和通识教育,"通识教育被用来表示在学生的生活中作为一个负责任的人和公民首先应该接受的那部分教育,而专业教育则是培养学生职业能力的那部分教育。生活的这两个方面是不能完全分离的,因此,主张这两种教育的性质截然不同的观点是错误的"。通识教育可以帮助人"有效地思考,交流思想,作出适当的判断并区别不同的价值观念",通识教育的目标是培养情感和智力全面发展的人,使个人与社会的需要协调起来。

通识教育是高等教育所必需的,因为它为社会成员提供了共同的知识体系,如果没有这种知识体系,社会就会分崩离析。为此,报告强调对人文科学、自然科学和社会科学遗产的学习,认为这三个领域的通识教育起码应占学生学习时间的一半。报告建议哈佛大学的所有学生除了专业学习之外,还应该学习通识教育课程,其中包括"文学名著"和"西方思想与制度"这两门课程,以及一门理化或生物科学的入门课程,学生还要再从人文科学、社会科学和自然科学中各选一门全年课程。

在报告的影响和校长科南特的大力推动之下,1949年,哈佛大学开始试行以该报告建议为基础的通识教育计划,并在1951年全面推行。该计划规定一、二年级学生要从自己所在系中选修6门专业课,再从人文、社会、自然三大类别的通识教育课程中各选一门,同时还要从其他系的课程中至少再选三门;三、四年级则开设通识教育后续课程,未修一、二年级通识教育课程者,不能修三、四年级的通识教育课程;学生在选课时,不得选修属于同一考试组的两门课程。攻读硕士、博士学位的研究生,也可以选修一部分三、四年级的通识教育课程,但考试要求不同。

这样的规定,将专业教育与通识教育紧密结合起来,有序衔接,吸取了以前课程制度的优点,又有所发展。其实质是以通识教育为基础、以集中与分配为指导的自由选课制度,着眼点在于价值体系的建立。它的产生,为美国高校通识教育改革浪潮的兴起,提供了一个可资借鉴的模板。

4. 第四次改革：核心课程体系的建立

1971 年,德里克·博克(Derek Bok)被任命为哈佛大学第 25 任校长。这时的美国社会,已经与科南特任校长时期有了很大的不同,社会的多元化趋势日渐增加,哈佛大学本科生来源的多元化现象也比过去大为增加。这种情况下,力图将单一的西方知识精华传递给学生的传统通识教育模式已经不能适应变化了的新形势。有鉴于此,博克上任伊始,就有意推进哈佛的本科课程设置模式的改革。1973 年,亨利·罗索夫斯基被任命为哈佛文理学院①院长,并受命重新研究文理学院的目标,提出课程改革计划。

1974 年初,罗索夫斯基组织一个课程改革委员会,下设 7 个工作组,分别负责研究本科生教育改革中七个方面的问题：(1)学生的构成状况;(2)大学的生活;(3)文理学院的指导和顾问工作;(4)教学的改进;(5)人力、财力和物力状况;(6)主修课程;(7)共同基础课程。罗索夫斯基向文理学院教师发表了一封长达 24 页题为《致本科教育全体教员的一封信》(*A Letter to the Faculty of Undergraduate Education*)的公开信,信中列举了哈佛大学本科教育中存在的种种问题,号召广大教师献计献策,以便集思广益,改革弊端。公开信发表后,很快就有几百名教师作出回应,提出了许多有价值的意见。经过听取师生意见,在深入研究的基础上,1976 年,该委员会形成了自己的共识：哈佛的本科教育课程设置除了专业课和选修课以外,还应建立一套核心课程,以培养学生的智能和思维方式,使学生"用批判的态度来接受知识,使他们了解在一定的重要领域里,存在着什么样的知识,这些知识是如何被创造出来的,是如何被应用的,并对他们自身有什么意义"。在建立核心课程体系的过程中,该委员会达成了四点共识：(1)对本科生的课程应有一个最低的要求标准;(2)学生选择课程应受一定的限制;(3)课程的选择应有一定的灵活性;(4)学生所选的课程必须适应学校规定的教育目标。

在罗索夫斯基院长的主持下,经过反复修订,该委员会终于在 1978 年向全院

---

① 哈佛大学目前由 10 个二级学院组成,文理学院(Faculty of Arts and Sciences)是其中之一。文理学院本身又包含 4 个学院：哈佛学院(Harvard College,即大学部/本科部)、文理研究生院(Graduate School of Arts and Sciences,从事学术研究以及培养硕、博士研究生)、工程与应用科学学院、继续教育学院(Division of Continuing Education)。哈佛的本科生教育改革由文理学院主持。

正式提出了核心课程计划。经过激烈的辩论,文理学院教授以182∶65通过了该计划,同意用核心课程取代普通教育课程,并于1979年实施。

根据核心课程计划,哈佛大学本科生在读期间,须修32门课程,其中16门为专业课,8门为选修课,8门是核心课程。该计划将基础课分成6大类(最初为5大类,后来道德伦理与社会分析被拆成了两类)、10个领域,学生必须从其中8个领域各修1门课程方可毕业。这8门课程就是所谓的核心课程。

核心课程计划最初所设计的5大门类分别为:

◇ 文学艺术类课程,通过让学生学习人类重要的文学和艺术成就,培养他们了解人类对生活经验的艺术性的表达。

◇ 历史类课程,通过让学生学习和研究历史学,使他们历史地认识世界上一些重大历史事件,培养他们的历史思维方法。

◇ 外国文化类课程,旨在扩大学生文化视野,让他们了解重要的且具有特色的外国文化,并对其本国文化传统产生新的见解。

◇ 道德伦理与社会分析类课程,旨在使学生了解重要的伦理传统和观念,掌握研究社会科学的主要方法,培养他们具有对当代社会个人和社会生活重要方面进行系统思考的能力。这一门类后来被一分为二。

◇ 科学类课程,旨在使学生通过学习科学知识,对物理、生物等自然科学有概括的了解,并学会处理科学资料和掌握观察人类社会与自然界的科学方法。

为了更好推进核心课程建设,哈佛大学对实施核心课程计划所涉细节给予了高度重视,学校为核心课程设立独立的管理和师资实体,并要求教师为核心课程制订极其详尽和完备的教学计划和教学大纲。开课时,要求每一门课程都包含"课程安排(课程名称、教师、助教、电话、办公时间、上课时间、上课地点、课程网页),课程介绍,授课形式,考试评分,必备教材,参考书目,教学进度等内容",并且在网上公布,学生在选课之前就可以了解某门课程的全部情况。

核心课程计划是传统通识教育的进一步发展,在该计划中,专业课、选修课、核心课程相辅相成,相得益彰,可以使学生在掌握广博基础知识和专业学习及个人兴趣发展方面找到合理的结合点,有助于将学生培养成"有能力有理性的人"。正因为如此,该计划推出后,在美国乃至世界重要高校中,都引起了很大的反响,一开始褒贬不一,但随着争论的深入,人们逐渐认识到了它的合理性,一些高校开始制订自己的核心课程计划,以核心课程观念为主导的通识教育体系引起了越来越多人的重视。

二、哈佛大学最新通识教育课程体系的修订过程

哈佛大学核心课程计划虽然取得了巨大成功,但随着时间的推移,核心课程体系也积累了一些弊端,例如其领域太过宽泛,各个核心课程领域的筛选标准无法具体确定,各课程难易程度不一,核心课程和专业课程的区别不清,一些核心课程领域中互不相干课程堆积现象严重,等等。更重要的是,由于社会的发展和变化,人们最初设计核心课程时的一些理念和方法已经有些过时。进入 21 世纪以后,改革已有的核心课程体系,成了哈佛人面临的一个新的任务。

2001 年 7 月 1 日,劳伦斯·H. 萨默斯(Lawrence H. Summers)成为哈佛大学历史上第 27 任校长。萨默斯颇为关注哈佛大学的本科生教育,他上任后跟监察委员会见面的首次会议,中心议题即哈佛的本科生教育问题。对哈佛大学出现的改革本科教育课程体系的动议,萨默斯给予了全力支持。在他的支持下,文理学院院长、国际上著名的中国近代史专家柯伟林(William C. Kirby)教授担起了组织哈佛大学新一轮本科课程体系改革的重任。

像上次改革一样,柯伟林首先向文理学院教师发表了一封公开信,提出:"我们将首次改革一代人以来哈佛学院(按:指哈佛大学文理学院的本科生学院)教育的内容和结构,……我们必须开展自我批评,目的是改进。"公开信表示要听取教师们对现有课程体系的意见和改革建议,呼吁教师们为之出谋献策,积极参与这一工作。2002 年 10 月,柯伟林正式宣布启动 1978 年以来哈佛大学最全面的本科生课程体系改革。

哈佛大学这次本科生课程体系改革,一波三折,历经三个阶段才得以完成。下面我们分而述之。

第一个阶段,2002 年 10 月至 2004 年 4 月。表现形式是集思广益,收集各界意见,评估现存问题,形成课程改革报告。

哈佛新一轮课程改革启动之后,柯伟林委托时任本科生教育主任(2003 年 4 月被任命为哈佛学院院长)的本尼迪科·格罗斯(Benedict H. Gross)组织系列的专题座谈会,征求承担本科生教学任务的教师以及研究生、本科生对哈佛本科生教

育的意见。同时,柯伟林也召集哈佛大学师生座谈,坦诚地讨论现有核心课程的优缺点及需改进之处。

在此基础上,2002 年学期末,柯伟林组织了一个工作班子,来对现行课程展开全面分析和评审。该班子由一个执行委员会和 4 个工作小组组成。4 个工作小组是:教学法工作小组、通识教育工作组、专业教育工作小组和学生的整体学习经验工作小组。每个工作小组由成员 12~13 人组成,其中包括主席 2 人、若干终身教授和普通教师、1~3 名本科生、1 名研究生、1 名与本科生教育相关的管理人员和 1 名外学院人员。执行委员会的主席由柯伟林和格罗斯担任,成员为 4 个工作组的 8 名主席。

因为各小组组成人员有交叉,所以参与各小组工作的总人数是 48 人。从分组情况来看,这次教改是一次全面的教改,所涉内容并非仅是通识教育,而是文理学院全部的本科生教育。

2004 年 4 月,课程改革执行委员会公布了《哈佛学院课程改革报告》。该报告在吸收 4 个工作小组成果和 19 位专家所撰写的关于课程改革的论文的基础上,总结了过去两年各方提出的课程改革建议,形成了委员会自己关于课程改革的设想。

这份报告长达 69 页,其要点在于强化学生作为世界公民所必须具备的教育视野、理想与实践。与此相适应,它提出了新课程所应达到的 6 个目标,它们是:

1. 国际化;

2. 理工知识的革命;

3. 跨学科研究;

4. 强化知识探索的团体意识;

5. 为学生提供更多的研究机会;

6. 哈佛学院的教育必须成为哈佛大学其他学院(多为研究院)教育的基础。

柯伟林强调,应该在这些目标的指引下,用通识教育理念来引导课程设计。报告书在这方面提出了很多建议。报告书的附录二简略规定了学生如何选读大学课程,其中比较重要的有:

1. 学生的专业课(专攻,concentration)不可超过毕业总课数(32 门)的 1/2;

2. 通识教育、写作以及用外文所授课程应占毕业总课数的 1/4;

3. 其他选修课占 1/4;

4. 外文能力通过鉴定时,可以减免相应上课课时;

5. 通识教育课程分为 11 个向度,学生必须修至少 7 个向度(专业课中若有与

通识课性质一样的,可以冲抵通识课,但最多只能冲抵 4 个,以保障学生所学知识的广博性);

6. 学校为学生提供 41 个专业领域,学生可以自己设计专业,但须校方认可。

该报告呈交学校以后,学校在两次校务委员会上进行了广泛讨论,参加者一般都同意该计划,但也有教授提出异议,比如有学者认为该计划忽略了对伦理规范的教育,也有学者认为该计划对科技课程让步过多,还有学者认为该计划稍显草率,不是一个深思熟虑的产物,等等。而该计划对科技类课程的强调,实际上反映了校长萨默斯的主张。萨默斯重视数学,他有句名言:"能计数,才算数!"(What you count, counts!)萨默斯平素作风自信,行事高调,容易得罪人,他的这种说法这次就被人拿来做文章,表现为对柯伟林报告的质疑。

在听取了各种意见之后,2004 年 5 月 18 日,柯伟林宣布重写该计划书,从此开始了本次哈佛普通教育改革的第二个阶段。

第二阶段,起讫时间是 2004 年 5 月至 2005 年 11 月,其任务是在第一阶段所提建议的基础上,分门别类进行研究,提出新的课程计划。

2004 年 6 月起,为改进第一阶段报告书提出的各项任务,哈佛大学文理学院陆续组建了普通教育委员会、科技教育委员会、学生辅导和咨询委员会、写作和口头表达教学改革委员会、国际教育委员会、教育政策委员会、教学法改进委员会和元月短学期委员会,对第一次《课程改革报告》提出的各项建议逐一探讨,以在此基础上形成新的课程改革报告。

在第二阶段的探讨不断深入之际,哈佛大学出现了其历史上从未有过的变故——文理学院教师通过了对校长的不信任投票,从而使其处于极度尴尬的地位。

萨默斯是一位计量经济学家,是曾在美国联邦政府担任负责经济事务的重要官员。他作风果断又不乏傲慢,为了加强校方权限,以贯彻他的一些主张,他对哈佛大学的管理机制大刀阔斧地改革,引起一些教授不满。他虽然极力推进哈佛大学普通教育课程改革,但在某些问题上又不无偏见。据说他有一次居然对一位人类学家说:"我们学经济学的人,因为用很多数学,所以比你们聪明。"他的这些态度,自然会引起文理学院一些教师的不满。他和文理学院院长柯伟林之间,也因为应如何向清贫学生提供奖学金而发生争执。此外,萨默斯为了贯彻他的理念,把许多经费转移到科技学科,这使得他跟文理学院之间的关系雪上加霜。

2005 年 1 月 14 日,萨默斯在出席一次学术会议时,无意中说在科学与数学领域中女性人数远少于男性的原因是女性的"天生习性"所致,他对在这些领域从事研究的女性"深表同情"。萨默斯的话引起轩然大波,舆论对他的这番口无遮拦言论口诛笔伐,斥其为"性别歧视"。尽管萨默斯事后对他的这番话一再澄清甚至道歉,但他的言论无疑将人们对他已有的不满转化为一次信任危机。

2005 年 2 月 15 日,在文理学院一次教员全体会上,一些在哈佛有很大影响力的教授公开发言,表示对萨默斯的领导能力与风格强烈不满。这些发言,引发了更多教员对萨默斯的抨击。一个月后,在文理学院另一次全体会议上,教师们以 218 票对 185 票和 18 票弃权的结果,通过了对萨默斯校长的不信任案。在哈佛的历史上,这样的事情还是首次发生。尽管这次投票并不能改变哈佛大学董事会对萨默斯的信任,但它表达了教师们的心愿,对萨默斯构成了巨大的舆论压力。

与此同时,专业学院例,如医、法、管、工、设计等学院则比较支持校长,这一点也是比较明显的。在这种情况下,哈佛学院的课程改革很难顺利进行下去。2005 年 11 月初,柯伟林领导的课程改革委员会提出了一份修改了的《哈佛学院课程评审报告》,完成了这个阶段的工作。

新报告多少有些急就章的意味,它与第一份报告没有太大的差别:篇幅缩短到了 42 页,内容上同样放弃了核心课程,强调通识教育的理想,国际化方面则有较大幅度的修订,不再极力鼓吹要充分国际化了。新报告虽然仍然要求学生至少对一个其他国家的文化有深入了解,但放弃了要求学生在毕业前必须用外文修习一门课的要求。同时,柯伟林也把"伦理"一词引入报告,让其在报告中一共出现 5 次。柯伟林用这种方法,对批评者作了回应。

新报告发表以后,文理学院教师因学校局势影响,反响远不如上一次热烈,原有的意见分歧亦不能弥合,专业学院的教授们则因同情萨默斯而对新报告不乏揶揄,而文理学院的教师与校长之间的矛盾仍在发展。这种情况下,只好将该报告束之高阁,放到了一边。

第三阶段,起讫时间是 2006 年 3 月至 2007 年 5 月,主要成果是完成了哈佛大学新一轮普通教育改革的《通识教育工作组报告》,并以教师团立法(faculty legislation)的形式,通过了该报告,从而为哈佛今后的本科生教育竖起了一座圭臬。

2005 年 11 月 15 日,哈佛学生日报《深红》(*Crimson*)报道了萨默斯校长准备解聘柯伟林文理学院院长职务的信息,引起许多教授的关注。而柯伟林对此心知肚明,加之新报告又受到冷遇,他意兴阑珊,于是在 2006 年的 1 月 27 日,宣布将在该学期结束后辞职。萨默斯立即痛快地接受了他的辞呈,未加丝毫挽留。这样一来,哈佛新一轮课程体系改革群龙无首,课改面临付诸流水的危险。

柯伟林的辞职,加剧了萨默斯校长与文理学院教师之间的对立局面。2006 年 2 月 9 日,因柯伟林辞职而群情激愤的文理学院教师决定在 2 月 28 日再次对萨默斯进行不到一年之内的第二次"不信任投票"。事已至此,萨默斯也无法继续在校长的位置上待下去了。2 月 21 日,萨默斯对外宣布,他决定在该年的 6 月 30 日辞去校长职务。哈佛大学董事会表示尊重他的选择,从而以这种方式结束了这场哈佛历史上罕见的风波。

萨默斯辞职后,哈佛大学董事会决定,在未觅得新校长之前,先请德高望重的前任校长德里克·博克暂时代理校长职务。博克答应了董事会的请求,接过了再度管理哈佛大学的重任。

博克对本科教育情有独钟,哈佛历史上影响很大的核心课程体系,就是在他极力推动下在哈佛问世的。这次他重新管理哈佛校政,一上台就邀请柯伟林复出,继续其未竟事业。博克富有社会责任感,在哈佛德高望重,面对他的邀请,柯伟林没有拒绝之理,于是柯伟林和他的工作组重新开始了他们的工作。

2006 年 10 月,柯伟林和他领导的工作组提交了第三份关于哈佛普通教育课程体系改革的报告,供大家评头论足。这份报告得到的反映整体尚好,但也有不同意见,例如报告中的"理性与信仰"部分,规定学生要选修有关"Faith"方面的课程,就引起了很多非基督徒或无神论者的批评,他们担心基督教以此为契机在哈佛借尸还魂。此外,还有一些别的方面的意见。

经过听取意见之后,柯伟林等又修改了些许报告内容,最终形成定本,于 2007 年 2 月 7 日正式提交校方。在颇为无神论者所关心的宗教课程方面,工作组把"Faith"一词换成了更具有信念意味的"Belief",从而淡化了该论题的宗教色彩。5 月 15 日,文理学院教师以"立法表决"的方式,通过了该报告。这意味着历经 4 年多的咨询、讨论,先后有 100 多位教员参加,哈佛大学历史上规模最大的一次课程体系改革终于落下了帷幕。

这次改革,虽然历经曲折,最终报告不能不是各方理念与学校现实相互妥协的产物,但由于改革的参加者个个都是雄踞一方影响深远的学界领袖,而且相互妥协也同时意味着集思广益,所以该报告描绘的蓝图无疑会在未来二三十年内持续影响世界大学教育的办学思路。

有鉴于此,我们对该报告的基本内容,应该有比较深入的了解。

三、哈佛大学《通识教育工作组报告》内容之解读

这次哈佛大学普通教育改革的最终报告即《通识教育工作组报告》(以下简称《报告》),有许多值得我们关注之处。

首先,它阐释了通识教育的性质及其重要性。

《报告》认为,通识教育本质上是一种博雅教育,它不是专业教育,不关注职业实用性,这种教育能够帮助学生更好地认识人类及人类居住的自然界,使学生对自己的信仰和选择有更多的思考,更自觉地反思自己的预设和动机,从而在解决问题时更有创意,更好地理解和关注周围世界,更好理解他们在自己的生活、专业和社会中所遇到的问题。

《报告》指出,通识教育是有用的。通识教育的目的不在于培养学生建立信心,从而使其能够对熟悉世界形成个人认识。与此相反,通识教育的目标是通过揭开熟悉事物的面纱,揭示问题的实质,以帮助青年人找到重新定位自己的办法。通识教育通过使学生质疑原有假定,使学生自我反思并进行批判性的思考和分析,来增加学生对事物的充分理解的能力,使他们在遭遇迥然不同的历史时刻和文化模式时不至于被疏离感困惑。

《报告》强调,大学的课程设置由专业课程、选修课程、通识教育课程三部分组成。专业课程让学生致力于学科的深度;选修课程使他们能够探索主要学术焦点之外的领域,并扩大他们的兴趣和热情。而通识教育的作用是以一个明确的方式连接学生在学校阶段的学习及其在学校阶段之外的生活,并帮助他们理解和欣赏复杂的世界和他们将要在其中扮演的角色。由此,对学生一生的成长来说,通识教育无疑更重要一些。

在当代社会,尤其应重视通识教育。当代社会与哈佛大学最初推进通识教育时所处的时代截然不同。当今世界所达到的一体化的程度在几十年前是不可思议的。同时,当今世界还是一个新闻界和公众生活的文化含糊不清的世界,一个严重分裂、不稳定、不确定的世界。作为哈佛大学的教育者,当然希望哈佛大学的学生

在走出校门之后,能够找到他们的道路,履行他们的职责,这就需要通识教育的帮助。所以,愈是当代社会,就愈需要通识教育。

其次,它厘清了新形势下通识教育的课程目标。

《报告》认为,在新形势下,通识教育课程的设计,应满足以下四个具体目标:

1. 要教育学生为承担公民职责做好准备

承担公民职责意味着参与公共生活。哈佛大学通过通识教育课程,鼓励学生积极参与地方、国家和国际事务。为此,需要学生理解那些推动地方、国家和全球变革的力量,理解文化的力量在塑造不同的社区、团体、身份等方面的作用,理解科学和技术进步。学生需要明白,今天的公民身份带来的是本地及全球,国家和国际化的责任。《报告》认为,哈佛的学生大部分是美国公民,但不管是美国公民还是来到哈佛并且最终将返回其家园的别国学生,哈佛的通识教育课程均应帮助他们对美国历史、制度和价值观有一个清醒的认识,以使他们能够在全球化背景下批判性地分析和理解这些制度和价值观。

2. 要让学生明白他们既是传统艺术、观念和价值的产物,也是其参与者

学生应了解文化冲突的利害攸关。他们需要理解在不同文化间对话的困难,理解相互冲突的文化如何共享同样的传统,学生也应该知道如何理解文化和审美的各种表达方式。学习本民族和异族的文化及其历史、艺术、宗教等方面的知识,可以帮助他们理解他们居住的世界的信仰和习俗的特征,帮助他们了解本族的身份认同是如何形成的,这有助于他们了解自己的传统与其他传统的关系。熟悉历史和当代的文化,是学生在当今世界获得成功所必不可少的。

3. 要教育学生能够批判性地和建设性地回应变革

快速变革是当今社会的特点,学生需要知道发生变革的动力是什么。应该通过通识教育,使学生熟悉科技领域重要的概念和进展,思考科技对社会、个人和伦理的意义。通识教育可以使学生熟悉重要概念和问题,培养他们在离开哈佛后,具有能够适应世界快速变化的能力。

4. 要让学生能够从道德伦理维度理解自己的言行

通识教育既要教会学生获得知识、技能和技巧,也要培养学生具备从道德伦理的角度把握使用这些知识、技能和技巧所产生的结果的能力。应该使学生对异族信仰体系有深刻的理解,即使他们并不认同那些信仰。要使学生看到不同文化不

同价值体系之间的冲突,使他们认识到,价值观的冲突起于多个源头,包括文化差异、宗教差异、社会经济的差异,以及科学和技术发展的影响。

第三,它建立了新形势下通识教育的课程体系。

对新形势下通识教育课程体系的设计,是《报告》中最引人注目的一部分。《报告》对通识教育课程提出了具体要求,这些要求是:

(1)为上述通识教育的一个或多个目标服务。

(2)为学生提供广博的材料,而不是深入地集中于单一主题或少量文本。

(3)帮助学生学会使用学过的抽象的概念或知识理解当前的具体问题。

(4)使学生意识到现在学习的所有课程对他们以后的人生意义重大。

为了实现通识教育的目标,《报告》将哈佛大学通识教育课程分成八个学科领域,要求学生必须在这八个领域的每个领域选修一门课,该门课须属于用一个字母表示等级(one letter-graded)的课程,在学分计算上不低于半课程(half-course)①的要求。《报告》所设计的八个领域及其要求大致如下:

1. 审美与诠释性理解

通识教育目标之一,是教导学生了解他们和他人是文化与信仰传统的产物,同时也是参与者。了解的第一步,是启发对"美"的响应和解读表达文化的形式——文学或宗教文本、绘画、雕塑、建筑、音乐、电影、舞蹈、装饰艺术等——的能力。学生要知道如何解读文化作品——例如能够分辨写实与象征,这对于评估和了解各种事物尤其重要。学生要知道一些关于语言和认知的知识,以提高其响应和解读文化文物的美感。要引导学生探讨理论和哲理的议题,使他们了解文化文物的价值和重要性的来源。

"审美与诠释性理解"类课程授课要求是:

◇ 发展学生批判能力,即培养学生审美兴趣和阐释的能力。

◇ 通过让学生鉴别某种语言的原始文本、各种语言结构或艺术作品,发展他们在书面、听觉、视觉、动觉或其他表达方式的能力。

◇ 教导学生如何以理论架构分析作品,例如批判理论、美学、艺术哲学、修辞

---

① 哈佛大学当时实行的学分制,每学年分为两个学期,一门课程若开设一年,每周3学时,则称其为"整课程";若只开设一个学期,每周3学时,则称其为"半课程"。学生修完一门"整课程",可得3个学分;修完一门"半课程",则得1.5个学分。

学、语言和意义理论,或认知理论等。

◇ 如果可行,尽可能增加学生课外体验的机会,如参观展览、观看演出、阅读作品,或鼓励学生进行创造性工作等。

2. 文化与信仰

学生需要学习文化与信仰如何影响人们对本身和世界的了解,认识到文化与信仰可以导致改变,也可以是抗拒改变的源头。宗教信仰和教义是此类课程的重要课题,要使学生有机会学习信仰和教义如何影响世界和他们本人,这对于他们的社会生活是非常重要的。

"文化与信仰"类课程授课要求是:

◇ 向学生介绍某种语言的原始文本和(或)一个/多个媒体的艺术作品。

◇ 教导学生如何根据作品的历史性、社会性、经济和(或)在跨文化背景下分析这些作品。

◇ 探讨文化与信仰是如何塑造个人和社群的身份的。

◇ 把课程与教材和学生生活中可能出现的文化议题相联系。

3. 经验推理

"经验推理"类课程有助于学生学习如何作出决定,以及从需要评估实证的事物中得出推论。课程引导学生收集和评估信息、衡量证据、估算概率、从现有数据中得出推论,以及如何知悉什么时候现有数据不足以解决议题。要开发这些能力,学生需要学习如何应用抽象的原理及概率理论、统计学、决策理论、逻辑学和数学以解决实际问题。

经验推理类课程的授课要求是:

◇ 教给学生用于推理和解决难题的概念性和理论性工具,例如统计学、概率理论、数学、逻辑学和决策理论。

◇ 让学生在感兴趣的实际问题中运用这些工具。

◇ 可能的话,让学生了解人们在推理和解决问题时常犯的错误。

4. 伦理推理

学生在个人和专业生活中作出的各种决定,往往带有伦理含义,例如选择支持政治候选人、评估公共政策、专业谈判互动、解决家庭问题等。"伦理推理"类课程教导学生有原则地推论道德伦理、政治信仰和实务,以及慎重考虑和评估本身的伦理议题。这些课程会检视有关自由、公义、平等、民主、权利、义务、美好人生等不同概念和理论,说明它们是如何影响学生在公共、专业、个人生活中遇到的实际伦理困惑。因为课程明确把理论和实践相联结,所以此类课程有可能涵盖专业学系的某些课程。

"伦理推理"类课程的授课要求是:

◇　检视不同的伦理概念和理论,例如美好人生、义务、权利、公义、自由。

◇　教导学生如何评估和衡量采纳这些不同概念和理论的正、反理由。

◇　把这些概念和理论应用于实际的伦理难题;这些难题会在他们的生活中遇到,例如医疗、法律、营商、政治和日常生活。

◇　可能的话,学生要熟悉与本身不同的价值系统,例如不同的世界宗教,或不同的历史时期用其他语言表达的价值观体系。

5. 生命系统科学

科学知识爆炸性增长,伴随而来的是科学和工程对社会全体成员的影响。在科学和工程活动中,"了解生命"是人们持续不断的诉求。生物科学和工程在多方面影响着我们:它们带来挽救生命的医药,分析和了解人类疾病,基因改造的动植物成为新的食物来源,发明生物战争的载体。在过去几百年,生命科学站在许多引起最激烈争辩和本身在转变中的公共议题的十字路口,这包括物竞天择的进化论、胚胎干细胞研究的合法性,以及复制人类的伦理。

"生命系统科学"通识课程,目的是教给学生生命科学和工程的核心事实和概念,将其与课堂和实验室以外的生命联系起来。这些课程不是要培训学生成为明日的科学家,或是为他们进修更高级的科学课程作准备。"生命系统科学"通识课程的授课要求是:

◇　讲授有关生命系统的主要概念、事实和理论。

◇　了解生命系统实验的性质,最好是通过在实验室的动手体验。

◇　把科学概念、事实、理论和方法与现实世界广受关注的问题联系起来。

◇　可能的话,讨论以下论题之一:知识、执业者、科学组织的社会作用;社会背景对科学发展的影响;知识和知识传授方法的历史;对自然世界的分析、评价。

6. 物理世界科学

物理世界对社会发展意义重大。物理世界的发现和发明,让我们能够储藏和取得能源、开发核能、深入了解我们的行星和星系的源起,以及发明计算机和互联网。

物理科学的概念也是影响全球社会许多议题的基础,包括过度依赖石化燃料、人类太空探索、核武器扩散、气候转变,乃至数字通讯时代的隐私等。物理世界的科学和工程,可以促进人们研究以新方法控制能源和物质。关于物理世界的知识会影响学生终生。

"物理世界科学"类的通识课程,意在教导学生了解物理世界科学和工程的核心事实和概念,并与学生在日常生活中可能遇到的议题相联系。这些课程不是要产生新的科学家或工程师,而是为学生了解物理世界的性质打好基础。

这一类别的通识课程授课要求为:

◇ 讲授物理科学的主要概念、事实和理论,为学生理解今后的新发现和概念突破作准备。

◇ 教育学生理解物理科学和工程实验的性质,最好能通过在实验室动手加以体验。

◇ 把科学概念、事实、理论和方法与大学生日常生活中关注的现实问题相联系。

◇ 可能和适当的话,讨论以下议题:知识和科学组织的社会作用、社会背景对科学知识发展的影响、知识和科学方法的历史、对大自然世界的分析和评价。

7. 世界诸社会

哈佛的大学生是在一个单一强权独霸天下的世界中成长的。无论是文化、经济、军事还是科学,美国对世界的影响是前所未见的。正因为如此,美国国内的学生不容易从国际角度理解这个国家,乃至理解这个国家和世界社会的关系。

"世界诸社会"课程是要帮助学生克服这一缺陷,使他们熟悉和美国不同的价值、习俗和制度,帮助他们了解不同的信仰、行为和社会组织的方法是从何而来的。课程可能探讨文化习俗或宗教传统,及其对社会结构的影响。为有助于培养学生对人类不同社会形态的理解,可以从现代或历史角度来处理课题。有些课程可能主要集中于一个以前或现在的社会,但必须说明它跨越时空与其他社会的关联(适当的话,包括美国)。其他课程可能讨论超越国界的议题和题目,分析金钱、货物、人、资源、信息或观念在不同社会之间的流动和改变。

"世界诸社会"课程授课要求为:

◇ 检视美国以外的一个或多个社会。

◇ 说明社会之间的关联,说明一个社会不同历史阶段间的关联。

◇ 把学习材料和学生在这个全球化时代可能遇到的各种社会、政治、法律或经济议题相联系。

8. 世界中的美国

学生必须学习美国以外的社会,但他们离开哈佛时,也要对美国有所认识。此类课程检视美国的社会、政治、法律、经济习俗和制度,把美国和国外社会相联系,帮助学生了解美国是国际框架内一个不同性质和多面体的国家。"世界中的美国"课程透过历史和比较性的背景来研习美国社会,有助于为学生参与社会机构作好准备。

此类别的课程实际上与"世界诸社会"课程互补:审视美国本身,和从美国往外看。无论课程是从历史或现代角度考虑问题,都必须与学生在全球化时代可能面对的与美国的社会、政治、法律和经济制度有关的议题互相联系。

"世界中的美国"课程有许多颇为务实和挑战智力的课题,包括收入不平等、医疗保险与州政府、平衡权利措施、移民、选举法、分区规划与城市扩张失控、民主/共和两党、双语主义、原教旨主义(指对美国宪法的理解)和历史文献解读。"世界中的美国"课程讲授要求为:

◇ 透过现代和历史角度检视美国的社会、政治、法律和经济制度及习俗。

◇ 说明这些制度和习俗之间的关联,以及和世上其他社会的关联。

◇ 教材与学生在全球化时代可能面对的社会、政治、法制和经济议题相联系。

第四,它对教学方法提出了自己的要求。

最终报告提出了基于社会活动的教学方法的重要性,认为课外活动是哈佛大学之所以成功的重要原因。报告鼓励学生探究课堂学习内容与他们倾注大量精力参与的活动(大多数情况下,这些活动将与学生未来的职业生涯密切相关)之间的联系,指出哈佛大学鼓励教学活动中的师生互动和学生之间的互动,普通教育课程教学要尽可能采用互动模式,要提供更多的小班教学,让学生有机会与教师和同学讨论学习材料。报告指出,大班教学也需要留出部分时间供学生提问和课堂讨论。报告提议,部分普通教育课程可以采取合作教学方式,教师可以来自哈佛大学不同的院系、学部。要想方设法提高教学质量。

为此,最终报告建议组成一个委员会,来发展这种活动教学法。该委员会由文理学院教师、学校相关的行政管理者、专业学院成员和学生共同组成,负责规划通过活动的学习项目。报告指出,这样做并不是要将哈佛大学的课外活动项目变成官方固定的制度,报告只是希望通过为学生提供课内外活动联系的知识,增加他们在课堂内外所获取的经验。

实际上,哈佛大学在建立新的通识教育课程体系过程中,其教学法改进委员会所提出的报告对课程教学法的要求更具体,比如它要求进行教学创新,建立并完善教学档案,举办教学研讨会或培训班,为教师交流教育思想、教学体会创造条件等。还有一些更具体的建议,比如改造现有研讨课教室,新建设备先进、座位环形摆放的小教室,以便于师生之间和学生之间的互动,等等。

此外,教学法改进委员会的报告还要求改进教学评估,建议修订现有评估问卷,使之成为提高教学质量的有效手段。报告指出,修订工作既应听取咨询评估专家的意见,也应吸纳教职工和学生的建议;同时,还应开发更多的替代性评估方法,比如期中评估、同行评估、匿名在线反馈、老教师观察(不与奖惩挂钩,只是为了帮助教师改进教学)等。

需要指出的是,教学法改进委员会的报告特别强调了整合教学资源的重要性,认为哈佛大学对教学的支持力度很大,但各种支持资源分散,没有得到很好的整合。报告建议哈佛大学切实围绕提高本科生教育的目标,充分把各种资源整合到一起,以最大限度地发挥其在人才培养中的作用。

最后,它对如何确保新课程体系的贯彻执行给予了特别关注。

哈佛大学最新通识教育报告特别重视新课程体系的贯彻执行问题,认为这种执行管理细节虽然实际上超过了制定该纲要的初衷,但鉴于执行问题是决定通识教育成败的关键,为此,仍将其列为专章加以论述。

首先,报告讨论了在新的课程体系框架下,开发具体课程时应注意的事项。报告认为,通识教育的成功取决于多项条件,但是好课程最关键的是要有优秀教师来承担。这需要时间、想象力以及达到这些目标所要求的各种资源:需要从教职工队伍中聘请老师,需要有一个全新的指导方针领导通识教育项目。报告指出,各系需要指定与通识教育有关的系内课程,同时也要认识到新系统不一定要很快建立起来,不应将许多已经存在的课程生硬地加入通识教育课程的新系统中。也许有些已有的课程通过小的调整能够很快适应新通识教育课程的要求,但只有建立那些全新的有激情的课程,才是开始这个项目真正有效的方法。

更重要的是,为了确保新课程体系建设的顺利,报告提出要建立相应的组织机构,即通识教育委员会,由其统筹规划通识教育课程体系的建设和实施。通识教育委员会成员应由通识教育八个类别的二级委员会主席担任,负责监管相应的通识教育课程领域。委员会成员还应包括哈佛学院的院长、研究生院院长、文理学院院长和学生代表。二级委员会则由各系和相关学部的教师代表组成。

通识教育委员会(及其二级委员会)的职责如下:

◇ 聘请教师承担通识教育课程。

◇ 鉴别已有的课程是否适合通识教育要求,必要情况下帮助教师对课程进行调整,以适应通识教育的新标准。

◇ 引导教师利用各种机会进行教学改革。

◇ 向相关负责人提出建议,使其为通识教育课程的开发提供所需要的资源。

◇ 指定一个独立的委员会管理通识教育未来 5 年规划中所要求的资源,规划其能够发挥的作用,包括课程领域的定义以及课程标准的要求。

最终报告强调说,通识教育委员会(及其二级委员会)不应把一种硬性标准(例如阅读量,考试次数,等等)强加到所有的通识教育课程中。通识教育课程应当列在普通课表之前,这样学生就可以根据自己的需要选择适合自己的通识课程以及委员会所指定的大量符合通识教育标准的系内课程,要确保学生能够通过自己选取课程来满足通识教育对他们的培养要求。

报告指出,哈佛大学各部门系别应当积极向通识教育委员会推荐课程。通识教育委员会的工作不应只与负责通识教育的个别老师有关,而是应当与部门系别的主管合作,共同推动其教师提高通识教育以及系内课程的质量。这就是说,所有的学系以及整个文理学院都必须对通识教育有所贡献,而非只是让一群数目有限的教师去承担通识教育的责任。

报告鼓励承担通识教育课程的教师积极寻求与哈佛大学其他学院老师合作,认为哈佛大学不同学院之间的这种联系不会成为提高大学生教育质量及增强教师胜任不同课程能力的障碍,报告希望学校以及学院的领导降低其专业教师队伍参与通识教育课程的门槛与限制。

报告呼吁,在管理上,通识教育课程应当获得与现行核心课程一样的特殊支持地位。

报告提出,历史表明通识教育项目在长期进行后可能会丧失其针对性和重点。学生和老师很难理解一门通识教育课程的要求,以及为什么是这门课程而不是别的类似于它的课程。时间的蔓延会使通识教育变得更加狭隘和专业化。为此,教师应对其承担科目的范围以及课程的标准作出适当的调整。为确保通识教育的健康发展,报告建议每五年对通识教育课程进行一次评估,这种评估由一个独立的委员会负责,该委员会成员由那些非通识教育委员会成员的老师以及学生代表组成。

四、哈佛大学修订通识教育课程体系的启示

通过回顾哈佛大学通识教育改革的历程,解读其最新《通识教育工作组报告》,我们从中获得了如下启示:

本科教育是一流大学声誉的保障

哈佛大学之所以与时俱进,每隔若干年就对其已获同行高度赞扬的课程体系作系统修改,起因还在于其高度重视本科教育的办学传统。作为一所世界顶尖的研究型大学,哈佛大学对与其科学研究关系不大的本科生教育的态度是明确而坚定的。在这次改革过程中,哈佛人宣称,这次改革将有许多目标,但是有两个基本原则一定要贯彻,它们是:

◇ 再次确保哈佛文理学院视其大学部的教学为其中心工作。

◇ 再次确保哈佛大学认同通识教育。

哈佛人认识到,当今研究型大学常常以博、硕士生教育或研究活动为主,从而影响到学者对本科教学工作的投入,这是一个不好的倾向。所以他们强调,无论如何,本科教育都是哈佛教育的核心。

哈佛人重视本科教育的传统,深刻地影响着哈佛的学生。在哈佛人的心目中,一个真正的哈佛学生必须是曾经在哈佛学院读了 4 年,完整地接受了哈佛文理学院教育的熏陶。这样的学生日后或许会在哈佛的医学院、法学院、工学院,或者管理学院等接受专业教育,但他内心的归属感还是集中于文理学院,甚或其发达以后向母校的捐赠,也仍然集中在文理学院。近年来哈佛大学各学院所获捐赠的排行

榜上,文理学院往往位列榜首,这充分表明了文理学院在哈佛人心目中的地位。

哈佛大学的声誉来自其一届又一届高质量的本科毕业生,而这些毕业生之所以走上社会后能够成为社会栋梁,与他们在母校读书时接受的高质量本科教育是分不开的。本科教育是哈佛大学声誉的保障。

通识教育是大学教育的有机构成

在本科教育中,通识教育是大学教育的基础。因为通识教育为学生提供必要的基础知识,使他们可以进行反思和分析艺术鉴赏与创作,以及理解科学观念与实验。而有了通识教育,个人才有可能获得解放。正因为如此,哈佛人宣称,专业教育,即使有其功能,也不是哈佛学院的教育使命。

哈佛人对通识教育的重视是一以贯之的。其最新本科教育课程体系改革的目的之一,也是为了确保哈佛人对通识教育的认同。之所以如此,是因为哈佛大学从事的是精英教育,其要培养的是美国社会的领袖人才,而要培养领袖人才,不能不注意对学生人格的塑造和基本素质的培养,既要培养他们的社会责任感,又要教会他们具有社会人际沟通能力,教育他们富有内在精神和心理体验等。而通识教育是实现这些培养目标的有力保证。哈佛人重视通识教育,也正是缘于他们对通识教育功能有着自己清醒的认识。

从实践的角度来说,哈佛大学中最受学生尊重的是哈佛学院。很多哈佛毕业生对哈佛学院感念终生,认为他们在哈佛园受到的滋养熏陶使他们受益终身。实际上,哈佛学院之所以受到人们的尊重,是因为它培养出来的人多是日后社会栋梁,他们在哈佛学院受到的教育鼓励他们养成自由学风和勇敢创意的问学特质,养成自由自信、擅长论辩、见解广阔、宽以待人的性格,这才是他们日后得以成功的基础。而这样的教育,一言以蔽之,就是通识教育。因此通识教育既是哈佛本科教育的有机组成部分,更是哈佛大学本科教育的真谛。

课程体系改革是系统工程

哈佛大学历次本科教育课程体系改革给我们的最大启发是,课程体系改革是系统工程,不能草率行事,更不是一蹴而就。纵观哈佛的历次本科生课程体系改革,都是校长亲自发动,是真正的一把手工程。改革的实际执行部门是文理学院,而文理学院在推进改革的过程中,则是由院长牵头,发动广大教授参与,组成若干委员会,进行深入的调查,分门别类进行研究,在研究的基础上加以汇总,形成改革方案,再将方案交全体教师评头论足,经多次反复,才最终定稿。

本科生课程体系改革,绝非仅仅是改革教学计划教学方案,它涉及方方面面,诸如人员调配、资源划拨、学院架构、管理体制、学生事务、教室建造、后勤支持等。这自然需要所涉方面和部门的人员参加,要做分门别类的研究,绝非仅仅只听取几个权威的意见,就可以闭门造车,推出一套新的课改方案。而这种在全校范围内的广泛研究,同时也起到了一种宣传教育理念、普及教育知识、唤起教育热情、动员教育支持的作用。当然,在这中间,教授们是课程体系改革的中坚力量,发挥了主体作用。这是正常的,高校是传播知识、创造知识之所在,而教授是传播知识、创造知识的高层主体,当然应该在事关学校前途的本科教育课程体系改革中发挥主体作用。

从改革过程来看,哈佛大学每次教育改革,从提出改革之日起,到形成新课程体系,都要持续几年的时间,这充分证明了哈佛大学改革态度的慎重和研究的深入。

另外值得一提的是,哈佛大学本科教育改革,既重视理念的引导,重视能够反映先进理念的新课程体系的设计,也充分考虑了新课程体系的实施问题。重视实施中的细节,为新课程体系的实施提供组织上的保障,是哈佛大学每次课程体系改革能够成功的关键。

哈佛大学通识教育课程体系改革为我们的教育思想讨论和课程体系建设提供了一面可资借鉴之镜。但中美两国国情不同,大学办学传统不同,社会环境也不同,我们学习哈佛大学的办学经验,不能盲目照抄照搬,应该根据自己的具体情况,认真分析其办学成功经验之所在,取其精华,为我所用,踏踏实实把自己的事情做好。

通识教育有什么用

——关于哈佛大学最新通识教育改革的访谈[①]

□ 谢岚（新闻晨报记者）

■ 关增建

《新闻晨报》导语：

今年 9 月，考入上海交通大学的新生们将会发现，通识课程的选课表又有了一些新变化。

"通识课无非是读几本经典小说，听听交响乐，欣赏欣赏油画？这样的认识是不完整的。"交大人文学院常务副院长关增建说。

2009 年度交大的通识课程涵盖人文、社科、美学、伦理、自然科学等领域，希望继续向"真正的通识教育"走近。

此次调整，参考了美国哈佛大学最新的通识教育课程的改革经验。

2007 年，哈佛《通识教育工作组报告》历经周折，耗费数年方才通过，在全球高校引起了广泛的关注。

"这份报告能帮助我们更好地理解什么是通识教育，"关增建说，"但别忘了它还说明了另一点：好的课程改革，需要一整套的校园民主程序。"

背景：

哈佛大学的这次通识课程改革，是该校最近 30 年动作最大的一次本

---

① 原载于《新闻晨报》2009 年 6 月 14 日 B10"星期日·文化"版，本文有修订。

科教育改革,从 2002 年 10 月正式启动,到 2007 年 5 月通过,耗时近5 年。

花那么长时间通过一项"教改"方案,这在美国的大学并不奇怪,它就像美国的立法过程:在投票决定法条的存废之前,任何人都有权说出自己的想法,反复进行公开的讨论、辩论。

但哈佛的这次"教改"还是很有些不同:它恰好碰上了校长和教师的矛盾。

一、哈佛通识课程改革的启动

□ 新闻晨报:哈佛的这次通识课程改革是怎么开始的?

■ 关增建:这要从当时的校长说起。2001 年 7 月 1 日,劳伦斯·H. 萨默斯成为哈佛大学校长。这个萨默斯可是个很厉害的人物,28 岁就成为哈佛历史上最年轻的终身教授,后来又离开哈佛,投身政界,1999 年,他出任克林顿政府的财政部长。

哈佛有个深厚的传统,就是非常重视本科生教育。负责本科生教育的是哈佛文理学院,可以说是哈佛最受尊敬的一个学院。在哈佛人的心目中,一个真正的哈佛学生必须完整地接受过哈佛文理学院的熏陶,哪怕日后去了医学院、法学院、管理学院,但内心的归属感还是在文理学院。近年来在哈佛各学院校友捐赠的排行榜上,文理学院往往位列榜首。

萨默斯的本科生涯是在麻省理工学院度过的,在哈佛拿到了经济学博士。他当校长后很重视哈佛的本科生教育,上任后的一个重要议题就是推动哈佛新一轮的本科教育课程改革。在他的支持下,文理学院院长、著名的中国近代史专家柯伟林教授负责此事。

□ 新闻晨报:柯伟林要做些什么?

■ 关增建:哈佛的课程改革,有一套成熟的程序,主要有告知、听取各方面的意见、提交报告、辩论、投票决议等环节。这个过程有很多反复,要经过很多讨论和修改。柯伟林先发表一封公开信,表示"我们必须开展自我批评,目的是改进",呼吁师生积极参与,出谋划策。接着,组织系列座谈会,邀请老师、研究生、本科生座谈,让大家坦率地说说对现有课程的想法,对改革提提建议。2002 年学期末,柯伟林搭好了一套工作班子,由一个执行委员会和四个工作小组组成。

　　□ 新闻晨报:工作班子里都有哪些人?

　　■ 关增建:每个工作小组有 12—13 个成员,包括主席 2 人、若干终身教授和普通教师、1—3 名本科生、1 名研究生、1 名和本科生教育相关的行政人员及 1 名外学院人员。执行委员会的主席由柯伟林和时任哈佛本科教育主任格罗斯担任,成员为 4 个工作组的 8 名主席。

　　□ 新闻晨报:学生也进入正式的工作组?

　　■ 关增建:是的。从工作组的人员结构,就能看出哈佛"教改"的起点:不论你是在这个学校读书的、教书的,还是搞行政的,不论是领导还是员工,不论是终身教授还是普通教师,都有同样的机会表达你的看法。"教改"的基础是民意。

　　□ 新闻晨报:这是整个"教改"的第一个阶段?

　　■ 关增建:对,这个阶段就是集思广益,倾听各方面的意见,评估现存问题,前后持续了一年半,一直到 2004 年 4 月才形成了一份"课程改革报告",然后就要在这个报告基础上提出新的课程计划。不过,就在这个过程中,校长萨默斯和一些教师的矛盾出来了,影响了"教改"的进行。

二、校长与文理学院教师的博弈

　　□ 新闻晨报:发生了什么?

　　■ 关增建:萨默斯是哈佛历史上一位很有争议的校长。他是一位计量经济学家,非常聪明,精力过人,作风果断,有些傲慢。美国大学有"教授治校"的传统,但萨默斯恰好是一位强势的校长。为了加强校方权限,推行自己的一些主张,他对哈佛的管理机制进行了大刀阔斧的改革,引起一些教师的不满,他们担心校长权力过大,妨碍学术自由。萨默斯重视数学,他有句名言:"能计数,才算数!"据说有一次他还对一位人类学家说:"我们学经济学的人,因为用很多数学,所以比你们聪明。"他这种"重理轻文"的态度,引起了一些教师的不满。此外,萨默斯为了贯彻他的理念,把许多经费转移到科技学科,令他跟文理学院之间的关系雪上加霜。

　　□ 新闻晨报:那"课程改革报告"是不是引发了很大的争议?

　　■ 关增建:萨默斯平时作风自信,行事高调,容易得罪人。支持萨默斯的,多数是专业学院,比如医学院、法学院、管理学院。"课程改革报告"自然得到了不少的质疑。人文社科领域的教师也对这份报告提出了异议,有学者认为它忽略了对伦理道德的重视,对科技类课程让步过多。

□ 新闻晨报:萨默斯注意到这些反对的声音了吗?

■ 关增建:他可能是太自信了。接着就发生了一桩我们都知道的新闻。2005年初萨默斯出席一次学术会议,他随口说科学领域中女性人数远少于男性,原因是女性的"天生习性"所致,他对在这些领域从事研究的女性"深表同情"。全世界一流大学的校长居然说出如此"性别歧视"的言论,立刻引起轩然大波。尽管萨默斯事后一再澄清甚至道歉,但哈佛教师对他的不满已经升级成了信任危机。

□ 新闻晨报:教师们可以做些什么呢?

■ 关增建:2005年2月,在文理学院一次全体教员会议上,一些在哈佛有很大影响力的教授公开发言,表示对萨默斯的领导能力与风格强烈不满。他们的发言,引发了更多教员对萨默斯的抨击。一个月后,在文理学院另一次全体会议上,教师们以218票对185票的结果,通过了对萨默斯校长的不信任案。这在哈佛历史上,是第一次发生,很不寻常。

□ 新闻晨报:"不信任投票"是哈佛的一项机制吗?我的意思是,学校的规章制度中是否有明文的规定,当教师们对校长不满意时,可以采取这样的行为,反对校长?

■ 关增建:这样理解,也对也不对。文理学院通过的"不信任案"和"弹劾"不一样,并不是达到一定的票数,某人就必须下台。它没有这样的权力。它和我们在政治新闻中看到的"不信任案"也不一样。比如在一些国家,假如议会通过了"不信任案",那么内阁首相就得提出辞职,或者提请国家元首解散议会。哈佛是一所私立大学,校长由学校董事会任命和罢免,决定权在他们那里。这一次"不信任投票"并没有影响校董会对萨默斯的信任,他还是继续当着校长。

□ 新闻晨报:那么"不信任投票"有什么用呢?

■ 关增建:文理学院的教师是希望用这种正式的、规范的途径,表达他们的看法。说到底,"不信任案"只是通过一种程序表出来的"民意",至于校董会怎么处理这个"民意",那就是校董会要考虑的事情了。事实上,这个看起来没有任何法律效力的"不信任案"影响力非常大,尽管它只是一个学院的教师投票,但对萨默斯仍然构成了巨大的舆论压力。另一方面,医学、法律、管理、设计等专业学院还比较支持校长。

□ 新闻晨报：为什么它有这么大的影响？

■ 关增建：前面已经说过了，哈佛非常重视本科教育，通过"不信任案"的恰恰是负责本科教育的文理学院。而且哈佛，包括美国其他大学都有一个最基本的理念，大学最重要的便是学生和教师，那么多教师不信任校长，校长怎么会没压力呢？

□ 新闻晨报：那么多文理学院的老师都反对萨默斯，他的本科教育改革还怎么搞？

■ 关增建：2005 年 11 月初，柯伟林领导的课程改革委员会提出了一份修改过的报告，吸收了一些批评意见，比如把"伦理"一词引入报告，并使其多次出现。但文理学院的教师因学校局势的变化，对课程改革有些兴味阑珊，反响远不如上一次热烈。专业学院的教师们则同情萨默斯，认为新报告迫于压力多少有些急就章的味道。文理学院的教师与校长之间的矛盾还在发展，这种情况下，报告只好被束之高阁，放到了一边。

□ 新闻晨报：这个僵局是如何打破的？

■ 关增建：没过多久，哈佛学生日报《深红》（Crimson）报道了萨默斯校长准备解聘柯伟林文理学院院长职务的新闻，引起大家关注。后来，意兴阑珊的柯伟林提出辞职，萨默斯痛快地接受了他的辞呈，没有挽留。这样一来，萨默斯校长和文理学院教员的矛盾就更深了。2006 年 2 月 9 日，文理学院教师决定在 2 月 28 日再次对萨默斯进行"不信任投票"。事已至此，萨默斯也待不下去了。2 月 21 日，在第二次"不信任投票"前，萨默斯宣布他将在当年的 6 月 30 日辞去校长职务。校董事会表示尊重他的选择，从而结束了哈佛大学历史上这场罕见的风波。

萨默斯辞职后，哈佛校董事会决定在物色到合适的新校长之前，先请德高望重的前任校长德里克·博克代理。

博克对本科教育情有独钟，1970 年代哈佛历史上影响很大的"核心课程体系"，就是在他极力推动下问世的，影响了全世界的高等教育。这次他"临危受命"，一上台就邀请柯伟林复出，继续课程改革。到了 2007 年 5 月 15 日，文理学院教师以"立法表决"的方式，通过了该报告，哈佛大学历史上规模最大的一次课程体系改革终于落下了帷幕。

最终的报告指出，哈佛的课程设置由专业课、选修课和通识教育课组成。而通识教育又分成八个领域。

要想搞清楚哈佛通识教育课程体系，不是件轻松的事情，因为里头有各种各样的科目、教育理念的阐述,以及一整套相应的学分计算。

但不管怎么改,哈佛所体现出来的一所大学的"变"和"不变"是清晰的。

□ 新闻晨报:"立法表决"又是怎么一回事?

■ 关增建:所谓"立法表决",是哈佛大学文理学院通过该报告的一种形式。哈佛群英荟萃,在文理学院,每个人都能对通识教育,谈出自己的一套,不可能形成完全一致的看法,但报告总不能无休无止地修改下去,所以到一定程度之后,柯伟林就向学校提交了最后的定本,而文理学院就采用教师集体投票的方式,来决定是否通过这份报告。之所以叫"立法表决",是因为表决通过后,就必须按报告的设想进行,这就像是议会通过了法律文本一样,必须要得到执行。

三、通识教育的意义

□ 新闻晨报:这次教改和以前的课程相比,发生了哪些主要的变化?

■ 关增建:要谈变化,那还得先从哈佛历史上的几次大的改革谈起,这样才能看出,什么是改变的,而什么是不变的。

哈佛大学早期的课程仿效英国,基本上是固定课程和古典课程。到了 19 世纪,美国步入工业社会,如何培养新时代的人才,成为美国大学面临的新问题。1869 年,年仅 35 岁的查尔斯・W. 艾略特被推举为哈佛大学校长,他有一个信念,大学培养学生应做到"入以增长才智,离以更好地服务于国家和人类"。他认为哈佛传统的课程已经无法满足这样的培养目标,一上任,他就推行"选课制"来改造哈佛大学。他当了 40 多年的哈佛校长,到 1897 年,整个哈佛的必修课程只有一门修辞学了。

□ 新闻晨报:选课制和艾略特的信念有什么关系呢?

■ 关增建:这个制度可以引入大量对当时社会有意义的新课程,但更重要的是,艾略特相信,学生在选课过程中培养出来的自我责任感,才是高等教育的根本目的所在,当他们步入社会后,这种对自己的选择负责的态度,就会发展成对社会的责任感。

□ 新闻晨报:实践下来情况如何?

■ 关增建:"选课制"给美国大学带来了蓬勃的生机,但时间一长问题又出来了:负责任的选择需要成熟的价值判断,但大学生刚刚入校,价值观可能还没有建立起来,所以难免有学生光选容易的课、好拿学分的课,或者选对日后找工作有帮助的应用学科,而忽视了基础学科。哈佛自己也意识到了这一点,1909 年,艾略特的下一任劳威尔成为哈佛大学校长,又开始改革,恢复了必修课程,希望在尊重学生的自主学习的同时,发挥教师的指导作用。

在通识教育发展过程中,不能不提 1940 年代美国高等教育史上著名的"红皮书"(*The Red Book*),又称为《自由社会的通识教育》(*General Education in a Free Society*),它为美国通识教育的兴盛提供了理论上的准备。

□ 新闻晨报:也就是说,它解释了通识教育的意义?

■ 关增建:它提出通识教育是培养学生成为一个负责任的人和公民首先应该接受的教育,而专业教育则是培养学生职业能力的教育。在生活中,这两个方面是不能分离的。

□ 新闻晨报:那么它通过什么样的课程来培养"负责任的人和公民"呢?

■ 关增建:好的教育一定有好的理念,而好的理念必须有好的课程设计做支撑。1940 年代的哈佛通识课程包括"文学名著""西方思想与制度"这两门课程,以及一门理化或生物科学的入门课程,然后学生还要再从人文科学、社会科学和自然科学中各选一门全年课程。通识教育不仅是给学生增添一点生活情趣,文学修养,而是要培养独立的、完整的人。2007 年的哈佛"教改",也很明显地维护了这个传统。

□ 新闻晨报:具体来说呢?

■ 关增建:比如说,它设计了"经验推理"类课程,目的是让学生学习如何作决定。这课怎么上呢?学生要学会收集信息、衡量数据、估算概率。要拥有这些能力,学生要学习统计学、决策理论、逻辑学和数学等学科。然后,凭借这些能力,去作出判断和决定。掌握统计学、数学、逻辑学不是目的,它们只是一些工具,目的是让学生在纷繁复杂的世界里有思考和有独立判断的能力。同时,哈佛也考虑到另一方面,人们在生活中作出各种决定时,往往有很多伦理的考虑,比如评价公共政策、解决家庭问题等。所以哈佛的通识教育又设计了一类课程叫作"伦理推理",谈论自由、公义、平等、民主、权利、义务、美好人生等理念,并且明确要求教师把这些理念和现实生活,和学生的日常困惑相连接。这些课程,让学生在急剧变化的世界中有了些阻尼。

□ 新闻晨报:阻尼是什么?

■ 关增建：哦，这是物理学上的一个名词。打个比方，以前的门是没有阻尼设计的，所以人们在关门的时候，随手一带，很快就"砰"的一声重重关上了，容易对门框形成冲击，对房屋整体造成伤害。而有了阻尼的摩擦减震，门就能慢慢地、轻声地合上，既达到了关门的目的，又减少了对门框的冲击。通识课程中的伦理类课程就像一个阻尼，让学生有一个意识，社会进程是不是需要那么快，那么剧烈？当科技让世界变得眼花缭乱，要不要减慢速度，给自己充分的时间想一想？哈佛的课程设计始终是伴随着社会的发展而调整的，2007 年"教改"后出现了"世界诸社会""世界中的美国"等新课程，这是它对当前这个快速全球化时代的回应，是它的"变"，但不管什么时代，不变的是，它要培养的始终是一个独立负责的公民，一个卓越的领袖。

研 究 篇

通识教育属性辨析

通识教育是近年来中国大学教育的潮流。但是,究竟什么是通识教育,应该如何开展通识教育,却众说纷纭,莫衷一是。究竟应该如何理解通识教育,才能真正实现通识教育的初衷?

要解决这一问题,正确的做法应该是首先厘清通识教育的定义,弄清楚通识教育是什么,在此基础上再去推行。但实际上,教育界的实践已经告诉我们,这条路很难走得通。因为通识教育跟课程体系密切相关,而大学课程繁复广博,要从中为通识教育划出一条清晰的边界,由之辨析通识教育的属性,是难乎其难的事情。更何况人们对通识教育的理解本来就仁者见仁,智者见智,大家各持己见,难得一致,像通识教育重镇哈佛大学和芝加哥大学对通识教育的理解就相互有异。既然如此,不如另辟蹊径,让我们来思考一下,通识教育不是什么,通过与其他类型教育的比较,来探讨通识教育的内涵,加深对通识教育的理解。

一、通识教育不是博雅教育

博雅教育(liberal education,也有人译为"自由教育")是教育界常提到的一种教育模式。在很多人的心目中,通识教育(general education,或译为"普通教育")就是博雅教育,他们在讨论问题时,并不在意从概念上对二者加以区分。下文即是一例:"在思考中国大学理念时有必要借鉴巨型大学的模式,实现多重理念在大学的融合,使大学体现以通识教育为核心的博雅教育理念、以知识创新为目标的研究型大学理念以及以学术为基础的社会服务理念。"①再如,在通识教育的历史上,哈佛大

---

① 李强,大学理念再思考[J],北京大学教育评论,2005 年第 2 期。

学 1945 年发布的《自由社会的通识教育》(*General Education in a Free Society*)具有里程碑意义,对这样重要的通识教育文献,有学者在提及它时径译为《自由社会中的博雅教育》①。这样的译名,所反映的当然是对二者概念上的混淆。类似的例子可以举出许多。正因为如此,有学者指出:"'通识教育'与'自由教育'经常被学界无差别地当作'素质教育'的代名词来使用,实际上二者并不能简单等同。"②这样的总结是符合实际情况的。

一般说来,在不是专门讨论通识教育的场合对二者不作严格区分,并无大碍,上述例子即是如此。但在专门研究并在高校普遍推进通识教育的情况下,这种混淆,就不能不令人担心,因为概念的模糊表明思想上的不清楚,在这种情况下去推进通识教育,以其昏昏,使人昭昭,效果可想而知。

那么,通识教育与博雅教育究竟是何关系,两者到底有什么样的区别? 要说清楚这些,需要从它们的历史谈起,因为通识教育是从博雅教育发展而来的。

博雅教育历史悠久,古罗马时期即已存在,当时的用语是 studia liberalia(即 liberal studies),其起源可以追溯到古希腊时期。就教育对象而言,罗马人所谓的博雅教育,指的是"适合于自由人而非奴隶的教育";就教育目的而言,它蕴含着"培养通达智能,而非专门技术"的意义;就学习方式而言,它强调记忆背诵,以使学生不假思索地同化于传统文明;就学习科目而言,它包括文法、修辞、诗歌、音乐、哲学、数学等。这些科目统称为"自由技艺"(liberal arts)。③ 虽然这些科目事实上包含数学与若干自然科学,但是人们研究这些学科的角度是从哲学出发,而不是分析其科学内涵,因此罗马人又称"自由技艺"为"人文学"(humanities)。也就是说,一开始,"自由教育"与"人文教育"在某种意义上是相通的。后来,博雅教育的内涵逐渐有了变化,由"适合于自由人"转变为"使人自由",教育的目的变成"使学生成为具有自由心灵的人",即是说,使学生不但可以主宰自己的心灵,而且对社会规范社会观念具有反思能力。当代人推崇博雅教育,很大程度上也是出于对这种转变的认可。

---

① 例如,李日容《"西方哲学"教学与博雅教育》一文中即采用了这种译法(http://www.wybylw.com/philosophy/western/201202/76113.html);再如,搜狐教育网站 2013 年 1 月 21 日《给孩子不一样的大学生涯》的报道,也采用了同样的译法(http://learning.sohu.com/20130121/n364216765.shtml)。

② 周雁翎、周志刚,隐匿的对话:通识教育与自由教育的思想论争〔J〕,北京大学教育评论,2011 年第 2 期。

③ 江宜桦,从博雅到通识:大学教育理念的发展与现状〔J〕,(台湾)政治与社会哲学评论,第 14 期,2005 年。

　　进入中世纪后,出现了大学。中世纪大学的主要任务,是传授教会拟定的对上帝及世界的既定看法。人们认为那就是真理。既然真理已经找到,教育的目的就是要把它传授给下一代,以培养神学人才和社会上层人士。教师们讲授的是神学、法律及医学。为了为神学服务,还需要学习一些具体的课程,如文法、修辞、逻辑和算术学、几何、天文、音乐等学问,即所谓之"七艺"。讲授方法以研读书籍和记忆为主。对于这样的教育,一般人仍称其为博雅教育。

　　到了 18 世纪,情况发生了变化,大学开始追求真理,教师们讲授古籍精要的同时,也开始教授学子探求真理的方法。教育的目的不再是培养神学人才,而是培养通达而有修养与见识的文化人。当时的教育家自认为继承了传统的博雅教育的理念,认为大学本来就应该是培养上流社会精英的地方。而这确实是博雅教育的要义所在。

　　时代在发展,大学教育的内容也随之在变化。19 世纪以来,由于知识的急剧扩张,新的系科和研究所不断涌现,大学对实用知识学习和专业技能训练给予了更多的重视。特别是在美国,一些学校开始注重对学生进行实用知识的培养和专业技能训练,以满足社会对新型实用人才的需求。为满足学生要求,培养实用人才,这些学校给学生更多的选课自由。在这种背景下,实用学科成为学生青睐的对象。这种局面,给学生的发展带来极大好处,同时也导致了一些问题:学生只熟悉自己专业领域的知识,对其他领域知之甚少,在沟通上存在困难。同时,由于缺少博雅教育的熏陶,学生在自我探索、批判反省和创新突破的能力方面,也出现了较为明显的欠缺。

　　针对这种局面,耶鲁大学经过研究,发表了著名的《1828 耶鲁报告》。该报告系统阐述了耶鲁大学博雅教育理念,强调古典科目教育的重要性,希望以此实现对学生的人格教化与思想塑造,把学生培养成具有优美情感与高尚情操的人。报告发表以后,在社会上引起很大反响,第二年,美国学者帕卡德发表论文,对之给予高度评价,并在文中正式提出了"通识教育"概念,认为耶鲁报告提出的教育模式是一种"通识教育",其实质是要求学生掌握共同的和必备的知识。一些人把通识教育与博雅教育画等号,与帕卡德的这种说法不无关系。

　　帕卡德虽然指出了"通识教育"的重要性,但他过于重视古典学术,排斥现代语文,轻视社会科学和自然科学。他所说的通识教育,与今天所言相去甚远。《耶鲁报告》只是为通识教育提供了一个源头。

通识教育的另一个源头在 1917—1919 年的哥伦比亚大学。这段时间,第一次世界大战正在欧洲大陆进行,美国也参与了这场战争。对于美国介入发生在欧洲的战事,美国民众颇有抵触,他们认为,大战发生于欧洲,与己无关,美国不应介入其中。甚至在美国青年学生中,持这种观点者也为数不少。对此,美国政府痛感有必要在大学中开设某种课程,以使学生明白美国文明源自欧洲,美国不能脱离欧洲而独善其身。在联邦政府的引导下,美国多所大学开设了关于"战争目的"的课程。第一次世界大战结束后,哥伦比亚大学没有终止这种课程,而是进一步将其发展成系统的西方文明课程,并规定全校一年级学生必修。这一模式为多所大学所效仿,成为美国大学"西方文明史"课程的由来。人们认为美国通识教育始于哥伦比亚大学,原因即在于此。显然,这时大学的教育理念,已与传统的博雅教育有了明显区别,开始关注培养学生的社会责任感了。

在通识教育的发展过程中,前文提到的哈佛大学通识教育"红皮书"——《自由社会的通识教育》报告值得一提。该报告是由时任校长科南特主导的,在第二次世界大战中完成,发表于 1945 年。科南特是二战及战后美国制定原子弹政策的重要人物,他深切体会到由于科学技术飞速发展,出现了像原子弹这样具有巨大杀伤力的武器,可以深刻地影响世界,改变世界进程。在他看来,原子弹并不可怕,如果原子弹不能掌握在可靠的人的手中,这才是最可怕的。他看到由于科技的进步,社会进程大大加快,社会阶层高度分化,人们意志不能统一,缺乏共同的价值观。他对此深感忧虑,决心从教育中寻找出路。在科南特的倡导下,哈佛的教授致力于思考美国教育将来培养出来的人,如何能够在维持西方文明方面发挥作用。他们讨论的结果是,要在大学推动通识教育,培养能够继承西方文明,对美国社会承担起责任的青年一代。哈佛大学报告就是在这样的背景下问世的。显然,在这种理念下开展的通识教育,已经不再是 19 世纪学者心目中的博雅教育了。美国大学的教育,实现了由博雅到通识的转变。

辨析通识教育与博雅教育的区别,是十分重要的。因为二者理念不同,在其理念引导下形成的课程体系、教育方法也不同,由此达成的教育结果也不会一样。对此,我们应有清醒的认识。一般说来,通识教育是在博雅教育基础上发展出来的,它们的区别在于,通识教育旨在培养负责任的社会公民,教育内容涉及当代人应该具备的基本素质;博雅教育旨在培养精神贵族,教育内容以古典学科为主。当然,古典学科在通识教育中也占有重要地位,这是不言而喻的。

二、通识教育不是通才教育

有一种说法,在当代社会,通识教育行不通,理由是知识爆炸,什么人有那么大的本事,能让受教育者面面俱到,什么都通? 即使是教育者,谁又敢说自己是通才,自己能培养出通才?

这种说法的本质,是把通识教育与通才教育画了等号。在教育界,有这种看法的学者为数不少。不少学者把通才教育与博雅教育和通识教育相联系。例如,有学者认为,"我们经常所说的通才教育,是译自 liberal education 和 general education 这两个英文词。它源于古希腊的自由教育(或称为博雅教育),是以培养多才多艺的博雅的和有教养的自由人为宗旨"①。这种说法认为博雅教育和通识教育都是通才教育,还有学者引经据典,认为 19 世纪英国思想家约翰·密尔提出的"每件事都知道一点,有一件事知道得多一些"是对博雅教育最为精辟的总结②,甚至百度百科的"博雅"词条也持同样的说法③。这种观点所倡导的通识教育,当然是通才教育。

在历史上,约翰·密尔是否说过这样的话,是可以存疑的,中山大学徐坚即曾指出,"这句朗朗上口但又容易招致批评的警句竟然是伪造的"。④ 另一方面,即使约翰·密尔真的说过这样的话,也不能认为它就是正确的,因为"每件事都知道一点",是不可能做到的;而"有一件事知道得多一些",究竟是哪一件事,又缺乏说明,这样的警句,作为对一种教育模式的总结,是不具备任何示范性的。

香港科技大学的丁学良教授,更是提出"通识教育已经落伍"的说法,倡导要实行"全面教育"。他认为,"这两者之间并非名称有差别,而是具有本质区别","全面教育"源于哈佛大学的 General Education,是哈佛自 2007 年启动的一项新的教学改革。他认为在此前"哈佛实施了 30 多年的核心课程教育,即很多国内大学正在推开的所谓'通识教育'"。⑤ 实际上,哈佛大学历史上曾多次进行通识教育改革,用的名称都是 General Education。2007 的这次改革,是哈佛大学因应社会发展对

---

① 彭正梅,美国大学普通教育理论的发展〔J〕,全球教育展望,1998 年第 4 期。
② 周燕,网络背景下的博雅教育探析——以杭师大 BBS 为个案〔J〕,时代人物,2008 年第 10 期。又见徐越湘,论博雅教育中的音乐教育价值〔J〕,艺海,2009 年第 3 期。
③ http://baike.baidu.com/view/272433.htm〔OL〕
④ http://www.infzm.com/content/50103〔OL〕
⑤ 姜澎、樊丽萍,香港科大教授丁学良:"通识教育"已经落伍〔N〕,文汇报,2011 年 3 月 3 日。

通识教育原有模式进行的一次修订和完善,并非推倒重来,没必要用一个新的名词来翻译它。但这种"全面教育"的说法,无形中与通识教育是通才教育的说法,起到了某种程度上的呼应。

实际上,即使在通识教育的发源地美国,人们对通识教育的解释也多种多样。国内高校对通识教育的理解和实践更是五花八门,甚至有的学校把专业课程之外的课程都认定为通识课程,把各种各样的讲座也纳入通识教育课程体系。相比之下,上述把通识教育理解成通才教育的看法,也不算多么荒腔走板,它毕竟是教育界对通识教育的一种理解。

但是,这种理解,无论如何不符合通识教育发展的趋势。早在1945年,哈佛大学通识教育"红皮书"就已经指出:通识教育"并不是关于'一般'知识(如果有这样的知识的话)的空泛的教育;也不是普及教育意义上的针对所有人的教育。它指学生整个教育中的一部分,该部分旨在培养学生成为一个负责任的人和公民"。[①] 对通识教育的这一定义迄今并不过时。换言之,通识教育并不追求面面俱到,让学生什么都懂。通识教育的追求是要培养能够适应当代社会发展、有责任心的公民,并依据这样的目标设计自己的课程体系。即是说,首先对当今社会有责任心的公民应该具备的基本素质进行分析,将其分解成几个基本部分,然后有针对性地设计出相应的课程。这是一种目标导向的课程体系设计。这里不妨以哈佛大学为例加以说明。哈佛大学历史上有过多次通识教育改革,其进入21世纪后的最新一轮通识教育改革把通识教育培养目标分解成四个方面,它们是:

教育学生为承担公民职责做好准备;

使学生明白他们既是传统艺术、观念和价值的产物,也是其参与者;

教育学生能够批判性和建设性地回应变革;

让学生能够从道德伦理维度理解自己的言行。

根据这四个方面的要求,哈佛大学把通识教育课程体系分解成八个学科领域,它们分别是:审美与诠释性理解、文化与信仰、经验推理、伦理推理、生命系统科学、物理世界科学、世界诸社会、世界中的美国。

为了实现通识教育的目标,哈佛大学要求学生必须从这八个领域中每个领域选修一门课,该门课在学分计算上不低于1.5个学分,一个学期内上完。这样学生

---

① 哈佛委员会著,李曼丽译,哈佛通识教育红皮书〔Z〕,北京:北京大学出版社,2010年12月,40页。

用在通识教育课程上的学分为 12 个,课程数为 8 门,只占哈佛大学本科教育要求学生完成的课程总数的四分之一。

显然,这套课程体系为自己设定的目标是有限的,在实践中也是能够实现的。以哈佛为例,可以肯定地说,通识教育给自己设定的是有限目标,为实现其目标所设计的课程要求课时量等也是有限的,因此它是可以实现的。通识教育课程并非各种选修课的叠加,它的体系是经过设计的,其内容是有选择的。通识教育不是通才教育,面面俱到不是通识教育追求的目标。

三、通识教育不是专业教育

通识教育课程涉及的领域都有相应的专业,那么,通识教育课程与专业课程有什么关系? 显而易见的结论是:通识教育不是专业教育。得出这样的结论,看上去似乎多余,因为通识教育本来就是为了弥补专业教育的不足而提出来的,二者当然不是一回事。但实际上,通识教育与专业教育有着复杂的关系,很难截然分开。哈佛大学通识教育"红皮书"就曾指出:

> 广义地说,教育可以被分成两部分:通识教育(general education)和专业教育(special education),……"通识教育"……指学生整个教育中的一部分,该部分旨在培养学生成为一个负责任的人和公民。而"专业教育"这个术语,指的是旨在培养学生将来从事某种职业所需的能力的教育。此二者同为人的生活的两个方面,是不能完全分离的。认为这两种教育具有非常明显的区分是错误的。①

不但"生活的两个方面,是不能完全分离的",即使在课程设计上,也很难将二者完全分离。但推行通识教育,又必须对二者的不同作出区分,这就需要对它们的关系进行梳理。

通识教育与专业教育的关系首先体现在具体课程上。通识教育有自己的课程体系,而其每一门课,都会涉及一门或一门以上具体专业,会对应于具体的专业课程,这就使它们有了内在的关联。

---

① 哈佛委员会著,李曼丽译,哈佛通识教育红皮书〔Z〕,北京:北京大学出版社,2010 年 12 月,39—40 页。

不管是专业课程，还是通识课程，都有自己的具体目标，当二者相近时，是可以用专业课程来代替通识课程的。例如，在科学领域，通识课程旨在使学生增加科学知识，学会处理科学资料，使学生对科学有概括的了解，掌握科学的思维方法，而一些专业基础课程，诸如大学物理、大学数学等，本身就具备这种功能，它们当然可以同时作为通识课程对待。这时，二者是统一的。

另一方面，专业课程要求学生掌握系统而精深的专门知识，这就与通识课程不一样了。我们不妨以历史学为例加以说明。任何一所高校的通识课程，必然包括历史类课程在内，其目的是培养学生的历史意识，使学生能够历史地看待过去和现在。学生可以通过修习任何一门历史类通识课程来掌握这种思想方法。但对历史专业的学生来说，这就不够了，他们不但要养成从历史的角度看问题的思维习惯，还要掌握系统的历史学知识，不但要懂中国史，也要懂世界史，还要了解多种专门史。所以，历史专业的学生要学习系统的多门类的历史课程。这就是二者的区别。

即使对同一门课程，二者的着眼点也有不同。通识类历史课程强调通过对历史事例的教学，培养学生的历史意识和历史思维方法，对该门课程所涉历史知识的系统性和完整性并不特别重视，而对同一名称的历史专业课程来说，除了上述目标之外，对该门知识的系统性和完备性的要求，是必不可少的。因为目标的不同，表现在课时要求上，必然也有差异。当然，如果可以满足通识课时的要求，兼顾二者的课程目标，历史类专业课程，同时充任通识类历史课程，亦无不可。

总之，通识教育旨在通过对课程的学习，提高精神素养；专业教育则希望通过课程学习，培养本学科专门人才，这是二者的不同。举例来说，美术鉴赏类课程对通识教育是重要的，因为它可以培养学生的审美意识，提升他们的审美情趣，有助于使学生成为高雅的人，但若美术类课程以绘画技巧为核心，加上了大量手法练习，一定要把学生培养成画家，那就不是通识课程了，因为这时的课程目标已经是培养绘画专业人才了。

通识教育不是专业教育，原因在于二者的培养目标不同。

四、通识教育不是专业教育的对立面

通识教育不是专业教育，也不是专业教育的对立面。之所以这么说，是因为在以理工科为主的高校中，不少学者把通识教育理解成了专业教育的对立面，认为理工科专业学生课程繁多,学习任务重,无法对其开展通识教育。

这种看法的形成,并非毫无缘由。曾有一种观点,认为当今一个工程师知识的半衰期是 5 年,这意味着如果将一个大学生培养成专才,那么五年十年后他就将面临被淘汰的境地,所以,大学只有培养综合素质高的通才,才能适应社会需要。[①] 这种观点不能成立,因为创新都是在原有知识的基础上展开的,没有对原有知识的掌握,要学习新的知识,是不可能的。另外,这种观点把通识教育当成专业教育的替代品,用通识教育来取代专业教育,既不正确,也容易引起理工科学者反感,造成思想混乱。

把通识教育视为专业教育的对立面,实际上是教育界对大学教育应以"通"为主还是以"专"为主这对矛盾争论的余响。早在 20 世纪 40 年代,时任清华大学校长的梅贻琦即曾谈到过这一争论:

> 今人言教育者,动称通与专之二原则。故一则曰大学生应有通识,又应有专识,再则曰大学卒业之人应为一通才,亦应为一专家,故在大学期间之准备,应为通专并重。此论固是,然有不尽妥者,亦有未易行者。此论亦固可以略救近时过于重视专科之弊,然犹未能充量发挥大学应有之功能。窃以为大学期内,通专虽应兼顾,而重心所寄,应在通而不在专。……通识,一般生活之准备也,专识,特种事业之准备也。通识之用,不止润身而已,亦所以自通于人也。信如此论,则通识为本,而专识为末。社会所需要者,通才为大,而专家次之。[②]

梅先生此处所言"通识",并非今言之通识教育,而是指大学培养出来的通才应有之学识。梅先生主张大学应以培养通才为自己的追求,其理由在于通才能够更好地适应社会的需求。

那么,大学倘若能够培养"通专并重"之人才,岂不更好?对此,就在上述引文之后,梅先生一针见血指出,"通专并重"之说"未为恰当",理由是:

> 大学四年而已,以四年之短期间,而既须有通识之准备,又须有专识之准

① 管庆江、王智永,刍议博雅教育与大学新生始业教育[J],徐州师范大学学报(哲学社会科学版),2008年(第34卷)第5期。

② 梅贻琦,大学一解[J],清华学报,第十三卷第一期(1941年4月)。

备,而二者之间又不能有所轩轾,即在上智,亦力有未逮,况中资以下乎? 并重之说所以不易行者此也。偏重专科之弊,既在所必革,而并重之说又窒碍难行,则通"重"于"专"之原则尚矣。

即是说,由于教育时间有限,大学把"通专并重"作为自己对学生的培养目标,是不现实的。既然不能兼顾,从更能适应社会需求的角度来看,培养通才更可取。

时代在发展,半个多世纪以后,梅贻琦先生提到过的"通专"矛盾,似乎演变成了当今的"通识教育"与"专业教育"的矛盾,特别是梅先生使用了"通识"这个词,提出了"通识为本,专识为末"的口号,更容易引起人们的错觉,以为通识教育会挤掉专业教育。以至于许多专业课教师一提起要开展通识教育,就显得忧心忡忡,生怕通识教育对专业教育形成冲击,影响了学生培养质量。

实际上,通识教育与专业教育的矛盾是表面上的,把通识教育视为专业教育的对立面,主要是出于对二者争课时的担心。但这种担心是不必要的,因为学生在大学期间,既要学习必要的专业课程,也需要学习一些提高其综合素质的其他课程,这已经是教育界的共识,通识教育只是对学生需要学习的这些课程进行综合设计,对教学方法进行改进,使之更有利于对学生的培养而已。只要做好课程设计,合理地设定通识教育与专业教育的课时需求,就可以有效地避免二者的冲突。更何况,有些专业课程可以直接认定为通识课程,这进一步避免了二者在课时要求上的冲突。即以哈佛大学为例,哈佛大学要求学生掌握的通识教育课程门数,只占学生在校期间应学习的课程门数的四分之一,任意选修课程所需学时占总学时另外的四分之一,而专业教育所需学时则要占到总学时的二分之一。显然,其通识教育与专业教育在课时要求上并没有发生冲突。哈佛大学的例子告诉我们,经过对课程体系的精心设计,通识教育与专业教育在人才培养上非但不冲突,而且可以做到相辅相成,相得益彰。

通识教育与通识核心课程

——在上海交通大学通识教育研讨会上的报告

（2009 年 12 月 2 日）

今天接受学校布置的任务，要在这里发言，向大家汇报我对通识教育的认识。当时教务处跟我讲今天下午有个交流会，让我做个报告，我的第一反应是不能叫报告，因为下面坐着很多前辈，虽然我不是交大毕业的，但是从年龄上来讲，在座的很多是学长老师辈的，在他们面前做报告，有点太不自量力了，所以我自我定位是跟大家交流、汇报。讲得不对的地方请大家批评。

我讲的题目是"通识教育与通识核心课程"。要说通识教育，刚才向隆万老师讲得很好，给我们树立了通识教育的典范。他从历史的视野讲教育的发展，这一点很重要。特别是在交大这样的学校，我们就是要培养学生用历史眼光思考问题。我也想从历史的角度切入，先简单回顾一下通识教育大致发展的历程，再从中引出通识教育核心课程的概念，然后讨论如何上好通识课程。

一、通识教育大致发展历程

讲通识教育的发展，大家的目光会看向美国，因为美国的通识教育影响了全球很多著名大学课程体系的发展。美国通识教育发展有几个时间节点一定要注意，从中可以看出这个国家教育的很强的特点。美国大学的通识教育一般来讲是从哥伦比亚大学开始的，大概时间是 1917 年到 1919 年，这是第一个时间节点。我们知道在 1914 年地球上发生了人类有史以来第一次世界大战，第一次世界大战 1918 年结束。哥伦比亚通识教育起源是 1917 年，就在第一次世界大战期间，有政府在后面作为推手。为什么美国政府要推动这件事呢？美国一直有一个概念，就是所谓的新大陆旧欧洲,他们认为美国这里是新生的,是朝气蓬勃的,是所谓的新大陆,而欧洲那里则是陈旧的,是过时的,所以叫旧欧洲。这种宣传的后果在第一次世界大战时表现出来了,美国民众就想,这样的旧欧洲发生了战事,跟我们的新大陆有什么关系?我们为什么要介入?为什么要管他的破事呢?这是当时美国民众一般的想法。美国政府觉得这是很大的问题。民众的认识跟政府的思路不一样,就意味着政府的举措很难得到民众的支持,他们觉得这个问题非常大。解决这个问题的思路在于从教育着手,于是美国政府就出资资助美国的大学,让他们开设这么一门课,叫作"战争问题",宣传美国的政策,宣传美国为什么要介入这场世界大战。美国政府出钱,让他们来做,很多大学开了这个课程。开这个课程的目的是说明美国人继承了西方文明,现在西方文明受到了威胁,这不是哪个洲的地域的问题,是文明的问题。他从这个角度讲美国社会跟西方文明之间的关系。

战争结束以后,这个问题继续引发人们思考:我们来自何方?我们的文明继承自什么地方?我们的文明反映了人类共同的什么样的东西?这就引发了学界的思考。后来哥伦比亚大学就把这个事情当成他们要让学生思考的问题,给学生开设了相关课程,就此通识教育从他们那里开始起来了。这是一个时间节点。

在美国通识教育发展历程上,哥伦比亚大学开了通识课程以后,芝加哥大学也做了同样的事,更多的美国大学也随之跟进,由此开始了美国通识教育的发展。在这个过程中,很重要的一件事是1945年美国哈佛大学科南特校长领导人们进行的课程体系改革。这个改革做了很重要的事情,形成了一个报告,报告题目是《自由社会的通识教育》。这个报告在美国引起很大的反响,形成这个报告的时间节点也是我们不能忽视的,它发表的时间是1945年。

1945年,也就是第二次世界大战将要结束那年,而他这个报告做了大概两年半将近三年的时间。在第二次世界大战最激烈的时候,1942年、1943年,这时候美国一批顶尖学者每个星期都要聚会,不是讨论战争问题,而是讨论美国大学教育问题。而发动讨论的人,是美国哈佛大学校长科南特。科南特是个什么样的人呢?科南特是美国政府二战期间以及战后制定原子弹政策的重要人物,这样一个人物领导美国学者探讨通识教育。因为他深切体会到了当时科学技术飞速发展,像原子弹这样过去从来没有过的具有巨大杀伤力的武器,可以深刻地影响世界,改变世界进程,这样的武器用科南特的话来讲,并不可怕,但它如果没有掌握在可靠的人的手中,这才是最可怕的。在科南特的倡导下,学者们在思考美国教育将来培养出来的人,战后如何能够在维持西方文明方面发挥作用。他们有很深入的思考。他们看到由于科技的进步,社会进程大大加快,社会急遽变化,导致社会阶层高度分化,人们意志不能统一,社会形不成共同的价值观,他们对此感到担忧,因此要在大学推动通识教育,通过教育培养精英们的社会责任感。《自由社会的通识教育》这个报告就是在这样的背景之下,由这样一批学者完成的。

这份报告强调三个共同。第一个共同是我们有共同的历史。对美国人来讲他共同的历史就是他们都是从欧洲来的,与欧洲文明是一脉相承的。第二个共同是我们拥有共同的现在,大家走到一起形成了美国社会。第三个共同是我们还要有共同的未来。所以这个报告基点是强调美国价值观,强调美国社会文明的东西。这是通识教育发展历程中的第二个非常重要的时间节点。

需要说明的是,美国整个通识教育发展虽然跟美国政府期望值是一致,但这种局面的形成更多的是美国学者个人的选择。美国学者思考的结果选择了通识教育。包括第一次世界大战期间,从美国政府出资研究战争问题开始,由那儿进入研究西方文明和美国文明之间的关系,到第二次世界大战科南特校长进行的报告,这过程是一脉相承的,而这过程的主要推动者是学者,而不是美国政府。所以在大学中推行通识教育是美国学者的共识。

我们现在回过头来看,这个报告有三个视角。第一个是文明探源文明追踪。我们从哪里来?我们的历史如何?这是他的第一个视角。第二个视角,是文明传承,要说明之所以要继承过去文明的道理。我们从那样的历史过来,我们当然要继承那样的历史、那样的文明。他们认为西方文明是人类到现在为止最好的文明,所以要继承它。第三个视角,是要培养文明的传承人。我们从过去走过来,我们拥有共同的现在,我们还要创造共同的未来。他强调的是价值观,强调的是培养西方文明的传承者,文明的捍卫者。要做到这一点,不能仅仅是喊空头口号,要有具体分析,什么样的人才能成为美国文明的传承者?在美国当代社会,要成为这样的人要具有一些基本素质,比如他需要了解历史,需要了解人类的历史,有历史眼光历史意识;需要了解财产的形成,了解经济方面的一些基本原理;需要科学的思维方法,有科学精神,等等。哈佛的学者有很细致的分析,把一个现代社会美国人应该拥有的对社会有用的素质分成几个方面,要根据这几个方面建立自己的模块,根据这些模块设计课程,根据这些课程熏陶引导学生,这是他的报告的中心思想。由这个报告,引发了后来很重要的通识教育核心课程理念。

二、通识教育核心课程理念

在《自由社会的通识教育》报告理念带动下,哈佛大学开始了设立专门的通识教育课程的做法。给学生规定一些模块,模块是必修的,模块里面的课程是可以自由选择的。学生可以在这个模块里面进行选择,用这样的方法搭配知识营养。就是说,他们认为哈佛的学生应该具备若干方面的素质,为培养他们这些方面的素质,就指定学生必须在这几个模块当中选择若干个课程,比如在历史学中要选一门,以培养他的历史学的基本方法、历史意识。不管你学的是美国史还是欧洲史,都会受到类似的训练。所以具体课程方面学生是有选择权的,但这种选择权必须限定在一定的模块之内。这种做法,可以保证学生受到必需的训练,同时也尊重了学生的选择权。

让学生学会选择,是一件很重要的事情。哈佛大学过去把学生的选择权看得很重。艾略特当哈佛大学校长时,高度重视选修课程的建设。当时他们有一个信念,就是选择是一种能力,也是一种责任。你作了这样的选择,就必须承担这个选择带来的后果。你选择这个专业,这个专业将来不挣钱也是你自己选择的结果。一个学生如果在选择过程中培养出了责任感,他到社会上做各种事情,作各种决定的时候,盲目性冲动性就会减少很多。从这种信念出发,哈佛建立了选修的体系,然后大力推进这个体系,在哈佛建立了全面的选修课体系。

这个做法后来被发现有问题。把选择权交给学生了,理论上来讲选择的过程是考验自己,对自己负责的过程,但是选择本身需要有价值判断,而学生求学的时候价值判断有一些还没学会。这跟到超市买东西不一样。你要到超市里面买冰箱,你要买东西是有价值判断的,你知道家里缺了冰箱,你就不会去买电视机。你如果不知道要买什么,到超市里面看到什么就买什么的话,既浪费钱又没有用。学生在进入大学时候如果没有经过必要的引导,或者没有一定的像营养配餐指定修什么课程的话,让他自由选择,有些知识体系是建立不起来的。学生自由选择的规范还没有建立起来,就让他们进行选择,这不是真正对学生负责的态度。哈佛大学当时就碰到这个问题。另外,也存在如果一个学生对自己不负责怎么办?就是他的选择是任意的怎么办,是投机取巧的怎么办?也存在这种问题。后来哈佛大学把完全的选修课程的做法取消了。第二次世界大战以后,在科南特校长报告指引下,他们推行了新的做法。又经历了几十年实践,哈佛总结出了一套通识教育核心课程体系,这套体系应用到最后相当好。

在美国通识教育发展史上还有一件事也引起了很大争议,是20世纪大概是80年代,斯坦福大学搞通识教育改革,这改革突破了过去以西方文明为中心的做法,强调世界的多元文化。就是说除了欧洲文明、美国文明以外,其他的文明像伊斯兰文明需要不需要关注? 东方文明需要不需要了解一点? 通识教育强调读经典,那么除了读亚里士多德的、柏拉图的,老子的要不要读一点? 孔子的或者别的要不要读一点? 他们作这样的探讨。结果这个探讨动作不大,影响不小。因为推荐学生读外国其他文化的经典书,有些美国人认为对美国文明形成了冲击。实际上,课程开列的其他文明的经典书非常有限,学生读不了几本,但这件事情在美国却引起很大的反响,一些人担心冲击到美国价值观的核心主体,影响到美国价值,美国的文明受到影响。这种担心影响到很多人去讨论这个问题。

讨论的结果,现在美国大学多元化思想倒更多了,更普及了。特别是在美国这样的国家,因为美国有很强的世界领袖的意识,要在世界上发挥作用,不了解其他国家其他民族的文化那怎么成? 所以哈佛大学强调要搞世界文化,搞多元文化的东西。实际上这里讲的多元化主体仍然是西方文明,是欧洲文明,这是没疑问的。

对比起来,我们现在要搞通识教育,包括通识教育核心课程,应该选择什么样的参照体系? 刚才讲到哈佛大学的做法,把模块、把核心课程跟学生选择权结合起来,比较成功,所以引起了很多教育界人士的关注。我们现在是否也应该参照这种做法? 实际上,我们现在搞通识教育,很多都是跟这类似的,也是列出通识教育核心课程的概念。那么通识教育核心课程是怎么回事,这是我要说的第二个话题。

实际上教育是需要设计的,包括课程体系。不设计是不行的。通识教育核心课程它不是任意的,这跟通识教育的目标相关。因为通识教育最终是要培养人,定位是培养人,这就存在一个通识教育和专业教育之间的关系。这关系不经过设计是没法完成的。要在整个教学体系之内设计通识教育,比如说我们学校的设计,整体思路还是对的。通识教育核心课程模块占到总课时的多少,专业课占总课时的多少,有一个合理的比例。确定了这个比例,就保证了专业课教学课时,同时也保证了通识教育的课时。当然这个比例具体是多少是要经过研究的。要把通识教育放在整个大学教学之中进行设计。

通识教育有了自己的课时保证以后,具体上什么课也还要设计。我们培养出来的学生要符合我们国家的价值观念,同时也要对人类作出贡献。这样的一个人他应该具备什么样的素质,这就需要分析。比如在基本的价值观方面他应该怎么样,在科学的思想方法上他应该怎么样,在人文的关怀方面他应该怎么样,然后历史意志方面应该怎么样,有没有基本的审美兴趣,等等,根据这种分析划分模块,在模块里边你设计课程。现在我觉得我们要防止一个倾向,就是说别的学校已经开出了多少多少门通识教育的核心课程,我们比人家还少了多少,盲目追求通识教育的课程门数。

我觉得现在的问题是,通识教育核心课程,当然我们现在是不够,还是要增加,但是不是越多越好呢?究竟哪门课可以作为通识教育课程,是要经过设计和论证的,不是哪个老师随便报一门课程参加评审,评审通过就成为通识教育核心课程了。评审过程中有很大的随意性,评审结果并不能保证它符合通识教育的要求。我觉得要通过设计,你这门课究竟对人才培养,对通识教育的培养目标发挥什么作用?要从这个角度进行比较,进行遴选。有些课程很好,它可以是基础课,但未必是通识课,不能随便就充当通识教育的课程。不能把通识教育当成一个筐,什么都往里面装。那样是不行的。每门课程都有它的课程目标,要考虑其课程目标是否符合通识教育的要求。我这门课放在通识教育里面,它能够实现什么样的任务,是要分析的,在分析基础上做判断。就拿我上的科技史这门课来说,要培养学生,一方面教他们科学史的知识,同时要培养他的历史意识,培养他的科学精神和科学的思想方法。我们通过对历史上的人,历史上的事情的前因后果的宣讲,可以熏陶学生的历史意识,这对通识教育来讲是需要的。同时这门课,因为它讲的是历史上的科学,要涉及科学的思想方法,把课程内容设计好,就能够培养学生的科学精神和科学的思想方法。总之我们这门课是通过设计既能完成知识传授的任务,同时在育人方面发挥作用。通识教育所有的课程都应该这样,就是这门课在通识教育过程当中会发挥什么样的作用,能不能满足通识教育总的目标要求,这是每一位有志于上通识教育核心课程的老师都应该思考的问题。

三、如何上好通识课程

这是我要讲的第三个话题。关于这个话题,我讲四条。

第一,应该注意价值观方面的问题。在中国要上好通识教育课程很难。我们跟欧洲跟美国不一样,因为在美国价值观比较清楚,美国跟欧洲一脉相承,他们的价值观是一样的。我们国家有我们国家的指导思想,我们的价值观整体来讲也比较清楚。但那个价值观那个判断已经通过教育部规定的课程,通过两课体系进入了教育系统。在此之外的价值观的引导方面应该由通识教育课程来承担。但是我们目前在这方面比较缺乏统一的认识。顶级的价值观,我们国家已经规定了,国家通过教育部的课程规定下来。次一级二级的则缺乏公认的价值判断。"文化大革命"搞乱了人们的思想,后遗症现在仍然存在,就是价值观的混乱。因为通识教育首先要育人要培养人,培养人要有价值观的判断,他的价值观不能偏离社会共识。我们看美国的科南特校长的报告,他强调三个共同,共同的历史,共同的现在,共同的未来,强调人类的共性。我们现在在共性的价值判断方面有些地方有些混乱,缺乏共识,这就让教师上课感到为难。实际上,我们的民族有很多很优秀的价值观念,是值得弘扬的,比如和而不同的概念,讲多元化的概念,等等。"和而不同",我们从古代哲人的宇宙观当中,从古人对物质观念的认识当中,从古人对社会的和谐角度的认识来讲,我们可以讲这样做为什么好。这有别于西方社会的价值观。

但有些方面就不行了。有些说法缺乏理论支持。比如我们讲和谐社会,大家都很向往,和谐社会包括多方面,包括人跟自然的和谐相处等,听起来非常和谐。但找依据的话就比较麻烦。从历史的角度讲人跟自然和谐相处,天人合一,这想法非常好。但是你读了书找到原始文献,一读就发现跟这个说法完全不同。天人合一最早是谁提出来的?是西汉董仲舒提出来的。他的理论是一年有 360 天,人小骨节是 360 个,天有 12 个月,人的大骨节是 12 个,是这样的天人合一。我们如果把古人说的这样的天人合一当作人跟自然要和谐相处的依据,就闹笑话了。而且人跟自然应该如何相处?能否做到和谐相处?达到何种状态才能叫和谐相处?这是没法定义的。更恰当的说法应该是尊重自然规律!我觉得人与自然和谐相处这种说法并不是成熟的理论。如果你找了不成熟的理论支撑,你宣讲的东西就很难发挥应有的作用。在当下的教育中,这样的例子还是有的。所以在中国要搞通识教育,要注意对信念问题的研究,引导学生树立正确的三观。有一些信念,社会未必都有共识,但是有一些还是有共识的。我们曾经开玩笑讲,有一些基本的思想,不管哪个社会哪个制度大家都认可。比如诚信,资本主义社会也好,社会主义社会也好,你都应该讲诚信。再比如,你不能偷东西,这个观念你拿到哪里大家都认可。所以我们开展通识教育还是有信念可讲的。我们培养学生,在大家有共识的信念基础上开展通识教育,应该还是能做到。这是第一个问题。虽然很难,但是一定要做。

第二,要有好的师资队伍。比如拿美国哈佛的经验来说,哈佛的通识教育能够成功,它是有前提的,就是有大师级一流学者上通识教育课。我们国内很多学校为什么不成功,就是很多一流学者看不起本科生课程,没来上通识教育课程。怎么解决这个矛盾? 我们面临的现实是一定要开这个课,而师资水平怎么提高这样的问题。这个提高我觉得有两个解决办法。一个,当然首先个人要提高你自己的教学水平,这是毫无疑问的,要想方设法舍得下功夫。这是从自身的角度提高。另一个适当采取点补救措施。刚才印校长提到了读经典,之前有一位老师也提到,就是读经典。我们教师水平如果一时还不够,那么经典是古人的智慧,经过千年的选择,那是非常好的,可以通过让学生去读经典来直接提高自己熏陶自己。当然这会存在技术问题,就是每门通识教育课程都这样要求,时间怎么保证? 所以经典要经过选择,不能一下子都压上去。要选择其中比较精彩的认真地读。还有就是学校的政策方面,也要对一流学者承担通识教育课程有相应的规定和要求。此外,还需要大力扭转在很多高校都司空见惯的重科研、轻教学的政策导向。

第三,要重视上课技术细节。实际上我觉得我们首先要上好任何一门课程,其次才是上好通识教育课程。我们这些课程,包括我有时候听教师的课,发觉有时候一些基本的东西都没有注意。有一些是很细节的地方,比如上课 PPT 做得很漂亮,但旁边黑板上上一节课老师写的东西还摆在那里,也没人擦掉。学生一边看 PPT,一边看旁边不相干的东西,形成视觉干扰。我们教师要有这种意识,或者要培养学生这种能力,让学生把这黑板擦干净,安排好完全属于你自己的课堂空间。

另外包括 PPT。PPT 做得认真是好的,太漂亮未必好。这就是教学细节的要求,你做得太漂亮,教师就坐那里翻 PPT,照本宣科。这有问题。对学生来说,强烈的视觉刺激会影响他的思考,会牵着他的鼻子走,不会让他学会独立思考。我们有时候 PPT 做得太漂亮了,超越了教学辅助的功能,它会引导着学生让学生视觉上高度注意 PPT,忘了独立思考。PPT 翻页也不能太快,要给学生留下记录和思考的时间。这些都跟通识教育无关,但是你要上好通识教育课程,至少这些细节得注意。这些细节不注意的话,教学效果会打折。

第四,要避免统一化避免模式化。通识教育没有统一的模式。要避免把知识传递和通识教育过分地隔离开,认为通识教育是培养人精神素质的,不是传授知识的。这种认识不对。通识教育的培养目标有一些需要通过知识传授来实现,在知识传授过程当中传递一种信念。培养人格也好,培养一些基本的思维方法也好,都很难说能与知识传授截然分开。在讲课的时候,不能贴膏药,就是抛开课程内容,很牵强地讲一些培养人格素质这方面的话。你说我这样做是要培养学生高尚的人格,但你用贴膏药的方式硬贴上去,会适得其反。一定要尊重课程自身的规律,把对人的培养与课程的知识传授有机地结合在一起。

另外比如还有互动问题。通识教育应该更多地互动,注重课堂讨论。但不是每门课都要互动,还要从课程本身出发。这门课程的目的是什么?它要培养学生哪个方面?都需要根据课程的教学目的去选择去设计最合适的教学方式。

我啰啰唆唆说了这么多,不对之处请大家批评。

大学开展通识教育应该遵循的原则①

近年来,通识教育在中国引起越来越多高校的重视,很多高校都在不同程度地推进着通识教育的发展。那么,中国高校通识教育发展呈现着什么样的现状,要发展通识教育有没有应该遵循的基本原则,这是今天我要谈的两个主要话题。

一、大学通识教育发展的多元化趋势

由于对通识教育的理解不同,推进的路径不同,不同的学校在开展通识教育时采用的做法也不同,中国高校的通识教育,呈现出了百花齐放的态势。例如,有的高校采用书院制,低年级学生打破专业界限,集中于不同的书院培养,到中高年级再回到各学院接受专业教育。这种做法比较典型的如复旦大学,该校借鉴西方住宿学院制度,承续中国古代书院传统,发扬复旦历史文化,成立复旦大学志德、腾飞、克卿、任重、希德五大书院,把书院制与通识核心课程相结合,建成了体现"中国根"、凝聚"复旦魂"、重"实效"的通识教育体系,校内师生参与广,满意度高,在全国都有较大影响。

也有重点加强文史教育,按照博雅教育方式培养学生的。在这方面,中山大学的做法具有代表性。中山大学在推行面向全校本科学生的通识教育的同时,专门成立了实行"通专结合"的教学培养模式,着重培养有志推动文明体深层次对话的人文社会科学领域高素质创新型人才的博雅学院。中山大学博雅学院强调精英教育,要求学生有更多的阅读、更多的思考、更多的付出,做好将来要为社会承担更大的责任的准备。中山大学博雅学院的创办,引起了海内外的广泛关注和好评,成为

---

① 本文原系作者为2021年11月27日对外经济贸易大学主办的"第二届UIBE通识教育论坛:新时代财经类高校通识教育的变革之道"上报告准备的文稿,现修改后收入本书。

不少学校心仪的通识教育模式。

还有借鉴特区观念，淡化专业意识，创建以通识教育为基础，因材施教，最后分流培养的精英教育模式的冠名书院的。如北京大学元培学院，就是这种做法中的佼佼者。该院秉持"加强基础，淡化专业，因材施教，分流培养"的理念，整合全校优质教育资源，设立跨学科专业，为学生的自由发展提供更多可能。同时，也为学生自由选择专业与课程提供方便。元培学院的学生在对北大的学科状况、专业设置、培养目标有所了解后，于第三学期在导师指导下根据能力和志趣在全校范围自主选择专业。元培学院还根据其自身特点，为学生量身打造了独具特色的高水平通识课程体系。元培学院通识教育核心课程分为五大体系，包括西方古典文明、中国古典文明、现代中国、现代世界，以及现代科学与技术系列。元培学院是北京大学积极投入新时期中国高等教育体制改革，探索综合性高水平研究型大学本科人才培养新模式背景下打造的优质本科教学基地。

更多的高校则是借鉴哈佛大学通识教育核心课程理念，根据自己学校情况，建立相应的通识核心课程体系，将通识教育课程分为几个模块，规定学生在专业课程之外，必须在相应的模块选修指定的学分。采用这种模式进行通识教育的高校，占了已有高校的绝大部分。

整体来说，中国高校的通识教育呈现出多元化发展的趋势。这种多元化不仅在中国存在，世界上也是如此。即使在开展通识教育较早的美国，也同样如此，例如哈佛大学和芝加哥大学的通识教育就采用了截然不同的施行方式。这种多元化趋势对通识教育的发展是件好事，先行者的多元化探索，既有助于其自我总结经验，不断进取，更能为后来者提供借鉴，促进通识教育的健康成长。

另一方面，这种多元化发展，也为那些后发的高校，包括推行过一段时间的通识教育，现在想要做进一步改革的高校带来了某些困惑，会让它们产生"乱花渐欲迷人眼"的感觉，在通识教育诸多模式中不知该何去何从。

二、发展通识教育应该遵循的基本原则

要解决上述问题，需要从通识教育的本质出发，通过对通识教育目标的辨析，审视现行做法是否有违发展通识教育的初心，明确通识教育与专业教育等其他类型教育的大致边界，按照通识教育目标的要求，兼顾理想和可行两个方面，切实搞

好顶层设计,做好通识教育。这对要发展通识教育的高校来说,是至关重要的。在这一过程中,需要遵循几个基本原则:

1. 必要性原则

在是否需要进行通识教育的问题上,要遵循必要性原则,明确在当代高等教育中,为什么要开展通识教育。这是我们开展通识教育的初心,必须要正本清源,弄个明白。

通识教育的发展有一个演变过程,它与大学制度的发展密切相关。中世纪的大学以培养宗教接班人为目的,有与该目的相适应的课程设置与培养方式,如人们熟知的以"三科"(文法、修辞、辩证法)"四学"(算数、几何、天文、音乐)为组成内容的"七艺",既能够满足其培养宗教接班人具有宣讲教义、布道传教的能力,又可以使毕业后不准备做僧侣的那些学生能够学到基本的读、写、算知识,并对基督教教义有所了解。这样的课程安排,是符合当时基督教社会对大学的期待的。

到了文艺复兴时期,随着社会发展,学科开始分化,由文法延伸出文学、历史等;几何学则衍变为几何学和地理学;天文学分为天文学和力学。到了17、18世纪,学科进一步分化:辩证法细分为逻辑学和伦理学;算术进化为算数和代数;几何学分为三角法和几何学;地理学发展出了植物学和动物学;力学变化为力学、物理学和化学。这种衍变,完全是社会发展作用于大学的结果。19世纪以来,科学革命的威力进一步显现,表现在大学中,课程安排进一步向理工科倾斜。这种状况引起一些学者担忧,人们呼吁向古典回归,博雅教育从而登场。博雅教育的进一步发展,就是通识教育。通识教育的目标,近似于全人教育,注重培养学生健全的人格、基本的素养和对社会的责任感,培养学生成为对社会有责任心的有用的人才。传统的专业教育侧重于知识和能力的培养,在人格养成社会意识方面强调得不够,通识教育可以弥补专业教育的不足,与专业教育形成较强的优势互补。

从上面的分析可以看出,在高等教育中,通识教育不是可有可无的,它是我们培养新世纪社会英才的必由之路,对此一定要有明确的认识。

2. 普遍性原则

在通识教育对象的问题上,要遵循普遍性原则。既然通识教育目标是将受教育者培养成为新世纪的社会英才、培养成负责任的社会公民,对一个学校来说,就不存在区别性对待问题,应该对学生普遍开展通识教育,使每一位学生都能享受到通识教育的阳光。当然,这种普遍性不是要对所有学生都开展同样的通识教育。对不同专业的学生,在开设哪些通识课程及采用何种通识教育方式上,还是需要区别对待的,要根据学生专业的不同等具体情况,在通识教育内容选择上有所区别,量体裁衣,因材施教。

我国现行高等教育,学生是分专业的,每个人都有一定的专业知识要学习,通识教育是要教给他们专业学习之外的那些知识和能力。学生所学专业不同,通识教育要教给他们的内容当然也不同,但这并不意味着有些学科需要开展通识教育,有些学科就不必要了。也正因为意识到了这一点,即使在那些以冠名书院为特色的高校中,也强调除了书院学生之外,对全体学生都要开展通识教育。这样的坚持是必要的。

3. 有限性原则

在进行通识教育顶层设计时,要遵循有限性原则。要认识到通识教育是必要的,但它不是无限的,也不是万能的,不能代替专业教育。通识教育目标有限,是为了补正传统教育方式在培养全人方面的缺陷,它不能取代传统教育的其他要素如专业教育等。通识教育还要为学生的自由发展留下空间,不能把所有的选修课都纳入通识课程的范围。通识教育有自己的边界,在进行通识教育整体设计时,尤其要注意这一点。

曾有学者主张通识教育是通才教育,希望利用通识教育将学生培养成通才,其理由是当代科技发展迅速,学生毕业离校之后,用不了几年,其在校所学知识就已经过时了。与其教给他们那些很快会过时的专业知识,还不如减少专业教育,腾出时间,加强通识教育,授之以渔,让他们学会正确的思维方法和学习方法。这样他们今后就能够更好地适应当代社会。

上述说法似是而非,对通识教育发展来说,也十分有害。世界上不存在脱离知识传授的通识教育,把通识教育与专业教育对立起来,认为二者的关系非此即彼,这种想法过于简单。通识教育不能代替专业知识,它必须给学生留下足够的专业学习时间和自由发展空间。这决定了通识教育的目标是有限的,它所占用的时间也是有限的。正因为是有限的,在实践中才是可行的。

4. 共识性原则

这是在通识教育教学内容的选择上应该遵循的原则。通识教育通常要求高水平的教师授课,要求授课教师关注所授课程所在领域最新进展,教学与科研相结合。这种要求难免会带来一些风险。因为对研究人员来说,他们的观点可以百花齐放,但这种百花齐放开出来的不会全是鲜花,也会有棘草。例如,有些人在研究中以猎奇代替创新,语不惊人死不休,发声全为博眼球。即如在对待科学的态度上,就有学者认为自然规律是建构的,不具备客观性,科学不等于正确,忘记了自然规律必须接受大自然的检验这一铁律,引起科学工作者的不满。也有学者主张基础科学不重要,只需专心发展技术即可,忘记了19世纪以后,技术的进步离不开基础科学的支撑这一事实。还有学者在讨论机器人伦理时,认为机器人在其工作领域内,已经超越了人的能力,比人工作效率更高,机器人因而应该享有自己相应的权利,忘记了机器人伦理是人在使用机器人时应该遵守的伦理,而不是机器人本身享有的权利和要遵守的伦理。在对待历史的态度上,有学者过度阐释历史解释的主观性一面,片面强调真实的历史不可知、历史的真相不存在,忘记了法国里昂大学教授罗伯特·福里松因为宣扬纳粹大屠杀是"战胜国虚构的"而被法庭认定他散布谎言。如此等等,不一而足。这些观点,如果作为通识教育内容,在课堂上传递给学生,只能造成他们思维的混乱,与通识教育目的背道而驰。

通识教育确实应该多元化发展,给学生提供尽可能多的选择。但是,这种多元化在思想和观点上应该是有边界的。教师在面对学生传播思想观点时,必须有所选择,这种选择应该以"学界共识"为圭臬。爱因斯坦说:"西方科学的发展是以两个伟大的成就为基础的,那就是希腊哲学家发明的形式逻辑体系,以及通过系统的实验发现有可能找出因果关系。"他所说的"希腊哲学家发明的形式逻辑体系",指的是贯穿在欧几里得《几何原本》中的公理化体系。公理化思想构成了近代科学赖以发展的基石,而公理化思想的核心是尊重常识,我们不妨由此受到启发,把公理化思想引入通识教育之中,不以猎奇为追求,而以教会学生尊重常识为宗旨。特别是在多种观点争鸣的情况下,要教会学生仔细审视各种观点背后的理据,让他们从尊重常识的角度出发,学会从中判断是非。

5. 与时俱进原则

通识教育是时代发展的产物,它必须随着时代的进步而相应变化。

前面提到,通识教育要教会学生尊重常识,但常识是会变化的。在古希腊时期,亚里士多德认为,物体之所以会运动,是因为它受到了外力的作用。这一认识,反映的是当时的社会常识,该常识持续了一千多年,一直被人们认为是理所当然的。直到 17 世纪,伽利略才开始意识到,力是促使物体运动变化的原因,而非维持运动的原因。到了牛顿时期,牛顿天才地总结出了运动三定律,明确指出在没有外力作用的情况下,物体将维持原来的静止或匀速直线运动状态。牛顿定律被科学界接受,经过教育的作用,成为社会新的常识。时至今日,如果在通识教育的课堂上仍然按亚里士多德时代的社会共识去教育学生,这样的通识教育一定会贻笑科学界,会被时代抛弃。

类似的例子,在科学史上不胜枚举。在哥白尼时代,在天文学界占统治地位的是托勒密学说。该学说的核心内容是地静说,主张地球是宇宙中心,太阳、月亮及恒星天球五大行星等均围绕地球旋转。该学说与人们的直观感觉相一致,是当时的常识。哥白尼反对地心说,提出了日心地动说,认为太阳才是宇宙中心,地球带着月亮和五大行星一道围绕太阳运动。两种学说针锋相对,如果在哥白尼所处的16 世纪也有通识课程的话,让通识课程在这两种学说之间选择一种向学生讲授,那就应该选择托勒密学说而不是更接近太阳系实际情况的哥白尼学说。这是因为,哥白尼学说问世之初,还有很多与之相关的科学问题未能解决,天文学界主流并不接受它。在这种情况下,如果通识课程贸然对一般学生讲哥白尼学说,只会把学生思路搞乱。直到 17 世纪上半叶,伽利略用他制作的望远镜,发现了金星的相位等直接支持哥白尼学说的证据,并从理论上说明了哥白尼未能讲清楚的那些科学问题,加上同时代科学家开普勒等人的工作,哥白尼学说才真正为天文学界所接受。也只有到了这个时候,作为通识课程的天文学课程,才应该把哥白尼学说作为正确的宇宙结构学说介绍给学生。

但是这样带来一个问题,人们习惯上认为,对常识的突破意味着重大的科学进展,如果通识教育课程强调尊重常识而不是挑战常识,那样是否会束缚学生的思想,让他们最终成为惯于墨守成规的庸才?对这个问题,我们要清醒地认识到,挑战常识需要有该常识所属领域深厚的科学基础,否则就成了空谈,成了笑话。通识教育应该培养学生有在自己熟悉的领域敢于挑战常识的勇气,但对于自己不熟悉的领域,还是尊重常识为佳,否则只能培养出偏执和狂妄之徒。对通识课程来说,只有当科学界用清晰的证据证明了已有常识的错误,才应该用新的常识去代替已有常识。这是通识教育与时俱进的真正表现。

通识教育不但在内容上要与时俱进,在结构上、教育教学方法上,都应该与时俱进。当代科学技术的发展,使教育教学方式发生了翻天覆地的变化,很多课程的形式和教学方法,也随之发生了变化。通识教育虽然内容上要注重经典、强调历史,但在教育教学方式方法上,毫无疑问也应该随着时代的变化而变化,这是不言而喻的。

无论如何,通识教育应该随着时代的发展而做相应变化,这样它才能更好地履行自己所承担的历史使命,成为中国高等教育发展不可或缺的有机组成。

他山之石，可以攻玉：上海交通大学研究型管理培训班访美学习总结报告

　　为了全面落实学校关于加强内涵建设的方针，推进国际化办学步骤，探讨精英人才的培养模式，上海交通大学于 2007 年暑期组织了高等教育管理培训班，赴美国进行考察培训。培训班由副校长印杰教授带队，成员为来自各院系主管教学工作的副院长（副系主任）。教务处、学生处、人事处和组织部的相关负责人也参加了本次培训。学校领导对本次培训高度重视，党委书记马德秀教授为培训班作了出国培训动员，让大家都充分认识到了本次培训工作的重要性。培训班领导对培训日程和主要内容作了周密的计划和部署，国际交流处为培训班的出访作了充分准备。就整体效果来看，本次培训主题选择正确，人员组织得当，考察点面结合，学习安排合理，所以参加者收获很大，为学校下一步的教育教学改革完成了基本的理论准备。

　　培训班赴美接受培训的起止时间为 2007 年 8 月 12 日至 9 月 2 日。在美期间，培训项目主要在伊利诺伊大学进行。此外，培训班还访问了南加州大学、加州大学总部、普渡大学、华盛顿大学、美国高等院校管理委员会、马里兰大学和哥伦比亚大学等知名大学和机构，深入了解了美国知名高校的人才培养模式，与美国同行进行了广泛深入的交流。

　　根据事先计划，培训班划分为 5 个小组，分别重点关注：美国本科生培养和专业设置如何适应和满足社会发展的需求、美国本科生的通识教育课程设置、美国本科生的工程教育培养计划、美国本科教育的实践创新环节、美国大学的学生事务等。经过 20 余天的考察培训，培训班对于上述 5 个问题，有了较为深入的认识。

一、美国本科生培养和专业设置如何 适应和满足社会发展的需求

美国大学本科教育阶段没有与中国大学相对应的专业概念,要了解美国高等院校的本科生培养,必须从其课程体系开始。

1. 美国高校本科生的主修科目(major)

美国高校为其本科生提供的课程体系大致由四部分组成:通选课程、主修课程、辅修课程、泛选课程。其中主修科目以及与之相近的课程计划(program)与我国大学的专业概念较为接近,需要我们给予特别的关注。

所谓的主修科目,是指使得学习者可以对某一学科有较多了解的一组课程。"主修"的内容由各校自己定义,不存在一个全国统一的要求或标准。学生在某个"主修"获得了学士学位,仅仅意味着他学过某类课程并通过了考核,社会一般不会因此认为他已经具备从事该领域工作的能力,甚至也不会认为他因此就应该从事这方面的工作。在美国,大学经历更多的只是反映其受教育的程度。与我国在学位证书上注明所学专业不同,美国在学士学位证书上通常并不注明其所学之主修,而只是比较笼统地给出一个学科名称。例如一个学生主修的是非常专门的法国莫里哀的戏剧,而其学位证书上所注的只是"戏剧文学学士"(Bachelor of Arts in Theatre)。

正因为如此,"主修"的内容可以很灵活,有的"主修"(如南加州大学的"跨学科")甚至只有学分要求,而没有具体的课程要求,不管学生学的是什么课程,只要修满了所要求的学分,就可以得到该"主修"的学士学位(学校学位)。相比来说,我们的专业必须按教育部的专业目录和标准进行设置,学生只有全面完成在某一专业的学习,才有可能得到学士学位(国家学位)。作为学校,虽然可以申请设置一些目录外的专业,但可以发挥的空间十分有限。另外,在本科人才培养目标上,我国社会广为接受的观点是,某专业毕业的学生就应该是该领域的专业人士。这就使得学校必须考虑学生毕业后的出路,不能设置不与社会行业对接的专业。因此,在学生的学习内容上,就必须进行严格的设计和规范化管理。这是中美两国社会在大学专业设置理念上的差异。

2. 美国高校如何设置主修科目

美国大学科目和课程设置的这种特征是由其教学管理的行政体制所主导并形成的。美国大学教学工作的财政收支平衡管理主要是在学院或在大系的层面上进行,因此在课程的设置、主修模块的形成、新科目的建设等方面,院系一级自然被赋予了更多的义务和责任。这些基层部门实际上就成了教学的主管部门。

在院系内部,由于对本学科的熟悉,教授在"主修"的形成过程中,因其专家的身份而具有更大的发言权。新的主修科目的形成一般起步于新课程的开设。在院系内部,开设一门新的学科课程一般会由教师(faculty)提出,经院长(系主任)认可后即可。当然,不同学校在认可过程中会有一些不同的程序,如哥伦比亚大学的主管院长会要求提出者试行一个学期,然后在教授会议中通过。但这大多也只是一个例行程序,因为一个教授想开设一门课,他自己就是该课程的设计和操作主体,一定会有自己的系统想法和设计,也会有很高的热情,其他教授因为不存在利益冲突,一般会认为对教学整体是个有益的补充,通常会以合作的姿态乐观其成。

某一类课程集群到一定的规模,就可以形成辅修。辅修的认定一般在院系层面解决。如果该类课程集群到一定的规模,达到了一定的层次,就可以形成主修。对主修的认定会更慎重些,而且因具体学科的不同会有差异。一般来说,有行业准入的相关学科,行业协会对主修的课程范围会有一定的指导性要求,新名目的主修科目的设立首先在其所设课程方面应该满足这些要求,同时还要经过教授委员会讨论通过,在学校管理层面予以批准。同时,主修课程的变动也需要得到批准,批准程序中教授委员会的作用也是关键性的。此外,教学管理层(如教务长、院长或系主任等)也可以提出增设新专业或课程的建议,但也要经相关院系的教授会议讨论通过。总体说来,在课程设立、专业形成等方面,在美国高校中,教师作为教学主体发挥着重要作用。

3. 美国本科生主修科目的特点

在美国高校中,本科生主修科目的设立与否,并不完全针对社会的需求。这与其形成方式有关。主修科目的形成,取决于教授的提议和讨论,一般不是教育行政主管或政府部门倡导或要求的结果,这就决定了影响主修科目设立与否的因素,主要是教授兴趣而不是社会需求。

在美国，各个高校对主修科目的设立是自主的，不存在全国范围内或各个州的范围内对高校专业设置的统一要求。各个高校按照自己的传统和自己的议事程序，自主设立自己的本科生主修科目。

主修科目的本质是一个较大的学科中的课程组合。既然是组合，就会包含着许多可能性，而上述教授自主和高校自主两个因素决定了美国高校本科生主修科目的设立必然会带有较强的随意性。这种随意性表现在主修科目在分类上的粗细不一。这在人文学科中表现得尤为明显。文科类的主修科目明显表现出与相关教师的兴趣或研究领域的关联，出现非常狭窄的方向。我们很难看出其中的教育设计，而体会到的更多的是一种因人因地而异的随意性。以南加州大学（USC）文理学院的本科课程所含的 56 个领域或方向（Academic Fields of Study）为例，其中人类学和地域文化专题占了 8 个，分别是人类学、美国研究和种族、非裔美国人研究、亚裔美国人研究、墨西哥裔美国人/拉丁美洲人研究（Chicano/Latino Studies）、犹太教研究、东亚地区研究和性别研究等；语言学和各种外语占了 14 个，分别是语言学、计算语言学、汉语、英语、德语、法语、西班牙语、意大利语、日语、韩语、葡萄牙语、东亚语言和文化、斯拉夫语和文学等。泛文科的领域有的非常粗线条，有的则很细，但有些不可思议的是在一个领域中可以粗细并存，如极粗线条的有通识研究（Liberal Studies）；较粗线条的有历史、哲学、社会学、宗教、政治学、经济学和心理学等；较细线条的有临床心理学、国际关系、艺术史、比较文学等；更细的有经典、视觉研究、数学金融等；有的甚至看上去只是一门课程，如创意写作、专业写作、可持续城市。纯理科的主修一般比较笼统，如天文学、物理学、地球科学、化学、数学、应用数学等，但一旦涉及应用范畴，也会发挥到极致，如生物科学、分子生物学、神经科学、整合和进化生物学、计算生物学和生物信息学、海洋环境生物学、环境研究，以及地理、地理信息科学等。工程学科也是类似情况，一般来说分得比较粗，如机械工程、电气工程、环境工程。但由于行业的细分带来的就业压力，为主修设置各种名目的做法也开始向工科和应用科学方向的学科蔓延，例如现在也出现了纳米工程，医学工程等主修名称。为了推进国际化的进程，鼓励学生参加海外游学计划，甚至出现了一些冠以"对外"或"涉外"的前缀来标识一个主修的做法。总体而言，主修科目在向细分的方向演化。这一方面可以理解为社会行业细分的趋势的反映，另一方面也是大学教育扩张后有效吸引学生生源的多样化要求所致。

4.美国高校学生如何选择主修科目

总体而言,中、美学生在进入大学学习面临方向选择时,都表现出相当程度的困惑,相对而言,美国学生进入大学的选择更宽泛一些,大多只是一个笼统的学科方向,如数学、物理、历史、工程、艺术等。很大一部分学生会因为各种因素而选择方向不甚明确的文理学院,更有相当一部分学生进校时甚至茫茫然完全没有取向选择。

从家庭背景来说,家庭中的第一个上大学的成员通常更倾向于在进校前选择与今后的职业意向有联系的方向,而有高等教育家庭背景的学生会受家庭的影响选择更具通识教育传统的文理学院,上层社会家庭甚至选择以 Liberal Arts 为主的私立大学,毕业后进入研究生院再作方向选择。这实际上也反映了不同知识阶层对大学教育的不同的理解和看法,当然也反映出不同经济阶层的家庭对子女的就业压力的感受和对子女前途设计的眼光。

许多美国学生进入大学后对主修的选择在相当程度上是被动的,兴趣和职业取向是造成这一局面的一个重要因素,个人的能力和适应性也具有很大的权重。由于美国纳税人在意识中并没有毕业和对口就业之间的等号,学校一般会提供比较多的选择性。因此即使学生进校后选择了学科方向,很大一部分也会在一、两年内改变原来的选择。例如伊利诺伊大学和普度大学的学生至少改变过一次主修的比例都在50%左右。但在人文和理工的重新选择上则更多的是单向的。这在很大程度上反映了美国人所担忧的中学教育现状。

美国高校,尤其是好的大学,辍学率还是比较高的,在理工科院系,许多学校都达到30%以上。这从一个方面可以理解为什么有如此高比例的转方向的学习。美国大学从教师到行政管理层对扶持学生毕业都体现出非常宽容和积极的态度。马里兰大学的一个院长和一位教授都对应尽可能减少学生辍学表达了相同的看法:对学校而言,一是直接影响学费收入,二是少了一位校友,以后少了一位潜在的赞助人;对学生个人而言,大学的失败阴影会影响其一生。所以只要不是触犯法律,不违反校纪,学校总是会想一些方法让他们完成学业。其中包括转学科,设置有一定灵活性的主修、休学、延长学习时间等。实际上美国大学中的那些看似纷乱无序的主修科在客观上能帮助相当部分的学生完成学业,而且这种看似"通"而"杂"的课程组合从积极的或消极的意义上,对这些学生实际上都起到了"因材施教"的作用。

相比之下,国内的学校,学生在进入大学学习面临方向选择时,也表现出相当程度的盲目性。由于受制于国家的计划体制和各学校的招生策略,也受到社会公平、公信的压力,学校一般只能按成绩招生。学生进入学校后,如果发现自己不适应所学的学科,他基本上很难有重新选择的可能。虽然会有申请转专业和辅修第二学科的机会,但基本上这些只是成绩好的学生才能获得的机会。而且本专业学习比较失败的学生也很难克服心理阴影或有足够的时间学习辅修科目。

二、美国本科生的通识教育

在美国高校的课程体系中,通识教育课程通常都扮演着重要角色。这既与美国高校发展的历史有关,也与其教育理念有关。

1. 美国高校通识教育观念的形成

美国的大学初创于殖民时期,早期的大学以教会组织办学为主,多由私人赞助,以培养牧师和律师等贵族为主要目的。课程设置承袭欧洲大学的传统,主要由古典语文、人文、社会和自然学等学科构成,称为博雅教育。在美国大学的初创时期,创办大学的人许多都是来自英国剑桥、牛津大学的毕业生和清教徒。美国最早的大学哈佛大学的前身是剑桥学院,主持该学院建立工作的监理会成员 12 人中有 8 人毕业于剑桥大学,1 人毕业于牛津大学。他们办学的目的就是建立神学院,培养牧师、律师和领导者。在这种传统下成长起来的美国高等教育,一开始其着眼点在于培养政治精英,其博雅教育的课程设置与培养精英的教育目标是一致的。

19 世纪中叶,美国开始出现以应用性教育和公共服务为宗旨的公立大学。1862 年美国国会通过了《莫雷尔法案》,规定由政府免费提供土地,由此导致了所谓"赠地大学"(Land-grant colleges)的出现。通过这种方式,全美建立了 70 多所公立州立大学。公立州立大学的使命是应用教育(Practical Education)和公共服务(Public Service),包括办农业、工程专业和师范专业。大学承担了服务社会和培养社会所需人才的职责。课程体系受到新形势的影响,范围逐渐扩大,进入以与职业和专门学科有关的自然科技为主的时期,博雅教育也相应地演变为现在意义上的通识教育。美国大学教育的第三个发展阶段是研究型大学(research university)

的形成。19 世纪末至 20 世纪初,德国大学重视学术研究的传统开始进入美国大学,国家政策开始资助研究型大学,由此奠定了美国研究型大学的基本结构:普遍接受的以学科核心和教学、研究、服务三重职能模式;在本科教育中完成通识教育与专业教育的结合;把不同的学科、系和学院组织在一起;发展专业教育;在学科中创设本科后教育,等等。随着大学的民主化和大众化,通识教育注重人格的培养和多元化的教学,"人文""自然"和"社会"三大领域也随着大学的发展,不断发展和完善。

美国通识教育的着眼点在全面育人。最能体现这一理念的是杜鲁门总统时期美国高等教育委员会于 1947 年发表的《为民主的高等教育》(*Higher Education for Democracy*)报告书。该报告书对美国的"高等教育怎样使社会成为更民主的"这一问题作了多方面的探讨,论述了通识教育的目标,指出通识教育要求"教育界的领导者必须要有共同的目标,使高等学府成为激励学生、引导学生的场所,以发现个人的才能,培植个人的资质,使人类的民主社会得以坚实永固和茁壮发展"。通识教育应该是为使"学生成为未来公民和工作者而设计,为健全生活和人生而设计",应该使学生"能得到做一个完整的人、一个称职的父母、一个健全的公民的教育"。"通识教育是非专精化和非职业化的学习(non-specialized and non-vocational learning),是所有受过教育的男女应有的共同经验。""通识教育要给学生某些价值、态度、知识和技能,使其在自由社会中安居乐业(to live rightly and well),要让学生对其现实生活中的富丽文化遗产、现存社会中的可贵经验与智慧能够认同、择取、内化,使之成为个人的一部分。"在这样的论证之下,通识教育观念成为美国大学一般都认可的教育理念。

2. 美国高校通识教育的基本要求和目标

美国高校对通识教育的基本要求和目标的设定各校不同,一般都包括四个部分:价值观念、思想方法、相关技能(社会生活所需要的,如沟通、表达、写作等)、相关知识(非本专业的)。美国高等教育委员会 1947 年报告《为民主的高等教育》,列出了学生通过通识教育所应达到的 11 项具体目标:

(1) 能展现出具有民主理念和伦理原则的行为。

(2) 能积极参与团体或社区的活动,以其知识和能力而有所贡献。

(3) 能表达人际相互尊重的认知和行为,以促进了解与和平。

（4）能了解和运用自然的环境，应用科学的方法，解决自己的生活，助益人类的生活。

（5）能了解别人的观点，能有效表达自己的观点。

（6）能掌握自己的情绪，具有良好的社会适应能力。

（7）能维持自己的健康和体能。

（8）能了解和欣赏文学、音乐和美术，能参与文艺活动。

（9）能与家人美满相处，具有家庭的知识和伦理。

（10）能有适合自己的兴趣和才能的工作职业，在工作中展现才能和愉快。

（11）能有批判的能力和习惯，具有建设性的思想。

在《为民主的高等教育》所列目标基础上，随时间的变化，各高校对自己所开展的通识教育的要求和目标又有了自己的表述，例如伊利诺伊大学对其通识教育课程的基本要求是：

（1）被批准为通识教育的课程必须隶属于某一通识教育领域。

（2）通识教育课程必须努力拓宽学生对人类思想和成就的理解；为学生理解自己所在领域提供丰富的背景；发展学生的沟通技巧；强化学生对课程材料的批判性思维。

（3）通识教育课应给学生以机会，使其理解在一个特定的研究领域如何收集和分析重要数据，并了解其背后的理论基础。通识教育课应聚焦于某一领域特有的知识和方法。

（4）通识教育特别强调学生的沟通与表达能力，因此，应包含下面至少一种训练形式：撰写研究课题、课堂讨论、口头表达、视觉或艺术表现、用数学或其他范式进行文字表达。

（5）通识教育课并不是肤浅地向学生介绍某一学科的理论、概念或方法，而应努力向学生展示这一学科所特有的东西，要向学生介绍这一学科的主要内容以及潜在的主要内容。对某些学科而言，同一门课程既可以作为通识教育课，也可以作为主修本领域学生的导论课，但另一些学科要达到这一目的则需开设两门不同的课程。

（6）通识教育课程应有比较宽的学科覆盖面，且一般是 100 或 200 水准的课程。但有时只要满足通识课的要求，更高水准的课程也能获得批准。某些情况下，同一门课程，既可以作为通识教育课，又可以作为主修或副修课程。

（7）在某些场合下，通识教育课应帮助学生熟悉有关妇女和性的知识。反映这些知识的教材应是许多通识教育课的组成部分。为使这一指导思想得以实施，通识教育委员会(the General Education Board)应与系、院、学校行政部门一起，利用多种媒介(工作坊、研讨会、课程发展基金等)促使教师将有关妇女和性的知识整合到通识教育课中。

普渡大学文学院于1989年开始对其本科生的核心课程进行了评估，并提出了修订文科核心课程的《2000年课程》的建议("Curriculum 2000" Proposal for a Revised Liberal Arts Core)。负责该项工作的委员会提出的理念是：通识教育的目的是要保证每一个学生具有成为快速变革的社会有成效的公民所需要的知识、能力和技能。为达此目的，需要具备对美国文化及其变化的深入的了解，需要具备发现和分析问题并提出和探讨解决问题的能力，并能清晰地阐述和宣传解决问题的方法。

哥伦比亚大学把核心课程作为本科教育的基石。开设该类课程的目的是为哥大全体本科生，无论其将来的专业或方向如何，提供一个广阔的视野，使之谙熟文学、哲学、历史、音乐、艺术和科学上的重要思想与成就。此类课程毫无疑问属于通识教育的范畴。

哈佛大学部的学生必须完成三个必修领域的学习，以提高自己的文章写作的能力、外国语能力、数理应用能力。**其核心课程不是要学生在知识广度上精熟古典文学，而是要在某一特别的知识学科方面作精深的钻研；不是仅对某些问题作数量调查测量，而要用教师认为大学教育不可或缺的六个领域，引导学生达到获取知识的途径。核心课程是要向学生显示在这些领域有什么样的知识及什么样的方法，分析探讨一个问题有什么不同的方法，各种方法如何被应用，各具有什么价值。**

3. 通识教育的课程形式与课程设置

美国通识教育主要的课程形式包括核心课程、分类必修和自由任选三大类。在具体的课程设置上，各个高校都不同。在我们考察过的高校中，比较典型的例子有：

伊利诺伊大学通识教育课程设置领域及教学要求：

设置领域：

(1) 英语写作(必修)。

(2) 定量分析(必修，属于数学、计算机科学、统计学或形式逻辑领域的大学水平的课程)。

（3）语言(外语,修习学分或通过水平评估)。

（4）自然科学和技术(必修,其中至少有一门实验课)。

（5）人文科学和艺术(必修,其中至少有一门课选自文学和艺术课组,另一门选自于历史和哲学课组)。

（6）社会科学和行为科学(9学分,必修,其中至少有一门课选自于社会科学课组,另一门选自于行为科学课组)。

（7）文化研究(必修两门课,一是西方文化,二是非西方文化或美国少数族裔文化。这两门课也可以算作其他类的必修课,但不能取自于同一个通识教育类别)。

（8）妇女和性别问题前景(作为通识教育的组成部分,注意强调妇女在科学、艺术、政治、经济方面的贡献以及智力上的竞争力,使学生进一步理解当代社会中性别角色和关系的动态变化)。

教学要求:

（1）人文科学和艺术课:培养学生沟通的技巧;对各种思潮的判别和鉴赏;对人类文化传统的理解;对文化、种族和国家多样性的尊重;对文学、艺术、哲学和历史批判的思考;对人类生活目标的反思。教学方法:向学生介绍该学科典型的研究思路和方法以及过去该领域所取得的成就;紧紧依靠原典;大量阅读文献;研究那些对于主修学生和非专业人士具有挑战性的专题。

（2）文学课程:学生应学习经典的散文和诗歌,这些作品具有值得永久效仿的风格和主题;应了解关于作品的作者、结构和内容、语言和风格、历史背景和受众,以及所表达出来的和隐含着的文化态度和价值等特定的内容。

（3）艺术课程:学生应研究书法、音乐、建筑、舞蹈、戏剧、绘画、雕塑及其他视觉艺术品的艺术形式;了解关于媒介的特征和本质;讨论一些基本问题,如某种艺术形式的社会功能、它的传播媒介,以及如何评价它与其他的艺术形式等。学生直接参与实践的艺术类课程也可以作为通识教育课程,但此课程必须同时满足人文科学和艺术类课程的设置标准以及作为艺术课程的详细要求。

（4）历史课程:注意人类经历的连续性,说明人类体系、理想、信念、社会结构等是如何演变的;帮助学习者认识自己,并通过鼓励他们对人类传统的全面认识而预知他们所在社会的发展趋势;培养学生一种"历史的意识"使之能够学习他们祖先的经验和教训;培养学生的社交能力,升华他们的气质。教学方法:通过按年代顺序和(或)地理特征大范围地考察人类历史,聚焦研究目标;在学生已有的知识、社会、经济和政治背景下,使之了解重要的运动、人物和事件,从而与无知和偏见做斗争。

(5) 哲学课程:应涉及对人类思想、价值、生活的质疑;应吸引学生参与对哲学内容的评论和(或)基于史料的研究;应关注表现不同知识、文化和社会问题的当代哲学著作;关注一项重要制度、学科或策略(如法律、宗教、艺术、理论、科学等)对生活的影响、与其他问题的关系及其重要意义。

(6) 社会科学课程:应给学生提供研究社会群体、体系和组织以及其相互关系的机会;使学生直接了解人与人以及人与环境的关系;能通过明确和系统的分析,表达关于社会生活本质的一些基本问题;应涉及宽泛的年代序列、地理范围和多元文化。

(7) 行为科学课程:应使学生关注对人类行为依据经验所进行的研究;应注意学习行为科学的一般内容和研究方法。

南加州大学的通识教育课程:

(1) 西方文化与传统(欧洲与希腊罗马文化)

(2) 全球文化与传统(欧洲与希腊罗马文化之外的体系)

(3) 基础科学(基础理论)

(4) 科学与科学意义(自然科学与技术)

(5) 艺术与文学(文学、视觉艺术与音乐)

(6) 社会观点(分析与批判技巧)

除了这6类课程以外,南加州大学还要求学生学习相当学分的写作课和其他选修课,而这些课程当然也属于通识教育的范围。

普渡大学文学院2002年修订的核心课程:

(1) 写作和口语交流(6—7学时)

(2) 外语(3—12学时)

(3) 数学与统计(6学时)

(4) 西方传统(3学时)

(5) 美国传统(3学时)

(6) 其他文化(3学时)

(7) 美学(3学时)

（8）种族的多样性（3学时）

（9）性别（3学时）

（10）社会伦理（3学时）

（11）个人与社会（3学时）

（12）全球观念（3学时）

（13）自然科学（包括实验室内容，6学时）

哈佛大学部的核心课程领域：

培训班虽然未赴哈佛大学进行考察，但哈佛大学在通识教育理念指导下的核心课程设置在全世界都是有名的，所以我们也将其开列出来，以供参考。哈佛大学核心课程的六个领域为：

（1）文学与艺术

（2）科学

（3）历史研究

（4）社会分析

（5）外国文化

（6）伦理思考

哥伦比亚大学要求学生在大学一二年级在以下九个方面选满规定的学分：

（1）文学：世界文学概论

（2）现代文明

（3）艺术

（4）音乐

（5）外语

（6）逻辑与修辞

（7）世界主要文化

（8）体育：必须通过游泳测验

（9）科学：起码选三门数、理、化生物等课程

4. 新形势下通识教育的发展

近年来，美国高校在通识教育的认识和做法方面也有所变化，这些变化大致表现在两个方面，一是与时俱进，根据社会发展的情形，及时调整培养目标和课程体

系。例如适应全球化的现实,在通识教育课程中适当增加了国际化的内容;适应当代社会和工业发展的现实,对工程师的培养提出了更加全面的要求,如伊利诺伊大学(UIUC)的《伊利诺伊大学塑造具有技术视野和领导素质工程师的计划》(I Foundry Programme),就是该校的教授适应新形势而主动提出的通识教育新课程尝试。该计划的具体做法是:在某一专业设置一门包括有关领导力、创新力、沟通力等知识的课程,由两个来自不同专业的教授联合开设,对学生进行综合训练。在美国,由于大学和教授的自主性,对通识教育课程进行改革的尝试在各个高校中是司空见惯的事情。

另一方面,随着科学技术的发展,学生需要学习的知识越来越多,在如何看待通识教育和专业学习之关系的问题上,美国的教育界也出现了不同的声音。比较年轻,尤其是从事与定量分析有关,或与产业联系密切的学科教师一般更注重专业性和实用性的课程。例如南加州大学(USC),伊利诺伊大学(UIUC)的工程学院的副院长等,虽然表面上也认可学校实施通识教育的想法,但内心里却不以为然,他们甚至对通识教育中的数理课程都有抱怨,认为课上得不够专业。USC 的院长甚至当着校长的面调侃文理学院包办数理课程是违反美国精神的一种垄断行为,认为工学院的教师也能够胜任数理课程的教学,甚至更加有效。

一个重要的事实在于,作为教学对象的学生对通识教育也持有消极态度。理工科学生大多认为文科的课程不实用,而文科的学生不认为学习科学课程会对今后的职业有帮助,而且他们学习科学课程面临着更大的困难。美国曾经做过非常大规模的调查,大多数学生认为,在某个专业领域从事学习,以便最终取得一份职业,是上大学的主要原因。学生对职业和名利的追求在校园逐渐占有主导地位。

虽然有不同声音,但总体来说,在美国高校中,各个学科的大学教师对教育应该有一定的广度这一点,在认识上还是比较一致的。他们的主要意见是不管学什么课程都应该学而有用。例如,目前比较有共识的通识教育课程是写作技能,因为这对每一个行业都是必需的。其他的只是一个模糊的"广度"(breadth)的概念。USC 在学校的网页上自诩为全美国提供本科课程最广的学校,它虽然也提到给学生提供了许多通识课程,但更津津乐道于学校向学生提供的丰富的辅修科目,强调学生选择方向差异很大的学科。其中所反映和强调的是大学学习应该注意的不同学科思维的互补性,而不是万金油式的面面俱到,或者空泛的人文教育和素质教育。如果课程内容达不到一定的深度,学科思维的互补性是无法实现的。即是说,美国高校对通识教育是有共识的,这就是教育要有一定的广度,通识教育课程要有一定的深度,课程设置要合理。

5. 美国通识教育给我们的启示

对比美国的通识教育,可以看到,我们所开展的通识教育是有不足的,这些不足表现在:

我们对通识教育重视程度不够,理论上缺乏深入思考,通识教育理念在教师中未能深入人心;

我们的通识教育课程系统性不够,课程设置不够理想;

我们的通识教育课程数量虽不算少,但高水平的课程不足;

我们的通识教育课程以介绍性为主,要求较低,深度不够;

美国大学重视写作和表达,而中国高校普遍没有此类课程。

总之,我们的通识教育课程未能使学生掌握思想方法,而仅仅以传授知识为主。这种局面,需要采取有效措施加以改正。

三、美国高校本科生的工程教育培养计划

在我们所考察的美国高校中,工程教育所占比重很大,这与交大以工科为主的情形非常相似。有鉴于此,对美国高校本科生的工程教育培养计划,有必要给予足够的关注。

1. 国际工程教育改革趋势

要了解美国高校本科生工程教育情况,首先需要了解引导美国工程教育发展的一些重要因素。

ABET(美国工程与技术鉴定委员会)

ABET 是美国工程与技术鉴定委员会(Accreditation Board for Engineering and Technology)的简称,其前身最初为工程师专业发展理事会,成立于 1932 年,当时由 5 个学会联合而成,后来发展为 31 个工程或技术专业学会的联合体,领域分别涉及环境、绘图、宇航、化学工程、工业卫生、核技术、农业技术、土木工程、冷热技术、机械工程、生物医学工程、计算机、电气与电子、仪器与自动化、陶瓷技术、汽

车工程、制造、地矿、海洋工程、石油工程、金属材料等方面,几乎涵盖了工程与技术的所有门类。

ABET 的目标是为全世界的工程、技术和应用科学的教育提供质量保证,并激励创新。其具体工作任务为:鉴定工程、技术和应用科学教育方案;在工程、技术和应用科学教育上促进质量与创新;为工程、技术和应用科学的发展与提高进行咨询与帮助。它不但制订详细的专业认证战略计划、章程、规则,并授予专业鉴定合格资格,同时一直努力促进工程教育界形成一种高质量的学习氛围,提升工程教育的吸引力,从而使学生有能力为社会经济和雇主、专业作贡献,并习得终身学习的技能。

ABET 注意与社会的联系,注意及时将其活动与成果公之于众。它作为独立的第三方工程教育专业认证机构,其专业鉴定得到美国教育部、各州专业工程师注册机构,以及全美高等教育鉴定机构的民间领导组织——全美高等教育认证委员会(Council for Higher Education Accreditation, CHEA)的认可。可以说 ABET 是得到美国官方和非官方机构承认,得到美国高教界和工程界的广泛认可和支持的全美唯一的工程教育专业鉴定机构。

ABET 的专业鉴定具有不可忽视的权威性,是各类专业技术人员获得专业实践活动准入资格的权威渠道。在美国,工程教育的专业鉴定是工程师注册制度的一个重要组成部分。美国工程师注册制度规定的专业工程师注册条件主要包括:大学教育、资格考试和专业工作经验三个方面。而大学教育指的主要是经过 ABET 鉴定认可的四年制工程学士学位教育。从 1936 年开始实施工程专业鉴定以来,ABET 目前已对全美近 500 所高等学校的 2 700 多个专业点进行了专业鉴定。

正是由于上述因素,ABET 的专业鉴定对美国高校工程教育的发展起着重要的引导作用。由此,它所制订的鉴定准则有着相当大的启示作用。

《EC 2000 准则》(ABET 工程准则 2000)

ABET 近年来的一大贡献就是推出《EC 2000 准则》(*ABET Engineering Criteria 2000*)。为了提高各类学校工程、技术等专业设置的质量与可信度,ABET 有一套严格、详细的鉴定标准,该标准较详细地规定了各个工程技术专业的具体要求,对规范美国工程教育起到了很好的作用。20 世纪 90 年代以来,由于信息技术推动工程技术的快速发展,工程人才培养模式发生了很大变化,传统的鉴定标准已不能适应时代的要求。在各方的积极参与下,ABET 根据工程教育的整体架构与内涵,从 1994 年开始组织研制新的工程标准《EC 2000 准则》。该准则于 1997 年正式公布,2001 年开始全面推进,目前是 ABET 目前对全美高校工程教育的正式认证准则。

与之前的鉴定标准相比,《EC 2000 准则》的主要特点可归纳如下:

(1) 强调专业教育的"产出"质量,也就是学生毕业时已懂得什么、会做什么。过去 ABET 认证主要考察学校的师资、条件、资金投入、课程设置、教学内容等,重点了解学校到底向学生讲授了什么、水平如何,新的标准则注重产出的效果,重在考查学生学到了什么、学习效果如何。

(2) 明确要求学校要有妥善措施保证专业教育满足公众要求。ABET 认为要实现专业培养目标,学校的教师及学生活动应紧密围绕培养目标进行,学校的教学条件的建设、管理体制、资源配置等应有利于培养目标的实现。

(3) 倡导工程教育的创新和改革。鉴定标准从之前注重教学过程的规范性转向目前的教学过程的自我完善和不断改进,要求学校考虑科学技术的快速发展和新世纪的人才需求而持续地发展教育,建立自我完善和改进机制,及时反映科学技术发展、社会进步等对工程的影响和要求,并具有自己的创意和风格。

(4) 规定学校必须有自己的质量评估体系。《EC 2000 准则》把这看作一所学校成熟和负责的表现。

(5) 扩大了认证范围。传统的 ABET 认证主要局限于工程及技术范围,但由于 20 世纪 90 年代以来,信息技术、生物技术、纳米技术的高速发展,使工程、技术、科学之间的界线愈来愈模糊,ABET 适应这种变化,适时扩大了其鉴定和认证范围,使之涵盖计算机科学和应用科学领域。

《EC 2000 准则》的制订,对引导美国高校工程教育的发展起到了重要作用。

《华盛顿协议》(*Washington Accord* **)**

在国际上,ABET 力争在工程、技术、计算科学和应用科学领域内的质量保证方面占据主导地位,为全球范围的教育发展和进步提供美式咨询,激励和推动全球性的教育改革。近十几年来,为适应全球化和工程国际流动性越来越强的背景,ABET 越来越注重国际交流,扩大国际合作,推动国际多边互认。

工程国际化的快速发展,工程师的国际流动对工程专业提出了多边互认要求。ABET 适应这种形势,于 1989 年同英国、加拿大、爱尔兰、澳大利亚、新西兰等国家的工程认证组织签署了六国协议,进而发展为《华盛顿协议》。该协议主要针对国际上本科工程学历(一般为四年)进行资格互认,确认由签约成员认证的工程学历基本相同,并建议毕业于任一签约成员认证的课程的人员均应被其他签约国(地区)视为已获得从事初级工程工作的学术资格。目前《华盛顿协议》有正式会员9个,分别为来自美国、英国、加拿大、爱尔兰、澳大利亚、新西兰、南非、日本,以及中国香港等国家和地区的民间团体;预备会员5个,分别为来自德国、马来西亚、新加坡、韩国,以及中国台北等国家和地区的民间团体。

《华盛顿协议》的核心是各方评鉴过程的"实质对等"——承认缔约方在认证体系及其水平上的对等性,认为通过这些机构认证的工程专业培养出来的毕业生已具备从事工程实践活动的能力,这为缔约方之间专业学校的互认和工程师跨国注册等提供了可能。1989年以来,《华盛顿协议》的影响不断扩大,逐渐成为国际工程互认体系的6个协议中体系最完整、权威性最高、国际化程度最广泛的协议。

鉴于工程教育在交通大学的教育体系中具有举足轻重的地位,而交通大学又把国际化作为自己办学的努力方向,我们对《华盛顿协议》及ABET的核心精神应该给予足够的关注。

2. 目标导向——《EC 2000准则》对美国工程类毕业生的能力要求

从根本上来讲,《华盛顿协议》所承认的是经过工程专业训练的学生所应具备基本的科学素养和从业能力。从各国进行认证的经验来看,近年来认证的重点体现了ABET从考核"教育输入"转向考核"教育产出"的趋势,也就是,采用"能力导向"的认证标准,更加关注教育的结果。

所谓"能力导向",就是在鉴定准则中明确提出工程类毕业生应该具备的能力。在这方面,《EC 2000准则》格外引人注目,它具体阐述了工程教育专业毕业生必须具备的11种能力:

(1)数学、自然科学和工程学知识的应用能力;

(2)制订实验方案、进行实验、分析和解释数据的能力;

(3)根据需要,设计一个系统、一个部件或一个过程的能力;

(4)在多学科工作集体中发挥作用的能力;

(5)对于工程问题进行识别、建立方程,以及求解的能力;

（6）对职业和伦理责任的认知；

（7）有效的人际交流能力；

（8）宽厚的教育根基，足以认识工程对于世界和社会的影响；

（9）对终身学习的正确认识和学习能力；

（10）有关当代问题的知识；

（11）在工程实践中运用各种技术、技能和现代工程工具的能力。

这 11 方面的能力要求具有深刻的内涵，值得我们推敲和借鉴。它直接规定能力要求，而不提课程要求，是与《EC 2000 准则》强调"产出"质量的指导思想一脉相承的。其实，若要将这些能力要求很好地体现在培养计划中，其课程和其他教学环节的总体水平，不会低于以往准则中有关课程设置的规定要求，而且可以使各个学校的课程设置更加具有自己特色。与此同时，《EC 2000 准则》对工程毕业生的 11 条能力要求，还可以看作工程教育界对新世纪工程人才素质所设想的模式。在工程专业评估中，学生和毕业生的质量和成绩是重要的考虑因素，因此学校必须对学生进行评估、指导和监控，以检验学生在达到专业目标方面的成效。

从上述标准中可以看出，ABET 不但重视学生所受到的专业教育，同时也强调学生的人文修养、社会知识以及多学科背景。2006 年 ABET 官方公布的有关《EC 2000准则》实施效果的评估报告显示，《EC 2000 准则》的认证新标准对工程教育培养计划、教师的教学水平和学生的学习能力产生了积极的影响。与之前的认证标准相比，《EC 2000 准则》有利于学生的实践技能、协作精神、职业道德水平等方面能力的提升。

3. 美国工程教育给我们的启示

美国高校在高等教育方面有很强的自主性，但在工程教育方面，因为有《EC 2000 准则》的引导作用，特别是 ABET 的认证，使得美国工程专业的设置较为严格、统一；其课程体系的设置是以《EC 2000 准则》的 11 条作为标准来衡量的，而《EC 2000 准则》的 11 条本身是随时代要求而变化的，这使得美国高校工程教育课程体系的设置既体现了某种程度上的统一性，又具有与时俱进的特点。

通过考察美国高校工程教育培养目标及课程设置，对比交大的具体情况，我们有这样的一些体会：

就人才培养目标而言，虽然我国对学生政治思想素质有着特殊和严格的要求，但整体说来,我们对培养目标的要求较为笼统,培养目标的制订对课程体系的引导性不够强,这使得某些教学环节在人才培养方面所起的作用较为模糊。解决办法是明晰我们的培养目标,在培养目标的导向下,改革课程体系,改善某些较为薄弱的教学环节。

具体地说,我们应该在如下几个方面借鉴美国大学工程教育的经验,进行有针对性的改革:

(1)目前我们的课程体系中,理论课程较多,而相关的实验课程较少,应该加强实验课程的建设,像密歇根大学所设立的实验课程 1 和实验课程 2,从根本上使学生接触了实际,培养了学生的实验能力和动手能力,并且培养了学生独立思考和创新能力以及团队合作精神。

(2)目前教授与学生的联系主要来自 PRP 项目和毕业设计,事实上本科生参与科研的机会之所以少,并不是因为没有机会,而是因为我们缺乏一个平台,很难为本科生与教授搭起联系的桥梁。我们现在有些学生已经在很低的年级就开始参与公司的实习,也就是所谓的勤工俭学。而我们的教授有许多科研课题,为什么不能让我们那些对研究感兴趣的学生做教授的研究助手,既进行勤工俭学,同时也学习了专业知识。

(3)我们的课程设计以自拟为主,而美国大学主要通过学校的交流平台,向企业征集项目,学生可以通过自己所学的知识为企业解决问题,有些可以完成,有些则不能完成,但都会使得双方受益。因此,我们可以借鉴美国大学的经验建立这样的平台。

(4)我们学生的毕业设计通常来自教师的研究项目,也应该考虑向企业征集,为企业解决问题的同时,使学生受益。我们目前的毕业设计基本上一人一题,没有考虑大课题的团队合作,应有所改进。

(5)在我们考察的美国大学中,几乎所有的工程教育中都涉及写作课程,有的还包括演说、职业与技术交流等课程,这些课程培养了学生的科技写作能力和人际交流能力。我们也应该加强该方面的能力培养。

四、美国本科生教育的实践创新环节

美国高校的本科教育普遍对大学生的创新研究实践比较重视,成效也比较好,这既与其指导思想有关,也与其行之有效的组织形式和学校的全力支持分不开。

1. 美国研究型大学开展大学生创新研究实践的指导思想

在美国,一流的研究型大学几乎都以"本科生研究项目"的方式开展大学生创新研究实践。其主要指导思想可归纳为:

(1) 拓宽学生的视野,培养学生广泛的兴趣,满足学生对科学的热情以及参加科研的要求。

(2) 把学生的主动学习、实践经验、自学、实验、独立图书检索、强制性阅读作业以及启发性讨论有机地结合起来。

(3) 帮助学生开发自己的能力,做好自己的职业规划。

比如在斯坦福大学,"探索与发现"是该校自我认定的核心使命。这种使命感往往会通过教授对学生的一对一指导及职员的专业化热情服务传递到广大的学生。学生由此得到机会融入老师的研究课题,在老师的指导下,利用校内外提供的各种学术研究资源,探索与发现自己感兴趣的自然科学,克服各种困难与障碍,取得研究成果。

同样,在普林斯顿、麻省、佐治亚理工、伊利诺伊、加州伯克利等研究型大学,其师生也都普遍把类似"探索与发现"的使命作为自己的使命。正是在这种使命感的驱使下,从育人的角度出发,美国高校对开展大学生的创新研究实践给予了高度的重视。

2. 美国研究型大学大学生创新研究实践的组织形式

在美国的研究型大学,大学生的创新研究实践大多由学校统一组织,形式呈现多样化,主要有:

(1) 暑期实习:暑期实习是最普遍的一种方式,在我们访问过的所有学校都有暑期实习的安排,在其他一流的研究型大学网站上也都可以浏览到暑期实习的栏目及安排。

暑期实习一般是自愿的,学校既没有强制要求也不给学分。实习时间长短因人而异,通常为8周多。实习地点可以在公司,也可以在学校的教授研究室。如果在公司实习,公司一般会给实习学生一定的实习津贴(如 \$3 000 左右/8 周)。如果参加校方网站公布的老师课题组项目实习,学生同样也有可能得到学校的资助(资助额度一般略小于公司）。这种形式的实习对学生条件有较高的要求,如要求学分绩点 3.0 以上。

（2）参与教授的研究课题:本科生参加教授安排的研究项目,以获得科研体会,是美国的研究型大学内常见现象。这有点类似我们学校的 PRP 项目。所不同的是我们的学生往往自己去找老师找题目,而美国那些研究型大学中,项目和导师都可以在校园网站上搜索获得。网站公布的题目每个学期都会更新。

（3）整学期甚至更长时间的持续实习:在美国的研究型大学中,由于实行完全学分制,学生在本科阶段的学习年限一般没有严格限制,4 年按时毕业的学生比例约为 75％～80％,这就给学生自由选择实习时间创造了条件。我们在访问过程中,了解到学校允许学生整个学期甚至整年到公司去实习。这种长时间的实习,对提高学生的操作技能和创新能力十分有效。

在马里兰大学,工学院通常有一个学期的实习,由学校安排,多数在公司进行,完成实习的给一定学分。在其他学校,甚至有学生办理停学手续,去公司进行一个学期甚至一年实习的案例,不过这种案例较少。

比较多的长时间实习是在尽可能不耽误或少耽误学业的情况下进行的。我们在参观 UIUC 校园中的卡特皮勒(CAP)公司(重型机械设备制造公司)时了解到,在该公司实习的 UIUC 学生很多,实习时间一般都在半年以上。他们中有的是博士研究生或硕士研究生,也有高年级的本科生。他们在 CAP 公司实习时,首先要接受培训,然后因人而异做些不同复杂度的计算机辅助设计工作。在时间安排上,这些实习学生必须首先考虑完成计划修的学分(可适当少些,把学习年限拉长),课余时间参加实习。但在假期,他们可以用全部时间。

（4）参加社区服务:参加社区服务是美国高校大学生较普遍的选择。在哥伦比亚大学,社区服务主要以各种项目为中心开展,带有科技活动的性质,如为残疾人设计一套秋千等。各个学院都有社区活动的要求,学校每年有 70 个左右这样的社区项目,目前社区活动的重点项目是环境保护等。参加这些项目一般作为一门课对待,由教师负责,可以获得 4 个学分。

（5）毕业设计:与中国的高校不同,不是所有的美国研究型大学的工科学生都把毕业设计作为必须。大多数学校将其作为专业相关的实践活动或实践项目,设计的题目一般都由教授提供,这样就与我们的学生平时参加的类似 PRP 的研究活动性质相似。

3. 创新研究实践的项目来源及经费支持

美国高校对大学生开展创新研究实践较为重视,有全方位的保障措施,比如制度保障措施,明确规定学分要求,并提供各种方便,极力促成学生的实践研究。这是值得我们借鉴的。

开展创新研究实践难免涉及资金的问题。在我们考察过的几所学校中,没有哪一个学校提到过这方面的资金困难,只是不同类型的实践活动资金来源渠道不同罢了。

(1) 企业实习:大学生参加企业实习普遍受到欢迎,这一点与我们形成鲜明的对比。企业不要求学校支付学生实习经费,反过来还会以赞助形式给学校提供资助。由于学生在企业实习的时间一般都会持续数月甚至更长,企业在给学生安排研究工作的同时,也会给学生一些实习补贴(每月 1 000～3 000 美金不等)。学生进行研究工作所需的开支自然会安排在企业的研究项目预算中。

(2) 参加教授们提供的研究项目:在美国的研究型大学,有很多高年级的本科生参加教授们提供的研究项目,类似我们学校的 PRP 项目。这些项目多数与教授自己的研究课题紧密关联或者就是研究课题中的一部分,因此教授们普遍乐于提供一定数量的研究经费。与企业实习不同的是,教授们一般不为本科生提供津贴。

(3) 参加社区活动:大学生参加社区活动的经费一般需要学生自己去设法筹集。在斯坦福大学、哥伦比亚大学等,很多学生都把参加社区活动作为培养与锻炼自己综合能力的好机会。为了给社区做一件善事(比如设计并制作一个锻炼用的秋千),学生往往会组成一个志愿组,选举一个组长,其任务除了领导大家以外,还有一个重要方面就是去募集设计与制作所需的资金。内部成员各有分工,有的搞设计,有的联系制作加工,有的联系购买器材。整个环节下来,大家都有很多体会,积累了许多经验,锻炼了各方面才能。

(4) 毕业设计:毕业设计的经费有些来自学院,也有一些来自教师的研究经费。公立大学还可以从政府拿到一些经费。

4. 关于我校创新研究实践的思考

(1) 把实习环节做实:早年的大学学习期间生产实习往往都给人们留下深刻的印象,有些印象甚至终生难忘。可是目前的生产实习流于形式,这已经成为基本

事实。究其原因,主要有以下几个方面:

A. 由于办学经费紧缺,去外地实习非常困难,主要是差旅费难以支撑,因此只好在本地安排。

B. 招生规模扩大以后,企业没法大规模安排实习学生,因此许多学生只好"自谋出路",随便找家单位(公司)应付几周。

C. 实习时间太短(目前大多数都是3～4周,有的只有2周),企业觉得是个累赘,干脆来个拒收。

D. 企业对接受学生实习有应付心态,没有很好安排学生的实习活动,学生在企业实习学不到多少东西。

E. 院系没有好好地花精力去组织生产实习。

针对以上原因,在以院系为主体认真组织学生的生产实习的前提下,还应采取以下措施改善目前的实习状况:

A. 通过经常性的校企管理层联谊活动,建立更广泛的校企联盟,设立更多的实习基地。

B. 设法延长实习时间至3个月(比如说从教学周中挤出2～3周,再加暑假),使企业觉得学生来实习能有所用。

C. 精细设计实习内容,改变以往的参观、当小工等形式,以参与生产、设计与研究等环节取代,使学生通过实习掌握先进的设计工具、先进的生产流程和工艺、先进的仪器设备操作等,从而激发他们的学习自觉性。

D. 争取变给企业交实习费为从企业得到实习资助。

(2)进一步拓宽和加强PRP:PRP形式是大学生开展研究型学习的很好途径。我校目前已经开展的PRP项目与美国研究型大学所开展的本科生研究活动在形式上相似,取得的效果也不错,只是研究水平上不太平衡,各院系教师的重视程度也不一样。科研项目多的院系老师反而对PRP项目的兴趣不是太大。建议进一步加强PRP工作,拓宽PRP项目的范围,动员教师的支持,树立一些典型,加强PRP的宣传力度,以使其获得更加理想的效果。

(3)开展研究型实验和科技创新活动:与美国的研究型大学工科学生参加实验学时进行比较,课内的实践学时我们要多得多。我们的实验学时占到了总学时的约35%(包括单独开设的实验课程,课程实验及课程设计)。但从效果来看,我们的工科毕业生的工程能力并不理想,这几年还有退化的趋势。分析原因有以下

几点:

A. 实验课程中的实验内容很多属于验证性,学生不需要动多少脑筋,实验对培养学生的实践创新能力的效果不明显。

B. 学生除了完成按教学班进行的实验内容以外,主动上实验室进行自我设计的实验机会很少,即使在完成课程设计时也很少主动上实验室。很多都在宿舍里做做计算机仿真,更有甚者相互抄袭。

C. 教师参与指导学生实验机会很少,实验室编制的工程技术人员趋于技术和年龄老化,新的实验内容开发能力和数量明显不足,指导力量也较为单薄。

D. 专业实验设备老化,实验维持费用明显不足。现在由于办学经费都是打包到各院,因此用于专业实验室建设和日常维持的经费比过去不增反减,造成专业实验设备明显老化,根本不能适应新技术的发展。另外,也无力支撑学生自主设计实验所需器件的不菲费用。

鉴于以上情况,我们建议采取以下补救措施:

A. 调整部分实验课时(包括精工和电工实习)到生产实习那边。把理解性和研究性的那部分实验内容留在学校做,而把加强学生工程能力的许多环节放到企业去,因为在企业里有先进的设备,而且从企业培养出来的实践能力更受企业欢迎。

B. 更多更广泛地开展课外科技活动。现在,全国各大工科院校都非常重视学生的科技活动,我们学校在这方面总体处于领先地位,但校内严重不平衡。建议采取合理的机制,鼓励教师更多地参与指导学生的科技创新和科技竞赛活动。同时也要形成合理的人员流动机制,把一些年轻的、熟练掌握最先进技术的工程技术人员充实到实验室队伍中来。

C. 从学校层面重视抓实验室建设,要有计划、多渠道地对各专业实验室进行改造。

整体来说,我们的本科生完全有潜力参加比较深入的研究,上海交通大学也有条件为他们的创新实践环节提供更好的环境,只要政策措施得当,教师和学生的积极性与主动性得到充分发挥,我们的本科生的创新实践环节一定能够做好。

五、美国大学的学生事务管理

在美国考察期间,我们深切体会到,美国一流大学确实是以学生为本组织运行的,这一点,在其学生事务管理中表现得非常鲜明。

1. 美国大学学生事务特征

长期以来,国内大学对美国大学的学生工作存在一定的误解:认为美国高校的学生管理主要采取社会化方式,学校基本上不介入学生的生活,更不会对学生进行思想和道德教育。通过这次考察我们发现,美国大学不仅有学生工作,而且还有结构完善、功能齐全的学生事务管理与服务系统,学生事务管理是美国高校五大管理系统(学术、研究、行政、财政、学生事务)之一。尽管各高校学生事务管理的组织结构不一样,隶属关系不一样,人员和经费的多少也不尽相同,但学生事务管理的内容却大同小异,涵盖了课堂以外的学生学习生活的方方面面。

以伊利诺伊大学香槟分校为例,该校设有一位专门负责学生事务的副校长,两位学生事务管理副校长助理,分别兼任学生事务的院长和辅助中心主任,下设十个学生事务管理部门,包括:学生事务院长办公室、心理咨询中心、学生冲突解决办公室、职业生涯中心、少数族裔学生服务中心、校园活动中心、伊利姆金利(Mckinley)健康中心、住宿暨饮食服务中心、伊利诺伊学生联合会暨书店以及室内体育馆等。

仅从伊利诺伊大学的例子就可以看出,美国高校学生事务管理的运行是完备和有保障的。综合分析考察培训情况,大致可以看出美国高校学生事务管理有如下基本特征:

(1)整体性:美国大学学生事务管理的运行布局具有极强的整体性。学生事务作为学校工作的基本版块之一,由一位副校长主管,下设各部门分工合作,其工作环节职责明确又相互配合、相互支持。各部门工作线路也积极向学校外部延伸,根据需要会延伸到学生家长。例如,UIUC专门成立了家长联络办公室,负责加强与学生家长的联系和交流。

(2)针对性:基于现代社会多元化的特征,美国大学的学生事务管理针对不同时期、不同族裔、不同群体、不同年级学生的细微变化,制订不同的工作对策和指导原则。UIUC为每一个学生社团都配备了具有相关专业背景或有相关兴趣基础的人员作为指导老师;为每个学生的专业和职业选择制订不同的指导方案;为每一个学生活动提供专业的评估意见。这种关注个体、关注细节的针对性原则在其学生事务管理中体现得淋漓尽致。

(3)规范性:由于美国社会是一个高度法治化的社会,大学的学生事务管理也不能例外,因此在操作过程中必须时时处处体现出与法治规范的衔接和一致。例如,涉及学生利益的各种政策、决策都要符合法治精神和规范程序,特别是学生活动设计和学生事务部门的经费预算,必须要经由有学生代表参加的专门委员会审议并通过;涉及学生事务的咨询、表决、决策、实施都要有明确的运行程序。

(4) 实用性:与美国社会普遍遵循的实用主义精神相一致,美国大学的学生事务管理也充分体现了实用性特征。各个学生事务管理部门都十分强调服务于学生的成功,但他们普遍将学生成功仅仅理解和归结为使学生顺利毕业;在面对学生事务中的法律问题时,他们考虑的往往是如何规避司法风险;美国的学生事务从业者十分强调寻求理论支持,其理论多出于对自身工作或活动的合理性和必要性的直接论证。

(5) 服务性:从 1911 年斯坦福大学成立"个人训练和指导特别委员会"开始,美国各大学都开始注重为"变化了的学生"提供服务。在 UIUC 同行的介绍中,我们经常听到的是如何帮助学生、服务学生。帮助学生、服务学生是其学生事务管理的一个重要取向。在对学生的诸多服务中,根本点是着眼于学生的学习成功。例如,UIUC 的住宿学习社区,为学生开设了全球化项目(本土、国际学生混住,教授主持,可修学分)、健康专业项目、交叉项目、LEADS 项目(通过学术发展和服务训练领导力)、Weston 探索项目(旨在发掘兴趣)、WIMSE 项目(女生在数学、科学和工程方面的训练)等,为学生提供了有效的学术支持。

(6) 专业性:美国大学的学生事务管理起始于 20 世纪 20 年代,而后,逐步向学科化方向发展。至今,在许多大学的教育管理学科之下形成了专门的研究方向,有些高校已经有了学生事务管理的硕士点和博士点。学生事务管理人员大都具备相应的学科背景和知识背景,经过了系统的专业训练,并将学生事务作为一种职业。同时,学校形成了完善的职位晋升标准和管理体制,将员工的晋升与学术要求结合起来,使这支队伍同时成为能够为学生开设有学分或非学分课程的专业化队伍。同时,不同部门、不同职位的设置和分工也高度专门化和专业化。

2. 美国大学学生事务管理对我们的启示

(1) 要真正树立学生为本、服务至上的学生事务管理理念

通过在美国学习和考察,可以十分鲜明地感受到,美国高校学生事务管理的基本理念是:学生为本,服务至上。他们将学生作为自由平等的独立的人看待,以

"学生本位"为价值取向,极为重视学生个体的发展;以促进学生发展为目标,以服务为手段和工作导向,将管理融入服务之中。学生事务以学生发展理论为指导,十分强调满足和服务于具有不同天赋、不同需要、不同目的、不同个性的全体学生。

这一点可以从以下几个方面体现出来:

学生事务有雄厚的人力和财力支持。UIUC 专职从事学生事务的职员队伍庞大。学生事务经费每年就有 700 万美元,其中还不包括学生校园活动中心每年1 200 万美元的经费。

学生事务分工细致,面面俱到。如前所述,UIUC 的学生事务有十个校级学生事务管理部门,十个部门并列,向学生事务副校长或副校长助理汇报工作。这样的机构设置充分体现出学校对于学生组织、心理咨询、职业生涯教育、健康娱乐等工作给予了同等的重视与支持。此外学院还有各自的职业生涯中心等学生事务管理组织。

学生的声音和需求得到高度重视。美国学生事务管理工作重视倾听学生意见,如校长定期与学生会主席交谈,听取学生的需求与愿望;学生事务各部门要向学生服务费咨询委员会报告预算情况等;学生服务费咨询委员会可以提出对收费标准的建议意见,其建议往往被采纳;学校职业生涯中心成立了顾问委员会,负责对影响职业生涯中心服务的事务提出建议;学生校园活动中心开放时间从早上 6点到晚上 12 点,长达 18 个小时,充分满足学生的需求,等等。

学生隐私得到有效保护。如学生个人的成绩、健康状况、对其处分决定,甚至其所选课程等,不经学生同意均不能公开。

学生组织和学生活动十分活跃,并得到人财物等方面的有力支持。UIUC 有近 700 个学生组织,每个学生组织均有指导老师,活动经费充足,办公场地和活动场地便利。学生组织的类型多种多样,尽显学生个性和兴趣爱好的多样性,为学生的全面成长、能力锻炼和愉快度过大学生活提供了广阔的舞台。我们参观了UIUC 盛大的学生社团招新活动场景,确实非常壮观,留下了深刻的印象。

概括起来说,美国大学的学生事务工作,在工作理念和实践上的关键词是"服务、支持";相比之下,在我们的工作中,关键词是"教育、管理",尽管近年来,我们也开始强调服务,但与美国高校相比,管理和教育的色彩更浓厚一些。我们往往将学生作为受教育者和被管理者看待,对学生的管理多、限制多,而为学生服务强调得少,做得更不够。此外,美国大学中,学生参与学生事务的深度和广度较大,学生作为教育主体的地位和作用发挥得好,学生的权利和需求得到很大程度的满足和重视(这与收费制度有关)。因此,我国高校学生工作必须紧密围绕促进学生全面发展、提高学生综合素质和社会竞争力这一目标,努力增强为学生服务的意识,积极为学生提供个别化服务和发展各种潜能的机会、舞台和空间,培养学生的个性和健全的人格。

(1) 要重视学生事务管理队伍建设

美国有许多大学、学院,管理体制不尽相同。但是,每个学校的管理一般都划分为学术、学生事务、财务三个方面,通常有一个校长和三个副校长,三个副校长分别主管这三个重要方面。学校在学生事务管理工作方面通常都会投入巨大的人力和财力支持,有相当庞大的学生事务管理工作队伍。以 UIUC 的职业生涯中心为例,校级职业生涯中心有专职员工 16 名、学生兼职 12 名;商学院职业生涯中心有专职员工 10 名、学生兼职 8 名;工学院职业生涯中心有专职员工 6 名、学生兼职 1 名。以此测算,全校共有超过 26 个职业生涯服务办公室或分支机构,单单从事职业生涯教育的就有专职员工 200 多人、学生兼职近 200 人。

美国高校注重学生事务管理工作中管理与研究的结合。如前所述,学生事务是从教学事务中分离出来而成为一个职业,后来又有了专业的研究,使得学生事务管理成为一种可以终身从事的职业,从而保证了管理人员的相对稳定。在 UIUC,我们看到很多员工的年龄比较大,但对所从事的工作十分热爱,并有熟练的工作经验。同时,美国大学的学生事务管理队伍形成了完善的职位晋升标准和管理体制,非常重视培训。这种培训使员工队伍的素质和管理才能得到不断的提高。

把高校学生事务作为一门专业,重视学术研究对管理事务的指导,并使从业人员接受专业的训练,这是美国高校学生事务的一个很重要的特征。把学生事务作为专业来发展,这一点对我们很有借鉴意义,因为这样做不但有助于提高学生工作的水平和地位,更重要的是有助于学生事务的专业化和职业化,有助于更好地做好学生事务管理工作。

(2) 教师的育人职责

美国高校规定教师要承担教学、科研、服务三方面的任务,理论上全体教师都要为学生做指导,但是工作量各有不同。学校鼓励终身教师多做学生指导工作,并将此类工作计入服务的工作量。倘若聘请专职人员做学业指导工作,则其必须有较强的学科专业背景,否则无法指导学生。另外还雇了一些研究生和高年级本科生从事此项工作。

教师指导学生的方式方法包括个别约谈、电话交流、邮件交流、网上信息发布等。教师进行学业指导的成效需要进行评估,评估由本部门进行。美国高校很注意通过实证和数据来证明要做的事达到了什么样的效果,通过分析记录的各种数据得到结论。一般要设计问卷调查,也进行网上调查。调查的样本选取要满足统计学的要求,选取各种比例,如男女比例、不同种群少数族裔的比例、校内外的比例。主要关注的是学生对于某一事项的满意度,是否为他们提供了有效的帮助,是否提供了有益的信息。也有不关注满意度,而仅仅调查对指导者的感觉。既有实名调查,也有匿名调查。比如学生事务管理部门在介绍情况时,常常采用列举一年为多少学生提供了服务、提供了多少服务项目、学生满意度如何等数据来说明问题。

美国高校的这些做法,对我们有明显的启示意义。

六、几 点 感 受

通过二十余天的考察访问,培训班除上述收获外,通过成员之间的交流和总结,还有以下一些感受:

第一,高校应该坚持以学生为本。

在考察中,我们感受最深的,是美国高校管理上的以学生为本,服务当先的理念。美国高校为学生着想是全方位的,除了学生事务管理外,在课程设置、教学计划安排、学生能力培养诸方面,均把学生利益放在第一位。美国高校的学生在读大学期间,比中国高校的学生有更多的选择机会、更强的自主性。美国高校管理上的以学生为本,是体现在管理的具体环节、具体事务上的,而不仅仅是一种理念的宣告。他们的为学生服务,甚至到了不计成本的程度。在这一点上,我们的所作所为,还有很大的改善空间。

第二,高校应该不断提高师资队伍素质。

美国高校教师队伍平均素质较高,除了学历构成、业务水平等维持在较高的层次之外,教师的责任心、服务意识也都比较强。例如,美国高校教授们把给本科生上课视为自己应尽的义务,很少有教授会认为给本科生上课是降低了自己的身价,教授因担心影响科研时间而拒绝为本科生上课的事情鲜有发生。同样,教授们把参与学院、学校学术管理,引导服务学生视为自己的本分而热情参与。这种思想意识确保了美国高校学术管理的高水平。当然,高水平高素质教师队伍不是自然而然形成的,它需要培养和引导。美国高校在师资队伍建设方面的做法给我们的启发是:要从学校和学院两个层面制订师资队伍建设的政策,从学院层面贯彻实施。在引进教师时,由教授们对其全面考核,既注意其学术水平的高低,也要考虑其综合素质。新教师进校后,绝不能对其放任自流,要有进校培训、跟踪观察、后续培养等成套机制。教师是学校育人队伍的主体,对教师队伍的建设必须给予足够的重视。

第三,高校应该坚持教授治学。

美国高校的运作充分体现了教授治学的特点,诸如开设新课程、设置新专业、建设教师队伍、设定科研方向、争取科研项目,乃至处理师生的申诉、讨论教师奖惩、设置系所机构、调整专业方向等事宜,教授均在其中发挥了重要作用。高校是传播知识、创造知识之所在,而教授是传播知识、创造知识的高层主体,就此而论,高校的正常运作,必须坚持教授治学,这是高校办学规律所要求的。

第四,高校应该坚持与时俱进。

美国高校的发展,有着很强的与时俱进特征。纵观美国大学发展的历史,就可以看出这一点。美国的现代大学制度是在 1870—1940 年间逐渐成形的,在此之前,美国虽然也有历史悠久的哈佛和耶鲁等老的学院,但这些并不是现代意义的大学,这些学院的目标是培养本地区本教派的牧师及其政治领袖。从 19 世纪中叶,美国开始出现公立大学,产生了一批以应用性教育和公共服务为宗旨的大学。随着 1870 年后美国开始现代转型和高度经济发展,其教育制度随之发生重大的转向,此即所谓以"德国大学模式"取代以往传统的"英国大学模式",形成了一批研究型大学。但是美国现代高等教育发展的特点就在于,它并没有沿着所谓"德国大学模式"这条路一直走到底。研究型大学之路应该如何走,在美国高校中一直存在争论。大学在争论中发展,自然就表现出日新月异的特点。大学内部的事务,诸如专业的设置、办学经费的筹集、通识教育观念与课程体系的演变、工程教育认定准则的变化等,都体现出与时俱进的特点。所以,我们要学习美国大学办学经验,首先要明白我们所说的美国大学特点,是哪个时代的特点,要了解其办学精髓,不能邯郸学步,一味模仿。

第五,高校应该提倡多元化发展。

　　美国没有全国统一的教育管理机构,高校有很强的自主性,这使得美国高校千人千面,没有统一的办学模式。各高校之间,没有统一的课程设置,没有统一的院系结构,没有统一的专业要求,教育理念也各具特色。当然,任何一所大学,其办学效果必须接受社会的检验,但美国社会在衡量大学办学效果时,非常注意为高校的自主发展留下余地。在美国的高等教育中,大学和专业评估除学校自我评估外,还要邀请社会独立机构进行。社会评估机构对大学所做的评估正在由过去的注重教育内容教育规范逐步转向为注重教育"产出"的质量,《EC 2000 准则》的实施就是一个典型例子,这为各高校的自主发展留下了充分的余地。在这样的社会环境中,美国高校尤其注重根据自己的学校历史、学校传统和现实,努力办出自己的特色。所以,美国高校的发展是多元化的。

　　中美两国国情不同,大学办学传统不同,社会环境也不同,我们学习美国大学的办学经验,不能盲目照抄照搬,况且美国大学本身也没有统一的模式供我们去模仿。美国各高校都是根据各自的实际情况,以最适合各自情况的方式行事的。我们也应该这样,要根据自己的具体情况,认真分析美国知名大学成功办学经验的精髓,师夷所长,为我所用,踏踏实实把自己的事情做好。

（执笔：关增建）

人文社会科学文化建设功能探析

——以上海交通大学为例[①]

　　进入 21 世纪之后，上海交通大学为自己设定了在本世纪中叶建成世界一流大学的宏伟目标。为实现这一目标，必须对大学文化建设给予足够的重视。为此，不能不讨论大学文化的功能，讨论如何建设与交大特征相符的优秀大学文化，讨论如何发挥人文教育在育人方面的作用，讨论作为建设大学文化重要学科依托的人文学科的发展。

一、大学之道，文以化之：大学功能与大学文化

　　"文化"一词在西方来源于拉丁文 cultura，原意为对土地的耕耘和对植物的栽培，以后引申为对人的身体和精神两方面的培养。在中国，"文化"一词的产生则与人文密切地联系在一起。在中国古籍中，《周易》最先提出"人文"概念，其《贲卦·象传》讲："刚柔交错，天文也；文明以止，人文也。观乎天文以察时变，观乎人文以化成天下。"这里的"天文"指天道自然，"人文"指社会人伦。《周易》的意思是说，治理国家者必须观察自然变化之规律，以明时令的变化；又必须观察现实社会的人伦秩序，以明人类社会的规则，使人们的行为合乎文明礼仪，并由此而推及天下，达成"大化"。后来，随着语言的发展，"文"和"化"联系在了一起，形成了"文化"这个词，其含义是文治与教化。中国最早使用"文化"这个词的人是西汉刘向，他在其《说苑·指武》篇中提出："圣人之治天下也，先文德而后武力。凡武之兴，为不服也；文化不改，然后加诛。"到了南北朝时，南齐王融在其《从武帝琅邪城讲武应诏诗》中亦

　　① 本文是 2007 年上海交通大学大学文化建设项目结项文稿，参与该项研究的还有黄伟力和胡涵锦两位教授。

云:"早逢文化洽,复属武功宣。"唐代诗人卢照邻在其《中和乐九章·总歌第九》中则曰:"武化偃兮文化昌,礼乐昭兮股肱良。"武则天在其《唐大飨拜洛乐章·齐和》中高吟"既荐羽旌文化启,还呈干戚武威扬",他们都明确提到了"文化"这个词。他们所说的"文化",指的就是文治与教化。教化的本意是指对人的培养,这与西方culture一词有类似之处。由此,不论是东方还是西方,"文化"一词的含义,都包含了育人之意,这使它与大学的功能有了先天的联系。

大学是当代社会的重要组成部分,在引领社会发展方面有其独特的功能。一般认为,大学的功能有三:培育人才、科学研究、服务社会。这些功能,每一项都与文化有关,尤其是培育人才这一条。时任教育部副部长的赵沁平提出,大学的功能还应再加上第四项——建设文化。这使得大学的功能与文化有了更紧密的关联。大学通过这些功能发挥对社会的作用,实现自己的历史使命。

在大学的各大功能中,培育人才首当其冲。培育人才离不开文化的作用,北京大学赵存生教授指出:"大学是人类文化发展到一定阶段的产物。传承文化、创新文化,用文化育人和服务社会,是大学的基本职能。"①像交通大学这样的学校,是把培育英才作为自己的第一要务的,这就意味着我们尤其要重视文化的作用。

从教育的目的来看,大学教育的着力点是人文教育,即是说,大学教育不但要向学生传授某种技艺,教给他们某种知识,更重要的,是要给学生提供精神食粮,培育他们具有完美的人格,使他们成为社会栋梁。大学要通过自己的教育,为大学生提供能够使他们终身受益的优秀的精神资源,使他们在今后的一生中,在这个变化不息的世界中奋斗的时时刻刻,都能从这种资源中获取力量。

在当今的社会,教育的发展不时表现出某种实用主义、功利主义的倾向。大学有意无意越来越注重专业化教育,人力的教育成为时尚,而人性的教育却被忽略。人们重视专业知识的学习,却忘掉了教育的根本,忘掉了人的灵魂。如果任由这种情况发展下去,我们就难以实现教书育人的根本目标。有鉴于此,我们必须把对学生的专业教育与为人的教育有机地整合起来,大力推进人文教育。

具体地说,人文教育的提法是针对目前的教育把人当作工具,强化人的片面发展,忽视人的身心协调发展而言的,它强调全人教育的理念,强调给人以广博训练而不仅仅是专业训练,力求通过德智体等多方面的教育培养完整的人。人文教育

---

① 朱振国,《大学提升需要文化和谐——2007 年高等教育国际论坛综述》(N),《光明日报》,2007 年 11 月 28 日,第 10 版。

的目的是使受教育者的身心全面协调发展,使其成为"真正的人"并实现人的全面价值。开展人文教育的好处,教育部在《关于加强大学生文化素质教育的若干意见》中讲得很清楚:"加强文化素质教育,有利于使大学生通过文化知识的学习、文化环境的熏陶、文化活动和社会实践的锻炼,以及人文精神的感染,升华人格,提高境界,振奋精神,激发爱国主义情感,成为'四有'人才;有利于大学生开阔视野、活跃思维,激发创新灵感,为他们在校学好专业以及今后的发展奠定坚实的文化基础和深厚的人文底蕴;有利于培养基础扎实、知识面宽、能力强、素质高的人才。因此,加强文化素质教育,从更深的层面和更综合的角度体现德、智、体全面发展的要求,是新形势下全面贯彻党的教育方针的重要举措。"①教育部文件提倡的"文化素质教育",与我们这里所说的人文教育,本质上是相通的。

人文教育的理念与现行的通识教育理念相近,在此我们不对这两个概念加以区分。提倡通识教育并不意味着放弃专业教育,通识教育与专业教育是互补的,二者缺一不可,这是需要特别指出的。

人文教育的目的在于促进受教育者人性境界的提升,帮助其完成理想人格的塑造及个人和社会价值的实现。这种教育的实质是人性教育,核心是涵养和充实受教育者的人文精神。要达此目的,需要通过各种途径对受教育者进行培养,比如广博的文化知识的学习、高雅的文化氛围的熏陶、优秀的文化传统的滋养以及深刻的人生实践的体验。在这里,对人文学科知识的学习是必要的,但它不是终极目的,也不是实现人文教育的唯一途径。实现人文教育,当然不能离开课堂,但我们的眼光要超越课堂,要注意到大学文化氛围的营造对实现教育目的的重要性。唐代诗人杜甫的《春夜喜雨》诗云:"好雨知时节,当春乃发生。随风潜入夜,润物细无声。"他所描述的"润物细无声",可以用来形象地说明大学的文化氛围对育人所具有的潜移默化的作用。

大学文化氛围在育人方面有着不容忽视的重要作用。这种氛围可以起到某种舆论场的作用,它通过学生间的互动、受教育者与教育者之间的互动、教育者本身之间的互动,造成一种舆论氛围,这种氛围规范着学生的价值取向、影响着学生思想品德的形成乃至生活方式的选择。大学文化氛围的存在未必是人们刻意营造所致,在任何一所大学中,其文化作为一种传统,总是存在的。问题在于,自发形成的

① 《关于加强大学生文化素质教育的若干意见》(Z),高教[1998]2号文件。

文化氛围可能不是我们所期盼的。我们期盼的是好的大学文化,积极向上的大学文化。这种大学文化,有助于人们形成新的思想、新的理念,有助于人们形成高尚的道德情操和纯真、美好、善良、理智的心灵。这正是人文教育所希望达到的。同时,好的大学文化会给校园内的人们以强烈的凝聚力和感染力,增加师生对学校的认同感和荣誉感,唤起他们的归属感和责任感,激发他们为共同目标奋发进取的内在意识。另一方面,大学文化是由教育者和受教育者共同创造的。大学的主体是教师和学生,他们的高文化素质和对社会新鲜事物的高度敏感性,使得他们创造的大学文化比之社会文化更为积极进取,更具创造性和探索性,由此,大学文化还对校园外的社会文化有很强的示范和引领功能。这一特征赋予了大学文化以更高的社会责任。

鉴于大学文化对育人具有不可替代的重要作用,大学必须重视对其文化传统的营造。正如中国高等教育学会会长周远清所指出的:"要提高高等教育的文化自觉,要重视文化建设,加强文化建设。大学要创造文明、创造文化、实践文明、实践文化、传承文明、传承文化。要发挥它的文化优势,提升品位,同时要更好地发挥对社会文化的辐射和示范功能。"①

在不同的大学中,大学文化应该有相当程度的共性,比如要注重文化知识的滋养,注重高雅文化的陶冶,注重对学生人生观和价值观的引导,等等。但更重要的是,不同的大学有不同的传统,在大学文化的营造上也应该表现出多样化的色彩。如何创造出富有特色的大学文化,这才是应该引起人们高度关注的论题。

对一个大学来说,要营造出富有特色的大学文化,首先要了解这所大学的历史,研究它的办学传统,同时,还要明了它的办学定位,探讨它的学科布局,分析它的学生构成,在此基础上,才有可能营造出与之相应的大学文化。

就上海交通大学而言,2003年,学校在制定"十一五"战略规划中,总结了交大成立百年来的文化传统、精神品格、历史责任及社会贡献,对学校的未来发展定位作了前瞻性的战略思考,在国内研究型大学中,首次提出了自己的历史使命:"以建成世界一流大学为目标,以传承文明、探求真理、振兴中华、造福人类为己任。""致力于激发学生潜能,培养精英人才;致力于探索未知领域,攀登科学高峰;致力于攻克技术难题,服务民族经济;致力于丰富思想宝库,引领社会进步;致力于构筑文

① 朱振国,《大学提升需要文化和谐——2007年高等教育国际论坛综述》(N),《光明日报》,2007年11月28日,第10版。

桥梁,促进世界和平。"经过 2002 年和 2007 年两度本科教学评估,学校进一步总结了自己的办学历程,梳理了自己的办学传统、办学定位和人才培养模式,明确了交通大学的精神之所在:

"从 1896 年建校至今,交通大学走过了 111 年的历程,在这百余年探寻真理、追求卓越的历史进程中,学校秉承'饮水思源、爱国荣校'的校训,弘扬'求实创新、努力拼搏、敢为人先、与日俱进'的精神品格,形成了为国为民、勇于奉献的爱国精神,求真务实、追求卓越的科学精神,敢为人先、与日俱进的创新精神。"①

这些内容,实际上就是上海交通大学在发展历程中形成的与自己历史使命相符的大学文化的核心精神,也是交大大学文化的特色之所在。交通大学的大学文化建设,应该在建设好上述共性因素的同时,着重加强其特有的文化内涵,使交大精神进一步深入交大人心,成为推动交大发展的内在动力。

要做到这一点,首先要让学生了解交大精神之所在,不能本科教学评估时我们总结出了交大精神的核心,评估结束就让其束之高阁,不去弘扬这种精神。否则,交大精神就会失去其继承者的坚持,也就失去了它的生命力。为确保能够让学生可以随时方便了解学校的办学理念,了解被大家公认的交大精神,应该在校园网开辟专门栏目,刊登交大历次校歌校训、交大在不同历史时期的办学理念、交大人在办学过程中形成的精彩思想、交大人对其所认可的交大精神的提炼等内容,以使学生非常容易就能接触到这些内容,从而为他们指明自我砥砺、自我鞭策的努力方向。现在校园网上开设的"文博交大"栏目,已经在这方面做了努力,今后应该继续提炼内容,加强引导性,真正将其办成交大的历史文化宝库。

当然,"纸上得来终觉浅",仅仅靠这样的灌输会显得比较空洞,效果也不会十分明显,还要注意发挥优秀传统的熏染作用。交大的精神、交大的办学理念,不是凭空总结出来的,它是一代一代交大人长期奋斗过程中逐渐形成的。要使当代学子真正理解这些内容并将其发扬光大,不能仅仅依靠对这样一些口号的宣讲,而是应该依靠通过对校史的展示,对交大历史上那些扣人心弦可歌可泣的人物和事件的探究和宣讲,使学生在了解交大发展历程的过程中,将交大精神的核心内容,自己感悟和总结出来。优秀历史传统的育人功能是潜在的,其作用正像当春时令悄然而至的雨,虽然无声无息,却能滋润万物、养育春华一样,交大优秀的办学传统,

---

① 张杰:《2007 年上海交通大学本科教学工作水平评估校长报告》(R)。

对培育新人也具有潜移默化的熏染陶冶功能。交通大学的百余年发展历史,是营造富有特色的交大大学文化取之不尽的资源宝藏。

营造大学文化,还要注意充分发挥人文社会科学学科的作用,这是因为,人文社会科学对社会作用的方式是精神层面的,它能启蒙思想、传承文明、教化育人、改善制度、规范行为、丰富生活,促进人的全面发展和社会的全面进步。在人文社会科学诸学科中,尤其要办好文史哲艺等学科,充分发挥它们的作用,因为它们是人文教育的核心学科。对此,我们将结合交通大学的具体情况,在后文予以论述。

二、百年校魂,文以承之:交通大学 历史精神的传承与弘扬

要营造与交大历史定位相符、富有交大特色的大学文化,必须对交大的历史、交大大学文化的现状有所了解。

上海交通大学是中国最早建立的大学之一。19世纪末,在国家面临内忧外患,民族处于困厄危难之际,盛宣怀先生和一批有识之士秉持"自强首在储才,储才必先兴学"的信念,在上海创办了交通大学的前身——南洋公学。自建校伊始,学校即坚持"求实学,务实业"的宗旨,以培养"一等人才"为目标,精勤进取,笃行不倦,经历了几十年的发展,在20世纪二三十年代已成为国内著名的高等学府,被誉为"东方的MIT"。在嗣后的岁月里,上海交通大学始终把自己的发展同国家的前途、民族的命运紧密相连。历经百余年的风雨沧桑,学校见证了中国近现代高等教育从涓涓细流汇成滔滔大河的历史,走过了一条从兴学自强、实业救国到科教兴国、人才强国的强校之路。

上海交通大学是一所以工科见长的知名高校,但这并不意味着它没有深厚的人文底蕴。交通大学的人文底蕴首先表现在它所拥有的悠久历史上。从某种意义上说,人文与历史是分不开的,历史意识的获得是人文教育所追求的目标之一,而交大百余年名校的历史积淀,为我们进行大学文化建设提供了得天独厚的独有资源。交大的档案馆、校史馆、年鉴编辑部等单位就此所做的研究,已经充分证明了这一点。

在交通大学悠久历史的物化表现方面,学校所为多有可称道之处。交通大学的校园尤其是徐汇校区校园保存了大量能够展现交大历史风采的优秀历史建筑,

荣膺上海市优秀历史建筑称号的交通大学校门，为徐家汇地区的人文荟萃增添了独有的色彩；1919年落成投入使用的老图书馆，以其独特的建筑风格，象征着交大人在攀登科学高峰的征程中的雄姿；始建于1899年的中院，是国内目前少见的仍然直接服务于教学用途的19世纪大学建筑；始建于1900年、重建于1954年的新上院，是1949年后我校建成的第一座较大规模的建筑，其一楼大厅安放的盛宣怀半身塑像，表现着对这位交大创始人的缅怀；钱学森等校友在交大求学时居住的宿舍"执信西斋"，始建于1930年，由曾任交大校长后任民国政府行政院院长的孙科为之奠基，奠基石上的铭文至今清晰可辨，淞沪抗战期间（1932年），由宋庆龄、何香凝等主持创立的国民伤兵医院曾借用此楼作院址，使充满书香气息的"执信西斋"，同时又成为记录中国人民抗御外侮的历史见证；"执信西斋"门前的1933年由三〇级校友发起建筑的"饮水思源"纪念牌，成为交大校训的来源，体现了交大人对高境界道德的追求，体现了中华文化的精华；矗立于绿茵之中的烈士纪念碑，诉说着交大热血青年为建立光明的新中国所付出的牺牲；甚至于其态端重其貌内敛的现代建筑包兆龙图书馆，也因其本身系改革开放后中国大陆首个接受海外捐赠建立起来的大学文化建筑而具有了特别的文化意义……交大类似的历史文化遗迹不胜枚举。在交大校园里，真可谓举目见历史，触景皆诗篇。交大的历史是一部文化宝藏，我们要珍惜这座宝藏。

与百年老校历史相应的是，交通大学在与大学文化相关的硬件建设方面亦多有可称道之处。在交通大学徐汇和闵行两个主要校区，有包兆龙图书馆、包玉刚图书馆、文科图书馆，有校史博物馆、航运博物馆，有程及美术馆、钱学森图书馆，还有点缀于校园中的各种雕塑（数量偏少），矗立于徐汇校区的优秀历史文化建筑，等等。此外，校园网建设内容丰富多彩，网上博物馆等已经起步，闵行校区校园道路命名别具匠心……可以说，在校园文化的硬件建设方面，与一些综合性大学相比，交大毫不逊色。

更重要的是，交通大学在人文社会科学建设方面已经有了较为完善的布局，并取得了良好的进展。国家大学生文化素质教育基地，是教育部首批同类基地之一，在开办大学人文节、组织人文讲座、宣讲人文精神、建设校园文化方面成绩卓著。文科各学院布局任务已经完成，人文学科和社会科学相得益彰。人文学院承担着全校人文素质教育的主要任务，其文史哲加上科学技术史的布局体现了交大文理沟通的特点。从布局的角度来看，基础文科能够承担起它应担负的基本社会责任。

　　虽然交通大学历史悠久,在大学文化建设方面有诸多成就,但人们对交大的感觉仍然是"人文气氛比较薄弱",之所以会造成这种印象,一方面,是我们未能充分发挥交大已有的人文资源优势,另一方面,则是我们在人文社会科学的发展和人文素质教育方面确实存在不足。

　　交通大学的历史虽然十分悠久,但这些历史并未深入教师、学生心中。很多教师、学生恐怕一次也没有参观过校史馆。我们得天独厚的历史资源没有展示给学生,没有宣讲给学生,这是学生在交大校园体会不到交大独有的校园文化的原因之一。

　　目前,交大的办学主体已经迁移到闵行校区。闵行校区以其宏大优美闻名。漫步校园,常给人以置身花园的感觉。闵行校区的校园环境是一流的,美中不足的是其历史文化氛围的薄弱。校园中零星有些雕塑,这些雕塑多有形无文,即或有所说明,也文字过简,寓意难明,不足以揭示该雕塑的内涵。更有甚者其说明文字有滞碍不通之处,看上去颇为刺目。说明文字的欠缺是很多大学校园雕塑的通病,而这种欠缺对大学文化建设非常不利,因为大学文化建设重视的是思想和观念的塑造与传播,而思想和观念是要靠语言和文字来表达的,校园雕塑不应该仅仅具有审美意蕴,在大学校园这个特定的场所,它还应该蕴含深刻的思想内涵,这些内涵必须通过语言文字才能为后人所传承和弘扬。建议学校组成专门小组对校内建筑与雕塑的说明逐一梳理,缺者补之,滞碍者通之,寓意不明者明之。通过这样的梳理,使其充分发挥对大学文化氛围塑造方面的作用。

　　鉴于交大有悠久的历史,而闵行校区远离历史,这使学生先天地难以享受到交大深厚的历史文化的熏染,笔者曾有移植徐汇之议,倡言将徐汇校区悠久的历史文化拷贝到闵行校区。闵行校区是新校区,也是学校的主校区,为使生活在闵行校区的莘莘学子能够受到交大优秀历史文化的熏染,需要将交通大学历史文化的精髓用物化的方法移植过来,复现出来,使之形成一种氛围,让学生举目即能触及,可以粗览,亦可细品。学生生活学习在这样的文化氛围之中,日熏月染,自然会受到陶冶。对此,不妨借鉴上海市的一些做法。

　　交大徐汇校区附近有一条法华镇路,归属长宁区管理。法华镇路原是条河,俗名法华浜,1958 年才填浜建路。而法华浜则是因北宋开宝年间所建的法华禅寺而得名。法华镇是上海最早出现的小镇,所以有"先有法华镇,后有上海城"的说法。法华镇历史底蕴很丰厚,对此,上了年纪的老长宁都知道,但年轻人却知之甚少。

为此,长宁区新华街道在建设该区"十路十景"工程中,认为应赋予道路景观以更多文化内涵,于是他们设计了一段文史景观墙,该段景观围墙长70余米,法华镇的一些典型的历史古迹,如法华禅寺、选育堂、韦天庙等16幅历史景观,被专业画家以写意手法绘制在景观墙上。市民们在景观墙前驻足观赏,不经意间就跨越时空,领悟到了法华镇的历史风貌。此外,在法华镇路路侧,每隔一段,就竖有一块一人多高的铭牌,上面图文并茂,介绍的是该处历史上的建筑或布局图景。行人在街头漫步时,随时可以通过浏览铭牌,欣赏到该处历史上的风采。

我们是否可以借鉴长宁区曾经的做法,来建设交通大学的大学文化呢?可否在合适的地方,以橱窗的方式,系列展示交大的校史呢?可否考虑在A4公路入地之后,在重新规划校园之际,有意识地结合学生的休闲去处,以景观墙、画廊等多种形式,图文并茂地展示交大的历史、交大的文化呢?可否以闵行校区路名为引子,在每段路上合适的位置,也以铭牌的形式,将该路名的由来、与该路名有关的校史,图文并茂地介绍出来呢?

倘若是,那么外界所谓"交通大学人文气氛较弱"的印象,将会得到有效的改善。更重要的是,交大的学子漫步于校园,徜徉于形象化了的交大历史周围,随时可以呼吸到交大历史的气息,这对他们的成长,无疑是会大有裨益的。

近年来,笔者欣喜地看到,学校在进行闵行校区的校园建设时,已经考虑到学者的一些建议,有意识地将交大百余年历史在闵行校区做了复制和移植。为唤起学生对交大悠久历史文化的关注,学校动了许多脑筋,例如,闵行校区放大复制了徐汇校区华山路大门,并在门口内侧照壁上镌刻了盛宣怀创设交通大学的第一份办学奏折"请设学堂片",使人一进校门,就对交大悠久的历史肃然起敬。在闵行校区道路的命名上,学校也充分利用了交大深厚的历史资源,以路名来浓缩和体现交大的历史、交大的精神。现在在干道的路侧,也竖起了路名说明牌,简要介绍相应路名的由来。现在的问题是,路名牌竖立的位置还可再推敲,牌上的说明文字也可再完善,其历史意蕴应再增加。另外,学校为方便师生乘车而设立的候车亭,也应是弘扬交大优秀历史文化的理想场所,而我们目前对候车亭文化价值的开发,还远远不够。

考虑到交大多个校区并存的现实,要弘扬交大优秀的历史文化,还应充分发挥网络的作用。对此,学校有关部门虽然已经有所实践,但这些实践仍有可改进之处。内容需再精练,链接需更加醒目,形式需更加活泼。现有的一些内容,隐藏在校园网和相关网站的深处,让人很难查找,可谓是藏在深闺人未识,千搜万索始出来,而且即使找到了,其内容也不够系统丰富,有些地方同样是有图无文。这些不足,应该按照谁主管谁负责的原则,由主办单位组织人员,在一定的理念的引导下,予以充实丰富,以最大限度地发挥交大历史悠久、人文积淀丰富这一育人优势。

大学文化建设所涉内容很多,而优秀的历史文化这一块应该成为大学文化建设关注的重点。在这方面,交大是得天独厚的,是否能传承并弘扬交大的优秀历史文化,充分发挥其在育人方面的作用,关键在我们自己。

三、陶冶英才,文以育之:充分 发挥人文学科的育人功能

人文学科在大学文化建设中的重要功能之一,体现在它对高素质人才培养具有基础性的、不可替代的作用。大学文化氛围的熏陶、大学生社会实践的体验等,是培养他们成人的第二课堂,其重要性自不待言。在强调第二课堂的同时,尤其需要重视第一课堂。要充分发挥第一课堂的育人功能,就需要精心设计课程体系,努力推进通识教育。对于上海交通大学这样一所长期以工科见长的高校而言,如何推进人文"通识课程"建设、发挥人文"通识课程"教学在学生素质培养中的作用,是研究人文学科之大学文化建设功能的不可回避的一个重要课题。

(一) 现状分析

上海交通大学虽然曾长期以理工见长,但进入新世纪,学校的办学思想和建设目标发生了重大变化,明确提出了打造"综合性、研究型、国际化大学"的发展战略。由这一思想引领,发展人文学科、建设人文"通识课程"、提升学生综合素养和能力等问题受到了前所未有的关注。特别是在2007年本科教学评估之后,学校组织了新一轮教育思想大讨论,在讨论的结果上制订了新的本科生培养计划,在新的培养体系中引入了通识教育核心课程,并随后开始了通识教育核心课程的申报与建设工作。截至2009年底,一共有57门课程进入通识教育核心课程建设行列。

就学校的通识教育课程建设和其中的人文学科通识课程建设而言,取得的进展是显而易见的:

第一,学校在全校范围内开展了教育思想大讨论,在讨论的结果上修订本科生

的培养计划,明文规定将通识教育核心课程引入本科生课程体系之中,从而在指导思想上明确了通识教育在学生培养上所处的核心地位。学校在《上海交通大学关于设置本科通识教育核心课程的意见》中明确规定:"通识教育核心课程从 2009 年 9 月起开设。2009 年 9 月后入学的本科新生,毕业时应修满至少 21 学分的通识教育核心课程。"这一规定为上海交通大学开展通识教育提供了制度上的保障。

第二,学校对通识教育各模块有精心设计,规定交大通识教育核心课程设置分为 4 个领域,它们分别是:人文学科模块、社会科学模块、自然科学与工程技术模块和数学或逻辑学模块。教务处并对不同专业学生选修人文通识课程的量作了明确的刚性规定。根据教务处有关文件规定,本科生在校四年学习期间,至少应选修 8 个学分的通识教育人文学科核心课程。这一规定比之过去有了大幅度的增长,这样就从制度上保证了人文通识课程的教学课时。

第三,人文通识课程建设取得一定成效。目前,在已经列入建设项目的通识教育核心课程中,有 24 门属于人文学科模块。这一比例远高于其他模块入围课程。同时,人文通识课程的教学质量不断提高,部分课程在国内或上海市处于领先水平,入选教育部"国家精品课程"和上海市"精品课程"、校级"精品课程"等。

第四,教务处为推进通识教育,在管理环节下了很大功夫,例如组织专家听课、组建通识教育模块专家组、召开通识教育研讨会、邀请专家报告、加深任课教师对通识教育的认识、广泛搜集学生意见,并在聘请课程助教方面给予优惠措施。这些工作,对通识教育在我校的健康发展,发挥了良好的作用。

但是,在看到进步的同时,也应清醒认识到存在的不足或问题。目前,上海交大的人文通识课程建设,由于各方面原因,还远不能适应高素质人才培养和"一流大学"课程建设的要求。主要表现在:

其一,课程设计和遴选尚不理想。学校的课程体系设计,虽然建立了相应模块,提出了对应模块学分要求,但这些模块所包含的课程并未得到很好的设计。目前的情况是听任教师自报,学校组织专家召开评审会进行遴选。教师在申报的时候,心目中并没有对通识教育的整体理解,对自己所报的这门课在通识教育中的作用也不甚了了,因而带有很大的盲目性。而临时组织专家形成的评委会评委个人眼光不一,评审标准的把握上松紧不一,因而导致有些进入建设立项的课程在其课程属性上未必符合通识教育的要求。

其二,有些课程就其属性而言虽然能够满足通识教育的要求,但课程本身在内容和教学上难以体现通识教育的特色和要求,部分人文通识课程是相关专业课的整体平移,概论型、知识性课程偏多,而较少考虑对非本专业学生进行通识教育的特殊要求,忽略了对学生综合素养和能力的培养。教师的教学方式也难以满足通识教育的要求,经典阅读部分普遍被忽视。

其三,对通识课程的认识还需深化。目前存在盲目追求通识教育核心课程数量的倾向,对通识教育与专业教育之间的关系、对学生课业负担与通识教育课程之关系等缺乏深入研究。有些提法和要求不切实际。

上述情况所反映的深层次问题,是我们对通识教育,特别是人文通识教育的内在规律没有真正把握的表现。在交大已经全面推进通识教育的今天,这种情况应该引起我们的重视。

(二) 他山之石

近几十年来,国内外许多高校在通识课程建设,包括人文通识课程的体系建构和教学实施等方面开展了卓有成效的实践探索,它们所积累的丰富经验,对推进上海交通大学的通识课程建设,从整体上提高我们的通识教育水平,具有可贵的借鉴意义。

1. 国外知名高校通识教育课程设置的四种模式及分析

在国外许多高校,设置通识教育公共选修课,要求学生在专业课程以外选修一定量的选修课,作为其整个本科教育计划的一部分,这种做法已有近百年历史,今天则已成为一种普遍推行的制度安排。

(1)公共选修课设置的四种模式

综观国外大学开设选修课的情况,由于学校类型、教育理念等方面的差异,其做法或方式也不一样,因而形成了不同的课程模式。大略可分为四种。

A. 核心课程模式

所谓核心课程模式,就是在公共选修课中划出部分课程,将划出的课程按一些重要论题加以重新组合,从而构成若干课程模块,以供学生按规定自主选择的一种课程设计。这种课程安排在美国大学的通识教育中颇为流行,其中以哈佛大学最具代表性。虽然哈佛大学在 2007 年度完成的最新一轮通识教育课程体系改革中对其旧有模式进行了某种程度的改革,但这种课程模式并未有本质上的变动。

B. 经典解读模式

经典解读模式是"美国若干高等学校为实施通识教育制定的一种本科阶段的

教学计划",它是以解读一些人文科学、社会科学或自然科学的经典著作为课程内容,从而实现通识教育目的的课程设计。美国哥伦比亚大学最早开设这类课程,而以芝加哥大学的影响最为深远。

C. 分组必修制模式

所谓分组必修制模式是指将学生的非专业课程分成若干个学科领域,规定学生在各领域内至少应修习的课程门数或最低学分,并要求在某个领域形成一个较"专门"的课程设计。美国耶鲁大学在 20 世纪 20 年代开始实行这种课程模式,以后斯坦福大学、麻省理工学院等也相继采用类似的课程设计。

D. 隐性课程模式

所谓隐性课程模式是指通过导师制或课外活动等形式而不是专门的课堂授课的方式,来达到帮助学生精神成长和综合素质优化的目的。一些欧洲大学偏向于这一教育模式。

(2) 课程特点的分析

分析国外大学公共选修课的功能、内容等方面的情况,有几个值得关注的特点。

A. 课程功能呈现多样化

综观国外高校开设的公共选修课,其功能大略可分出三个不同层次,即价值导向层面、心智培育层面和知识扩展层面。

价值导向层面课程,其内容偏重阐释或传授与某种特定社会政治或经济制度相联系的价值理念,或者为主流社会所倡导的价值观,带有一定的意识形态色彩。心智培育层面课程,其内容偏重阐释或传授与个体的人格修养、精神成长及思维能力训练相关的人文知识、观念和方法,着眼于个体的修身养性和能力提高。知识扩展层面课程,其内容偏重介绍或传授某一学科的系统知识,或者某一领域的专业技能。这些课程更偏重知识传授,其宗旨在于扩展学生的知识面,帮助学生建立合理的知识结构,增强学生适应未来职业生涯、自立于社会的能力。

其实,以上不同层面功能的区分是相对的,它们往往相互渗透,而非截然分离。在很多情况下,一门课程可以同时兼备几种不同功能。从发展趋势看,在国外大学的公共选修课中,前两个层面的课程所占的比例有不断增大之势。

B. 课程内容趋向专题化

审视欧美高校公共选修课目录,可以看到,其中包含许多带有专题性质的课程。它们的特点是主题鲜明,开口小,专业性强。如美国斯坦福大学的"文化、观念及价值"类选修课,几乎全都是名家经典著作解读,一个经典作家的一部名著就是一门课。

在外国高校的公共选修课中,也有部分概论式、通论性的课程,但其所占比例不大,而且有逐渐减少之势。

C. 注重学科交叉

国外大学公共选修课建设发展到今天,已形成了一个多领域、多学科、多层次的庞大体系,从而为具有不同专业背景和学习兴趣的学生提供了广阔的选择空间。但是,国外多数高校都对学生的选课有某些限制或规定,很少是全然自由的。这些规定的意图非常清楚,就是促使学生多接触不同学科的信息,有机会接受其他学科的训练,实现知识结构的学科交叉。

值得注意的是,在公共选修课的庞大体系中,人文、艺术类课程始终占非常高的比例。这不难理解,因为人文、艺术类课程在对学生的价值导向和心智教育中具有特别明显的作用。

2. 国内部分高校公共选修课的设置情况及分析

在新的历史时期,我国高校中类似于西方通识教育的课程,最初是以"文化素质教育"课程的面目出现的。1995 年起,教育部在部分高校推行"文化素质教育"试点,1998 年开始在全国高校普遍推广。

A. 公共选修课的设置模式

与国外情况相似,国内不同层次、类别和地区的大学开设公共选修课的方式也不一样。概而言之,国内高校公共选修课的设置方式介于以上所言"核心课程模式"和"分组必修制模式"之间。

下面是国内几所较有代表性的大学对公共选修课的分类情况:

大　　学	公共选修课门类
清华大学(10 类)	历史与文化;文学;艺术欣赏与实践;哲学与社会思潮;写作;当代中国与世界;经济管理与法律;科学与技术;国防教育与学生工作;外语
北京大学(5 类)	数学与自然科学;社会科学;哲学与心理学;历史学;语言学、文学与艺术

大　学	公共选修课门类
复旦大学(6类)	文史经典与文化传承;哲学智慧与批判性思维;文明对话与世界视野;科技进步与科学精神;生态环境与生命关怀;艺术创作与审美体验
武汉大学(5类)	人文科学;社会科学;数学与自然科学;中华文明与外国文明;跨学科领域
华中科技大学(8类)	哲学;文学;历史;法学;经济;管理;艺术与其他;自然科学
哈尔滨工业大学(10类)	哲学;历史;语言文学;法学;经济管理;社会学;艺术;科学与技术;体育;综合
台湾大学(4类)	人文学;社会科学;物理科学;生命科学
香港中文大学(4类)	文化传承;自然、科技与环境;社会与文化;自我与人文

由上表可见,多数高校是以学科门类为标准来对公共选修课加以分类的,但也有少部分学校并非如此,它们以一定的教育理念或学生成长的需求为依据来划分课程模块。其中较为突出的是复旦大学和香港中文大学。上述两所大学公共选修课的设置,打破了狭隘的学科界限,对应学生在人生成长过程中需要具备的基本精神素养,或需要面对的某些重大课题,将某些门类的课程整合为一个方向,更凸显出公共选修课的价值导向功能和心智培养功能。

B. 课程特点分析

从国内许多大学开列的公共选修课单看,以概论式、通论性课程居多。具体说,就是将某一学科内的若干基础性课程平移到公共选修课中去,向非本专业学生概述或介绍某一学科领域的基础知识。如历史类的选修课,常见有"××通史""××古代史""××近代史""××现代史"等课程。然而,选修课往往课时有限,这种授课法通常只能粗略介绍一些基本常识,起着一种知识扩展的作用。显然,这并不是设置公共选修课的根本目的所在。

总结国外的教育实践经验,像经典阅读、专题分析、互动研讨形式的课程,能给教师更大的发挥余地,给学生更多的思考空间,在通识教育中显现更突出的效果。而目前,因受各种因素的制约,这几种课程形式在国内高校公共选修课体系中所占的比例不大。也就是说,国内高校公共选修课普遍存在着课程实际内容与课程设置理念相脱节的情况。

（三）思考与建议

他山之石，可以攻玉。总结和分析国内外高校在公共选修课建设方面所进行的实践探索，反观上海交通大学通识课程，包括人文通识课程的建设和教学现状，我们认为，迫切需要我们思考和研究的，有下列几方面问题：

1. 进一步开展顶层设计

人文通识课程建设是一个系统工程，需要有总体规划，有好的顶层设计。从国内外大学的实践经验看，通识课程的顶层设计涉及两个基本问题，一是梳理和明晰教育理念，二是建构和确定课程模块。现在交大虽然有了本科生教育培养体系的总体设计，但设计过于宏观，使得在具体操作过程中，已有的设计指导意义不够。

通识课程的追求目标或曰基本功能是什么？这是理念的问题。上已谈及，国内外大学设置公共选修课的追求目标或功能是多元的，但基本可概括为价值导向、心智培育和知识拓展三个层面。通识教育所追求的，显然主要不是知识的扩展，而是价值引导和心智培养。因而，应该将对学生的价值引导和心智培养作为整个通识课程建设的目标指向，围绕这一轴心来建构课程模块、确定具体课程。

通识教育课程必定是一个课程群，这一课程群通常又分为若干个课程模块，它们有各自的教学重点，又相互关联形成有机的整体。通观国内外大学公共选修课的模块划分，总体有两种思路，一是以学科为标准，一是以教育理念或学生成长需求为标准。我们认为，通识课程模块设置以后一种思路为好，即根据我们的教育理念及学生的成长需求来划分课程模块，围绕对学生进行价值引导和心智培养，廓清不同模块课程的主要功能及它们间的相互关系。由于人文、艺术、社会科学类课程在学生价值导向和心智培养中有其突出功能，因而在课程模块设置中，必须充分考虑这些门类课程应有的位置。同时，每一模块内部，也要有核心课程概念，这些核心课程也要能够形成一个有机的整体。正是在模块内部具体课程的设置上，我们还处于较为混沌的状态。

通识教育课程体系设计具有战略意义，建议学校设立专项课题，组织学校相关学科的专家教授进行集中探讨、研究。

2. 建立课程标准

确定课程设置模块和模块内核心课程后，接踵而至的问题，是每一课程究竟达到什么标准才有资格被认可为通识教育核心课程。我们认为，具体课程的确定是一个动态的过程,不可能一蹴而就,应根据情况的变化不断加以调整和完善。具体课程的确定有多种可采用的方式,例如:可以在现有通识课程中进行遴选;也可以经过专家研究先拟定一个课目单,然后由相关学科的教师投标承担某课程的建设和教学任务;还可以由教师个人提出欲开设的课程,经过一定的审核程序后确定是否纳入课程模块,等等。但无论采用何种方式,必须首先制定课程标准,即提出有关通识教育课程的基本要求,作为遴选和确定通识课程的准入门槛。

从国内外大学开设公共选修课的情况看,不少学校都有根据其教育理念确立的相应课程标准。例如,北京大学就制定了 8 条"通选课"的遴选标准,其中包括"有利于学生在最基本的知识领域掌握认识和改造世界的各种思路和方法""有利于加强大学生的人文素质、创新能力和基础知识""有利于促进不同学科的交叉渗透"等。形成一套科学、合理的课程标准,能够为通识课程的建设指明方向,提供审定和评价课程的指标;有助于确保课程质量,减少课程开设的随意性。

3. 制定课程推进方案

课程推进方案是指保证通识教育课程教学有效实施的具体政策措施。现在学校已经有了一定的导向性政策,并引起了广大教师的兴趣。但从长远来看,有些政策还需要进一步完善,以确保通识教育的质量和顺利发展。

最主要的是建立合理的通识课程的资源政策。目前学校采取对列入建设项目的课程给予 2 万元的建设经费,在经过一定时间验收合格后该课程可享受上海市精品课程待遇的政策,对教师而言有一定的吸引力。相对而言,在组织和推进通识教育的课程中,如何发挥院系组织的积极性,是一个尚未得到解决的问题。应该把对院系资源划拨与其承担的通识教育课程的门数相联系,以充分调动院系的积极性。须知在教学组织方面,离开了院系的推动,任何有效的教学改革都是不可能完成的。要实现通识教育的目标,进一步提高通识课程建设和教学的质量,必须作出制度安排,保证能够充分调动教师和所在院系的积极性。

四、发展学科,文以引之: 交通大学人文学科发展之路

要建设优秀的大学文化,必须有高质量的人文学科为依托。没有人文学科依托的大学文化,是肤浅的,只能停留在表面上的热闹,难以从深层次上起到育人作

用。建设大学文化可以依托的人文学科有很多,其核心学科则是文学、历史、哲学、艺术等,大学文化本身需要与时俱进,相应的人文学科的建设也必须不断推进。

(一)现状:机遇与挑战并存

人文学科在交大起步甚早。早在南洋公学时,交大就有个南洋公学特班,班主任曾是大名鼎鼎的蔡元培,该班培养了不少很有名气的人文艺术方面的人才。在上海交通大学 100 多年的历史上,曾有唐文治、蔡元培等著名教育家主理校政,培养出了李叔同、黄炎培、邵力子、蒋梦麟、马衡、洪深、朱屺瞻、邹韬奋等众多人文学科杰出人物。这些,是交大在人文教育方面取得良好成就的突出表现。1949 年后,国家调整高教布局,交通大学开始成为一所以工科为主的高等院校。改革开放以来,交大重新开始了向综合性大学迈进的历史步伐。纵观交大发展历史,整整一个多世纪以来,虽然几经风雨,但立足当前,面向未来,上海交大人文学科的重振,依然有着良好的基础和基本的条件。

特别值得指出的是,在上海交大冲刺"世界一流大学"振奋人心的"发令枪"开响以后,"缺乏一流的文科,交大不可能成为一流大学"的认识,越来越成为全校师生员工的共识,学校领导从学校发展的全局出发,对学校文科发展布局做了重要调整,使学校文科整体的发展有了一个合理的学科基础。通过这次调整,人文学院承担起了发展学校基础文科,为交大的大学文化建设和人文素质教育做贡献的历史性任务。

作为学校基础文科的大本营,人文学院经过几年的发展,取得了长足的进步。在 2007 年结束的教育部对我校本科教学工作的评估中,教育部专家组对我校及人文学院的人文社会科学文化建设工作做了充分的鼓励,肯定了我们的办学方向和思路,这进一步激励了我们为交大人文学科建设和文化建设不断跨上新台阶的信心和决心。

当然,我们必须清醒地认识到,目前交大人文学科建设还存在着不少问题,在学校现有的文科布局中,人文学院对学校的文化建设身负重任,它也确实尽其所能做了一些事情。但仅此还不够,校园文化建设缺乏学科建设的有力支持。在人文学科建设方面,人文学院的科技史和文史哲专业发挥着重要作用,由于这些学科均起步于 21 世纪,时间尚短,累积效应尚未得以表现出来。而且这些学科本身的发展也不平衡,有的力量还比较弱。学科发展是带动校园文化建设前进的火车头,学科发展的滞后,使得这一火车头的带动作用未能充分表现出来。

另一方面,学校本科生中文科学生数较少,基础文科学生数更少。人文学院只有汉语言文学一个专业,每届只有一个班,招收 20 名同学,难以在学生校园文化建设方面发出声音。文科生招生比例的偏低,容易导致学生组成的单一化,不利于校园气氛的活跃。

学科建设的滞后,影响了学校文化氛围的建设。对此,必须通过积极发展学科来解决这一问题。

(二) 走自己的路:逐步形成交大人文学科建设的新路子

要建设与交大特点和地位相符的人文科学,必须以"人无我有""人有我优"的精神,"敢为天下先",勇于开辟一条区别于复旦、华师大文科建设的、具有自身特点的发展道路。

目前,在学科结构上,人文学院已经实现了与其使命相符的学科布局。人文学院下设科学史与科学哲学系、中文系、历史系、哲学系、国家大学生文化素质教育基地、艺术教育中心。学院有一个本科专业:汉语言文学(中外文化交流方向);五个硕士专业:科学技术史(一级)、中国语言文学(一级)、马克思主义哲学、科学技术哲学、专门史;一个博士专业:科学技术史。

这样的学科布局,首先可以满足营造大学文化对人文学科的要求。国家大学生文化素质教育基地,是教育部首批同类基地之一,在开办大学人文节、组织人文讲座、宣讲人文精神、建设校园文化方面成绩卓著。艺术教育中心承担了学校艺术教育的主要任务,中心所管理的学校交响乐团,在国内国际大赛中屡屡披金戴银。人文学院为交通大学学生文化素质的提高作出了其应有的贡献。

这样的学科布局,真正实现了文史哲交融。文史哲交融,是人文学科向高层次发展的必经之路。一些实力强大的综合性高校由于起步早,基础厚,文史哲各自发展,独立成体,虽彼此心气相通,却难以做到有效交流,人为的壁垒为学科交叉增添了不必要的滞碍。而人文学院的学科布局,在以院为实体的结构下,可以做到既尊重人文学科教师科研的个性化特征,又有效地引领不同专业的教师开展交流与合作,提升科学研究的档次和质量。

这样的学科布局,真正实现了文史哲与科学技术史的交融。这一点,对交大人文学科的发展特别重要。交大是以理工科见长的知名学府,在这样的高校中,人文学科不能仅仅想到要服务全校、为学校文化建设服务,也要善于利用这样的环境,积极吸收理工科思维方法和思维成果,努力提升自己。文理科的交融是学科交融的理想境界。在学科分类上,科学技术史是理学一级学科,而在学科属性上,科学技术史又是历史学的一部分。由此,科学技术史学科本身就是文理沟通的桥梁和产物,它本身也会对相关学科的文理沟通发挥作用。现在,科学史与文史哲诸学科同属人文学院,这为这些学科之间的交流提供了结构上的保障。目前,这种布局已经显现出了其在促进交叉学科研究方面的优势,专门史与科技史之间的合作,已经结出了令人欣喜的成果。

学科布局虽然初具规模,如何发展尚需再斟酌。目前的布局,涉及五个一级学科,每个一级学科下面,又都包含着若干个二级学科。这些二级学科是否都要发展,才能满足人文学科"入主流"的要求?我们认为,交大文科的"入主流",应该是在一级学科层面上的事情,不可能也没必要在每个二级学科上都投入大量的人力物力。根据现有队伍状况,有选择地发展现有一级学科下面的二级学科,应该成为交大的人文学科发展之路。

学院的布局是合理的,关键的问题是要加强各学科之间的联系,避免出现"鸡犬之声相闻,老死不相往来"的局面。可以考虑从学院的角度组织相应的学术活动,首先使各专业的学者了解别人在做什么,在交流中加深理解,找到彼此合作的切入点,使学院现有的学科结构能最大程度地发挥其互补优势。为此,学校在扶持基础文科发展时,应该对学院层面提供支持,以使学院能够发挥以院为实体的优势,构筑学院级的科研平台,使学院学科布局方面的优势得到最大程度的发挥。

同时,人文学院也要根据学校和社会发展的需要,积极探讨新的学科发展方向,一方面实现学科专业上水平上台阶,另一方面也更好地为学校的文化建设贡献力量。

当代社会的发展,很多问题需要从自然科学和社会科学两个方面进行探讨,如果人文学院能够充分发挥自己在学科布局方面的优势,有针对性地对一些重要学术问题进行文史哲科学史诸学科的联合攻关,就一定会在学科建设和科学研究方面独辟蹊径,取得出乎人们意料的成就。

(三) 关注细节:坚定不移走内涵发展的道路

交大人文学科发展面临的机遇很好,学科布局也差强人意,但学科发展的现状却不能令人满意。导致出现这一局面的原因很多,其中有些问题,在学校层面已经受到重视,正在解决之中。有些问题,还需要人文学院自身埋头苦干、凝聚力量,通过发展来解决问题。可以预见,在学校的大力支持下,经过若干年努力,把交大的人文学科建设到与学校地位相称的地步,并非绝无可能。

交大现在的人文学科起步较晚,要超常规发展,需要构思好学科布局,需要引进高水平的学术带头人和学术骨干,需要争取大项目,需要方方面面的大力支持,但更重要的,是需要脚踏实地,关注细节,坚定不移地走内涵发展的道路。唯有如此,才能经过持续多年的努力,形成有别于其他高校人文学科的学术传统,搭建起交大人文科学发展的学术高地。

首先要关注教师队伍的建设。与人文教育相适应的是,要让学生成为"全才",而教师都是"偏才"和"专才",这是不行的——素质教育或者通识教育,不仅是学生,对教师同样需要!在学科建设方面,首先要根据学科建设的需要,有针对性地引进学科带头人和学术骨干。在引进人才时,不能狭隘地理解为引进了几个"大牌"教授,就是为了让他们争取项目、编写教材、出版专著、发表论文。引进人才要讲究"效率",核算成本:引进一个人,带动一批人,引领一个学科的发展。从坚持科学发展观的基本要求出发,引进人才必须以人为本。学校的中心工作是教书育人,因此,必须"以学生为本","以学生的发展为本"。学科建设的成果,根本上是为了"惠及"全体学生。要从这个角度来建设教师队伍,来要求教师,提升教师的教学和科研水平。

关注教师队伍建设,首先要关注青年教师,要为他们的成才积极创造条件。比如把学校推行的青年教师导师制落在实处;比如设立青年教师成才专项基金,支持他们进行教学改革和科学研究。基金的设立,要有严格的评审、检查和验收机制。基金的成效,不在于最终量化成果的多少,而在于通过基金这种形式,调动青年教师的积极性,并通过基金的评审、检查和验收等环节,吸引老教师的参与,发挥老教师在培养青年教师方面的传帮带作用。要做到这一点,需要学校对学院层面提供科研经费的支持。

青年教师的培养对于办好交大的人文学科非常重要。目前,交大的人文学科布局虽然基本确定,但有些学科师资队伍整体还比较薄弱,要解决这个问题,当然要注意引进杰出人才,引进学术大师,但更重要的,是要注意青年教师的培养,包括引进那些目前尚未成名,但有着巨大学术潜力的青年教师。要通过精心营造的学术氛围和得当的措施,使青年教师在人文学院尽快成长起来。要有这样的信心:

争取通过5—8年的努力,使近两年进校的青年教师中,有三分之一能够成长为国内同行中的知名学者。要做到这一点,需要有制度上的保障,比如建立严格的进人和跟踪制度,在严把进口关的前提条件下,对青年教师实行优先扶持和院系追踪制度,定期谈话,了解其具体情况,帮其解决实际问题,促其奋发上进。

除了关注教师队伍建设,还要关注人文学科发展的运行机制。为此,应该要:

(1)首先对教师个人的成长和发展要给予关注、理解,同时也要严格要求其遵守师德师风,认真工作,为人师表;要建立严格的教学和行政管理制度,把本科教学评估中形成的一些好做法常规化,注重先进典型的示范作用,坚决杜绝因教师责任心不强而导致的各种差错。

(2)对具体的学院如人文学院来说,要注重发挥教授在办学方面的学术导向作用。重要的学术决策必须经学术委员会或教授委员会论证。要遵循教师为本、教授治院的原则,把重大事务的决策权交给教师,重要问题的解决方案由教授们制订。

(3)人文学院作为交大人文学科的大本营,其内部运行机制必须顺畅,为此,要发挥系、中心和教研室的作用。教研室要真正开展教研活动,通过教研活动,形成课程组,逐步改变单纯"个体户"式的教学和科研模式。

提倡教研室与教研室之间、系与系之间进行非"行政性"的、较为"松散"的联盟,特别是在申报课题、争取博士点等工作中,要举全院之力,形成合力。

(4)在全校范围内,学科建设必须加强"跨学科"和"多学科"交融的学术氛围,打破学院界限、打破学科界限,形成多学科协同作战的态势。交大的人文学科不仅仅存在于人文学院,档案馆、校史室、图书馆、博物馆等部门所开展的研究工作,都属于人文学科范围。人文学科的学科建设应放眼全校,协同发展。

(5)办好交大人文学科,发挥人文学科在交大的育人作用,不能仅仅关注教师,也要注意学生。在交通大学学生的整体构成中,文科学生数偏低,这不利于活跃学生整体的校园文化气氛,对此,要有意识、有步骤地加以解决。

同时,也要注意对交大文科学生特点的思考和定位,要培养有交大特点的文科学生。在制订培养计划和学生管理诸方面,都要牢记这一点。

(6)总体来说,要办好交大人文科学,必须认清形势,抓住学科发展的"牛鼻子"。学科建设的成效某种程度上体现在学科点的多少和层次的高低。就交大而言,衡量一个学院的办学水准,博士点的数量,无疑是一个重要的权重。因此,人文学院必须努力拼搏,争取博士点申请的重要突破。学校已经为学院明确了具体要求,在文、史、哲、科技史这四个系中,都尽快形成博士点——而这四个看似"传统"的学科申报博士点,虽然有着不同程度的难度,但一旦申报成功,其四个点的研究方向,又是与众不同,有着交大的文科博士点的特点,可以为交大人文学科发展提供强大的学科保障。因此,人文学院应紧紧抓牢"学科建设"这"牵一发而动全身"的"牛鼻子",勤奋工作,不断进取,使交大人文学科的建设早日登上其应有的学术高地。

2007 年 12 月初稿
2009 年 12 月修订

发挥科学史在高校素质教育中的作用^①

近年来,中国高等教育的发展,取得了引人瞩目的成就,也引起了人们的很多议论。诸如对高校合并的利弊、对大学圈地的是非、对招生制度的改革、对贫困学生的窘境等,社会上有各种不同的看法,众说纷纭。而在各种见仁见智的说法中,在高等院校中大力推广素质教育的做法,却得到了社会舆论的普遍认可。可见,积极推进素质教育,既符合当代社会教育发展规律,也是教育界人心之所向。因此,必须对素质教育在高等教育中的作用给予充分肯定,认真探索办好素质教育的各种途径。

一、科学史是弥合文理鸿沟的桥梁

所谓素质教育,从本质上来说,是以提高受教育者的素质为目标的教育,其最终目标,是提高整个国民的素质。就教育内容而言,素质教育包括多个方面,比如提高受教育者的政治素质、专业素质、文化素质、身体素质,等等,其中很重要的内容在于提倡人文教育与科学教育的结合,培养学生具有科学的理性思维方式、深刻的历史意识和高度的人文关怀。要实现这一点,开设相应课程,是必不可少的。在这些课程中,科学技术史不可或缺。对此,我们要有清醒的认识。

当今社会,科学技术高度发达,由此导致了英国 C.P.斯诺所称的两种文化之争。

斯诺是一位物理学家、小说家,1959 年 5 月,他在其母校剑桥大学作了一个题为《两种文化与科学革命》的著名演讲,演讲中他说道:"我相信整个西方社会的智

---

① 本文系原刊载于《中国高校科技与产业化》2005 年 1—2 期的《发挥科学史在高校素质教育中的作用》与原刊载于《光明日报》2000 年 8 月 23 日的《关注科学史教材编著》两文的合篇,这里有大幅度的修改。

力生活已日益分裂为两个极端的集团……一极是文学知识分子,另一极是科学家,特别是最有代表性的物理学家。"嗣后,斯诺又发表了一系列文章,系统阐释了他的观点。斯诺说的这两类群体,代表了"两种文化",即"科学文化"和"人文文化",分别对应自然科学和人文社会科学学者。两种文化之争,即今言之科学与人文的分裂。斯诺认为,科学文化和人文文化是难以融合的,由此导致社会发展中一系列困境及人们困惑的问题难以解决。他的这一说法,被人们称为"斯诺命题"。

斯诺提出两种文化的理由是,由于科学技术和社会的迅猛发展,形成了专门从事科学研究的自然科学家和专门从事人文社会科学的学者,这两种学者在教育背景、学科训练和所使用的方法及工具等方面具有巨大的差异,这种差异导致他们在文化的基本理念和价值判断上经常处于相互对立的位置,彼此相互鄙视,相互攻讦,由此自然容易导致社会的撕裂。两种文化的存在是必然的,因为文理学科的差异是客观存在的,不同学科思想方法和训练方式的不同也是客观存在的,这就导致了文理学者在思维方式和价值判断上的差异也是客观存在的。

斯诺两种文化命题的提出,可以引起人们对该问题的重视,并设法加以弥补,但也不排除因为该命题的提出,引起学者某种程度上的身份认同感,从而无意中加强了对自己学科的归属感,有意无意之中加大了两种文化之间的裂痕。

事实上,斯诺命题的提出,是大半个世纪前的事,自该命题提出后,社会的文理鸿沟不但没有弥合,双方反而愈行愈远,不断加大。特别是人文社会科学研究中后现代主义的出现,更是加剧了这种分裂。

1996年5月,美国物理学家艾伦·索卡尔为批判后现代主义学者对科学的漠视以及对科学理论的客观性的否定,向著名的社会研究杂志《社会文本》提交了一篇题为《超越界限:走向量子引力的超形式的解释学》的诈文。所谓诈文,是指文中故意人为设置了许多常识性科学错误和混乱的逻辑,却以正面的形式予以阐扬。该文被《社会文本》采纳并发表。接着,索卡尔又在《大众语言》杂志发文,揭露了诈文一事,引起知识界极大的震动。索卡尔事件被人们称为"科学大战",是科学界对后现代理论就科学问题置喙表达不满的产物。

由两种文化命题发展到科学大战,标志着科学与人文从最初的彼此漠视发展到了科学界与后现代主义者彼此相互敌视的程度,是文理鸿沟不断加大的具体表现。

科学与人文分裂的现象,不仅存在于西方发达国家,在发展中国家,只要科学技术实现了建制化发展的地方,都程度不同地存在着。在中国,两种文化间差异的程度与欧美社会相比,并不逊色。如果统记中国近年来一些公众事件比如转基因食品的应用、核电站的修建、大型水电站的开发等问题上人们的态度,不难发现,赞成和反对的双方每一方在学科背景上都具有高度的一致性。科学与人文的分裂,使社会出现了人为的鸿沟,大大增加了社会发展成本,甚至影响到了社会的和谐和安定。

中国作为一个后发国家,两种文化的对立程度为什么不亚于西方科技发达国家? 原因无他,除了科技发展建制化必然会带来的人文学者与理工学者在思想方法和价值判断方面的分歧,中国的教育制度也在其中扮演了重要角色。中华人民共和国成立初期,我们接受的高等教育继承的是欧美传统,大学多为综合性院校的校园氛围,对于弥补大学生因文理分科导致的知识结构欠缺,多少可以有所裨益。20 世纪 50 年代以后,我们有段时间"以俄为师",对高等学校学科布局作了大幅度的调整,大学从综合性院校变成了专科大学,这对弥合文理分裂现象带来了难度。很长一段时间以来,流行"学好数理化,走遍天下都不怕"的口号,既说明了数理化基础学科的重要,某种程度上也反映了在文理分科背景下,理工科学者对人文学科的睥睨。

"文化大革命"结束后,高等院校迎来了新一轮布局调整,很多高校由原来的理工为主的大学,纷纷发展成综合性大学,一时间成为中国高校发展的新潮流。但这种调整,大多是出于提升学校档次的目的,是为了学校发展而不是着眼于对学生的培养需求。

此外,从中学开始的文理分科,则进一步加剧了未来学者的文理分裂。

文理分裂的根本原因在于相关学者知识结构的不完善。要改善这一状况,需要着眼于未来,从现在的青年学生着手,完善他们的知识结构。要达到这样的目的,最好的途径是在大学教育中选择兼具文理属性的课程,通过对这样的课程的学习,使学生既可以学到理工科的严谨,又能领略课程所具有的历史意识,培养其人文情怀。

这样的课程是存在的,那就是科学技术史。科学技术史研究的是历史上科学技术发展过程,这使它不能不去阐述科学精神、科学思维方式等具有理工特色的内容;同时,科学的发展与社会息息相关,科学技术史在探究历史上科学技术的发展时,不能不关注相关的社会因素,这就使得它又具备了人文学科的属性。所以,科学技术史课程是兼具文理,具有沟通文理学科的功能的。

我们知道,素质教育的核心之一是人文教育和科学教育的结合,而科学史是实现这种结合的最佳桥梁。科学史立足于过去与未来、自然与社会、科学与技术的交叉点上,是沟通科学文化与人文文化的理想工具。科学史是现行文理分科教育体制下联结文理学科的一座桥梁;它是文科学生学习科学知识、了解科学精神的理想途径;是理工科学生培育历史意识、学习人文精神的优选课程,也有助于他们理解科学本身。对于培养具有健全人格的人才来讲,科学史的重要性更是不容忽视。科学史是素质教育的重要内容,这毋庸置疑。

但是,就中国高校而言,科学史教育的现状并不理想。其原因一方面在于缺乏相应的人才,另一方面就教学过程来说,如何把握科学史的内容,使之适合于素质教育的需要,学者们因为多关注于自己的专业研究,很少有人对之深入探究,因而也显得缺乏相应的思路和理念。

二、注重弘扬科学与人文精神

在讲授作为素质教育课程的科学史课程时,还要重视对科学精神的宣扬。科学界在发展科学的过程中,逐渐形成了一些共识,例如从自然本身出发来解释自然的信念,不迷信、不盲从的理性批判意识,注重实验、讲求实证的实践精神,等等。这些,就是我们所说的科学精神。科学精神是科学的灵魂。在日常生活中,我们常常看到,即使是学理工科的,也有许多人遇到不顺心的事情,会去寺庙上香,祈求神佛保佑,会请人占卜算卦,指望以此趋吉避凶。对于一些明显违反科学常识的事情,他们趋之若鹜,经常上伪科学的当。究其原因,不是他们缺乏科学知识,而在于他们没有掌握科学精神。正因为如此,我们党和国家才一直在提倡要大力弘扬科学精神。科学之所以能够有今天的历史地位,正是它一次又一次超越伪科学、超越迷信的结果。通过讲授科学的发展历程,可以使人们更清醒地认识这一点。

著名科学史家乔治·萨顿在谈到科学史的功能时,说过这样的话:"科学史是客观真理的发现史,是人的心智逐渐征服物质的历史;科学史是描述漫长而无终结的、为思想的自由,并为其免于暴力、专横、错误和迷信而斗争的历史。"这段话,充分揭示了科学史的功能,充满了科学精神。这段话包括两个分句,第一分句,说"科学史是客观真理的发现史"，这里的客观真理，是指自然规律。科学研究的对象是大自然，以揭示自然规律为己任。自然规律是客观存在的，具有真理属性。科学研究的过程，就是不断接近客观真理的过程。掌握了自然规律，就获得了面对大自然时的生存自由。通常的恐惧来自对外界的无知，科学可以破除这些无知。

"人的心智逐渐征服物质的历史"，体现了萨顿当时对人与自然关系的认识，认为掌握自然规律就可以征服大自然。现在我们不认为人和自然的关系是征服与反征服的关系，我们提倡的是人与自然和谐共生。要做到这一点，就要以人为本，尊重自然规律，在科学的引领下，努力打造宜人生存和发展的环境。

第二个分句，是说科学在其漫长的发展过程中，形成了自己的精神和方法。人们只要掌握科学精神，善用科学方法对待社会、对待人生，就可以有效避免"暴力、专横、错误和迷信"等不科学因素的干扰。科学提供人们理性思维方式，科学的思维方式能更好地帮助人们认识社会，从而在与社会打交道中获得思想上的自由。人的本性是追求自由，包括面对自然时生存的自由，和面对社会时思想的自由，这正是科学史所能帮到我们的。这也正是把握科学精神宗旨之所在。

进行科学史教育，在整个教育过程中应该充满人文精神。科学技术活动处理的是人与自然的关系，活动的主体是人，因此，要发展科学技术，科技工作者首先要处理好人的关系。这些关系，就包含了人文因素在内。所谓人文精神，主旨是以人为本，以人的全面发展为本，要做到这一点，就需要作为人的每个个体，能够正确对待自我，对待他人、社会和自然，懂得感恩，愿意奉献。这些因素，是人类社会肌体是否健康的关键，也是科学能否发展的前提。因为科学是人的活动的产物，作为科学发展主体的人是生活在社会中的，如果其社会出现了问题，影响到了人的发展，科学必然会偏离其正常的发展轨道，这正像中世纪时期，由于社会的"黑暗"，源自希腊的科学也衰落了一样。科学正是在自己的发展过程中，逐渐认识到了人文因素的重要性。科学史所记录的，就是这一过程。一部科学发展史，实际上就是一部人类不断完善自己、发展自己、提升自己，使自己从"自在"状态过渡到"自为"状态的历史。这正是人文精神的体现。作为素质教育的一部分的科学史教育，对此应该有充分的反映，通过有意识地在科学史教育中弘扬人文精神，使学生通过学习，能够在正确对待自己和他人，学会与人合作共事，增强对集体、社会和国家的责任感等方面，有所提高。

一句话，科学技术史能够帮助学生认识科学技术的整体形象，获得科学技术发展过程中人性的形象,进而全面地理解科学、理解科学与人文的关系,帮助学生成长为全面发展的社会栋梁。

三、关注科学史教材编著

科学史课程对素质教育的重要性毋庸置疑,但就中国高校而言,科学史教育的现状并不理想。其原因一方面在于缺乏相应的人才,另一方面则在于缺乏合适的教材。在中国,科学史书籍并不少见,我们缺少的是适合于大学生阅读的、可以作为素质教育之用的科学史读物。编著一套面向大学生的科学史教程,是当前推广素质教育或通识教育过程中的一项重要任务。

科学史联结中外,纵贯古今,横跨文理,包罗万象,内容十分丰富,这既为教师的讲授提供了丰富的素材,为教师在七尺讲台上的思想驰骋提供了足够的余地,也为教师高屋建瓴纵览全局深入浅出地讲解制造了障碍。内容的博大精深与课时的有限及学生学业的繁重构成了一对矛盾,这一矛盾如果解决不好,不但不能实现在素质教育中开设科学史课程的初衷,甚至还会把学生吓跑。为此,教师在讲授科学史课程的过程中,就必须下决心把很多东西不列放在教学内容之外。唯有如此,才能突出主线,简明扼要。面向大学生的科学史教材,在篇幅上要有所限制,在内容和写法上要有所创新。考虑到课时、成本及学生自学等因素,主要教学内容部分篇幅不能长,不能把学生吓跑。

科学史属于历史学的范畴,在写作时要充分体现这一点,把科学技术发展的历程揭示出来,以此来培养学生的历史意识。历史意识是一种高级思想体验,只有具备历史意识的人,他的知识结构才是健全的,才会用发展的眼光看问题。在培养学生的历史意识方面,科学史大有用武之地。科学不是用一个个的概念串起来的,也不是用一堆堆成果堆积起来的,而是从活生生实践的历史中走出来的,是一个有机的整体。把科学发展的前因后果讲述出来,有助于学生形成科学的历史观。可是我们现有的科学史著作,特别是中国科学史著作,大多注重对细枝末节的考证,忽视了对宏观发展过程的把握;注重对具体科学史事件的研究,忽视了对隐藏在各种具体科学史事实后面的原因的探讨。这样的著作,容易误导学生的思维方式,给那些缺乏历史感的学生产生一种错觉,使其认为他们在其他课程中接触到的那些科学概念是先天就有的,或者是科学家造出来的,从而不知不觉形成先验论的思想方法。任何科学知识体系都有其历史发展形成的过程,好的科学史教材应该用最精练的语言揭示这个过程。

在当今的时代,高度发达的科学技术成为社会生活的重要组成部分,任何人文社科类学子都不能以"科盲"自矜。而要对人文社科类大学生进行现代科技教育,弥补其因过早实行文理分科而导致的知识缺陷,科学史应该是一门优先考虑的学习课程。对于理工科学生来说,他们所拥有的科技知识,大都局限于其专业领域,因此对他们也同样存在着进行科普教育的问题。面对这种现实,在编写科学技术史教材,对学生进行科学史教育时,必须重视对重大科学史事件中所蕴含的具体科学知识的讲解。例如,我们在学习开普勒的历史贡献时,不可能不涉及对太阳系天体运动状况的介绍,不可能不涉及对开普勒行星运动三定律的阐释,这种介绍和阐释本身就是对学生进行的科学知识教育。同样,在讲授量子力学时,如果对量子力学所涉原理讲述不够,未能使学生充分把握,要让学生懂得量子力学史,那是不可能的。因此,教师在授课过程中,必须注意对相关知识的讲授,使学生在接受科学史教育的同时,也能相应学到相关的自然科学方面的知识。实际上,学习科学史有助于加深人们对科学本身的理解,这是科学史教育多年经验的总结,已经为教育界所公认。作为一个科学史教育者,我们的任务是充分发挥科学史学科的这一功能,让它为传播和普及科学知识作出应有的贡献。

在编著科学史教材时,还要重视对科学精神的宣扬。科学界在发展科学的过程中,逐渐形成了一些共识,例如从自然本身出发来解释自然的信念,不迷信、不盲从的理性批判意识,注重实验、讲求实证的实践精神,等等。科学史教材要尊重这些常识,不能剑走偏锋,钻牛角尖。爱因斯坦曾经提出:"西方科学的发展是以两个伟大的成就为基础,那就是:希腊哲学家发明形式逻辑体系(在欧几里得几何学中),以及通过系统的实验发现有可能找出因果关系(在文艺复兴时期)。"爱因斯坦提出了近代科学得以形成的两大基石,其中之一就是欧几里得几何学中蕴含的严谨的形式逻辑体系,这种形式逻辑体系以公理化方式体现出来,而公理化思想的核心就是尊重常识。现在有些学者喜欢提出一些极端化的观点,挑战常识,语不惊人死不休,以引起网络关注为追求,这实际是严重背离了科学精神的表现。

科学史教材更应该充满人文精神。历史上的科学是通过科学家们的辛勤耕耘才得以发展起来的,并与社会之间有着千丝万缕的关联。考察这些科学家的活动,不难从中窥见人性多元,既有因享受研究自然所带来的愉悦而沉湎于科学研究甘于奉献的科学巨匠,也有为争夺优先权而恶语相加令今人为之扼腕叹息的历史人物,客观分析他们,或褒扬,或挞伐,这对警示当今的学子不无借鉴价值。科学史应该注重帮助学生树立全面而准确的科学形象和科学家形象,通过科学的曲折发展历程,帮助学生领悟科学精神和科学的人文性,让学生形成正确的科学情感、态度和价值观,从而对社会有更深刻的认识,获得更全面的成长。

通识教育背景下的科学史教育功能探析^①

通识教育是当今大学教育的发展趋势,它有其自身的发展历程。高等教育经历了由中世纪博雅教育到 20 世纪通识教育的转变。这种转变与高等学校育人目标的转变是一致的。通识教育以培养能够适应社会发展、勇于负责任的现代大学生为己任。要实现这一目标,首要问题应该对大学课程进行设计,以建立能够满足通识教育要求的课程体系。作为一门课程,科学史能够满足通识教育培养学生的核心要求,是通识教育课程体系不可或缺的一门核心课程。对科学史的教育价值,已有学者探讨过^②;对科学史在通识教育中的作用,也有学者有所涉及。^③ 本文对之做进一步的探讨。

一、大学教育由博雅教育到通识教育的转变

当代的大学教育,就世界一流大学而言,经历了一个由博雅教育(liberal education)到通识教育(general education)的转变过程。

博雅教育的名称,正式出现于罗马时代,其本意是指"适合于自由人,而非奴隶的教育",同时也蕴含着"培养通达智能,而非专门技术"的意义。^④ 进入中世纪后,出现了传统意义上的大学。中世纪大学的主要任务,是传授教会拟定的对上帝及世界的既定看法。人们认为那就是真理。既然真理已经找到了,教育的目的就是

---

① 原文刊载于《上海交通大学学报(哲学社会科学版)》2012 年第 2 期。
② 袁维新,论科学史的教育价值〔J〕,自然辩证法通讯,2006 年第 3 期,72—77 页。
③ 徐光台,从科学史的观点来看通识教育中科学教育与人文教育的会通问题〔J〕,(台湾)《通识教育季刊》,第 2 卷,1995 年第 2 期,1—21 页。
④ 江宜桦,从博雅到通识:大学教育理念的发展与现况〔J〕,(台湾)《政治与社会哲学评论》,第 14 期,2005 年 9 月,37—64 页。

要把它传授给下一代。教师们讲授的是神学、法律及医学。为了为神学服务,需要学习一些具体的课程,例如文法、修辞、逻辑和数学、几何、天文、音乐等学问,即所谓之"七艺",讲授方法以研读书籍为主。对于这样的教育,一般人仍称其为博雅教育。

到了 18 世纪初,情况发生了显著变化,大学开始把对真理的探讨作为自己追求的目标之一,教师们讲授古籍精要的同时,也开始教授学子追求真理的方法。这时教育的目的,不再是培养神学人才,而是意在培养绅士,即培养通达而有修养与见识的文化人。作为对这种教育模式的探讨,19 世纪的教育家自认为是继承了传统的博雅教育的理念,认为大学本来就应该是培养上流社会精英的地方。

进入 20 世纪以后,随着教育的普及,博雅教育的理念逐渐被通识教育理念取代。要了解通识教育的发展历程,不能不关注美国的大学教育,因为教育界公认美国的通识教育走在了世界高等教育的前列。现在一般认为,在美国,通识教育起源于 1917—1919 年的哥伦比亚大学。这段时间,正是美国介入第一次世界大战的时候。对于美国介入发生在欧洲的战事,美国民众中有股抵触情绪。对此,美国政府痛感有必要在大学中开设某种课程,以使学生明白美国文明源自欧洲,美国不能脱离欧洲而独善其身。在联邦政府的引导下,美国多所大学开设了关于"战争目的"的课程。第一次世界大战结束后,哥伦比亚大学并没有终止这种课程,而是进一步将该类课程发展成了系统的西方文明课程,并规定全校一年级学生必修。这一模式为美国各大学所效仿,成为美国大学"西方文明史"课程的样板。人们认为美国通识教育起始于哥伦比亚大学,原因即在于此。由此事可以看出,这时大学的教育理念,已经与传统的博雅教育有了明显的区别,开始关注文明传承、关注培养对象的社会责任感了。

实际上,"通识教育"一词在 19 世纪上半叶已经出现,是由美国学者帕卡德(A. S. Packard)于 1829 年提出的①,但帕卡德所说的"通识教育",是为了呼应耶鲁大学发表的《1828 耶鲁报告》所提倡的博雅教育,目的是要强调古典文雅科目教育的重要性。他虽然指出这种教育应是"通识"性的,即是共同的和必备的,但他排斥现代语文,轻视社会科学和自然科学课程,与今天所说的通识教育本质上相去甚远。所以,人们仍然把通识教育的起源归于哥伦比亚大学。

---

① Levine A. *Handbook on Undergraduate Curriculum*[M]. San Francisco:Jossey-Bass Publishers,1978,p.4.

20 世纪 30 到 40 年代,芝加哥大学更全面系统地推进了哥伦比亚大学的尝试,实行了全面的通识教育,为美国大学积累了整套通识教育课程配置和教学方式的经验。更多的美国大学也随之跟进,开始了通识教育在美国的大发展。在这个过程中,很重要的一件事是哈佛大学科南特校长领导学者对通识教育从理论上进行探讨,形成了著名的《自由社会的通识教育》学术报告。该报告发表于 1945 年,是在第二次世界大战中完成的。科南特是美国政府二战期间以及战后制定原子弹政策的重要人物,他深切体会到了由于科学技术飞速发展,出现了像原子弹这样过去从来没有过的具有巨大杀伤力的武器,可以深刻地影响世界、改变世界进程。在他看来,出现原子弹并不可怕,关键在于如果原子弹不能掌握在可靠的人的手中,这才是最可怕的。科南特对此深入思考。他看到由于科技的进步,社会进程大大加快,社会急遽变化,社会阶层高度分化,人们意志不能统一,社会形不成共同的价值观,他对此感到担忧。在他的倡导下,哈佛的教授们致力于思考美国教育将来培养出来的人,战后如何能够在维持西方文明方面发挥作用。他们思考的结果是,要在大学推动通识教育,培养能够继承西方文明,对美国社会承担起责任的青年一代。《自由社会的通识教育》报告,就是在这样的背景下做出来的。显然,在这种理念下开展的通识教育,已经不再是 19 世纪学者心目中的博雅教育了。美国大学的教育,实现了由博雅教育到通识教育的转变。

类似的转变也发生在中国。早在 20 世纪 90 年代中叶,当时的国家教委就开始有计划、有组织地在 52 所高等学校开展加强大学生文化素质教育试点工作,成立了"加强高等学校文化素质教育试点工作协作组",先后召开了多次加强文化素质教育工作的专题研讨会、报告会和经验交流会。各试点高校做了大量的工作,采取多种途径和方法进行探索,取得显著成绩,在高校和社会上引起强烈反响。教育部据此认为,加强文化素质教育,对于促进教育思想和教育观念的转变,推动高等学校人才培养模式、课程体系和教学内容的改革,培养适应 21 世纪需要的高质量人才,具有重要意义。为此,教育部于 1998 年发布了《关于加强大学生文化素质教育的若干意见》的文件,决定"推进加强文化素质教育试点工作的深入开展,并在总结试点工作经验的基础上,将这项工作推广到全国各普通高等学校"。由此,在大学中加强文化素质教育,成为当时中国教育界的共识。

随着素质教育的深入,也随着国外通识教育的理念逐渐深入人心,人们逐渐意识到,现有推进的素质教育的做法,更多的是侧重于教育的多样化,对教育内容特别是课程体系建设似乎触及不大。人们开始反思如何才能更好地提高学生的综合素质,探索用通识教育来发展素质教育的做法。国内一些顶尖高校开始尝试在本科生教育中推行通识教育。北京大学、清华大学、复旦大学、上海交通大学等都对自己的教育体系做了改革,对学生实行了通识教育。2008 年 5 月,在复旦大学召开了全国"首届通识教育论坛大会",进一步普及了通识教育理念。在大学中开展通识教育,已经成为我国教育界新的共识。

二、通识教育理念与科学史

究竟什么是通识教育,人们有多种多样的说法,但最为学者们所服膺的,就是哈佛大学《自由社会的通识教育》这一著名报告的阐释。该报告提出,通识教育旨在把学生培养成健全的个人和负责任的公民。哈佛大学并据此进行了课程体系改革。

美国大学推行通识教育,一开始强调的是价值观,强调要培养西方文明的传承者和捍卫者。那么,什么样的人才能成为美国文明的传承者? 哈佛的学者们对此做了具体分析。他们认为,在美国当代社会,要成为这样的人要具有一些素质,比如他需要了解历史,需要了解人类文明的演变,有历史眼光、历史意识;需要了解财产的形成,了解经济方面的一些基本原理;需要有科学的思维方法,有科学的精神……哈佛的学者根据自己的分析,把现代社会一个负责任的美国人应该拥有的基本素质分成若干方面,然后根据这些方面建立相应的课程模块,依据这些模块设计出具体课程,再用这些课程熏陶引导学生。

哈佛大学的通识教育是与时俱进的。随着时代的发展,哈佛大学对其通识教育课程体系不断进行改革,最新一次改革完成于 2007 年。这次改革着眼于更广阔的视野,要点在于强化学生作为世界公民所必须具备的教育视野、理想与实践,不再过分强调培养西方文明的传承者。这次改革最后形成了一份新的报告,报告提出,通识教育的目标在于: ①

(1) 要教育学生为承担公民职责做好准备。

(2) 要让学生能够从道德伦理维度理解自己的言行。

---

① *Report of the Task Force on General Education* 〔R〕, http://www. fas. harvard. edu/~ secfas/General_Education_Final_Report.pdf,2007 年 2 月 7 日发布。

（3）要教育学生能够批判性地和建设性地回应变革。

（4）要让学生明白他们既是传统艺术、观念和价值的产物，也是其参与者。

分析这些目标，无非是要对受教育者进行价值观方面的引导、理性思维方式的训练、历史意识的培养、科学素养的培育、人文关怀的养成等。客观地说，这些目标，不仅适用于哈佛大学的本科生，也适用于全世界高校的人才培养。

通识教育的目标设定以后，最重要的，是要选择与其设定的目标相适应的课程。从上述通识教育的目标来看，科学史作为一门课程，在通识教育中是可以大有作为的。

就科学史的性质和教学内容来看，它确实能够在多方面满足通识教育的要求。科学史反映的是人类在认识自然、掌握自然规律过程中的艰难历程。科学的进步，某种程度上与文明的发展、与人类的进步是分不开的，由科学的发展，能够体现出人类追求美好事物的努力。一部科学史，充满了价值判断，读读爱因斯坦的论述，读读世界上许多知名科学家关于人生的哲理名言，就可以知道科学史在引导学生积极向上方面能够发挥多大的作用。实际上，空洞的说教在塑造学生的价值观方面所起的作用可能会适得其反，而科学史提供的大量案例则使之成为引导学生向上的良好教材。这正是通识教育所极为关注的一个方面。

科学的发展，离不开逻辑和实验，它们共同的基础是理性思维方式。好的科学史著作，应该充分反映科学发展的这一特点。好的科学史课程，也同样应该充分表现科学的这一特点。而通识教育的关注点之一就是大力培养学生的理性思维方式，使学生养成求真务实、讲求逻辑、追求实证的理性思维方式。显然，科学史在这方面大有用武之地。

科学史本质上属于历史科学，它注重历史，古今贯通，不但讲述重要科学进展本身，还尤其重视获得这些科学进展的历史背景、重视获得重大科学发现的具体过程。科学不是用一个个的概念串起来的，也不是用一堆堆的成果堆积起来的，而是从活生生实践的历史中走出来的。科学史探究的就是科学发展的历史进程。正是对历史过程的研究和讲述，会使学生逐渐具备看问题所应具有的历史眼光、使学生逐步萌生出历史意识。历史意识是一种高级思想体验，只有具备历史意识的人，他的知识结构才是健全的，才会用发展的眼光看问题。[①] 历史使人明智，使人理智，

---

① 关增建，关注科学史教材编著[N]，光明日报，2000 年 8 月 23 日，B1 版，教育周刊。

使人宽容,历史意识的获得,是学生终生受用无穷的财富。在哈佛大学设定的通识教育目标中,也潜含着对学生历史意识的培养要求。而在培养学生的历史意识方面,科学史大有用武之地,因为科学史本质上就是历史学。

通识教育要求学生要具备科学素养和科学精神,而科学史探究历史上的科学,离不开对科学概念的说明、对科学方法的讲解、对重要科学规律的阐释。科学知识、科学理念、科学方法、科学精神等是科学史与生俱来的有机构成。通识教育重视对学生科学素养的培育,科学史作为一门课程,在这方面具有极大的先天优势,这是不言而喻的。

科学史的一个重要特点是人物交会,以人为本。它会涉及宗教,涉及世俗文化,会探究人的本性与科技发展的关系,会探究人在大自然中的地位,会引导学生关注科学中的美。古希腊以圆为美,这种观念深刻地影响到了希腊的科学,希腊人地球观念的产生,就与这种哲学思维的影响密不可分。托勒密构建他的宇宙结构模型时,遵循的一个基本原则是越简单越好,影响所及,后世的科学家在评价科学发现的表述方式时,认为科学规律越简单越美,这就是科学界所言的科学之美。对美的追求,贯穿在科学发展过程之中。浸润在这样的氛围中,学生的人文关怀、审美情趣的与日俱增,当在情理之中。

要而言之,通识教育提倡人文教育和科学教育的结合,而科学史是实现这种结合的最佳桥梁。科学史立足于过去与未来、自然与社会、科学与技术的交叉点上,是沟通科学文化与人文文化的理想工具。科学史是现行文理分科教育体制下联结文理学科的一座桥梁;它是文科学生学习科学知识、了解科学精神的理想途径;是理工科学生培育历史意识、学习人文精神的优选课程,也有助于他们理解科学本身。对于培养具有健全人格和对社会负责的人才来说,科学史的重要性更是不容忽视。科学史是通识教育的重要内容,是通识教育课程体系中的核心课程,这应该成为教育界的共识。

三、科学史学科融入通识教育的历史与现状

作为一门课程,科学史能够满足通识教育的要求,这迨无疑义。那么,从通识教育的角度来看,科学史学科在发挥其教育功能方面,究竟做得如何? 要了解这一问题,需要从科学史研究的历史谈起。

科学史的历史非常悠久。早在古希腊时期,希腊的学者在讨论其所关注的论题时,一般都会从该论题的历史开始。当涉及自然科学问题时,这种做法无疑构成了初期的科学史研究的传统。但这种研究没有科学史理论的指导、没有形成自己的研究规范,只能算是科学史的雏形。17 世纪以后,单科性的科学史著作陆续出现,标志着科学史的研究进入了专业阶段。但这些研究缺乏综合视野,缺乏对社会因素的关注,它们的出现,并不意味着科学史作为一门学科已经形成。到了 20 世纪,美籍比利时学者萨顿(G. Sarton,1884—1956)通过自己杰出的工作,为科学史作为一门独立的专业学科奠定了基础。至此,科学史作为一门独立的学科,开始进入了全新的历史发展阶段。

从教育的角度来看,"萨顿对于使科学史成为一门独立学科所作的另一重大贡献,是他致力于建立科学史的教学体系。从 1920 年起,他开始在美国哈佛大学开始系统的科学史课程,他不但为科学史课程的建设和科学史学位研究生的培养作出了开创性的贡献,而且也对科学史教学的意义和目的、对科学史教师的要求以及科学史教学的许多具体技术性问题都作了大量的论述"。[①]

萨顿的科学史教学工作更多侧重科学史专业教育,而科学史学科的发展,不可避免地会导致其从专业教育逐渐渗透到普通教育中去。这种渗透一开始是以科学教育的边缘的形式而存在的,具体做法是在科学教育中添加科学史的内容,目的是增加学生对科学内容的理解。1895 年,德国科学家马赫(E. Mach)曾指出,没有任何科学教育可以不重视科学的历史与哲学。[②] 马赫的观点很有代表性,他提倡的就是要将科学史融入科学课程的教学中,认为这样可以增加学生对科学本身的理解。这种观点在美国得到了广泛的响应。美国有一批学者致力于将科学史融入科学课程的教学之中,其中最具代表性的工作是哈佛大学科学史教授霍尔顿(G. Holton)于 1952 年编写的面向文科学生的物理学教材——《物理科学的概念和理论导论》。该书的最大特点是通过对科学史内容的介绍,将学生引导到对物理学的基本概念和基本规律的把握上去。这种做法,对中国的教育界产生了相当大的影响。在中国每年发表的与科学史有关的教学论文中,绝大部分谈的都是如何在科学教材中增加科学史内容,从而提升科学课程教学效果的。

实际上,霍尔顿在编写该书时,已经意识到这种做法的益处不仅仅在于可以有

---

① 刘兵、江洋,科学史与教育〔M〕,上海:上海交通大学出版社,2008,11 页。
② 袁维新,国外科学史融入科学课程的研究综述〔J〕,比较教育研究,2005 年第 10 期,62—67 页。

效提高学生对科学内容的理解,而且还具有更深的意义。他在为该书的出版所作的序言中说:

> 就科学史和科学哲学本身的价值而论,把它们纳入为非专业学生开设的导论课程肯定是正确的。但是除此之外,这样做还有另外三个目的。第一,它们将提供赋予某一特定观念以意义和重要性的适宜背景。第二,它们将使读者了解科学建立者们的原始资料、动机及研究方法,阐明隐藏在纯粹抽象背后人类的胜利。第三,它们将把科学作为对知识的伟大探求的一个侧面展示给读者。学生在学完这类课程之后,将会知道主要定律和重要概念体系的演变;我们还期望,他们作为有责任感的公民,将理解判定科学思想正误的标准,促进科学繁荣昌盛的条件,以及使他们的老师留恋于科学职业的那种喜悦心情。①

显然,霍尔顿关注的目光,除了要引用科学史来增加对科学知识的理解外,还包含了对培养学生历史意识、科学精神等内容的重视。他用这种方法来发挥科学史在通识教育中的作用。

美国通识教育发展历程中的坐标式人物、领导了《自由社会的通识教育》的编撰的哈佛大学前任校长科南特(James B. Conant)对科学史在通识教育中的作用也非常重视。该书有一部分内容专门论述科学史在通识教育中的作用:

> 自然科学本身不仅包括专业的知识和技能,还包括概念间的相互关系、世界观以及对人性和知识的看法,正是这些构成了科学哲学;另外,它也包括科学史(整个人类历史连绵不断的而又重要的组成部分),以及科学经典(它们对所有著述作出了重要的、令人印象深刻的贡献)。②

而现实情况是,"在学院的自然科学教育中,自然科学的上述方面往往几乎被

① [美] G. Holton 著,S. G. Brush 增订,张大卫等译,物理科学的概念和理论导论(上册)〔M〕,北京:高等教育出版社,1983,viii - ix 页。
② 哈佛委员会著、李曼丽译,哈佛通识教育红皮书〔M〕,北京:北京大学出版社,2010 年 12 月,173—174 页。

完全忽略了"。为改善这种状况,必须从理论上对科学史与通识教育的关系加以确认:

> 通识教育认为,科学史是科学的一部分。科学哲学、科学元典及其社会和历史背景也是科学的一部分。既然科学包含这些要素,那么其自然科学教育对大学生活和社会生活的影响也应当把它们包含在内。自然科学课程在结构上既然包含了上述这些要素,那么,它必然对通识教育有着重要的贡献。[①]

正是因为认识到了科学史对通识教育的重要性,科南特在哈佛大学推出了一套科学史教材——《理解科学:以历史的进路》(*On Understanding Science: An Historical Approach*)[②]。该书是科学史教育领域非常有影响的著作。科南特将科学史作为一门独立的课程应用于通识教育领域的做法,在全世界都起到了示范作用。

在我国,随着通识教育理念的深入人心,科学史学科对于通识教育的重要性,也得到了越来越多的学者的认可。曲阜师范大学高萍等人曾撰文呼吁,高校文理科都应该开设科学史课程。[③] 北京大学、清华大学、上海交通大学等国内著名高校都在其通识教育课程体系中纳入了科学史课程。西南财经大学更是要求每个本科生在校学习期间,都需要修习科学史课程,从而在国内高校中首开此类规定。科学史课程是通识教育不可或缺的一门核心课程,这已经成为教育界的共识。

但是,要让科学史课程充分发挥其通识教育功能,还面临一些问题。比如,作为通识教育课程的科学史,与作为专业课程的科学史相比,在指导思想上更应该关注哪些内容?科学史包罗万象,内容庞杂,而通识教育课程则有严格的课时限制,如何在这两者之间找到平衡?通识教育的培养目标与专业教育是不一样的,在教学方法上,如何更好地实现通识教育的要求?……不解决这些问题,科学史的通识

---

① 哈佛委员会著、李曼丽译,哈佛通识教育红皮书〔M〕,北京:北京大学出版社,2010 年 12 月,173—174 页。

② James B. Conant, *On understanding science: an historical approach* 〔M〕, New Haven, Yale University Press, 1947. Page 145.

③ 高萍、刘书银、何法信,高校文理科都应开设科学史课程〔J〕,大学化学,1999 年第 6 期,20—25 页。

教育功能就难以得到充分的发挥。

四、发挥科学史教育功能应注意事项

要发挥科学史的教育功能,首先应将其纳入大学本科教育的课程体系,将其作为通识教育核心课程进行建设,这是不言而喻的。同时,在进行科学史课程建设和教学的过程中,除了科学史知识的传授之外,在教学内容选择和教学指导思想上有些事项必须给予足够注意:

在教学内容选择上,必须考虑到通识教育课时课时有限这一现实,静心选择那些当讲之内容。"科学史联结中外,纵贯古今,横跨文理,包罗万象,内容十分丰富,这既为教师的讲授提供了丰富的素材,为教师在七尺讲台上的思想驰骋提供了足够的余地,也为教师高屋建瓴纵览全局深入浅出的讲解制造了障碍。内容的博大精深与课时的有限及学生学业的繁重构成了一对矛盾,这一矛盾如果解决不好,不但不能实现在通识教育中开设科学史课程的初衷,甚至还会把学生吓跑。"①通识教育中的科学史课程不是专业的科学史课程,它并不要求学生全面透彻地掌握所有的科学史知识,为此,教师在讲授科学史课程的过程中,就必须下决心不将很多东西列入教学内容。唯有如此,才能突出主线,简明扼要。

虽然可以忽略掉一些内容不讲,但要讲的地方必须讲透,特别是在涉及一些科学概念、定律时,考虑到受众的多样性,必须充分讲明白,不能让学生囫囵吞枣,更不能传授错误的科学知识。这是不言而喻的。

在教学指导思想方面,则要注意以下一些内容。

要注意发挥科学史在育人方面的作用。实现这一教学目的的主要方法应是科学史案例教学。教育史上的经验告诉我们,空洞的道德说教,远不如对案例的讲述和阐释对学生心灵的作用来得大。科学史课程教学应该注意通过精选的科学史案例的熏陶,培养学生积极进取的向上精神,培养他们献身科学、服务社会、提升自我的思想意识和高尚品格。

要注意揭示科学发展的动态过程,有意识地培养学生的历史意识。历史的科学发展虽然有突变,但更多的是一个连续的发展过程,是一个有机的整体。即使是

---

① 关增建,发挥科学史在高校素质教育中的作用〔A〕,中国高校科技与产业化,2005 年第 1—2 期,76—77 页。

像发生了科学革命那样的突变,也有造成其突变的前因后果,把科学发展的前因后果讲述出来,有助于学生形成科学的历史观。任何科学知识体系都有其历史的发展形成过程,好的科学史教育应该用最精练的语言揭示这个过程。

要注意对科学知识的宣讲。由于课时的限制,科学史课程不可能对科学的所有要点面面俱到,但在涉及的科学知识方面,必须讲清、讲透,使学生在理解科学史的同时,也充分理解他们所接触到的科学知识。

要重视对科学精神的宣扬。科学界在发展科学的过程中,逐渐形成了一些共识,例如从自然本身出发来解释自然的信念,不迷信、不盲从的理性批判意识,注重实验、讲求实证的实践精神,等等。这些,就是我们所说的科学精神。科学精神是科学的灵魂。有些人在日常生活中常常上伪科学的当,究其原因,不在于他们缺乏科学知识,而在于他们没有掌握科学精神。正因为如此,科学史教育必须注意大力弘扬科学精神。

要强调对科学经典的阅读。历史上那些经典的科学著作,如伽利略的《关于托勒密和哥白尼两大世界体系的对话》、牛顿的《自然哲学的数学原理》、达尔文的《物种起源》等,在科学发展过程中发挥了巨大作用。认真去研读这些经典著作,能够更好地理解当时的科学突破是如何发生的,理解历史上的科学的精髓,这是课堂上的讲解所不可替代的,正如《哈佛通识教育红皮书》所指出的:"在某种程度上,这种类型的课程可能会采取自然科学相关联的专业课程的形式,也可能采取研讨班的形式。这种研讨班针对的是那些思想成熟的、在学术方面得到合理而充分准备的学生,它检验的是科学哲学、科学史的重要方面以及科学各领域间的内在联系。在这个过程中,自然科学经典能够起到更重要的作用。这些著作能够为那些受过较好训练的学生的思考和讨论活动提供异常丰富的材料,帮助学生达成对本领域的宽广的视野和学术性掌握,这样的结果是其他课程很难达到的。"[1]

要注意弘扬人文精神。科学技术活动处理的是人与自然的关系,活动的主体是人,因此,要发展科学技术,科技工作者首先要处理好人的关系。这些关系,就包含了人文因素在内。所谓人文精神,主要体现在人能否正确对待自我、他人、社会和自然。这些因素既是科学能否发展的前提,更是人类社会肌体是否健康的关键。科学正是在自己的发展过程中,逐渐认识到了它们的重要性。科学史所记录的,就

---

① 　哈佛委员会著、李曼丽译,哈佛通识教育红皮书〔M〕,北京:北京大学出版社,2010 年 12 月,174 页。

是这一过程。一部科学发展史,实际上就是一部人类不断完善自己、发展自己、提升自己,使自己从"自在"状态过渡到"自为"状态的历史。这正是人文精神的体现。作为通识教育的科学史课程,对此应该有充分的反映,以期使学生通过学习,能够在正确对待自己和他人,学会与人合作共事,对群体、社会和国家有责任感等方面,有所提高。

通识教育中科学史科学哲学若干问题辨析

今天我报告的题目,是"通识教育中科学史科学哲学若干问题辨析"。为什么要讲这样一个话题? 这里首先做些说明。

一、问题的提出

在整个通识教育发展过程当中,科学史、科学哲学学科越来越重要,发挥着越来越大的作用。通识教育现在是中国高校发展的一个潮流,虽然还不敢说是主流,但是很多高校确实开始重视通识教育,开始发展通识教育了。2015 年,由北京大学、清华大学、复旦大学和中山大学四所高校联合,成立了"大学通识教育联盟",到2017 年,参加该联盟的高校已经达到了 30 多所。2021 年,在武汉大学举行的第五届通识教育联盟年会,有 120 所高校的代表参加,参加联盟的高校达到了 60 所。在中国,通识教育确实呈现出了蓬勃发展的趋势。

通识教育现在基本上是一个框,大家有想法都向里边装,每个人都认为自己在做通识教育,各校的具体做法不尽一致。但不管是做什么样的通识教育,都离不了科学史、科学哲学这些学科。之所以如此,是有学理上的内在必然性的。因为社会发展到现在,科学越来越重要了。现在科学对社会发展的影响,比任何别的学科都大。由此,在当代社会,要做一个知识结构健全的人,就需要对科学有所了解。要了解科学,除了学习自然科学本身以外,学习科学史、科学哲学类的相关课程,是一个很重要的途径。这些课程本身也是培养学生科学思维的重要阵地。

从通识教育发展的过程来看,科学史一开始就占据了非常重要的地位。我们

---

① 本文系笔者 2022 年 6 月 11 日在陕西师范大学"科史哲通识教育论坛"会议上发言的修订稿。

现在说的通识教育是来自美国高教界的探索。美国高教界对通识教育的探索始于20世纪上半叶。它有不同的模式,有代表性的分别是芝加哥大学模式和哈佛大学模式。芝加哥大学模式的创立者是它的第五任校长哈钦斯。哈钦斯在推进通识教育过程中,一手打造了本科生的核心课程,并且亲自执教科学史课程。我们知道《魔鬼出没的世界》的作者卡尔·萨根是美国著名的天文学家、物理学家,他在该书的序言中有个自述,其中讲到他原来上大学的时候不知道要做什么,后来就是在哈钦斯的这门课上知道了牛顿,知道了哥白尼。他自认为这些内容使他获益良多,是这门课启发了他在物理学上的探讨,所以这是通识教育对学生有益的一个典型例子。

通识教育另一个模式,是哈佛大学模式。在哈佛大学模式中,哈佛第23任校长科南特发挥了重要作用,他一手推动了哈佛大学的《自由社会的通识教育》那本后来被称为"红皮书"的编纂和出版工作,推动了哈佛大学通识教育大讨论,推动了哈佛大学通识教育的发展。这次大讨论,充分认识到了科学史学科对通识教育的重要性。哈佛大学科学史系的成立,也跟科南特的推动分不开。正是他的这一举措,使得科学史有了自己的学科点,有了自己培养学生的途径,使得科学史在全世界现在成为一个很重要的学科。

我们看到通识教育这些不同的模式,无论是芝加哥重视经典阅读的模式,还是哈佛大学的核心课程模式,它们从一开始就对科学史学科给予了足够的重视。当时科学哲学还没完全发展起来,尚未提到议事日程上。这些教育家的高瞻远瞩,给后世树立了一个典范。发展到现在,当代教育界对科技哲学、科学史在通识教育中作用已经形成了共识,觉得这些学科很重要,我们要给学生开这样的课。

但是开这些课的时候,对具体授课内容还是要有所选择的。就现在情况来看,不管科学史也好,科学哲学也好,有些流行的说法背离了科学史科学哲学的本质,违背了社会常识,引起了科学界的一些抵触或者不安。

我们进行通识教育,当然要教给学生新的学科理念,同时也要注意,这些理念一般情况下应该是不违背常识的。教育学生学会尊重常识应该是通识教育的目的之一。我们要在通识教育课堂上把科学史科学哲学学科的理念传递给学生,这是没问题的,但其中有些理念是否得到了学科多数人的认可?是否符合社会的一般认知?是否能被科学界接受?是需要对之进行一些检讨的。否则通识教育中的科学史科学哲学学科就会鱼龙混杂,不仅不会发挥它应有的作用,甚至会有违通识教育的初衷。

实际上,无论是讲科学史,还是讲科学哲学或者别的学科,它的很多理念背后是隐含着一些价值判断的。对这些价值判断的重要性,我们一定要有清晰的认识。古人很早就认识到了历史叙述背后价值判断的重要性,孟子有一个很有名的说法:孔子作《春秋》,乱臣贼子惧。《春秋》是一部历史书,与现实生活中的"乱臣贼子"没有直接关系,为什么孔子作春秋而乱臣贼子惧呢?因为孔子写的这本历史书,包含了很多社会公认的价值判断。例如臣子杀死了君主,孔子会坚持用"弑"这个字来记录该事,以此表明他心目中对臣子"犯上作乱"行为的鞭挞。孔子从这些价值判断出发去对历史上事件进行褒贬,既讲述了历史,又进行了价值观的教育,对当代人形成了某种引导。对"乱臣贼子"来说,这样的历史教育所形成的舆论氛围,会对其所作所为有所约束;同时,有了这样的先例,他们也担心自己的作为会受到社会劣评,在历史上留下恶名。对此,他们没有不恐惧的理由。再如,我们读司马迁《史记》,会发现很多篇结尾都有一段"太史公赞曰",那是司马迁对该篇内容所作的评论,这些评论基本上都包含了一些社会公认的价值判断。这样的"赞曰",既褒贬了其所述的人和事,也宣传了他所认可的价值观。同样,我们讲科学史科学哲学,也要注意自己所谈观点背后隐藏的前提,避免把少数人的一些争议的观点带入教育。从研究的角度来讲,每个学者可以有自己的学术判断,有自己心目当中的理论前提,但是这些前提是否合理,是否为本学科大多数学者所接受、为社会所认可?如果这些说法在那个学科还没形成共识,那么在向学生进行通识教育之前,就必须对之进行深入的思考,以免在课堂上传播错误观念,贻误莘莘学子。今天我讲的内容,就是对科学史科学哲学几个流行的说法进行辨析,提出我自己的看法。不对的地方,请大家批评。

二、对科学客观性的认识

今天我们要讨论的第一个问题,是对科学客观性的认识。现在科学史、科学哲学界有一个流行的说法,叫作科学不等于正确,科学是双刃剑。笔者在各种面试的场合,有时问到这个问题,回答基本上都认为科学不等于正确。可见该观点影响范围之广。这一观点当然有其自身的理据。比如它认为,从科学发展的历史可以看出,科学是一步一步发展过来的,都是后面的推翻前面的,这就导致任何一个时刻的科学最终都是错误的。例如拿宇宙结构这个问题来说,古希腊时期占统治地位的是托勒密地心说,该学说在16世纪被哥白尼的日心说取代了。这一过程被称为哥白尼革命。既然叫"革命",显然意味着哥白尼学说是正确的,托勒密学说是错误的。到了现代科学,哥白尼学说也不正确了,因为日心说主张太阳是宇宙中心,现在人们知道,太阳只是太阳系的中心,而太阳系仅仅是银河系边缘的一个小星系;此外,宇宙也是没有中心的。力学的发展也同样如此。在古希腊时期,亚里士多德力学被大家认为是正确的,但到了17、18世纪,亚里士多德力学被伽利略和牛顿的力学推翻了。牛顿力学呢,则在20世纪被爱因斯坦相对论推翻。如果说科学等于正确的话,那岂不是说托勒密不对,哥白尼不对,牛顿也不对,将来爱因斯坦也会被推翻? 因为科学发展是无止境的,据此推论下去,那就任何一个时刻都没有科学了。这是这个观点的基本理据。

但是这个理据,本质上是不成立的。因为它是把历史上的科学跟现在的科学在概念上画了等号。比如说牛顿力学和爱因斯坦相对论谁是科学? 如果这两个去比的话,当然爱因斯坦相对论是科学,牛顿力学不科学。但这种比较是片面的,就现实而言,牛顿力学在描述低速、宏观物体的运动时,是正确的,就这个范围来说,它是科学。这也是人们觉得牛顿力学是科学的主要原因。但如果要用来描述高速、宏观物体的运动,那就只能用爱因斯坦相对论了,这是牛顿力学就不再是科学了。就历史来说,在17、18世纪,牛顿力学比当时尚存的亚里士多德力学更符合实际,更正确,所以在当时,牛顿力学是科学,亚里士多德力学不是科学。但是到了20世纪,跟爱因斯坦相对论来比,牛顿力学又不正确了,是不科学的。同样,在历史上,托勒密地心说在解释自然时,比当时的其他学说都正确,在当时它是科学;但到了16世纪,跟哥白尼学说相比,它又不是科学了。我们不能因为现代科学的成就,不承认历史上存在的科学;同样,也不能因为历史上存在过那些科学,而它们本身的结论已经被现代科学推翻,就认为科学一定不等于正确。

"科学不等于正确"这个说法的本质,是说科学没有客观性。现在有种说法,认为科学理论本质上是科学家建构的,跟自然界没什么关系,传统上说科学是客观的、是正确的,那些说法已经过时,是不对的。但实际上,科学没有客观性的说法,并不像其传播者所言,已经获得绝大多数科学史、科学哲学工作者的认可。恰恰相反,不但科学哲学界多数学者不认可该说法,而且因其提法上的大胆新奇,在社会上传播范围颇广,带来了一定的思想混乱,引起了科学界的反感,对科学的发展带来了一些副作用。

实际上,科学没有客观性的说法在学理上并不成立。科学的本质是什么?是人类对自然的探索,其成果反映的是大自然的规律。这一本质决定了科学的属性必然有正确与否之分。我们讲的科学具有客观性,不是指科学研究的过程是客观的,而是说科学研究所得到的结论具有客观性。这是因为,科学研究的对象既然是大自然,要揭示大自然的内在规律,那么它的结论是否成立,就必须接受大自然的检验。检验通过了,跟大自然一致了,那它就是正确的,是科学;不一致了,它就是错误的,就应该被扬弃。科学的客观性就体现在这里。这与社会科学讲的"实践是检验真理的唯一标准"本质上是一样的。现在有些学者所说的科学不等于正确,或者认为科学是建构的,不客观,等等,这些都忽略了一个关键,就是科学必须接受大自然的检验。科学理论当然是科学家建构的,是科学家总结出来,怎样结构具有主观性,但建构的结果不是随意的,一定是要接受大自然检验,经过大自然选择的。否则牛顿在探讨万有引力定律时,得到的结论是引力的大小与距离的平方成反比。他为什么不建构一个平方正比呢? 正比不是比反比计算起来方便多了? 因为成正比那个建构不符合大自然本身,在大自然那里通不过。所以科学本身必须是客观的,其结论是有正确与否的区分的。

那么,该怎么去判断科学是否正确呢? 在历史上曾有过各种各样的做法,比如说在古希腊,人们是用观测到的现象是否符合理念来判断科学是否正确的,如果观测到的现象与理论预测不合,那就要"拯救现象",而不是拯救理论。例如希腊人坚信天体做匀速圆周运动,当他们观测到行星的逆行这一违反该理念的现象时,就发明了本轮均论学说来拯救这一现象,从而使其宇宙结构学说仍然符合匀速圆周运动理念的要求。对此,我们不要嘲笑希腊人,因为现在我们也不乏类似的做法。比如说要判断一个理论是否科学,常见的说法是看它是否符合可证伪性的要求,能证伪的,就是科学,否则就是伪科学。这实际上是用一种哲学观点去判断另一个学科的理论是否科学。因为不是所有的科学都符合可证伪性的要求的,像进化论就很难用可证伪理论进行检验,但进化论依然是科学,因为它经得起大自然的检验。更糟糕的是,人们有时还会从科学结论是否符合哲学观点的角度,去对科学理论进行取舍。这些做法本质上都是有问题的。如何判断科学是否正确,只有一个标准,就是看其结论是否符合大自然实际,是否能经得起大自然检验。这是科学的本质所决定的。

那么,究竟该如何用大自然来检验科学理论是否正确呢? 这是另一个重大的哲学问题,要展开的话是可以写几本书的。就简单直接的角度来说,伽利略已经为我们做了成功的示范,那就是实验,用实验来检验理论是否成立。当然实验本身也是发现自然规律的手段,那是另一个层次上的问题了,这里我们不予赘述。在物理学等学科,现在一般的做法是,通过观察建立起模型,然后根据该模型提出可供检验的预测指标进行检验,如果该指标得到证实,模型就可以升华为理论,否则就只能继续以假说的形式存在。这些,虽然形式上跟可证伪性的要求差不多,但本质上是不一样的,本质上它体现了一个用大自然来检验科学的做法,是把检验科学理论成立与否的裁判权交还给了大自然。这是我们一定要搞清楚的。因为我们经常能碰到,很多学生可能由于习惯的缘故,总是用哲学理论去判断另一个学科的某一理论是否正确,这种做法从本质上来讲是有问题的。

三、人与自然的相处之道

我要讲的第二个问题是,人跟自然如何相处。这是一个既有哲学意义,又有现实价值的大问题。对此,现在大家耳熟能详的一个提法是,人跟自然要和谐相处,要继承中国古人的智慧,达到天人合一的境界。但这种提法是有问题的。

问题表现在什么地方?我们先说天人合一。天人合一概念,在中国古代确实存在,但这个概念的内涵是否就是人与自然和谐相处呢?对此,让我们首先从这个概念在中国的产生和发展的过程谈起。天人合一涉及人跟自然的关系。中国最早的王朝是夏朝,夏朝的先民怎么看待人与天的关系,我们不知道,因为没有文献。到了商朝,有了甲骨文,而且甲骨文留存至今,使我们可以通过甲骨文窥知商人的天人观。商人的天人观认为天决定人事,人世间的重要举动,要向天请示,通过占卜获得上天的赐告。甲骨文就是商人占卜后留下的记录。到西周以后,天命观发生了变化。因为在当时的观念当中,商是受命于天的一方,西周造反是大逆不道,天命不可违,但周人的"逆天"之举怎么就成功了呢?周代的思想家为了解释自己政权的合法性,发展出天人感应学说,在天人关系中,增加了人的能动性。《尚书·泰誓》有两句很有名的话:

民之所欲,天必从之。
天视自我民视,天听自我民听。

这种说法的内涵在于，因为商的统治不人道，很荒唐，导致民众不满，上天回应民众的呼声，改变了天命，不让商的统治持续下去。于是，周的造反就成了顺应天意之举。周的政权来自上天授命，当然是合法的。

因为周代的思想家在天人关系中增加了人的能动性，这样天与人之间就有了互动，古人把这种互动叫作天人感应。天人感应学说从春秋时期开始发展，经过战国、秦朝，到了汉代，已经有了可观的体系，非常复杂了。汉代的董仲舒把它综合起来，升华成了新的理论，叫天人合一了。下面这段话源自董仲舒的《春秋繁露》，最能表现他的"天人合一"思想：

> 事各顺于名，名各顺于天，天人之际，合而为一。……天地之符，阴阳之副，常设于身，身犹天也，数与之相参，故命与之相连也。天以终岁之数，成人之身，故小节三百六十六，副日数也；大节十二分，副月数也；内有五脏，副五行数也；外有四肢，副四时数也；乍视乍瞑，副昼夜也；乍刚乍柔，副冬夏也；乍哀乍乐，副阴阳也……

董仲舒认为，天人感应是很自然的事，因为天和人本质上是相似的。例如，大自然一年有 365 天多，人的小骨节有 366 个，与一年的天数相符；一年有十二个月，人的大骨节有十二个，与一年十二个月相一致；人有五脏，与大自然的五行相匹配；人有四肢，与大自然一年四季相一致；等等。这样的天人合一，显然不是我们现在讲的人跟自然和谐相处的含义。古人在不同场合下讲的天人合一，主要是为天人感应学说提供理论依据，虽然也会有含义上的差别，但基本都与人与自然和谐相处无关。古代也有人的活动要顺应自然的说法，但那不是他们所说的天人合一。

实际上，即使抛开天人合一这个概念，人与自然要和谐相处的说法，也仍然有其问题存在。人与自然和谐相处的说法，有其自身的演变逻辑。人与自然之间的关系，在不同的时代呈现出不同的状态。早期生产力极度低下的时候，人是匍匐于大自然的面前的，寄希望于大自然的恩赐以苟活。到了农业社会，人开始对大自然进行抗争，改良种子，改善土壤，耕种收获，都是对大自然的抗争。到了工业社会，由于科学技术的发展，人类拥有了大规模改变自然的能力，开始对自然进行大规模的改造，试图征服大自然，通过这种征服让大自然臣服于人类。20 世纪五六十年代的小学课本，上面有一首民谣：

天上没有玉皇，

地上没有龙王。

我就是玉皇，

我就是龙王。

喝令三山五岳开道，

我来了！

这首新时代民谣表现的战天斗地气概，充分反映了当时改造和征服自然的雄心。

但是后来呢？恩格斯讲过：不要过分陶醉于人对自然界的胜利。对每一次这样的胜利，自然界都报复了我们。盲目地征服大自然带来一些后遗症，例如对农田的过度开发导致了沙漠化的出现，大规模的工业生产导致了污染出现等等。面对这种局面，人们开始反思人与自然的关系，认识到匍匐于大自然面前固然不对，一味地强调征服大自然同样也不对，那么人跟自然究竟应该怎么相处？人既然是大自然的成员，应该跟自然和谐相处，这就是人与自然和谐相处说法的由来。

但细致分析起来，人与自然和谐相处的提法，也是有问题的。从哲学的角度来看，如果承认人是自然的一部分，即人与自然是一体的，那就不存在如何相处的问题。这就像既然手和鼻子都是人体的一部分，那就根本不存在手和鼻子如何相处的问题一样。如果我们的视角是二元化的，把人作为主体，自然是客体，那主体跟客体之间确实存在一个怎么相处的问题。这时人作为主体，只能以人的视角去看问题，而不是以自然的视角去看问题。这就是我们说的以人为本。这种语境下的和谐，只能是人单方面感受到的和谐愉悦，并非真正的双方的和谐。举个例子来说，在一般的公园、大学校园等，都会见到漂亮的草坪。但这些草坪是以什么方式，以什么代价得到的？是以园艺工人定期割草来实现的。这种定期割草，目的是不让杂草丛生，不让它长得很慌乱，滋生蚊蝇。只有定期打理，才可以保持环境卫生。这样的环境，在我们人看来很和谐，很优美。但是从青草的角度来看，就不那么和谐了。青草难道就没有自然生长权利了，必须过一段时间就被拦腰割掉？这怎么能是人跟青草的和谐相处？

从另一个角度来说，我们都知道达尔文的进化论，公认它揭示了自然的本质。自然本质是什么？进化论告诉我们，是物竞天择，适者生存，本质上是生存竞争。

生存竞争,当然不是和谐。所以把人跟自然和谐相处作为人的追求,是与进化论相矛盾的,是违反了自然的本质的。

人跟自然和谐相处的提法,在操作上也没法实现。现在到夏天了,要是有蚊子趴在你脸上叮咬,你拍它不拍? 为什么一定要拍它,你难道就不愿意拿出一滴鲜血来成就一个生命,你不希望和谐吗? 但你不拍它的这个行为所表现的和谐是违反自然本性的,因为蚊子会传染疾病,你不把它拍死,它叮咬后传播疾病,会造成更大的伤害,造成更不和谐的后果。再如,发生禽流感时,对疫区的鸡,是要全部扑杀的,即使是那些未受感染的鸡,也要扑杀,目的是避免更大范围的传播,造成更严重的后果。这种扑杀,行为的主体是人,这能说是人跟自然和谐相处吗? 人作为生命体,只有从大自然有所获取,才能生存。这种获取本身,就是对自然环境的打扰。正如唐代学者韩愈所言,人的活动是对自然的破坏。韩愈跟柳宗元讨论过天人关系问题,他说:

> 夫果蓏、饮食既坏,虫生之;人之血气败逆壅底,为痈疡、疣赘、瘘痔,虫生之;木朽而蝎中,草腐而萤飞,是岂不以坏而后出耶? 物坏,虫由之生;元气阴阳之坏,人由之生。虫之生而物益坏:食啮之,攻穴之,虫之祸物也滋甚。其有能去之者,有功于物者也;繁而息之者,物之仇也。人之坏元气阴阳也亦滋甚:垦原田,伐山林,凿泉以井饮,窾墓以送死,而又穴为偃溲,筑为墙垣、城郭、台榭、观游,疏为川渎、沟洫、陂池,燧木以燔,革金以镕,陶甄琢磨,悻然使天地万物不得其情。悻悻冲冲,攻残败挠而未尝息,其为祸元气阴阳也,不甚于虫之所为乎? 吾意有能残斯人使日薄岁削,祸元气阴阳者滋少,是则有功于天地者也;繁而息之者,天地之仇也。①

韩愈清晰地认识到,人的活动,"坏元气阴阳也滋甚,……使天地万物不得其情",是对大自然本身的破坏。如果能"残斯人使日薄岁削,祸元气阴阳者滋少,是则有功于天地者也"。人类的生存繁衍,是"天地之仇"! 韩愈的说法,是站在自然为本的角度,从反面提示人与自然和谐相处的说法不能成立。

在现实生活中,我们当然不可能从自然的角度出发,"残斯人使日薄岁削,祸元

---

① 柳宗元《天说》引述。

气阴阳者滋少",通过对人的残害来"有功于天地"。我们只能站在人类的立场上,以人为本,通过人的努力,改造大自然使其更加宜人。既然如此,现在把"和谐相处"这样的词语作为人与大自然交往的努力方向,就违反了自然本性,违反了科学。我们应该找一个更能表现这种操作实质的说法,那就是尊重自然规律,以人为本,努力打造可持续发展的宜人环境。实际上,我们现在也是这么做的。对学术界而言,需要的是找到更能表达这种做法的合适的术语而已。

四、研究科技史的动机

还有一个问题,就是我们为什么要研究科技史。这是一个老问题,因为从 20 世纪 80 年代,我们读研究生的时候,就接触到一些说法,说一些老先生对出于爱国主义动机去研究科技史是很反感的。为什么呢? 因为出于爱国主义的动机去研究科技史,研究者会有意无意地把历史上中国发现发明的时间向前提,或者在判断上随意拔高,这样得出的结论就不客观了,违背历史的真实。

对这个说法,我们深入思考一下,就会发现有问题了。问题在哪儿呢? 不出于爱国主义动机去研究科技史,出于别的什么目的行不行呢? 例如出于挣工资的目的行不行? 细致来讲也不行。因为如果是出于挣工资的目的去做研究,那就有可能会为了多发论文,怎么好发怎么弄,也会影响到研究的客观性! 那么出于批评的目的呢? 出于批评的目的,会不会有意去贬低研究对象呢? 这样一来,就没法去研究科技史了。

实际上,不同的人研究科技史的动机,不会完全一样,它是多元化的。科技史本质上属于历史学,在历史上,史圣司马迁明确说过,他研究历史的目的是"究天人之际,通古今之变,成一家之言",要探究自然规律,通晓历史演变,自成一家。他是以成为一位思想家为追求的。古有"三不朽"之说,分别指立德、立功、立言,作为史学研究者,能够自成一家,实现"立言"抱负,也足够令人敬仰了。还有许多人研究历史,是为了借古通今、以古鉴今,从历史取得借鉴,服务于当代社会的发展。当然,也有许多人确实出于爱国主义,想把我们这个国家,我们的先人做了什么事情,把它搞清楚,怀有不能让我们古人的发明被埋没了的这样的理念,试图通过历史研究,增加我们的文化自信。还有一些人研究历史、研究科技史,是出于个人兴趣,为了满足求知的欲望。也有人出于教育的目的,觉得不能让我们的后代数典忘祖,于是要研究历史、研究科技史,等等。实际上,不管出于什么目的去研究科技史,只要研究中遵守这个学科的基本规范,都没问题。我们不能用诛心之论,从动机上否定一个学者的工作。

认为出于爱国主义动机去研究科技史,会导致研究本身丧失客观性,这种说法经不起历史的考验。下面我们来看看国学大师钱穆是如何实践这一问题的。钱穆1939年完成商务印书馆1940年出版的著名的《国史大纲》一书,开篇有一段话:

> 凡读本书请先具下列诸信念:
>
> 一、当信任何一国之国民,尤其是自称知识水平线以上之国民,对其本国以往历史,应该略有所知。
>
> 二、所谓对其本国以往历史略有所知者,尤必附随有一种对其本国以往历史之温情与敬意。
>
> 三、所谓对其本国以往历史有一种温情与敬意者,至少不会对其本国以往历史抱有一种偏激的虚无主义,而将我们当身种种罪恶与弱点,一切诿卸于古人。
>
> 四、当信每一国家必待其国民具备以上诸条件者比较渐多,其国家乃再有向前发展之希望。

这段话非常有名,读了它,你就会觉得钱穆非常爱国,爱我们的民族。著名汉学家、瑞典学者马悦然(Goran Malmqvist)对此有过评论:"钱穆在本世纪(20世纪)中国史学家之中是最具有中国情怀的一位。**他对中国的光辉的过去怀有极大的敬意,同时也对中国的光辉的未来抱有极大的信心。**"[1]马悦然说钱穆对中国的光辉的过去抱有极大的敬意,那么钱穆抱着这样强烈的爱国情感来写中国历史,其研究会不会有失客观呢?对此,我们不妨看看著名史学家顾颉刚的评论,他说:"钱宾四先生,在北大任历史讲习已逾十年,学识渊博,议论宏通,极得学生欢迎。**其著作亦均缜密谨严,蜚声学圃,实为今日国史界之第一人,刚敬之重之。**"(同上)可见钱穆对中国历史研究的客观严谨,是史学界公认的,他的爱国情怀并没有影响到他的中国历史研究的客观性。

---

① https://www.maigoo.com/citiao/181158.html

实际上，说不能出于爱国主义的动机去研究科技史的说法，在学理上是站不住的。其失误在于把研究动机跟研究规范、研究方法做了不当绑定，认为出于爱国主义追求，就一定会对研究对象蓄意拔高，违背客观事实。这个说法是不对的。因为真的爱国的话，就不会在研究中弄虚作假，对历史人物蓄意拔高不是爱国家，而是坑国家。假的就是假的，终究会被揭露出来，揭露之日，贻笑大方，最终成了坑国家。大家都知道鲁迅是非常热爱我们这个民族的，但他对我们这个民族的批评也是最厉害的。爱之深，责之切，是一种常见的现象。出于爱国主义去研究，跟其他多元化动机去研究历史，目标是一样的，真正的历史研究，首先是要把历史上的事情弄清楚，再去评价这些事情的是与非。爱国主义动机跟有意弄虚作假，这两个没有必然的因果关系。

反对出于爱国主义动机研究科技史这个事情，就反对者而言，不排除有些人实际上是要表现出一种道德上的优越感：你看我是反对这种做法的，所以我的研究是客观的，你们出于爱国主义动机去研究，会有意无意地把拔高古人，你们的研究不客观。对真正的学者来说，这样的道德优越感是要不得的。

在科学史科学哲学的研究中，每个研究者内心都藏了一个东西，一种意识。这种意识是潜在的，可能并没说出来，但是确实存在。这个东西是他进行研究的前提。我们就上述问题的探讨，就是希望对这些可能成为学者研究前提的理念，能够正本清源，以免错误说法继续传播，影响广大青年学子。在科学史学科的研究中，还有一些类似的说法，可以做深入辨析。因为时间有限，我今天就讲到这里。谢谢大家，请大家批评指正。

科技伦理存在的理由①

最近,埃博拉病毒在西非多国肆虐,已经导致了一千多人死亡。埃博拉出血热在当时基本上属于不治之症,死亡率极高,且这次流行来势汹汹,甚至连在当地帮助抗击疫情的两位美国医生布兰特利和赖特博尔也受到严重感染,被专机接回美国救治。医学界知道,对埃博拉出血热,尚未找到有效治疗办法,但美国 Mapp 生物科技公司为抗击这种病毒研制了一款新药 ZMapp,该药在小样本的猴子身上做过实验,是有成效的,但从未进行过人体试验。布兰特利和赖特博尔身为医生,了解这些情况,鉴于医治前景不容乐观,他们同意将 ZMapp 施用于自己。

一、现实中的困惑

但是,将未经临床试验的药物用于病人,这不符合医学伦理学的规定。医学伦理学坚持的原则是,治疗必须以临床试验数据为依据。任何未经临床试验证实的药物,都不能施用于对病人的救治,不管病人是普通人还是医生自身。

但布兰特利和赖特博尔的病情十分严重,他们甚至已经打电话给家人做最后的告别。万般无奈情况下,医生为其使用了 ZMapp。这种做法,也不能说完全违反了医学伦理学原则,因为医学伦理学最高原则是尊重生命。在有可能挽救患者生命的情况下,进行这种尝试,虽然违反了医学伦理学的一些规定,也不是不可以接受的。无论如何,注射了 ZMapp 后,两人的病情出现了明显好转,经过综合治疗,他们分别于 2014 年 8 月 19 日和 8 月 21 日痊愈出院。

甚至布兰特利和赖特博尔病愈出院之前,受到治疗效果的鼓舞,8 月 7 日,美

---

① 本文原刊载于《科技导报》2014,32(24),这里有少许修订。

国食品和药物管理局即已表示,该试验药物可以用于埃博拉病毒感染者。8月12日,世界卫生组织也表明了自己的立场:在当前的埃博拉疫情中,使用试验性药物,合乎医学伦理。就此,以 ZMapp 为代表的抗埃博拉病毒试验性药物被正式放行。应当地政府要求,美国已将少量 ZMapp 药品捐给了利比里亚。

实际上,ZMapp 的首批使用者中还有第三人——75 岁的西班牙神父米格尔·帕哈雷斯。他在利比里亚感染了埃博拉,虽然注射了 ZMapp,但仍然于 8 月 12 日去世。而且布兰特利和赖特博尔虽已痊愈出院,但其主治医生仍然无法肯定究竟是这种药物发挥了关键作用,还是医院有力的支持性治疗战胜了病魔。但无论如何,世界卫生组织的这一决定,仍然博得医学界的广泛支持。

世卫组织的决定,有其伦理学上的理由,那就是,当面临一种有一线希望但未经安全验证的药物和90%以上的病死率时,冒险使用这种药物,是两害相权取其轻,它符合医学要尽可能挽救生命的根本原则。

但是,世卫组织的决定,也给人们带来了困惑:医学伦理乃至更广义的科技伦理,其依据的原则是否是确定的?如果这种原则像弹簧一样,遇到外力就会改变,那为什么还需要它的存在?

二、科技伦理存在的理由

从科学史的角度来看,科技伦理对科学发展,起的基本上都是负面作用。

例如,被誉为"试管婴儿之父"的英国生理学家罗伯特·爱德华兹,因其"使试管授精技术用于治疗不孕成为可能,为占总人口比例超过10%的不孕夫妇带来了福音",而获得 2010 年度诺贝尔生理学或医学奖。一项造福了无数家庭的技术,获得诺贝尔奖,自是万众称快。但该项技术诞生之初,却饱受指责,其中就有来自伦理学方面的质疑:提供精子和卵子的、提供子宫代孕的、最终养育孩子的,谁算孩子真正的父母?这可能造就更多隐性的同父异母、同母异父的"兄弟姐妹",造成社会伦理的紊乱和科学上的问题。

在伦理学家的争论声中,试管婴儿技术不断成熟、不断发展。它所带来的一些伦理学问题,也在发展中通过社会管理的提升而逐步得到解决,比如将所有试管婴儿的数据进行计算机登记,婚姻部门可据此查询准新人的遗传背景;比如香港立法规定养育父母为真正父母,而代孕母亲具有探视权,等等。在这种背景下,诺贝尔奖授予爱德华兹,得到了铺天盖地的颂扬。伦理学上的反对声音,此时已烟消云散。

与之类似,克隆羊"多利"的诞生、幽门螺杆菌与胃溃疡关系发现者的亲身试验乃至核电开发、水电建设、转基因技术应用,甚至大数据的构建等,无不伴随着激烈的伦理争论。历史上的类似争论,几乎无例外都是科学技术取得了最终胜利。如果出问题,那也是科技本身的问题,而不是出于伦理学的缘故。

伦理学阻碍科学技术的发展,有其必然性。这是因为,二者是不同的学科,其属性天差地别。科学求真,伦理学求善,它们遵循的规则完全不同,要用后者规范前者的发展,岂能不造成混乱? 另一方面,科学技术是社会中最活跃的因素,它往往超越伦理学的步伐,领先于社会主流价值观念,从实践的角度来看,科学突破的结果往往是引发新道德的契机。这样,有什么理由用建构在已有道德观念基础上的伦理学规则去约束科技发展? 科技伦理学还有存在的理由吗?

当然有。这是因为,科学技术本质上仍然是人的活动,其最终目的,还是要满足人类社会发展的需要。既然科技是服务于人的,如果人们出于现有的认识,对科技发展的某些方向心存疑虑,那么在这些方向上科技发展步伐就应该适当放缓,以免因其快速发展引发社会混乱,导致最终结果与发展科技的初衷相悖。伦理学是约束人的,科技是人的活动,当然也应接受伦理学的审核。在这里,科技伦理学不是要阻碍科技进步,它只是提醒人们要对科技进行反思,以避免其盲目发展导致不良社会后果。必须认识到,伦理学是科技发展的阻尼,而不是它的对立面。科技发展的载体是社会,为了减少其快速发展对载体的冲击,就需要有阻尼的作用。正像没有刹车机制的汽车不能开行一样,科技的发展,也必须设置必要的刹车机制。科技伦理学的存在,就是为了提供这样的机制。

需要指出的是,鉴于科技伦理与科学技术本质上具有的二元化特征,我们必须善用科技伦理学,切勿将其规则当作僵化的教条,以避免对科技造成实质性的伤害。科技伦理对科技发展所起的作用应当是善意的提醒,而不是恶意的扼杀。同时,从伦理学角度对科学技术进行规范时,对基础科学研究和科学技术的推广应用,也要区别对待。说到底,科技伦理对科技发展应当发挥的是阻尼作用,而不是反作用。

如何上好通识教育课[①]

一、引子：为什么需要通识教育

通识教育是现在中国高等教育的潮流，很多学校都在开展通识教育。为什么要开展通识教育？这是中国高校对大学教育现状反思的结果。有人说，"我们的一些大学，包括北京大学，正在培养一些'精致的利己主义者'，他们高智商、世俗、老道，善于表演，懂得配合，更善于利用体制达到自己的目的。这种人一旦掌握权力，比一般的贪官污吏危害更大"。

这是流行了好多年的一段话，说现在很多中国大学，很好的大学，它们努力办学的结果，没有培养出社会精英、社会栋梁，而是培养出了不少精致的利己主义者。这群高智商的人学到很多东西，拥有了高知识，但他们没有拿学到的知识回报社会、造福社会，而是精于算计，为自己谋利。他们一旦掌握权力，比一般的贪官危害更大。为什么？因为他们善于利用现在的体制，为自己谋取私利。他们的高智商、高知识，使他们更容易占据高位，成为政策的制定者。他们出于私利制订的政策会"合法"地肥了他们自己，却会毁掉人们对国家、对制度的信任，把国家引向深渊。他们对个人利益的算计远超过他们对自己在相应岗位上所应当承担的职责的考虑。

这个描写已经让人胆战心惊了。也有人说中国高等教育培养出的学生，在知识拥有方面"均值"高而"方差"低；但在人的基本素养、道德价值观等方面则呈现"均值"低和"方差"高的特点。

具体来说，所谓一高一低，是指我们培养的学生，在知识储备技能训练上平均

---

① 本文系作者 2018 年 5 月 17 日在上海交通大学教学发展中心所作报告的整理稿。

水平还是比较高的,但"方差"低。这里的"方差",是误差理论中的一个概念,指随机变量偏离平均值的程度。具体到学生培养上,"方差"小就意味着两端的人少,进一步意味着杰出人才少。一般来说,杰出人才天赋高,而天赋不太可能是培养出来的。不同的人种,天赋高的比例应该差不多,为什么有的国家杰出人才显得特别多呢? 只能说是其环境有利于杰出人才的成长。杰出人才无法通过教育培养出来,但不利的环境却可以扼杀他们的成长。我们的杰出人才少,这也许不仅仅是教育的问题,整个社会都应该创造有利于杰出人才成长的环境。这是涉及国家能否持续发展兴国强国的大计。

所谓一低一高,是说我们培养的学生,在人的素养和价值等方面,是低均值,高方差的。这特别可怕。因为这素养方面的高"方差",在某个方面,是坏人表现得特别坏的结果。中国的知识界不乏高智商、低人格的人,他们知识水平高,但做人很差,有养无教。这几年媒体揭露出来的高校一些知名学者的劣行,诸如性骚扰学生、压榨学生、贪污腐败、做人无底线等行为,让人触目惊心。有素养应该是现代人做人的底线,青年人离开学校时不一定是一个专家,但首先应该是一个和谐的人、有素养的人。但现在这些所谓的学者,他们已经不是青年人了,他们自私起来放纵起来肆无忌惮,甚至连"精致"二字都不要了。

客观来讲,按我的理解,对这些现象,有些地方通识教育是无能为力的。媒体揭露出来的那些学者,很多都是知名学者、大牌教授,头顶耀眼的光环,他们台面上讲人文知识、讲精神文明,背后龌龊至极,对他们讲通识教育,有用吗? 我们不能指望通过通识教育,解决这样的问题。对此类问题,应发挥作用的,是党纪国法。

下面我讲两个另外的案例。几年前,广州地铁施工,发现了几座商周时期的古墓,那真的是很有价值,但施工部门趁夜晚组织施工,把它给摧毁了。推了以后,有关部门去调查,施工部门说这是误会,不知道是古墓。相关部门很气愤:不知道那你为什么专门选择晚上去施工,你突击去做这个? 你施工的监理人员跑哪儿去了,施工方的领导跑哪儿去了,谁安排你们这么做? 显然,这件事不能怪现场的施工工人,在他们的背后,有监理,有施工方的领导,有决策层。这些决策层一定受过高等教育,他不是那个开推土机的,不是第一线的工人。那么这些决策者怎么看待这个问题,他们难道不知道古墓是我们的祖先活动的遗存,反映了我们祖先的生活状况和信念,有可能承载着重要的历史文化信息吗? 他们对历史难道就没有最基本的敬畏之心? 出现这种状况,与决策者的人格无关,只能是他们所受教育的缺失所致。这种缺失,应该是通识教育能够有所弥补的。这是一个例子。

另一个例子,前几年,崔永元到一个很好的大学作质疑转基因的报告,组织报告会的学生不欢迎该校生命科学学院师生进场旁听。崔永元当然可以到高校谈转基因问题,高校的生命科学专业的师生当然也可以跟他辩论,但组织者担心影响会场气氛而不让对立面进场,这就有些不妥了,难道他们不知道兼听则明偏听则暗的道理吗?不知道理越辩越明,真正正确的东西是不怕辩论的吗?这里我无意指责那些可爱的学生,他们热心组织学术讲座活跃校园气氛并为此付出努力,是值得肯定的。他们在组织这场活动中表现出来的认识偏差,责任不在他们,而在教育。我们没有把相关的思想传授给他们,让他们形成正确的思维习惯。这是通识教育可以发挥身手的地方。

总之,通识教育是人们对中国教育进行反思后找到的一条出路。要对中国教育现存的一些问题进行弥补,通识教育是一个好抓手。

二、通识教育的缘起与演变

通识教育是从博雅教育开始的。在中世纪,欧洲开始出现大学教育,那时候大学教育是在修道院基础上发展起来的。修道院的目的是为宗教培养人才,服务于神学,因为大学教育在修道院的基础上发展起来,所以当时的大学一开始就继承了修道院为宗教培养人才这个传统,它的目的就是要服务于神学。当时大学的目的不是为了探究真理和知识,因为根据当时基督教的说法,真理已经有了,《圣经》讲的就是真理,大学只要把《圣经》里面的真理传递给受教育的人就好了。所以,那时候大学的目的就是传授真理,培养神学的、宗教的接班人。办学目的影响教学方式,既然真理有了,大学只是传承已有的真理,那教育方法就是让学生理解、背诵、记忆,等等。学生将来要去传教,传教口才要好,表述能力要强,于是他根据这些,设计了当时的教学内容,这就是中世纪比较有名的七艺:文法、修辞、逻辑、数学、几何、音乐、天文等。这是中世纪大学的特点。

中世纪大学后来经过文艺复兴,发展成近现代大学,已经不再以培养宗教接班人为办学宗旨了。近代大学办学目的是培养上层社会的精英人士。要培养上层社会精英人士,就要满足相应的要求:上层社会精英人士不需要有很强的科技专业知识,但是需要很文雅,知道很多古籍、古典。这就导致了博雅教育的诞生,即以传授人文知识、阅读经典为主的办学方式。

　　到了19世纪,科学革命给社会带来了非常快速的发展,电磁学、化学、工程力学等已经有了,社会发生了翻天覆地的变化,工业也变得很强大了。这时候大学增加了,招生范围扩大了,大学的毕业生不仅仅是去上层社会当上流人士了,更多的进入了一线的生产环节,成为工程师了。进入一线的环节,就要掌握一流的技能,于是社会上开始呼唤专业教育。

　　欧洲的大学在专业教育方面发展得比较慢一点。美国的大学,率先把专业教育推进了很多,尤其是那些短期大学以技能为主的培训。这一阶段是大学适应社会变迁,自我走出了一步。走出了这一步以后,碰到了反弹,大学的一些教授、知识分子,或者受到传统大学精神熏陶的领军人物发现这不行了,我们大学光培养技能,那些高贵的精神跑哪儿去了? 没有了! 学者们又开始呼吁,要重新审视大学教育,看看是否出了问题。于是在19世纪上半叶,耶鲁大学开始做了这件事,在1828年出了一个耶鲁报告。报告对当时的大学教育做了总结、反思,提出来要加强古典科目教育、人文教育,希望将学生培养成具有优美情感和高尚道德情操的人。在某种程度上,是要让中世纪或者过去的博雅教育的传统,得到一定程度的回归。这是1828年的耶鲁大学报告。

　　耶鲁报告出台以后,在社会上引起了关注。第二年,美国学者帕卡德发表文章,说这个报告很好,它提出了我们培养人应该关注素质,关注人文精神,除了专业教育之外,更要关注培养人的性情和趣味,要培养"全人",即实现人格的健康发展,实现人的全面发展。帕卡德把这种教育称为通识教育,这是通识教育这个名称的首次提出。但是他倡导的通识教育,本质上仍然是博雅教育的内容,这是我们应该了解的。

　　在社会大潮的冲击之下,高教界为了抵抗、矫正偏差,提出了要开展通识教育的主张。这个呼声在19世纪中期,没产生什么效果,因为学界呼声再高,不如社会冲击来得厉害,社会上仍然还是重视技能型人才的培养,重视专业教育。

　　到20世纪以后,开始有了转型。这个转型最早是哥伦比亚大学带的头。1918、1919年,第一次世界大战期间,哥伦比亚大学开了一门课,叫"战争问题"。这个课程怎么来的? 我们知道第一次世界大战战场在欧洲,美国是参战方。但是当美国决定参加这场战争的时候,在美国国内引起很大的反响,或者很大的反对。很多人反对美国参与这场战争。为什么? 当时的美国人有一个信念,说美国是怎么样来的,是欧洲来的精英,在这个地方建设了一个新国家。我们朝气蓬勃,我们日益向上,欧洲那些人是留在原地的居民,不思进取。我们叫新大陆,他们是旧欧洲。旧欧洲发生战争,关我们什么事?我们管旧欧洲那些破事干什么,他们爱打仗就打仗,炮火连天,中间隔了大西洋,到不了我们这儿。这是美国当时国内一般民众的想法。

面对这种局面,美国社会的精英,美国政府觉得有问题了。问题在哪儿?这些人忘了我们是从哪里来的。我们的文明和欧洲的文明同根同源,你不能忘本。现在因为战争,欧洲的文明,我们的根受到了威胁,我们不能置之度外。如果那个地方受到威胁,我们置之度外,将来我们的社会也会受到干扰,所以从文明的来源那儿开始,我们应该做点事情。于是美国政府出面资助哥伦比亚大学做这个事,从教育着手,试图从根子上影响美国人民。

大家可以看到,开始的反思是高教界,是民间,没太大作用,这时候政府开始出面了,政府和民间的力量形成了合力。第一次世界大战结束以后,哥伦比亚大学把原来的课程改造成西方文明课程,继续进行,没有因为一战的结束而停顿。其他大学的人也开始反思这个事了,大家都在反思,反思出来的结果认识基本是一致的,但具体做法则各有千秋。

所以,我们今天讲通识教育,也存在一个问题:对通识教育每个人有自己的理解,一个人说一套。关键是我们如何选择最适合我们的那一套。

比如说芝加哥大学也去探讨这个话题。芝加哥大学的校长赫钦斯一直在反思美国的高等教育。1936年,他出版了《美国高等教育》一书。这个书,基本内容或者基本导向,跟耶鲁报告是一样的,强调回归传统、经典、人文教育,而且他这个还走得更极端,提出了多读经典,以经典压倒一切。

赫钦斯的主张,即使在他担任校长的芝加哥大学,也引起了很长时间的波动,有人赞成,有人反对,后来慢慢形成共识。真正形成现在很多人都认可的通识教育,那应该从哈佛大学谈起。哈佛大学的做法,构成了我们现在大多数人认可的通识教育模式。

哈佛大学对通识教育的探索,可以追溯到19世纪。19世纪下半叶,艾略特当了哈佛大学校长,他提出,在社会急剧变化的时代,大学应该关注对学生责任感的培养。责任感在哪儿?责任感体现在你自己做的事情,自己做的选择,自己要承担后果。现在社会发展很快、很复杂,学生面对各种各样的诱惑,要能够作出选择,要培养学生的选择能力。同时,作出选择之后,你必须承担自己选择的后果。出于这样的信念,艾略特开始在哈佛大学搞改革,一方面,课程设置文理并重;另一方面,提倡搞课程选修制。选修制的推行,经历了几个阶段,从一开始的部分选修,发展到最后全校所有的课程全部都是选修。艾略特认为,给学生在选课方面的充分自由,既使他们学到了自己感兴趣的课程,也可以使他们在选课过程中培养自己的责任感。这种自我责任感,会在他们步入社会后,发展成对社会的责任感。这正是大学教育应该追求的目标。这是哈佛大学一开始做的事情。

理念很好,实践起来效果不佳。大家都是人,都会有人的缺点。哈佛大学实行课程的完全通选以后,经过一段时间,发现也有学生盲目选课,有学生选择容易通过的课,还有学生哪门课给的分高,就选哪门,等等。我们熟悉的学生的这些毛病都出来了,都一样。后来他们就反思这样到底行不行。在这个反思过程当中,进入了第二次世界大战。第二次世界大战发生在欧亚大陆,还有非洲,也包括我们国家,日本侵华等。在第二次世界大战当中,美国人造出了原子弹。在做原子弹过程当中,哈佛大学校长科南特同时担任美国国防研究委员会主席,二战后又担任美国原子能委员会顾问,他深切知道原子弹的巨大威力,在第二次世界大战炮火连天的时候他就想,我们做出这样的武器,威力巨大,将来战争肯定会结束,战争结束了武器仍然存在,这样的武器在我们这一代人手中没问题,那下一代人会不会仍然可靠? 这些威力巨大的武器如果掌握在那些不可靠人的手中,是对社会极大的威胁。应该如何防范这样的局面出现? 当然应该依靠教育,通过教育使年轻人懂得对社会负责。

所以,在第二次世界大战炮火连天的日子里,他召集哈佛大学的一些教授,每周末定期开会,讨论大学教育怎样培养合格的、可靠的、能够对社会尽职尽责的青年。

第二次世界大战一结束,他们的讨论成果就出来了。1945 年,他们讨论的成果正式出版,现在我们叫作哈佛大学通识教育"红皮书",专门写哈佛大学通识教育理念、课程等。

过去的自由选修制度被抛弃了。他们觉得完全让学生自由选择是不对的,因为学生入校是接受教育的,他还没有学,你就让他选,那是不负责的。比如说要学物理学,学物理学刚进门的人,根本不知道物理学应该包括哪些基础课程、骨干课程,你让他去选,四大力学他怎么选,他只好选那些容易通过的。这样下来,他们的知识结构一定是零乱的。

这就像一个小孩子生下来以后，你要让他健康发展，就不能完全放手，凭着他的性子来。如果他光喜欢吃肉，不喜欢吃蔬菜，家长必须干涉，否则他的成长会有问题。因为小孩自己不知道，所以你要给他做好规定，做好配餐。同样对大学生来讲，也存在一样的问题，他要具备哪些知识，也要有一个计划，有个配餐制，即在课程当中，他有必须要学的，不管喜不喜欢。

当然，哈佛大学改革也给选修制留了一些空间，考虑个人兴趣，留了一些余地，让他们自由去选择。用这样的方式来做改革，被很多大学认可，我们今天讲的通识教育，很多都采用了这种模式。

我今天讲的，基本上也是在这个基础上，我自己的理解。后面讲的内容以这个理解为前提展开。

三、通识教育的属性

通识教育，它包含什么样的属性，或者它跟别的教育是什么关系，怎么区分？首先我们来看通识教育和博雅教育的关系。

通识教育与博雅教育

刚才讲了，通识教育是从博雅教育演变过来的。首先我们要明确一个概念，通识教育不是博雅教育。如果你把通识教育视同于博雅教育的话，就会导致通识教育的课程设计和引导，完全以古典为主了。

我们知道，当代社会的人，肯定不能像18世纪那时的人一样，只关注古典学科。由于科学的发展，现代社会一举一动都离不开科学。你培养的学生不管是文科还是理科，没有基本的科学素质行吗？他们能承担在未来社会当中的重任吗？博雅教育不管这一套，它只管文史、经典的那一部分，这就有问题了。

当然通识教育要继承博雅教育的精华。人文的经典的东西，不管任何时候，在通识教育当中，都占据很重要的地位，这是毫无疑问的。但我们不能认为二者是等同的。在这里，我们要对这个事情有个辨析。

它们两个最大的区别在哪儿？博雅教育是培养精神贵族的，精神贵族有精神贵族的做派；通识教育则是要培养能够对社会负责任的公民，社会公民有社会公民的要求,二者培养目标不同,决定了彼此采用的手段、课程等也不同。一句话,通识教育旨在培养负责任的社会公民,教育内容涉及当代人应该具备的基本素养;博雅教育则旨在培养精神贵族,教育内容以古典学科为主。这是二者比较明显的差异之所在。

通识教育与通才教育

社会上有些人讲,说现代社会,科学发展太快了,学生在校期间学的专业知识,出去五年已经有些过时了,十年以后、十五年之后,基本上全还给老师了,学的知识全都过时了。所以必须抛弃专业教育,因为专业教育教给你的东西不久就没用了。抛弃专业教育怎么样? 最好培养通才,让学生什么都知道一些,这样他们能更好地服务社会。有人说,这不是讲通识教育吗? 通不就等于全面吗? 由此,通识教育就是为培养全面发展的人而进行的全面教育、通才教育。这样画了一个等号过来了。

这样听起来很好,但是逻辑上有问题,你说专业教育教给你的 15 年就完全没用了,那通才教育什么都教给你一点,它倒能长久维持,那怎么可能? 而且你那个全面,点点俱到,是点点都不深,什么都领悟不了的,那会有很大问题。

通识教育如果真的要培养通才,那也是承担了它没法完成的任务。不但通识教育没办法完成,任何一个教育都做不到。通才只能是天才自己形成的,靠教育是教不出来的。

我们经常给通识教育赋予过多的目标,赋予它承担不了的任务。通识教育担不了那么多责任,它给自己设定目标是非常有限的。因为有限,所以才能实现。

为了说明这个问题,我们来看一下哈佛的通识教育。

哈佛大学通过几轮讨论,形成了新一轮的通识教育课程方案。2007 年哈佛大学最新一次讨论形成的一些认识是培养学生,除了专业素质之外,还应该具备这样几个素质,有四个目标:

其一,学生要有社会责任感。能够积极参与公共事务,为承担公民职责做好准备。这是它的第一条,公民意识。这跟我们社会对学生的要求是一样的,学生得有社会责任感。

其二,文化意识。要让学生知道,作为一个人,你的成长,离不了你生活的那个社会的传统。你既是传统的产物,同时你又参与了塑造传统、改造传统。这是对传统的认识。传统不能割裂,可以发展。

其三,批判性地、建设性地回应社会挑战。现代社会发展得太快了,变化太剧烈了,我们培养的学生要具有能够面对社会变化的能力,直面挑战,能够批判性地、建设性地回应社会挑战。一方面要有批判意识,另一方面,批判的目的不是为了毁灭,是为了建设。

其四,知道什么是好,什么是坏,什么事情应该做,什么事情不应该做。也就是说,要有伦理意识。

这是哈佛大学给自己设定的四个目标。这四个目标怎么才能实现? 它做了分解,分解以后设计了八个维度,八个学科领域。用这八个维度,来实现对那四个目标的塑造。这八个维度分别是:审美与阐释的理解、伦理推理、经验与数学推理、生命学科系统(现在生命学发展得太快了,这是任何一个当代社会文明人都应当有所了解的)、物理宇宙科学、世界诸社会(这一条是指世界多元化的),还有文化与自信、世界里的美国。哈佛大学在美国,对美国国情要有所了解,所以有这个纬度。这是他的第八个方向。通识教育的目标是有限的,课程是经过设计的,就这八个维度,要求学生去选一些若干课程,每个维度你选规定的学分,通过这些学习来弥补知识的不足。

我们再看一下哈佛的课程设计。在哈佛的课程体系中,专业课占二分之一。对专业教育这方面的课程,给予了足够的保证。剩下四分之一是通识课程,还有四分之一是选修课。这样一来,通识教育的课程、它的学分,是有限的,不会无限膨胀,去挤压专业教育。通识教育的目标是经过精心设计的,课程也是经过遴选的,虽然不能一劳永逸地解决教育存在的问题,但是至少能比较好地实现教书育人目标。

我们通过上述内容可以看到,哈佛大学是如何解决这些问题的。所以,我们理解的通识教育,它应该是:它的目标有限,课程体系经过设计,教学内容经过选择,具有可行性。当然,我刚才讲了,对于通识教育,不同的学者、学校有自己不同的理解。我们都在上海,复旦的通识教育跟交大的通识教育就不一样。我们的通识教育,我觉得更多地接近哈佛大学的理念,通过对模块的设计,对学分的规定,让学生接受相应的教育。

通识教育与专业教育

我们讲过,通识教育的目标是培养能够对社会尽责的人,这样既需要具备专业知识,也需要具备专业知识以外的必需的一些知识和素养,这就是通识教育。

关于通识教育与专业教育的关系,首先,我们应该明白,通识教育不是专业教育。通识教育本来就是为了弥补专业教育的不足而被提出来的,二者当然不是一回事。专业教育是培养专业能力,把专业能力培养上去了,就完成了它的任务。通识教育当然与专业知识会发生关联,但通识教育的目的不在于培养相应专业的专门人才。举例来说,我们要培养学生的审美意识,提升他们的审美情趣,需要开美术鉴赏类的通识课程,但如果美术类的课程以绘画技巧为核心,布置大量的手法练习,目的是要让学生成为画家,而不是把这些练习作为提升学生鉴赏能力的手段,这就不是通识课程,而成为专业课程了。因为这样的课程其目的已经是把学生培养成专门的绘画人才了。

另一方面,通识教育每门课都与一定的专业相关,通识教育课程和专业课程肯定会有交叉,那专业课程和通识教育课程,能不能互相借用? 比如说我们交大的通识教育,有自然科学模块,规定学生要学数学、物理,那这个学生说我喜欢物理,我去物理系听物理行不行,能不能替代我在通识教育的学分? 这是我们在设计课程的时候,必须要回答的问题。

那些专业课程,能不能用来替代通识教育课程,我们没法具体去说,但是我们可以给出宏观的标准,就是看课程目标。我自己比较主张什么呢? 所有的教学设计,都要用倒逼法。你先定一个目标,通过通识教育也好,别的也好,我要培养什么样的人才,为了培养这个人才,我这门课能满足他哪些需求? 也就是这门课的目标是什么? 课程目标确定以后,再盯紧这些目标,选择教学内容,安排教学体系,组织教学等,要这样倒逼下来的。

同样,专业课程能否用来顶替通识教育课程,也要这样,看培养目标是否一致。在培养目标接近的情况下,我个人赞同尊重学生的选择。学生如果愿意选物理系的物理课,去满足他的通识课的学分要求,我觉得是可以的,因为它的基本内涵,都是为了培养学生掌握相应的物理知识,能用物理的眼光看世界,是一致的。所以我觉得这是可以替代的。

刚才讲的理科类,我举了物理的例子。文科类,有学生讲,虽然我专业是数学,但是我对历史还挺感兴趣。通识教育模块,要有历史的学分,我不去听你的课,跑历史系他们上的历史课去听行不行? 因为通识教育的历史,可能跟专门的历史课涉及的点非常不一样,历史专业课可能比较专门,隋唐史、秦汉史或者古罗马等,但这些课程只要它内在精神与通识的历史课是一致的、相同的,我觉得都是可以用来相互替代的。

这是讲通识教育不是专业教育,但是在一定条件下,相关课程可以相互替代。更重要的是,还要再强调一点,通识教育不是专业教育,更不是专业教育的对立面。为什么要突出强调这个?很多学校在推出通识教育的时候,都会碰到一个问题,交大刚开始推行的时候,也碰到过,有的专业课老师讲,现在学生要学的专业知识那么多,课程那么紧,你还搞通识教育,你把专业教育摆在哪儿?我专业教育怎么活,就那几个学分,你还要来挤占?这是把通识教育当成专业教育的对立面了。

这实际上是对通识教育不了解造成的。通识教育跟专业教育不会冲突,为什么?它不是自由发展可以任意膨胀的,它必须经过设计。通识课程占的学分数是确定的,不可能冲击到你。不但不冲击到专业教育,甚至还有助于专业教育。因为专业教育涉及的很多内容,比如说你要学习一个专业,这个专业的历史发展怎么样,你总要知道一点吧,这种历史眼光、历史意识在通识教育上是能得到培养的,在那方面得到了培养,无形中会有助于专业课程的学习的。

四、通识教育问题辨析

现在对通识教育有很多困惑,我在此谈点儿自己的理解。

通识教育与导论课

在实践中,很多老师把通识教育看成导论课,这其实是不对的。通识教育绝对不是导论课,不是泛泛谈谈就行了。通识教育要告诉学生,为啥要学自己本专业之外的这门课,是因为我们从通识教育的目标出发,觉得这个知识你应该了解,这个能力你应该具备,这门课的基本内涵你应该有所掌握,这样走上社会以后,你才能适应社会发展,为社会做贡献。这就要求了解这门课的核心理念、基本方法。如果你只上成导论课了,不知道这课背后核心的理念、支撑理念的基本事实,这门课跟没开差不多,就开成科普课了,那是不对的。

所以一定要想明白,通识教育课不是导论课,不是简单说两句就行了。有些大学号称找多少个院士多少个博导开一门课,一人上去讲一讲或两讲。讲什么?讲自己的体会,做一个科普报告,就完了。这个作为选修课还可以,拓展学生知识面那还行,院士上课也值得提倡,但不能作为通识课。因为这种上课方式没法教给学生这门课程、专业最核心的理念和最核心的那些东西。通识教育恰恰需要掌握这些东西。

通识教育与知识传授

有老师讲,我要讲知识面、知识的系统性,那不又成传授知识了?通识教育不是要培养人的素质吗?这也是个误解。通识教育完全不反对、不排斥知识传授,它不但不排斥,而且强调传授知识一定得是完整的,必要的知识点一定要讲。当然,讲哪些知识点,要经过选择。对此,后面我还会提到。

在考核方式上,有老师讲,通识教育考试不是不能闭卷考试吗?不是必须得开卷吗?怎么不能闭卷?判断学生的知识掌握完整不完整,是根据你课程目标,根据你的需要来选择考核方式的。需要闭卷的话完全可以闭卷。还有的说,不是通识教育课程考核只能写论文吗?那都不对,都是对通识教育的错误认识。考核方式取决于你的教学目标和教学内容。

另外,通识教育也没有一成不变的教学方法,不存在一定得小组讨论、一定要怎么着。不是那么回事。比如说阅读经典,经典阅读很重要,但是,它真的不是唯一的。比如自然科学类课程,现在科学不断发展,你让学生去读的经典已经是过时的了,你再去读它,跟现在的如果有矛盾、冲突了,你到底信哪一个?这时要求学生读经典,就要在阅读方法上加以指导,从历史发展的角度看待经典的作用。总之,一定得从课程目标,从课程本身出发,选择最适合这门课程的教学方法。这是我觉得一定要说的一件事。

质疑与批判性思维

现在社会有个说法,大学要培养学生的批判性思维,要让学生学会质疑。在教育家看来,这是天经地义的。让学生学会质疑,当然是对的,但不能走过头。比如对质疑本身是否也要有所质疑?质疑有没有边界?是不是所有的问题都能质疑?都能问到底。比如人不吃饭为什么会死?这是生命学家才能回答的问题,一般人你要天天质疑这个问题,非得精神病不可。质疑不是抬杠,不能钻牛角尖!在现实生活中,一个人要是什么都去质疑的话,他绝对是个偏执狂,没人愿意跟他交往。所以质疑的边界在哪儿,质疑的本质是什么?我们讲究批判性思维,质疑是批判性思维的要求,这就来了,批判性思维的本质究竟是什么?

什么是批判性思维?百度百科上给了一个解释:"就是通过一定的标准评价思维,进而改善思维,是合理的、反思性的思维,既是思维技能,也是思维倾向。"不知道这定义说的是什么。

维基百科讲:"批判性思维,是对事实的一定客观性的分析,最后给出一个判断。"这是维基百科上的,也讲得比较模糊,不知道是什么。

到底批判性思维是什么?我们通过案例来分析。在美国相关课程当中,如何训练批判性思维有专门的案例库。这里有个例子。有一天,一只鸭子、一只鹅、一只羊和一匹马,在不同的时间进入了粮仓。已经知道的条件是什么?是一个哺乳动物先进入粮仓的,还知道鸭子比鹅先进入粮仓,鹅又是在马之前进了粮仓。请问这四个动物,哪一个先进入粮仓?

我们可以用逻辑排除法。鸭子和鹅不是哺乳动物,一排除只剩羊和马了,这两个当中有一个是先进粮仓的。然后又知道,鸭子比鹅先进入,鹅又比马先进入粮仓,所以马是最后的。因此最先进入粮仓的只能是羊。训练结束。

这个案例中哪儿有批判?批判谁了?没批判啊。但是这是批判性思维训练的一个案例。我们可以看到,它训练的是你要注意概念,要有严密的思维逻辑。批判性思维本质是什么?你当然可以提问题,问为什么,但是本质上必须是非常严谨、严密的逻辑思维训练。不能信口开河,不能无端质疑。

现在,在我们的教育里有一种误解,以为质疑就必然是对的,可以百分之百质疑到底的。这是有问题的,这种思维方式不利于学生成长,你让学生形成这样一种思维方式,结果是比较糟糕的。批判性思维,应该问个为什么,这叫追究背后的因果关系,用严谨的逻辑思维的方式去探究那个为什么,但是绝对不是无原则的质疑,不是无原则的反对。

质疑一定要有边界,质疑的边界在哪儿?我们平常讲的另一句话叫尊重常识,你如果连常识都质疑了,你一定是在抬杠。养成这样的思维习惯,就成杠头了。我觉得比较好的说法是批判性思维加上尊重常识。我们光讲前面不讲后面,就会有问题,培养学生时就会偏离了我们预期的目标。这是我要在这里说的一点。

因为现在网上关于质疑的讨论非常多,但我没看到有从这个角度去说的。我这个说法的产生,与受到科学史训练有关系。科学史有个公理化思想,公理化思想是什么?大家每个人都从社会公认的基本理论出发去讨论问题,这样就可以减少很多无谓的争论。

但是可能还会有人说,公理化方法也有问题。比如说公理在不同的时代是不一样的,常识有可能是错的。你说质疑要以常识为底线,比如说哥白尼时代,太阳绕着地球转还是地球绕着太阳转?哥白尼认为是地球绕着太阳转,他的说法在当时一定不是常识,不是社会共识。那你还尊重常识,你不扼杀科学进步了吗?我的回答是,如果作为一个天文学家那是另一回事,作为一个一般人,即使地球围着太阳转是对的,但是你如果生活在哥白尼时代,常识认为是太阳绕着地球转,你还得尊重常识。为什么?因为不是你的专业领域。不然的话,你不尊重常识,你只能去钻死胡同,让自己成为一个偏执狂。这是个天文学问题,还是让哥白尼那些天文学家来处理比较好。

对于社会来讲,常识是要尊重,但是对科学家来讲,对他的领域、他研究的结果来讲,他如果推翻常识了,那是伟大的科学进步。这两件事要分开。

五、如何上好通识教育课

要上好通识课,总的原则,首先是要各司其职。因为上好这门课,不仅仅是老师的问题,也是学校、教务管理的问题。从学校的角度来讲,学校应该有学校要承担的职责,比如要做好通识教育课程的整体设计,顶层设计。这不是单个教师能做成的。

我们看美国的那些大学,耶鲁报告也好,芝加哥大学报告也好,或者是哈佛大学也好,它们都经历了校方的顶层设计。那个设计是动用了大量的人力智力,当然也包括物力,经过很长时间的讨论,翻来覆去的切磋,最后让相关学院的教授投票通过才行的,所以它是经过严格的程序的。顶层设计非常重要,这是第一步。

顶层设计做好以后,比如说模块划分等,充实每个模块需要大量课程,课程怎么遴选?要有一定的标准和程序。模块划分、课程遴选等,还要与时俱进。哈佛大学大概每二三十年就做一次通识教育的改革,它为什么要这做?我看了它这一次的通识教育的课程设计,理念上没太多变化,虽然他在理念上自己逼出来一些新的提法,实际上没太大变化。关键是做了这么多年,认识会漂移,开始讨论时大家达成了共识,做的过程当中没有人提醒了,做着做着就走样了,一漂移就偏离通识教育的初衷了。

另外,随着时代的变化,20、30 年一代人过去了,原来认定的内容也有不合时宜的,所以要不断更新。这是哈佛大学不断进行通识教育改革的一个原因。

如何保证一个新的课程体系得到良好的执行?中间过程监管很重要。我觉得我们学校,教务处在过程监管这块儿,是下了很大力气的。大家应该能体会到。比如说通识教育课程,配助教是专门的政策,中间的考核,学生问卷的专门设计,等等,很多是从中间过程进行监管。这个我觉得是将来我们学校值得向外推荐的经验之一。

对教师本人来讲,如何才能上好通识教育课,我列了五条,这五条一看都没啥新意,但是其中每一条实际上是有内容的。

第一,深入了解通识教育的理念。

不了解通识教育理念,上通识教育课,到最后一定会发生标准漂移、降低,这是不言而喻的。

第二,准确把握、创新发展教学内容。

这句话后面实际是有话要说的。在美国,上通识教育课的是什么教师?大腕,很多是大牌人物。为啥?因为通识教育课的要求实际上比专业课、比其他课程,它的要求更高。通识课不是简单说说就行了,必须对这门课程高度熟悉,完全把握,能做到深入浅出,把课程背后最核心的理念讲出来。如果不是大家,很难做到这一步。所以,教育部强调教授要给本科生上课,特聘教授,讲席教授更要去上。我觉得这个理念是对的,跟通识教育课程的要求是契合的。

当然,作为大部分课程教师来说,要成为特聘教授、讲席教授,难度还是有的。你不是大牌,但这门课需要你去上,怎么办?首先一定得努力提高自己的水平,得对你的教学内容很熟悉、很了解,要把握得很准才行。我看了一些教师的通识教育课,实际上对他讲述的内容,比如说中国传统文化,道家怎么样、法家怎么样,有一些都讲得有点走谱了。我作为外行,不是专门搞那个的,连我都听出问题来了,这就有问题了。所以对你的教学内容,你要真正把握好,要吃透才行。真的是首先要有一桶水,然后才能倒出一杯来。通识教育对教师的要求是很高的,要真正达到专家水平。

创新发展教学内容,把握教材内容是一方面,另外有些方面你还要跟自己的研究结合起来,要能够出新,要有新意。现在通识教育有些问题,是结构性、共性方面的问题,例如在价值判断方面。比如说思政课讲什么内容,教学大纲国家定好了的。

除了国家规定的两课课程,通识教育也需要对学生进行价值引导。你引导什么?你再重复思想政治课讲的内容,好像也不应该。那么在价值引领方面你讲什么?这就要创新,要研究。实际上我们国家的价值引领这一块,顶层的价值引领是有的,下面二级的这些还不全,还不够。有很多内容,我们中国人自己的一些理念是非常好的,但国际上不了解。比如和而不同观念。我记得习主席去国外访问,在很多场合都讲了和而不同观念。为什么讲这些?因为当时正是西方用"普世价值"来卡中国,用自由民主来凸显其所谓的"普世价值"。我们的理念是什么?是"和而不同",道路可以选择,社会应该是多元化的,有各种各样的成分,你那儿是一极,我这儿也是一极,大家和而不同,社会才能发展。全同,全世界只有一种模式、只有一个声音,人类社会就没法发展了。这是中国人的理念。这种和而不同理念,对全人类都适用。这种观念的提出,就是对传统文化研究的结果。我们应该开展这样的研究,尽可能多地发掘出中国人创造的此类世界级的文化成果。我们要开动脑筋去讲价值引领,不是简单地,而是丰富、多元化地去做这个事。所以,创新教学内容,是很重要的。

第三,做好课程和教学设计。

这一条也很要紧。你了解了什么是通识教育,你自己经过研究,有新的体会,你怎么贯穿到你的教学过程当中,让学生知道?那你就要精心做好课程设计。比如说一学期16周32个课时,每个课时怎么安排?讲什么内容?你要精心设计。设计好了,教学效果就容易出来。这实际上是任何一门课,不管通识不通识,都应该做的。

第四,注重课程细节,提升教学效果。

这个也不仅仅是通识教育课程,而是所有的课程都应该关注的。我说这特别重要,有很多细节很多人不关注。其实,有时候成败就取决于细节。过去教务处组织听课,我去听课,发现有些教师上课,上课的PPT做得很好,看上去也很醒目,他在那讲几句,点一下翻一页,但是这有个问题:翻页过快,学生根本就没法做笔记。像PPT这么一放,一翻,好学生只好拿出手机来拍照,不好的学生拿着手机趁机去做别的事。你就没考虑学生做笔记的这种情况?

另一个问题,PPT做得太漂亮,翻页太快了,你给学生留下思考时间了没有?我们一般有个体会,你去看电视、电影的时候,你批判性思维基本是不起作用的,很多情况下是被那个情节牵着鼻子走的。编剧如果编得不好的话你会骂,但你那时候批判性思维跟不上,为什么?强烈的视觉刺激,会影响你的反思,影响你的思考。

如何把使用PPT跟让学生去思考、反思结合起来进行,有没有考虑这个细节?还有更细的细节,一上课,PPT在这边播放,旁边的黑板上留了上一节课老师上课的内容,也没擦,这里搞了一个公式,那边却画着一个不相干的图案,学生不走神才怪呢。你就不能上课前把它擦一下,给自己创造一个干干净净属于自己的授课环境。这些细节我觉得一定得注意。

还有,上课要不要对学生严格要求,敢不敢要求学生关手机?我过去上课,要求学生坐指定座位,学生对此是不满意的。当然我不是指定每一个学生坐固定座位,我是指定区域,就在这个区域可以坐,这个区域之外你不能坐。指定座位有什么好处?这样做的优点是可以对学生形成约束,让他们注意力相对集中,免得有的学生故意躲在角落里走神。当然,固定区域,也免得点名了,我一看有几个空位,我就知道缺了几个人,我就能把握了。我上课是要求学生关手机的。我一上课,自己先把手机拿出来对着学生,我说我开始关机,我不是调成振动,我是关机。我说我都关机了,你们呢?当然也必须关机。你们别让我看到你在课堂上用手机,我若看到,我也不能把你手机摔掉,但我替你保存,没收了,下课再还给你,保存的同时我要把你名字记下来。

这样要求学生,你不怕学生给你打分低?不上你的课怎么办?这些都是作为教师的责任感,你得去考虑这个事情。教师上课,别把得到学生评教高分当成追求目标。你在交大学生打分榜上排前10%,没意义,你只要不是到后面20%就行了。你对学生该怎么要求就怎么要求,这是教师的职业道德,教师的良心所在。我觉得这些细节都是应该注意的。

第五,尊重教育规律,不乱贴膏药。

我这话也是意有所指的。通识教育不是培养专业人才,它关注的是培养人的素质,全面提升人。但你千万别去贴膏药,去讲一些跟你的课堂无关的价值引领的话。正在讲能量守恒定律,你来一个我们要热爱祖国,都对,但是效果就全完了。那不行。现在讲思政课要进每一个课堂,思政是广义的,是要育人,这是对的,但是你不能机械地理解这句话。每上一课,跟你课程无关的口号,你都要提出来,要机械地宣讲,那怎么行?那会起反作用。

我为什么要说这个话,因为我们学校过去评通识核心课程,有的老师在答辩过程当中,生怕评委觉得他不重视育人方面,有时候硬要说上一两句这样的话。那样做效果不好,那是对学生智商的轻视。硬贴上的膏药学生很容易辨别出来。要把育人真正糅合到教学过程当中,向学生传递的是这门课能够自然推出来的那些育人观念,这才是课程思政应有的做法。

除了以上 5 条,下面还有两个要注意的问题。

1. 要上好通识教育课,还要注意课程内容的取舍问题。

由于课时的限制,要满足教学目标的要求,通识课程在教学内容方面一定要有所取舍,教师要下决心很多内容不讲。别怕人家说你课程体系不完整之类的,因为你要讲完整是做不到,学分、课时等限制着你。而且也没必要面面俱到,那不是通识课的教学目标。我给学生讲科技史,不是让他成为科技史专家,而是要通过科技史课程传递一些理念,让他了解与科学发展相关的一些理念和一些重要的科学史实,这是我的目标。所以不可能什么都讲,什么都讲确实不行。

但是作为一门课,你讲的时候,总得有点体系,不能让课程看着很散,知识点七零八落的,那样更不行。课程还是要有一定的体系的。你是选择了若干点,但由一个知识点到另一个知识点,这中间有内在的逻辑关系,让学生能串起来才行。一定要避免那种很零散的、彼此没有逻辑关联的教学内容。这要求教师要能够做到高屋建瓴才行。

还拿科技史这门课来说,有些内容,是必须讲的,刚才我举的哥白尼的例子,这我们必须要讲的。牛顿,这也是必须要讲的。还有伽利略,科技史课程也必须要讲。在伽利略和牛顿之间又发生了多少事,多少环节,那些就没法去讲了,但是,科学概念从哥白尼到伽利略到牛顿怎么发展,这些是可以有个内在逻辑串起来的。

所以,尽管涉及了很多史实没讲,但是整个体系,它内在的逻辑关系能建设起来,这样的课程仍然是完整的。在这里,课程设计本身是很要紧的。

2. 通识课程深与浅的辩证关系。

一般来说,通识课程要求零起点,有教师担心,对于毫无本专业相应知识的学生,如何把握上课深浅的度?讲深了,学生听不懂;浅了,达不到通识课的要求,学生说是科普课,该怎么办?

我的理解是这样的,很多内容可以不讲、跳过,但是要讲的那个点你必须讲透。让学生似通不通半懂不懂,是不行的。跳过那些不必要的内容,可以为你要讲透那个知识点节余时间。时间有了,就容易讲通了。这就是说,通识课程的深与浅是辩证的，就很多内容舍去不讲来说，它是浅的，但就涉及的内容要讲透来说，它又是深的。我们还以科技史为例，就具体的科技进步而言，当时的人文背景什么样子，当然要讲，但它的科学内涵是什么样子，更要讲，而且要讲透。不讲透学生就无法体会当时的科技进步对历史发展的作用。

一方面，要把知识本身内容讲透了，另一方面，知识背后隐含的理念也要告诉学生。比如说讲科技史，我们一定要向学生传递一些理念的。例如科学和宗教和其他的东西根本差异在哪儿？科学强调从自然本身出去解释自然，宗教呢，从信仰、理念那些角度去解释。这是它们本质上的差异。这个理念，会影响学生看待自然和社会的根本态度，但它却不会包含在任何一个具体的科学理论之中，这就需要我们在教学中把它提炼出来，传递给学生。还有，在科学发展的过程当中，理性思维起什么作用，实验起什么作用，等等，这些核心的观点是要传递给学生的。

再一个，比如说宇宙大爆炸学说。宇宙是大爆炸产生的，这个观点提出来以后，很长一段时间学术界完全不接受，后来发现了微波背景辐射，证实了大爆炸学说的预言，大家一下子就接受这个学说了。这个过程当然要讲，更重要的是背后隐藏的，为什么是这个样子？前面根据那么多现象，总结出来的宇宙大爆炸学说你们都不信，后来偶然发现的微波背景辐射，证实了它的一个预测，为什么你就信了？这是因为，科学理论的形成，必须要经过这么几个阶段：首先是广泛观测，在观测的基础上，总结经验、事实，然后提出一个模型、一个假说。这个假说还不能称为科学理论，它还需要根据自己的理论作出一个预测。这个预测要接受检验，预测被检验证实了，大家觉得你的理论是靠谱的，这时就从假说变成了理论，可以被称为科学理论了。如果没被检验认可，那只能还是一个模型、假说。如果被检验否证了，那它就被推翻了。我们讲大爆炸学说，除了要把相应的知识点说清楚，更要把科学理论是怎么形成的这一问题讲清楚，向学生传递"科学理论必须经过检验才能成立"这样的理念。这些在科学共同体形成共识的东西，背后隐藏的东西，是要去说透的。

这是我自己在讲科技史这门课程当中的一些体会，别的课程不是我的专业不敢多讲，我以自己的例子与大家做一个交流。不对的地方，请多批评指导。

谢谢大家！

通识课堂：近代科学的产生与爱因斯坦两大基石说^①

今天的"科学精神"课程由我主讲，这使我有机会跟大家做一个交流，跟大家讨论一下我对科学一些根本问题的认识。讲课的题目是"近代科学的产生与爱因斯坦两大基石"，下面是我要跟大家交流的内容。

引　言

爱因斯坦两大基石说是在爱因斯坦 1953 年的一封信当中提出来的。爱因斯坦 1953 年在给美国加州青年斯维泽(J. E. Switzer)的信中，有这样一段话：

The development of Western science has been based on two great achievements，the invention of the formal logical system（in Euclidean geometry）by the Greek philosophers，and the discovery of the possibility of finding out causal relationships by systematic experiment（at the Renaissance）.

In my opinion one need not be astonished that the Chinese sages did not make these steps. The astonishing thing is that those discoveries were made at all.

这段英文不难，大家都能理解的。下面是它的中文翻译：

西方科学的发展是以两个伟大的成就为基础，那就是：希腊哲学家发明

---

①　本文是作者在华五高校（中国科技大学、浙江大学、南京大学、复旦大学、上海交通大学）联合开设课程"科学精神"课中的授课讲稿。

形式逻辑体系（在欧几里得几何学中），以及通过系统的实验发现有可能找出因果关系（在文艺复兴时期）。

在我看来，中国贤者没有走上这两步，那是用不着惊奇的。令人惊奇的是这些发现全都做出来了。

这段话包括两部分，第一部分就是我所说的两大基石，一个是希腊哲学家发明形式逻辑体系，以公理化思想为特征的，另一个是通过系统的实验发现自然规律，就是爱因斯坦提出的有可能找出因果关系。

信的第二段，最后一句话的翻译在中国科技史上曾经引起一阵很热闹的讨论。前后出现过几个不同的版本，许良英教授翻译爱因斯坦全集的时候，这句话一开始翻译的是"令人惊奇的是，这些发现（在中国）全都做出来了。"但是后来有人提出，前一句说"中国的贤哲没有走上这两步"，后面又说都做出来了，好像有些矛盾，中国人也没有做出过那些发现呀。于是有学者将这句话译成"如果说这些发现在中国都做出来了，那倒是令人惊讶。"但是呢？再看爱因斯坦原文，好像没有虚拟语气。就这句话来讲，它用的是被动语态，按原句来翻译，只能翻成"令人惊奇的是这些发现（在西方）全都做出来了"。为了不产生误解，索性加上了"在西方"三字，以示自然科学的产生，于人类社会而言不是自然而然的结果，表示了对这件事的敬畏。

这段话到底该怎么翻？实际上涉及爱因斯坦对中国科学的理解。爱因斯坦说中国的先哲们没有走上发明形式逻辑和实验科学之路，这引起了李约瑟的反感。在1961年的牛津科学讨论会上，爱因斯坦的这封信获得了绝大多数科学史家的反响，引发了热烈讨论。虽然爱因斯坦在1955年已经去世了，但是李约瑟仍然对其进行了批评。李约瑟说：

令人遗憾的是，这封笔调轻快的萧伯纳式的书信现在竟然被用来贬低非欧文明的科学成就。爱因斯坦应该是第一个承认自己对中国、印度和阿拉伯文化中的具体科学发展几乎一无所知的人，他只知道现代科学没有在那些文化中发展起来而已，我们不应用他的大名来作证。我个人是完全不同意这些评价的。[1]

---

[1] 李约瑟，中国科学传统的不足与成就，见李约瑟著，张卜天译，《文明的滴定：东西方的科学与社会》，北京：商务印书馆，2018年，第32页。

李约瑟的《中国科学技术史》第一卷是 1954 年由剑桥大学出版社出版的,在此之前,国际上几乎没有人对中国科技史有过像样的研究,爱因斯坦的信是 1953 年写,当时他对中国科技史应该确实知之甚少,所以李约瑟说人们不应该用爱因斯坦的名声作证,说中国古代没有科学技术。

爱因斯坦这封信是怎么来的?这封信是给美国加州青年斯维泽的回信。斯维泽是参加过第二次世界大战的一个退伍兵,他对中国科技史感兴趣,写信问爱因斯坦,爱因斯坦就给他写了回信。这确实是这样的大科学家给我们树立的一个典范,体现了对年轻人的关怀。他的回信提到了对西方近代科学之所以能够产生的内在因素也就是我们说的两大基石的认识,同时也提到了对中国科学的看法。爱因斯坦的两大基石说获得了所有科学史家的认同,李约瑟也没有对之提出异议。

刚才介绍的有关争议主要涉及后面有关中国的部分,但是前面两大基石的内容,虽然获得了科学史家们的一致认可,但却没有人讨论过为什么现代科学的产生要建立在那样两个基石之上。希望我今天的讲课,能对这个问题的讨论起到抛砖引玉的作用。

爱因斯坦为什么要讨论科学形成问题,因为这个问题太重要了。人类社会发展到现在,一直在处理两大关系。一个是人与人之间的关系,另一个是人与自然之间的关系。处理人与人之间关系形成的成果,构成了现代文明的一些要素,例如国家啊、军队啊、法律啊、政治啊,等等。处理人与自然关系的成果,就是科学技术的产生与发展。科学技术的重要性超出了第一个关系所产生的成果,其重要性对人类社会来说,是无与伦比的。

之所以这么说,是因为从马克思主义观点来看,决定人类社会发展的两大因素是生产力和生产关系。这二者之间,生产力决定生产关系,而科技是第一生产力,所以科学技术是推动人类社会发展的第一动力。这么重要的东西,我们当然要去了解它,了解它是怎么产生的,有什么特点。爱因斯坦对此作出了自己的判断。要了解爱因斯坦说法正确与否,我们必须回到科学史。因为我们要了解一个事物,最好的办法是从它的历史出发,只有了解了它的历史,才能把握它的本质。所以,接下去我们要从科学的起源谈起。

一、科学起源的社会背景——巫术和迷信的丛林

要讨论科学是怎么产生的,就要把目光聚焦到没有科学的时候,人类社会处于

什么状况这一问题上。那时候,人类已经出现,人有了语言,有了思维能力,可以总结经验。当然,由于没有正确的思维方法,他们总结的经验经常是不准确的。由于没有科学技术,生产力是极度低下的,人们的生存状态非常差。在这样的环境中,人们是想不到要去发展科学技术的。因为人没法对一个不存在的、自己也认识不到的事物产生任何期盼,幻想着要去发展它。科学技术的产生,只能是人们遵循自己本能上的追求,无意当中慢慢发展出来的。

那么,在当时的背景下,人最大的本能上的追求是什么? 一定是如何改善自己生存状况。当然,在合适的情况之下,人也会为了满足好奇心,去观察一些自然现象,比如仰望星空等,这也是后来导致科学出现的原因之一。但是从本质上来讲,人对于改善自己生存状况的追求,是科学得以产生和发展的最大的动力。我们现在知道,人要有效地改善自己生存状况,最好的办法就是发展技术,改进工具。但是要发展技术,改进工具,这条路在当时来讲人们是不可能认识得到的。从历史的角度来看,人类社会发展到现在,走了那么长时间,如果按照工具的发展水平来给它分期的话,可以分成旧石器时代、新石器时代、青铜时代、铁器时代等等,每一个时代都是足够漫长的。旧世纪时代以万年为单位,持续了几百万年到几十万年,新石器时代则三万年到一万年,青铜时代几千年,铁器时代也上千年,再往后是蒸汽机时代、电气时代等等。在早期的那些时代,动辄上千年乃至几万年,工具都没有任何变化,处于那种状态下的人们,要总结出来只有改进工具才能有效改善自己生存状况的认识,那是不可能的。

虽然找不到正确的途径,但对每一个个体来说,他们对改善自己生存状况的要求都十分强烈,一定会在其本能的思维的支配之下,为此做各种各样的探讨。比如说当时自然条件下,如果长期不下雨,就会对人的生存影响很大。那么人们会观察下雨时的一些现象,即使原始人他也是会观察的,当他观察到要下雨的时候会打雷,有闪电,在原始人的思维中,闪电是龙造成的,当时的人虽然没有科学,但是他想象力是有的,他是会归纳和想象的,当他看到闪电像龙的形状时,就会设想,如果我在地上也塑一条龙,把天上的龙引下来,是不是就会下雨了呢? 这样一设想,他就会跑到山上去塑条龙。这样的尝试,不管是否真的把雨给引了下来,人类探究人和自然关系,试图控制自然,改造自然的第一个成果就出现了。这就是巫术。巫术的本质是试图用虚假的因果关系来控制外界,以之实现自己的意愿。

巫术产生时间很早,发展历史很长。在人类社会漫长的历史中,发展出了各种各样的巫术。从分类的角度来看,像我们刚才讲的,为了求雨,要去塑造龙,如果把雨求下来了,大家都受益,这样的巫术,叫白巫术。也有些巫术,目的是利己损人的,如汉武帝时期的巫蛊之祸,起源就是当时人认为使巫师祠祭或以桐木偶人埋到地下,诅咒所怨者,被诅咒者就会有灾难。这样以损人为目的的巫术,叫黑巫术。武帝时期的巫蛊之祸,就是因为朝中有人告发一些大臣甚至太子以巫蛊之术诅咒武帝而引起的一场朝中大乱,因此受牵连而死的达数万人之多。这是巫术影响历史发展进程的一个典型例子。

作为人类探究自然的第一个成果,巫术的生命力是很强大的。时至今日,它仍然存在。现在不管哪个社会,巫术它都有或多或少的存在。比如说我们的台湾地区,去年,2021 年,台湾空前大旱,很多水库几乎见底,日月潭的水位降到了历史的低位。为了让天早日下雨,台湾很多地方以政府名义举行祈雨仪式,甚至连台湾地方的最高负责人,也皇而堂之地站在祈祷仪式的前列。当然,你可以说她未必相信这套巫术,站在那里是为了做给台湾的老百姓看的。但这种做法本身,就证明了巫术在普通台湾人心目中的地位,是巫术有强大生命力的具体表现。

从本质上来说,巫术是人们试图以虚假的因果关系来控制自然,图利自我的一种行为。因为巫术所依据的是虚假的因果关系,它的行用不会给施术者带来其所期待的那种结果。古代的人虽然没有科学的指导,但是他们是会总结经验的,对一些比较先进的知识分子来讲,一次、两次、三次、四次,如果巫术都不灵的话,他就会总结出一个教训,巫术是不可信的。我们知道,中国战国时期有个神医扁鹊,他就发现,依靠巫术来治病,是治不好病的。《史记·扁鹊仓公列传》记载了他有名的六不治的理论:

> 人之所病,病病多;而医之所病,病道少。故病有六不治:骄恣不论于理,一不治也;轻身重财,二不治也;衣食不能适,三不治也;阴阳并,藏气不定,四不治也;形羸不能服药,五不治也;信巫不信医,六不治也。

这段话的意思是说,一般人所担忧的,是担忧疾病多;医生所担忧的,是担忧治疗疾病的方法少。有六种情况,病是无法得到医治的。第一种情况,看病的人骄横不讲理,这样的人没法给他看病。第二种情况是轻身重财,给他开了方子,他连药都不愿意买,这样的人没法治。这是二不治。第三、四、五不治,则与当时医疗水平有关,是当时医学没法治疗的疾病。压轴的是第六种情况,"信巫不信医",不治。扁鹊的"六不治",在医学史上非常有名。他明确提出"信巫不信医"不治,这是对巫术骗局振聋发聩的大反对!

在真实地控制自然、改造自然、以之改善人的生存状况方面,巫术如果不灵的话,有没别的路径? 当时的人虽然没有科学,但是,他是会总结经验的,他会根据他的知识背景去发挥想象能力。他的知识背景是什么样子? 从原始社会到古代,实际上就像我们刚才讲的先秦、古希腊,虽然文明已经发展到一定程度了,但依然是神的天下,大家仍然相信神的存在。神是万能的,大自然是受神的控制的。那么大自然对人的态度怎么样? 大自然对人的态度整体上来讲是友好的,即使在原始社会,对人来讲,大自然对人也是友好的。一年365天,真正极端天气没有几天,绝大部分时间大自然对人都是友好的。当然,人之所以会有这样的感觉,是因为人是会迁徙的,会迁徙到宜居的环境当中去。大自然受神的控制,大自然对人友好,这两个前提一出来,一定会得到一个结论:神对人是友好的。神对人友好到什么程度? 神看着人吃生食很痛苦,于是普罗米修斯就主动把火种盗下来给了人类;神看到人间下连阴雨,认为是天漏了,于是就有女娲出来炼石补天。等等。类似这样的一些传说,会在民间流传,神话由此诞生。

神话的本质是人类幻想有超自然因素主动为人服务。在神话中,人是居于中心的,神主动地为人服务。实际上,神话的产生是人给自己创造的一种精神安慰。人在神话的世界当中生存,他的精神是愉悦的。正因为这样,就像巫术的生命很长久一样,神话的生命同样很长久。时至今日,神话仍然是文学的重要组成部分。但是,精神上的愉悦没法解决实际问题。神有足够的能力,可以满足人类的各种需求。《圣经》曾经记载说,耶稣和他的门徒路过一贫瘠之地,该地的人困顿不堪,5 000人都在饿肚子,耶稣拿出其随身携带的两条鱼五个饼,让门徒发给5 000人吃,结果鱼和饼还没有分完,大家就都吃饱了。大家感叹于耶稣的神奇,于是5 000人都皈依了他,成为基督的信徒。

但对于个体来讲,肚子饿了,有没有神凭空塞给你哪怕半个烧饼? 没有! 对于每一个具体的人,这种机遇从来没有过。我们知道,人是会总结经验的,他一定又会思考:神是存在的,为什么神对我个人没什么关照呢? 那就要回过来问你自己了,你敬过神吗? 你给神上过一炷香吗? 如果你没有敬神,神凭什么要关照你? 人这么一想,创造出了一个新东西,自然崇拜。人必须先要敬神,然后才能得到神的

176

面包与鱼的奇迹(意大利拉文纳-新圣阿波利奈尔教堂镶嵌画)

眷顾。要敬神,首先就要找到神之所在。神存在于什么地方呢? 到处都有。如果你去到了泰山,泰山有山神。你看见了黄河,黄河有河神。你家门口一块土地,有土地神。回家做饭,灶台还有灶神。神到处都存在,都得去崇拜它。所以各种各样的自然崇拜就出来了。

到处都有神,这些神有没有差别呢? 当然有,灶王爷肯定不如玉皇大帝的地位高,因为他每年到腊月二十三还要上天去汇报工作。人这么一想,就开始给神编排谱系,文明发展一定程度,还要给神的存在寻找理论依据,要把神系统化和理论化。系统化理论化的结果就导致了宗教的产生。原始的宗教都很小,各色各样,在其发展过程中,大多数都消失了,少数的经过改造,逐渐成长壮大起来,成熟起来,就成了现代宗教。

所有的这些宗教、自然崇拜、巫术等,它们有一个共同特点,就是都承认超自然因素的存在。人类发明了它们,希望通过它们为自己谋福利。但是结果呢? 这些发明并没有为改善人类生存状况带来实际效果。面对这种局面,人们开始反思,既然这些发明有其共同因素,就是它们都承认超自然因素存在,那么这个世界到底是否存在超自然因素? 如果不存在的话,这个世界到底是由什么构成的? 这么一问,就导致了哲学的产生。传统哲学由本体论、认识论、方法论三大部分组成,本体论讨论的就是世界是由什么组成的。所以这一问标志着哲学的诞生。

哲学本身是理性的,这种理性是爱因斯坦讲的科学起源的第一个基石。科学缘起于理性的出现。科学和我们刚才讲的那些人类的发明相比,它们之间的根本差异在什么地方?根本差异在于,科学不承认超自然因素的存在。科学讲究要从自然本身出发去解释自然。为什么是这个样子,因为超自然因素给出的往往是终极解释,它是不利于去探索大自然真实的因果关系的。我们可以举个例子,比如说我们航天发射,有成功的,有失败的,如果一次失败了,为什么会失败?要用超自然因素解释的话,那是天意。你要接受这个解释,那后面是没法改进的,因为没法找到失败的真实原因。

从以上讲述可以看出,科学起源之初,确实处于一个对它很不友好的环境之中。在这个环境中,充满了巫术、迷信这些科学的对立物,科学在其中东冲西撞,经历了一次一次的失败,后来才慢慢走上正确的发展路线。其开始的标志,就是理性思维方式的建立。如果我们要做个总结的话,科学发展大致路线应该是下面图示这个样子的:

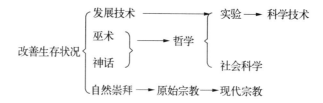

科学发展的根本动力,是人为了改善自己生存状况所作出的各种努力。要改善人类生存状况,最有效的办法是发展技术,改进工具,但这条路非常艰难,人们等不及,于是又搞出了巫术,创造了神话,制造了自然崇拜,由自然崇拜发展出了宗教,由原始宗教发展到现代宗教。但这些发明并没有实实在在给人们带来物质上的利益。人们反思的结果,开始探讨世界是怎么构成的,于是导致了哲学的产生。哲学是以理性为标志的,哲学蕴含的理性跟经过漫长的时间演化发展出来的实验传统结合,形成了科学技术。同时在哲学的理性思维方式的作用下,社会科学也逐渐得以发展出来。通过这个小结我们可以看出,是哲学蕴含的理性思维方式加上实验传统导致了科学的诞生。爱因斯坦说的产生近代科学的两大基石,就是希腊哲学蕴含的理性思维传统和 17 世纪伽利略开创的实验科学。这两大基石,我们先说第一个,理性思维方式,它是怎么产生的? 为什么这种方式是科学发展的必要条件? 要说清楚这个问题,就要从古希腊的万物本原学说开始谈起。

二、希腊科学的思想基础——万物本原学说

希腊万物本原学说最早的是公元前 6 世纪泰勒斯提出的水为万物本原学说。该学说的问世,被科学史界认为是科学之始。之所以如此,是由于该学说在解释自然界的构成时,拒绝了超自然因素的存在。同时,泰勒斯要让大家相信他的学说,就必须进行论证,论证本身必然包含着理性,而理性是科学发展的前提,正是由于这两个因素,科学始于泰勒斯成为科学史界的共识。

泰勒斯关于水是万物本原的说法,他是如何论证的,我们现在不清楚,因为没有原始文献流传下来。从后世一些片段说法来看,他大概看到了这些现象:水可以固体、液体、气体三态转化,而人们所知道的大自然也恰恰是由这三态组成;同时大自然是分层次的,没有生命的物体处于最低级,其上依次是植物、动物,人位于最高级,不同的层级,都有水的存在。从这些现象出发,得出了万物是由水组成的结论。

泰勒斯"水为万物本原"的说法,在后世为他带来了极高的声誉,他的这种说法被誉为"科学之始"。因为他理论排除了超自然因素的作用,这是科学发展的前提。同时,他的论证也启发人们去思考理性的重要性,有助于理性的成长,而理性是科学发展必不可少的基石。实际上,比泰勒斯早大半个世纪的管仲,也提出过类似的说法。"科学之始"的荣誉,更应该归之于管子,只不过管子的学说当时未能传到希腊,未能对希腊科学发展起到作用,而近代科学的源头可以追溯至古希腊,这样西方学者在追溯科学的源头时,忽略了管子,也是必然的。

泰勒斯的论证,虽然意义很大,但他的论证方式不具备排他性,他的学生阿那克西米尼,就用类似的方式,得出了气为万物本原的结论。阿那克西米尼同时代的齐诺弗尼斯则提出土为万物本原的说法,赫拉克里特又提出火为万物本原。后来恩培多克勒对这些说法做了综合,提出了水、火、气、土四元素是万物本原的说法。这就形成了初始的四元素说。四元素说经过柏拉图、亚里士多德等人的发展,成为在古希腊信奉者最多、在欧洲历史上流传最广的万物本原学说。从水为万物本原到四元素说,希腊人迈出了走向科学的第一步,因为它们在解释自然的构成时,都

摒弃了超自然因素的作用。

希腊有很多万物本原学说，另一个值得一提的是毕达哥拉斯学派的数是万物本原学说。在我们今天看来，这是一个莫名其妙的学说。为什么呢？因为不管泰勒斯的水是万物本原学说，或者后来的水火气土四元素说，它们都是用一种物质性的存在作为万物本原的。而数是什么？数是人大脑构造出来的认识世界的一种方式，是一种抽象的存在，是一种观念。这样一个不是实体的存在，它怎么去构成万物？毕达哥拉斯学派怎么会产生这样的思想？

毕达哥拉斯学派产生这种思想，当然有其由来。这个学派对音乐很有研究，他们在研究音乐时发现，音乐中的和声，八度音程、五度音程和四度音程等所对应的弦长，可用最简单的数字比例 1：2、2：3 和 3：4 来表达。音乐是那么奇妙，数居然能为它建立这种关系，能用来表达音乐，那它一定也可以构成万物。他们就从这一理念出发，构建了数为万物本原这样一个学说。这个学说认为，万物都是由数生成的，最先是一生二，一与二生万数，数生点，点生线，线生面，面生体，体产生出一切形体，产生水、火、土、气四元素，四元素组合生万物。这跟中国古代老子的道生一，一生二，二生三，三生万物有点类似，说明东西方文明发展到一定程度，都会由于对数的研究的进展，而赋予数以神奇的功能。

毕达哥拉斯学派这个数为万物本原学说，在科学史上的地位是很重要的。从科学史的角度来看，能够称为科学的，一定是可以测量的。可以测量意味着什么？意味着测量对象中的一些要素一定可以量化表示，所以毕达哥拉斯学派开创了科学上量化表示的先河。当然毕达哥拉斯学派也没认识到这一点，他们就沉迷于用数来解释世界，用数来构造世界。他这种做法有好的一面，刚才我们讲到了，也有不好的，比如说延伸出数字神秘主义的怪胎。这种数字神秘主义首先表现在毕达哥拉斯学派的一些主张中，比如他们认为 4 表示公正，5 表示婚姻，7 表示机遇，等等。这种数字神秘主义，它的影响一直持续到现在。当代社会，不管是东方还是西方，还是东西方融合的时候，都有这种数字神秘主义的表现。例如在西方，13 是不好的，在选数字的时候，要避开 13。在我们中国，人们选电话号码时候，喜欢 8，要避开 4，等等。这些，都是受数字神秘主义影响的结果。神秘主义是没有什么多少道理可讲的，就拿这个 8 和 4 的关系来讲，如果你电话号码选了 8，可是 8 是由两个 4 组成的，岂不更糟糕！

毕达哥拉斯学派沉湎于用他们的学说来解释世界，在这过程中，他们也作出了科学的发现。这种科学发现最大的,最引人注目的就是今言之毕达哥拉斯定理,也就是勾股定理的发现。据说毕达哥拉斯学派对这个发现很自豪,举行了百牛宴来庆祝它。可是庆祝的宴会还没结束,就有聪明人发现了问题。具体来说,一个边长为 1 的正方形,它的对角线长度是多少? 毕达哥拉斯学派用他们的新发现是能够解决这个问题的。他们通过计算得出,边长为 1 的正方形,它的对角线是数字 2 的平方根。可是根号 2 到底是多少? 回答不出来了,因为它是一个无限不循环小数! 这就带来一个很大的问题,什么问题呢? 边长为 1 的正方形,它的对角线长度是不是确定的? 答案是它一定是确定的,这是显而易见的。但这样一个确定的长度,却没有办法用具体的数字表示出来。数连这样一个简单线段的长度都表示不出来,它怎么去构造万物啊?! 毕达哥拉斯学派就这样落入了它的发现所构造的数字陷阱里了。意识到该发现会带来这样的后果,毕达哥拉斯学派一怒之下把发现勾股定理的这个人扔到大海里了。但是发现者可以被扔到大海里,而这个发现一旦做出来以后,在人们的头脑中就再也抹不掉了。所以这个学派呢,在这样一个今天我们中国人称之为无理数的这样一个现象的冲击之下,从信念上崩溃了。

崩溃后,这帮数学家开始回避对数的研究。不去研究数他们做什么呢? 他们转而研究几何学。这是科学史家林德伯格在其《西方科学的起源》当中说的一段话,有助于我们理解无理数发现对希腊数学家研究领域的转换所起的作用:

> 或许就是这个无理数使希腊的数学家们相信,数(在希腊人看来,指正整数)不始于代表实在,**从而促进了几何学的发展**。

无理数的发现使希腊数学家不愿意研究数了。他们不研究数,又有数学功底,怎么办? 只好研究几何学。希腊几何学的由此获得了发展的机会,最终不仅导致《几何原本》这部人类历史上最伟大的几何学著作的问世,还促成了以《几何原本》为代表的希腊公理化思想方法的形成。

三、希腊以《几何原本》为标志的公理化思想

在这里,我们提到了公理化。公理化思想实际上就是爱因斯坦讲的近代科学的第一块基石。它的基本形貌是通过《几何原本》呈现给世人的。《几何原本》是希

腊数学家欧几里得的杰作。欧几里得的生平,我们不太清楚,因为缺少文献说明,只是知道他大概生活在公元前 330 年到公元前 275 年这段时间之内,被人们称为几何学之父。他最著名的著作就是《几何原本》。在当时的希腊,因为毕达哥拉斯学派关于数的理念崩溃以后,希腊几何学开始发展起来,社会上形成了重视几何学的氛围。像柏拉图就创建了一个教育机构,柏拉图学园,它的门口挂着"不懂几何者,不得入内"的告示。这样的告示,是社会重视几何学的最佳说明。传说当中欧几里得是很懂几何学的,所以他可以昂首阔步进入柏拉图学园学习。

当时通过希腊几何学家的努力,已经发现了一些几何学定理,欧几里得本人也证明出了一些几何学定理。但他最重要的工作不是发现新的几何学定理,而是以已有的这些发现为基础,写了《几何原本》这部书。《几何原本》的结构很有特点,作为一部几何学著作,它一开始首先从定义出发,比如什么是圆,什么是点,什么是线,什么是面,什么是角度,等等,给出了明确的定义。在这些定义的基础上,进行几何学证明。我们知道几何学证明是要用到一些几何学定理的,从已有的定理出发,经过证明,得出新的定理。为了确保作为证明出发点的那些定理是正确的,欧几里得选了十个这样的知识点,其中包括五个公理和五个公设,作为他证明的出发点:

公理

1. 等于同量的量彼此相等;

2. 等量加等量,其和相等;

3. 等量减等量,其差相等;

4. 彼此能完全重合的物体是全等的;

5. 整体大于部分。

公设

1. 过两点能作且只能作一条直线;

2. 线段(有限直线)可以无限地延长;

3. 以任一点为圆心,任意长为半径,可作一圆;

4. 凡是直角都相等;

5. 同平面内一条直线和另外两条直线相交,若在直线同侧的两个内角之和小于180°,则这两条直线经无限延长后在这一侧一定相交。

　　所谓公理,是指适用于所有学科的那些定理;而公设则指适用于几何学的那些定理。无论是公理还是公设,它们有一个共同的特点:都是不证自明的。从这个角度来说,没有必要对它们进行概念上的区分。所谓不证自明,是说这些知识的正确性无须证明,当然也可能无法证明,但大家都承认它是正确的。

　　说就拿公理来讲,我们随便举一条,都可以想象出来。比如整体大于部分,这是不言而喻的,不需要证明。我们都知道,拿一个茶杯,杯子盖一定会比整个茶杯要小,整体肯定要大于部分。公设也同样如此,比如过空间两点能作并且只能作一条直线,这也是显然的。空间上两点,可以拉多少直线? 这还用问,只能作一条直线。为什么只能作一条直线? 不为什么,只要思维正常,都会承认只能作一条直线。在人类社会,很多知识点不需要证明,是不证自明的。$1+1=2$,大家都认为是正确的,那你怎么证明? 没法证明。三七二十一,怎么证明? 没法证明。你非要说三七二十八,那是精神不正常。

　　《几何原本》就是用这样不证自明的知识点作为证明的出发点,然后通过严谨的逻辑推理,去证明出新的几何学定理,再用那些新的几何定理作为出发点,证得更新的几何定理。欧几里得就用这样的方式构造了整个几何学大厦。在这本书当中,所有的结论都是由定义、公设、公理,和已经被证出来定理去推出来的。如果前面的公设公理是正确的,证明过程也是正确的话,那么得到的结论一定是正确的。两千多年来,大家都认为欧几里得构建的几何学大厦是完美的,基础是牢固的。欧几里得就是用这种方法给我们提供一个示范,告诉我们公理化是怎么回事。他为希腊的公理化思想提供了一个可资借鉴的案例,成为科学证明的标准模式。

　　公理化思想为什么会产生在那个时代? 它的前提是什么? 实际上公理化方法的产生,它跟当时希腊哲学的发展是有关系的。希腊的哲学发展到当时,亚里士多德逻辑学已经获得大家的认可,像证明方面三段论的应用大家都承认,觉得非常好。希腊三段论证明是什么样子呢? 它有大前提,小前提,结论。像我们到一个陌生的地方,要判断东西南北,我们知道太阳是从东方出来的,那么你观察到当地太阳升起的方位,就知道那个方位就是东方。这里太阳东升西落就是大前提。你去看太阳日出,发现太阳是从这个方向升起来的,这是小前提。结论呢? 结论就是这边就是东方。当时,这种三段论的证明方法已经深入人心了。

　　三段论证明方式,它是需要有前提的,要从大前提出发。但是大前提怎么保证它是对的? 比如说太阳从东方升起,这个前提是否正确呢? 我们知道这个前提并不准确。如果你参加北极考察队到北极去考察,就会发现这个前提是不对的。为什么呢?因为在北极每年就分为两个半天,白天和黑夜。从春分到秋分,这半年太阳不落,一直在头顶做圆周运动;秋分到春分这半年,是看不到太阳的,这时候再按东升西落去判断日出,通过日出方位判断方向,那就错了。刚才讲的太阳东升西落,是日常生活的总结,换言之,是靠归纳法归纳出来的。归纳法得出的结论可能不可靠,因为没法穷尽所有的观察现象。这样的话,怎么去找到可靠的知识呢?为了确保三段论推理的大前提是正确的,希腊人发明了公理化方法。该方法最重要的目的,是要为证明找到一个正确的前提。希腊人是这么想的,正常人都承认的、大家都认可的知识,那一定是对的,就像一加一等于二一样。这样他们就找到了去找正确的逻辑推理的大前提的方法。那就是以社会公认是正确的知识作为逻辑推理的大前提。这种方法,就是公理化方法。它的本质是什么呢?就是以这种不证自明的社会公认是真的知识,作为推理的大前提,然后经过严密的逻辑推理,得到新的真的知识。也就是说,如果大前提是真的,推理过程没有错误,最后得到的知识一定是正确的。这是公理化方法的本质。

公理化方法,它的核心内容是什么呢?一是它所用的前提是不证自明的公理,再就是它内含的严谨的逻辑证明。公理化方法被爱因斯坦认为科学起源的两大基石之一,主要原因就是其形式逻辑体系蕴含的非常严谨的逻辑推理方法。

公理化方法应用范围很广,例如它与批判性思维就有密不可分的关系。我们在大学搞通识教育,有一个说法,通识教育的目的之一就是要培养学生的批判性思维能力。批判性思维本身有它的内涵,就是公理化思想里面所蕴藏的严谨的逻辑推理。为什么这么讲?我们来看一个典型的批判性思维训练例证。

某一天,一只鸭子,一只鹅,一只羊,和一匹马在不同的时间进入了一个粮仓。已经知道一个哺乳动物先进入粮仓,鸭子比鹅先进粮仓,鹅又是在马之前进的粮仓。究竟是哪个动物最先进入粮仓?

这个训练并不复杂。题目中哺乳动物只有两个:羊和马。既然说是哺乳动物先进入了粮仓,而马是在鹅之后进入粮仓的,马显然被排除掉了,剩下的只有羊。所以答案是羊先进入了粮仓。这是批判性思维训练一个典型的例子。

这个典型例子,我们做完以后,反思一下,这里边有没有批判?没看到它批判谁，质疑谁！细致分析一下，这道题目训练的，首先是概念要严谨，要知道什么是哺乳动物；然后要建立时间序列，哪个在前哪个在后；再就是要会运用排除法，把不符合条件的因素排除掉。批判性思维训练的是这些思维特点。这些，是它的核心要素。批判性思维的表现形式是质疑，但是它的核心要素不是质疑。具体来说，面对一个新的观点，它提出来以后，你本能上要问一个为什么，这是质疑的表现。但你的不相信，不是盲目的，是要考察该观点背后的依据，考察作者是如何提出的这些依据，是怎么论证他的观点的。通过考察那些依据，考察他的那些推理过程，最后再证伪或证实他的观点。这是批判性思维的核心内容。

批判性思维以质疑为表现，逢事要问为什么，这就给我们带来一个问题，这种质疑有没有边界？是不是对任何事情都要质疑？我在学校讲这个问题的时候，一开始很多人不理解，说质疑还有边界，这不是要限制学生思维吗？但是，从公理化思想去看，质疑必须是有边界的。质疑的边界在什么地方，在公理。公理是什么？是常识，是不证自明的知识。为什么说质疑的边界在公理，因为质疑是批判性思维的表现，批判性思维的核心内容是严谨的逻辑推理，是要通过严谨的逻辑推理，去证实或证伪，是要证而明之的。而公理是什么？是大家都承认的，不需要经过证明的，不证自明。你想用证而明之的方法，去证明一个本质上不需要证明或者无法证明的东西，岂不是对牛弹琴！所以批判性思维的边界，就在公理。

在日常生活当中，我们要善用公理化方法，养成使用这种方法的习惯。使用这种方法最重要的原则就是尊重常识。我们在报纸上、在电视上经常看到这种说法，要尊重常识。尊重常识是公理化思想在社会生活当中应用时必须注意的事项。尊重常识的表现之一就是质疑要有边界，至于公理为止。没有边界的质疑，培养出来的不是批判性思维，是偏执型人格，是杠子精，到处跟人家抬杠，没有尽头的。你说该吃饭了，他就问为什么要吃饭？你说对历史要实事求是，他问历史为什么不能虚构？这就是一种杠精的表现。我们要教育学生形成批判性思维这种思维方式，就要告诉学生，批判性思维要以严谨的逻辑推理为依据，质疑到公理、到常识那里为止。

质疑有边界的说法会带来另一个问题。我们知道，重大的科学发现都是突破常识的结果，我们教育学生要尊重常识，质疑到常识为止，会不会束缚学生的思维能力，影响他们的创新能力？比如说在哥白尼时代，哥白尼称地球绕着太阳转，如果在那个社会，你去问一般人究竟是太阳绕着地球转，还是地球绕着太阳转？那么

原子论是一种非理性的理论。为什么是非理性的呢？因为它主张原子是构成万物的终极粒子，不可毁灭，不可分。构成万物的终极粒子，它再小，总有一定尺度吧，有一定尺度，为什么不可分？作为对比，我们中国人，早在战国时期，庄子就提出了万物无限可分的命题：

　　一尺之棰，日取其半，万世不竭。

　　拿一尺长的木条，每天取一半，永远取不完。为什么呢？因为它的操作规定了日取其半，不管最后剩下的有多么少，只能取一半，所以永远都是取不完的。这就是那个无穷数列 $1=1/2+1/4+1/8+1/16+1/32+1/64$……，二分之一二分之一地分下去，是永远分不完的。这就产生了一个问题，如果分到原子，那怎么办呢？凭什么说原子不能分了？所以原子论在这点就说不清楚了。

　　但是原子论产生于古希腊时期。古希腊有什么特点？那帮学者是高度的理性至上。这样的背景之下，怎么会产生原子论这样一个不太讲理的理论呢？事出反常，一定有妖，这个妖在什么地方？是芝诺悖论。芝诺是希腊的诡辩家，但是用诡辩家好像有点贬义，实际上他是希腊一个伟大的哲学家。他有若干个很有名的悖论，其中跟我们讨论的主题有关系的是两个，一个是运动是不可能的。另一个是阿基里斯赶不上乌龟。

　　运动不可能的是怎么回事？芝诺的论证是这样的：什么是运动？最简单的运动一定是位置变化，由位置 A 变到位置 B。如果你从位置 A 能够运动到位置 B，这说明运动发生了，运动是可能的。芝诺认为，从理论上来说，这样的运动是永远做不到的。为什么呢？要从 A 走到 B，就必须先把它的一半走完。不走过中点，就没法走完全部。可是要走到中点，就必须先把中点之前的中点走完。这样可以无限类推下去。中点之前的中点有多少呢？有无穷多个。实际上把庄子那句"一尺之棰，日取其半，万世不竭"倒过来讲，就成了芝诺所说的"运动是不可能的"。那句话放在庄子那里我们很自豪，那是物质无限可分思想。倒过来一说，就成了运动是不可能的，让人很难接受。这个论证涉及了无穷的观念，希腊人对无穷是有深刻认识的，他们知道无穷是不能实现的，所以运动是不可能的。

　　阿基里斯追不上乌龟，是芝诺的第二个悖论。阿基里斯是希腊著名的短跑选手，芝诺就讲他追不上乌龟。芝诺是这样论证的：既然阿基里斯要追乌龟，说明两个出发点肯定没在一起,阿基里斯在后面,乌龟在前面,两个同时出发。阿基里斯要追上乌龟,必须先把两个出发点之间的距离这段路跑完,才能说第二步追上乌龟。可是不管阿基里斯速度多快,他要把这段距离跑完的话,乌龟在这段时间之内会又向前移动一段距离,那么阿基里斯就必须把第二段也跑完。要把第二段跑完,乌龟又向前移动了一段距离。这个过程是无穷的,尽管每次越来越短,越来越短,但是它一定是个无穷序列。既然是无穷是不能实现的,阿基里斯就不可能追上乌龟。这是芝诺这两个很有名的悖论。

所谓悖论,就是似是而非的理论,其结论一定是错误的。运动时时刻刻都在发生,阿基里斯一步之间就可以追上乌龟,这是常识。但是芝诺的论证是无懈可击的,你没法说出来他的论证哪儿错了。那么希腊人就想到,它的结论是错误的,按照三段论的说法,结论错误,论证是正确的,没有错误,那一定是大前提错了。那么这两个悖论大前提是什么? 大前提是隐藏着的,我们细致去分析,导致运动不可能的是要对空间进行 1/2、1/2、1/2 的划分,即空间是无限可分的;那么阿基里斯追不上乌龟,它的前提是什么? 阿基里斯第一段时间跑到出发点了,乌龟向前移动了,要赶上它就要有第二段时间,第三段时间,第四段时间,一直到第 N 段时间,时间是无限可分的。这是阿基里斯追不上乌龟的前提。因为时间无限可分,产生了无穷的问题,有了无穷,于是追不上乌龟。这两个悖论隐含的前提就是时空是无限可分的。因为结论是错了,论证过程无懈可击,说明这两个前提是错误的,即时空不是无限可分的。时空是物质存在的基本形式,它们都是有限可分的,物质当然也是有限可分的,分到原子为止。原子论的思想就是这么来的。

我们现在来看,希腊的万物本原学说,每一个都是错误的,原子论当然也是错误的。现在我们知道,构成物质世界的基础是什么? 确实是原子,但是不是希腊说的那个原子,而是现代化学讲的这个原子,是我们元素周期表上那 100 多种元素,那是万物的本原。

原子论就其科学内容上说是错误的,从历史角度来看,它有什么价值?

物理学大师费曼说过一段很有名的话,给原子论以高度的评价。这段话原文是这样的:

假设有某种大灾变,全部科学知识都要被毁灭,只有一句话劫后余生,传给后代;这句话用最少的词包含最多的信息,最好的这句话怎么说? 我相信,那就是原子假说，或原子事实，或无论你怎么个叫法，即全部东西都是由原子构成的。[1]

费曼说，如果让他选择一句话来概括现代科学最重要的发现，他会说世界是由原子组成的。为什么这么讲呢？因为希腊原子论的意义不在于它是近代化学上原子论的思想渊源，而在于它蕴含了决定论的思想。如果世界是由原子组成的，原子相互之间位置的变化就构成了世界的变化。如果你有足够的能力把握所有原子的变化，你就有足够的能力去预测未来世界，去了解自然，了解自然一切。这不就是决定论思想吗？

更重要的是，它蕴含了寻找自然规律的这样一种思想源头。如果世界是由原子组成的，把原子搞清楚了，把它变化的过程搞清楚了，把因果关系搞清楚了，那就会把握世界的一切，找到世界变化确切的因果关系。这种确定的因果关系是什么？那就是自然规律。有了原子论的思想，很容易启发人们找自然规律。这是原子论思想发展的必然结果。

寻找自然规律这件事为什么值得我们这样强调，其重要性何在？

海德堡对此有一段清晰的说法：

"我们必将会赞同他们（物理学家）的结果，因为我们早已知道，在严格相同的条件下所进行的实验事实上会导致相同的结果。"自然规律的永恒性表征着它不因事态的变化而变化，不仅"每一细节都是必然和确定的"，具有不可改变的必然性，而且"自然科学的最高使命是要得到那些普遍的基本定律"。[2]

自然科学的最高使命就要得到那些基本的定律。找到了这些基本的定律，我们就可以把这些基本的定律作为论证的出发点，就是我们运用知识的出发点，换句话说，就作为公理化思想体系里边的公理。这样我们得到的知识一切都是正确的。这就带来一个问题，自然规律如此重要，去哪里找自然规律，如何发现自然规律？要解决这个问题，就需要有实验科学。实验科学是爱因斯坦讲的第二个基石，就是通过系统的实验，有可能找到因果关系，即找到自然规律。

---

① 《费曼语录》，王祖哲译，长沙：湖南科学技术出版社，2020 年，第 336 页。
② 转引自李冬青，社会规律与自然规律的本质区别，《内蒙古大学学报》2008 年第 5 期。

五、实验科学的诞生

我们知道,近代科学产生有两大基石,一个是公理化思想,一个是实验。公理化方法它依据的公理是先验的,是依靠人们头脑中的知识来判断其正确与否的。而实验的本质是什么?是把检验公理是否成立的决定权交还给了大自然,用跟大自然是否一致作为判断公理是否正确的依据。另外,人本质上是经验主义的,习惯于通过观察,总结归纳出新的知识。但并非所有的事物都能直接观察,有的是多因素交织,没法观察;有的是技术限制,难以观察。例如我们要研究物体的自由下落运动,单纯依靠目视观察,就很难实现,因为物体下落太快了,看不出个所以然。实验的本质就是用人为的方法,使观察得以实现,以便总结出正确的因果关系,即找到自然规律。所以,实验方法的发明,也意味着人们在探究自然时方法论方面的突破。

实验科学诞生有其思想来源。这个来源是在中世纪,罗吉尔·培根那里。历史上有两个培根,一个是罗吉尔·培根,生活在 13 世纪;另一个是弗朗西斯·培根,生活在 16、17 世纪,跟伽利略同时代。他们都提倡实验科学。我们这里讲的是罗吉尔·培根。罗吉尔·培根认为,人们要认识事物有三种方法,一种依靠权威,通过听取权威的见解,获得正确的知识。但权威所言是否成立,需要听众通过自己理智加以判断。这是第二种方法,理性的判断。但是,仅仅依靠理智作出的判断是否成立,还需要通过实验的检验。所以他指出,在托马斯·阿奎那的神学体系当中,缺少了两个东西,一个是数学,另一个是实验。实验科学胜过各种依靠逻辑论证的科学。

罗吉尔·培根对实验特别关注,强调实验的重要性。但是他生不逢时,他生活在 13 世纪,那时候正是中世纪黑暗时期,虽然理性思潮出来了,但还是在中世纪时期。那时候正是托马斯·阿奎纳用论证的方法,用理性的方法证明基督教教义的正确性的时候,是把理性推崇得至高无上的时候。这时候罗吉尔·培根出来说托马斯的那种论证缺了数据,缺了定量化,没有实验论证。这跟当时教会的倡导跟社会的氛围格格不入。所以罗吉尔·培根命运多舛,他的呼吁在当时没有得到响应,他的后半辈子是在监狱当中度过的。

罗吉尔·培根对实验的关注,强调的是其验证功能,忽略了其发现功能。真正的实验科学是伽利略通过其科学工作建立起来的。几个世纪之后,到了 17 世纪,伽利略用他杰出的工作给人们示范了什么叫实验,如何通过实验找自然规律。实际上在实验科学的建立这些方面,当时的弗朗西斯·培根也做过论证,说明实验如何重要,但是真正让人们接受实验重要性的,让人知道怎么去做实验的,是伽利略的示范性的工作。

大家知道,伽利略一开始上大学的时候是学医的,后来才转过来研究天文和物理。他的这种转向跟一件事有关系。伽利略本人是很虔诚的教徒,他要到教堂做礼拜。大一的时候,有一次他去教堂做礼拜,高耸的教堂上面挂着一个吊灯,当时正好有人去修理这个吊灯,修好以后,一松手,吊灯在摆动,开始摆动幅度大,到后来摆动幅度逐渐减小。伽利略在这个过程中走神了,忘了祈祷,在那儿看吊灯的运动,忽然他发现吊灯摆动的幅度跟摆动周期之间没有关系,摆动幅度大和摆动幅度小,好像摆动一次用的时间都差不多。他发现之后,按着自己的脉搏进行简单测量,发现果然是这个样子。回去以后,他就为这个发现感到激动,就开始自己动手做实验来验证。

下边这个图大家可以看看,这是伽利略做实验的一个很简单的示意图。伽利略要判断的是影响单摆摆动周期的因素。那我们看到,跟这有关系的因素都有哪一些呢? 一个是摆动的幅度,拉开幅度大一点,幅度小一点;第二个摆锤的重量,挂一个木球,挂一个金属球,重量是不一样的;第三个是摆绳的长度。伽利略要判断哪些因素影响到和如何影响摆动周期,他是怎么做的? 他在三个因素中依次固定两个,突出所要考察的因素进行实验。例如他想要确定摆锤的重量对摆动周期的影响,那就固定摆绳长度,固定摆锤拉开的幅度,先用木球做摆锤,测量它的摆动周期。再换成铅球,重新测量其摆动周期。伽利略用他自己制作的简单的计时装置,用漏刻测量摆动时间。他发现,在同样摆长拉开同样的幅度的条件下,虽然摆球重量差别很大,但摆动的周期是一样的。这就得到很清晰的一个结论:摆动周期跟摆球重量没关系。既然这样,接下去就固定摆球,固定摆长,考察不同的拉开幅度情况下的摆动周期。实验结果,证实二者同样没有关系。这样的话,把三个因素排除两个了,第三个,在固定摆动幅度、摆锤重量的情况下,只改变摆绳长度,考察它对摆动周期的影响。考察的结果,发现摆绳的长度是单一的影响

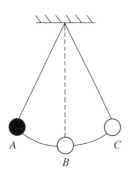

摆动周期的因素。伽利略经过考察,找出了二者之间的数学关系:单摆的振动周期跟摆长的平方根成正比。

伽利略这个实验结果,有很强的说服力。只要思维是正常的,一定会相信他的结果。为什么呢?因为他每次都是把若干因素固定的,只突出一个因素,考察它的因果关系,这样的做法,让人没法质疑。伽利略做了很多实验,这是其中之一。这样的实验案例,对后人是有很强的启发性的。

当然,并非对所有的知识的判定,都需要做实际的实验。人们是可以从逻辑推理,用思想实验的方法去做判断的。例如,在伽利略的时代,人们仍然相信亚里士多德的说法,重物体比轻物体落得更快。伽利略就从逻辑推理的角度做了一个思想实验,假定两个物体一轻一重,如果重的比轻的落得快的话,把两个绑在一起,让它们同时下落,结果会怎么样?从推理的角度来看,可以推出两种结果:第一种,绑在一起后比原来重的下落得更快了,因为两个绑在一块变得更重了。这个结论从推理的角度是没有问题的。第二种结果是说绑在一起后比原来那个重物落得慢了。为什么呢?因为轻的和重的绑在一块,轻的拉着重的后腿,当然要慢一些了。这个推理也没问题。那么伽利略就想到,既然两个推理都没问题,但是两个结论是完全相反的,推理过程都没有矛盾,说明它们共同的大前提一定出问题了。共同的大前提是什么?就是物体越重,下落速度越快。伽利略就是靠这样的思想实验,也能证伪亚里士多德的观点。不管伽利略有没有跑到比萨斜塔上实地做实验,或者他在自己家里随手做实验,仅仅是他的这个思想实验,也能使我们信服。思想实验本质上是一种严谨的逻辑推理过程,它是能够检验一些传统说法正确与否的。

但是思想实验跟真实的实验仍然是有区别的。仅仅依靠思想实验,没法得出物体下落速度跟下落时间成正比这样的结论,只有实实在在的实验才能得到这样的结论。换句话说,仅仅靠思想实验,没法发现自然规律。伽利略的实验给人们探索自然带来了全新的意义,一方面可以用实验去检验过去被称为公理的东西。比如亚里士多德讲的物体越重下落速度越快,伽利略通过做实验就否定了这个说法。除此之外,实验的另一个更重要的意义在于,它通过固定其他因素,突出主要因素,为观察提供了保障,可以总结出自然规律了。而且,伽利略总结的自然规律,是用数学规则表示的,是数学化了的,真正体现了数学是科学的语言。伽利略这些工作具有很强的示范性,它向人们展示了如何进行科学研究,其意义就在于标志着实验科学的诞生。从此,科学开始了全新的发展历程,人类的思维方式也进入一个全新的历史时期。

通过伽利略的工作，通过整个科学，从原始的没有科学，到后来实验科学诞生的这个发展过程，我们可以看到，爱因斯坦讲科学起源的两大基石，确实是有道理的。它是人类在发展科学过程当中，通过科学史的总结得出来的。这种说法是符合科学本质的。

讲到这里，我们的讲座就差不多要结束了。最后给大家看一首诗，作为今天讲座的结束语：

最初，人们尝试用魔咒
来使大地丰产，
来使家禽牲畜不受摧残，
来使幼小者降生时平平安安。

接着，他们又祈求反复无常的天神，
不要降下大火与洪水的灾难；
他们的烟火缭绕的祭品，
在鲜血染红的祭坛上焚燃。

后来又有大胆的哲人和圣贤，
制订了一套固定不变的方案，
想用思维或神圣的书卷
来证明大自然应该如此这般。

但是大自然在微笑——史芬克斯式的笑脸。
注视着好景不长的哲人和圣贤，
她耐心地等了一会——
他们的方案就烟消云散。

接着就来了一批热心人，地位比较卑贱，
他们并没有什么完整的方案，
满足于扮演跑龙套的角色，
只是观察、幻想和检验。

从此,在混沌一团中,

字谜画的碎片就渐次展现;

人们摸清了大自然的脾气,

服从大自然,又能控制大自然。

变化不已的图案在远方闪光;

但它的景象不断变幻,

却没有揭示出碎片的底细,

更没有揭示出字谜画的意义。

大自然在微笑——

仍然没有供出她内心的秘密;

她不可思议地保护着

猜不透的史芬克斯之谜。

这首诗,登在丹皮尔《科学史》的正文之前。它的第一段,讲的是巫术,人们试图用魔咒为自己谋求富裕平安。接着说自然崇拜。人要获得神灵的保佑,是需要向其奉献祭品的。这样做的结果,奉献给神灵的祭品在鲜血染红的祭坛上焚燃,是惨不忍睹的。后来,"后来又有大胆的哲人和圣贤,制订了一套固定不变的方案,"想用理性的思维来证明大自然应该如此这般。这是说希腊人发明了公理化的思想方法,试图以此得到有用的或者正确的知识。但这套方案是有缺陷的,因为它的前提未必正确。所以面对这套方案,"大自然在微笑,史芬克斯式的笑脸"。史芬克斯传说是古希腊一个神话故事,说史芬克斯是狮身人面像的化身,她会对路过其旁的人微笑着提出一个谜语:什么动物早晨四条腿、中午两条腿、晚上三条腿走路,腿最多的时候,也正是它速度和力量最小的时候? 如果给出了错误的答案,她就会将路人吞掉。然而俄狄浦斯猜中了谜底,答案是人,史芬克斯因此羞惭跳崖而死。"史芬克斯式的笑脸"意味着不怀好意、居心叵测。这里是说仅仅依靠哲学推论是得不出对自然的正确的认识的。

下面这一段,"接着就来了一批热心人,地位比较卑贱",这是指实验传统的建立。人类在漫长的改进工具的实践过程中去观察自然,慢慢改进,形成了观察和实验的方法。这实际是爱因斯坦讲的第二个基石。有了实验之后,从此在混沌一团中,字谜画的碎片就渐次展现。大自然的奥秘开始被人们掌握,科学技术,特别是现代科学发展起来了。人们开始认清了大自然,可以顺应大自然,还能控制大自然,让大自然造福于人类。

变化不已的图案在远方闪光,但它的景象不断变幻,却没有揭示出碎片的底细,更没有揭示出字谜画的意义。这是说科学发展没有止境,还有很多大自然的奥秘没有揭示出来。大自然在微笑,仍然没有供出她内心的秘密。她不可思议地保护着猜不透的史芬克斯之谜。要揭示这些谜语,还有待于科学的继续发展。

好了,我的解读就到这个地方。讲课中不对的地方,请大家批评。有什么问题我们可以在这里讨论。感谢大家的垂听。

翻 译 篇

哈佛大学通识教育工作组报告（译文）

美国哈佛大学｜文理学院
2007 版权：哈佛学院院长与同事

目　录

前　　言

  本报告介绍了哈佛大学一项新的通识教育计划——除了专门课程，所有学生必须符合通识教育对学分的要求，才可以得到哈佛大学的学位。我们相信该计划在本科教育中与正在执行的举措相辅相成：中心领域的变化及次级领域的创新、大量科学和人文科学的新课程、努力更新和奖励学院的教学和教育学创新承诺，提供更多的机会把课外经历和正规课程学习连接在一起。报告中描述的通识教育计划的目标是,使毕业生能够在毕业后,将在哈佛课堂内外学到的知识用于他们的生活及做人。

接下来,我们建议:

- 哈佛大学通识教育一个新原理
- 通识教育中八个学科领域的课程
- 决定哪些课程可用于新的通识教育的指引,允许学生有更多的机会满足他们的需求
- 在通识教育整个课程中更广泛地采用创新的教学手段
- 以活动为基础的学习,开始致力于寻求课外活动与课堂经验的联系

通识教育是博雅教育的一个独特组成部分,只有本科教育的其他部分与通识教育一致起作用时,才能发挥其有效的作用。因此,与我们对通识教育的建议相联系,我们积极支持各学院的继续努力:

- 对专业的新的结构审查和要求
- 在专业教育形式方面开展更广泛的书面和口头交流的义务
- 开发更多学科的选修课程,以满足非专业者的兴趣和需要
- 进一步发展跨学科和独立课程,并建立灵活的管理结构以支持它们
- 提供机会加强本科生和高级教员之间的联系

工作小组拥有回顾哈佛大学课程历史的优势。我们观察到,哈佛大学正在开展在教学和学习方面的创新倡议。相关学院在振兴本科教育方面做出了巨大的进步,我们已经与这些机构建立了工作伙伴关系。我们希望我们的建议会发挥其应有的作用,使所有良好的工作纳入工作重点。①

---

① 建议中的很多内容是对我们同事提议的回应。这些提议刊载于《哈佛学院通识教育随笔》,可在线获取,网址为 http://www.fas.harvard.edu/curriculum-review/gened_essays.html.特别地,我们关于在一门课程中的通识教育的目标以及达到这些目标的方式的论述,基本源于包弼德(Peter Bol)、彼特·加里森(Peter Galison)、珍妮佛·霍克希尔德(Jennifer Hochschild)、查尔斯·梅尔(Charles Maier)、和乔治·怀特塞兹(George Whitesides)在随笔中所表达的思想。我们也注意到了哈利·刘易斯(Harry R. Lewis)在《没有灵魂的卓越:一个伟大的大学是如何忘记教育的》(*Excellence Without a Soul: How a Great University Forgot Education*)中对通识教育要求的有力批评(我们希望这一批评有些言之过早),该书 2006 年由纽约出版事务公司(New York:PublicAffairs,2006)出版。我们从德里克·博克校长最近的著作《我们不被看好的高校:学生学到了多少? 为什么他们本应学得更多?》(*Our Underachieving Colleges: A Candid Look at How Much Students Learn and Why They Should Be Learning More*)中获益匪浅,该书由普林斯顿大学出版社 2005 年出版(Princeton:Princeton University Press,2005)。

一、通识教育的缘由

哈佛大学实行的是博雅教育——一种自由探索的精神,不必担心论题的实用性或与学生未来职业的相关性。这种学习不仅是使社会繁荣的源头之一,也是文明成就之一。它强调学生对人类和他们居住的自然世界的认知,使他们对信仰和选择进行更多的思考,更自觉地检视自己的预设和动机,解决问题时更有创意,更关注周围世界,更能够告诉他们关于在他们的生活、个人、专业、和社会中所存在的问题。大学提供了一个在自由的环境中学习和思考的机会,它远离了在未来生活中发挥作用的时间和精力的限制。

博雅教育是对未来生活的准备。重要的是,本科生阶段学习的课程和技能以及在此过程中获得的思维习惯,将塑造他们大学之后的生活。我们的学生中有些将成为学者,很多人会成为医生、律师和商人。① 所有的学生都将成为公民,无论是美国或其他国家的。他们都将直面改变文化、宗教、政治、人口、科技、地球等的力量。他们的行为,将帮助人们作出可能会影响到他人生活的决定。他们可能会需要对大量实证主张进行评估,解释文化表现形式,在其个人生活和职业生涯中面对伦理困境。博雅教育能够让他们以知情的和深思熟虑的方式去面对这些挑战。

博雅教育是有益的。这并不意味着其目的是在专业上训练学生,或对他们离开大学后的生活给予指引;也不意味着通过讨好他们唯一熟悉的那个特定的世界,向学生灌输信心。与此相反,博雅教育的目的是要动摇假定,祛除熟悉的事物的表象,以揭示现象内部和背后的原因,帮助失去方向感的年轻人找到重新定位自己的办法。博雅教育的目的是通过质疑假设来完成这些事情,通过引导学生自我反思,通过使他们感受到完全不同的历史时刻和文化定义以及超过他们甚至是我们理解力之外的现象所产生的疏离感,教导他们学会批判性地思考和分析。博雅教育是非常重要的,因为职业学校不教他们这些东西,雇主不教他们这些东西,甚至连最讲究学术的研究生教育的课程也不教他们这些东西。这些机构对学生的教育,是训练他们作为专业人员进行思考。在职业或专业渠道以外,自由艺术和科学的准

---

① 大约 5% 的高年级学生说,他们准备在秋季毕业之后,从事文理方面的博士学习,18% 的学生说他们计划未来某个时间从事博士学位学习。2006 年 53% 的高年级毕业生说他们期待进入专业学院如商学院、医学院或法学院学习。

备对思维能力和批判习惯的养成是至关重要的。历史、理论及博雅教育提供的相关判断方法，将是才能和力量的源头，这将服务学生终身。哈佛的学生毕业后将在社会上发挥领导作用，在校期间思想上的自由探索可对他们离开哈佛后的生活产生影响。基于上述原因，我们提出通识教育的计划如下。

自哈佛文理学院上次建立了通识教育课程以来，世界已经改变。我们认为通识教育课程需要把这些变化考虑在内。然而，这并不意味着我们应该仅仅讲授那些培养学生如何处理当今问题的课程。教授会定期在课堂上把他们的教学和我们身边所发生的最新的事情联系在一起。我们想强调是，这种联系对学生非常重要。另一方面，我们不建议我们课堂上分析的头条新闻，仅仅只是许多与我们学生生活无关的头条新闻。博雅教育可以帮助学生更好分辨这些事情。

我们所有人都认为，重要的是让学生知道我们讲授的是什么，而通识教育则是让学生明白，为什么那些东西重要。

哈佛大学的学生教育涉及许多方面：学生组织，表演艺术，体育和居住区的生活都有助于本科生的智力、道德及个人成长。虽然学术经验是核心，但学生教育涉及内容更广泛，它由三个部分组成：专业课程、选修课程、通识教育。专业课程让学生致力于所学专业所能达到的学科的深度；选修课程使他们能够探索其主要学术焦点之外的领域，扩大其兴趣和热情。正如我们设想，通识教育的作用则是以一个明确的方式连接学生在哈佛的学习及其在哈佛外的生活，并帮助他们理解和欣赏复杂的世界和他们在其中的角色。我们面临着这样的挑战，如何让我们的学生在能够未来世界引领繁荣和富饶的生活，那个世界与我们大多数人所熟悉的当今世界是截然不同的。另一方面，当今世界相互关联的程度，在三十或四十年前也是同样不可思议的。同时，当今世界还是一个新闻界和公众生活的文化含糊不清的世界，一个严重分裂、不稳定、不确定的世界。一些新的、人们还不完全明白的因素不断出现。哈佛大学的学生未来将要在这样甚至更复杂的环境中作出他们自己的选择，他们的生活也将影响他人。通过通识教育来帮助他们找到自己的路并履行他们的职责，这是我们的任务，是我们对 21 世纪条件下如何开展教育这一挑战的回应。通识教育课程讲授的材料与其他的课程讲授的材料是连续的，但它是以一个独特的方式讲授，并为与众不同的目标服务的。通识教育是这样一个领域，在这里学生将会理解我们所教授的艺术和科学是怎样和他们的生活以及他们所面对的世界相联系的。通识教育是博雅教育的公众版。

二、通识教育课程目标

通识教育课程,我们针对联系大学经历和毕业后要面对的世界的四个总体目标进行课程设计,这些目标在许多方面是重叠的,它们并不依靠特定学科或专业而存在。

通识教育教导学生学会全面参与。全面参与意味着公共生活的分享。哈佛应该通过大学经验,特别是通识教育课程,去培养并激励学生积极成为本土的、国家的、和国际化的公民。实现这一目标,需要学生具有理解地方、国家和全球变化的能力:不同的文化有助于社区的划分,政治、经济和社会机构的形成,以及科学和技术的进步。学生需要明白,今天的公民身份带来的是本土及全球、国家和国际化的责任。我们大部分的学生是美国公民,但不管是美国公民还是来到这里并且将返回其家园的大学生,我们应该帮助他们对美国历史、社会结构和价值观有一个关键的和均衡的认识,并且在一个变化中的全球背景下,能够理解和赞赏这些结构和价值观。

通识教育教导学生理解自己既是传统的艺术、思想、价值观的产物,同时也参与了对它们的塑造。学生应了解文化冲突事关重大。他们需要理解在跨文化差异下沟通的巨大困难,需要看到文化如何经常从共享的传统中引发对立,导致双方的分歧,对双方产生深远影响。学生也应该知道如何"理解"文化和审美的表达。了解他们自己的文化和其他文化,把握其中的历史、艺术、宗教等蕴含的观念,有助于帮助学生理解他们居住的世界的信仰和习俗上的暂时性,有助于帮助他们明白他们的身份是如何形成的,有助于他们了解自己的传统与其他传统的关系。熟悉过去和现在的文化变化,对于学生成功地适应当今世界是必不可少的。

通识教育为学生批判性地回应社会和建设性地改变自己做准备。学生需要知道产生变化的力量所在,能够在现代生活中转型。这不仅是为了作出见多识广的决定,成为社会精英,而且是为了在某种程度上把握自己的生活。今天通识教育发挥着比科学和技术更强大的变革作用,对此毋庸置疑。通识教育是塑造学生的手段之一,通过对学生大都熟悉的重要概念和问题的讨论和阐释,与他们的社会、个人所处环境和道德对其影响角力。当代的政治、经济和文化生活的一个重要特点是变化迅速。我们的世界不是一个稳定的世界。过去理念影响下的课程会对学生造成错误引导,那些课程假定今天形成的事情全部需要学生了解,以便他们能够致力于明天的政治、社会经济以及科技前景。实际上,学生需要的是在离开哈佛后,具有能够适应世界变化速度的能力,而不是那些已有的知识技能。

通识教育提升学生对其所说和所做的伦理层面的理解。博雅教育关注的内容超越了信息、技能和技巧的获得。这也是一种把握将其所学投入实际应用的行为的伦理结果的能力。伦理意识的获得部分是通过帮助学生批判性地审视他们自己的信仰和价值观,并教育他们学会如何用理智的论点为自己辩护而得以实现的。也可以通过向学生剖析信仰和价值观在历史上和国际上是如何塑造他人的生活的,由此让他们自己选择用什么样的原则指导自己。学生可能会重申引导他们来到哈佛的原则,但他们的这种重申应该更加自信、更加深谋远虑。此外,他们应该对其他信仰体系有更深入的了解,即使不认同它们。学生应该看到,价值观的冲突起于多个源头,包括文化差异、宗教差异、社会经济的差异,以及科学和技术发展的影响。

三、通识教育课程

A. 要求

上文已经简要地介绍了实行通识教育的原因和目标,下面我们建议学院采纳以下这一整套通识教育系统。这套系统要求学生在以下八个方面各完成一个半课程(one half-course):

- 审美与诠释性理解
- 文化与信仰
- 经验推理
- 伦理推理
- 生命系统科学
- 物质宇宙科学
- 世界诸社会
- 世界中的美国

此外,我们强烈建议教师在该课程中主动采用活动教学法,并考虑到以后对通识教育项目内容的添加。[1]

通识教育课程的特征在于它对知识的广度、背景及连通性的重视。同时，通识教育课程还特别强调学生正在学习的内容与他们未来可能要做的事情之间的联系，这些事情诸如：解读文化产品的含义，参与行政程序，应对技术发展的各种分支，与不同背景的人们交往，对公共话语中各种关于科学的主张进行评判，在私人或专业生活中面对各种伦理矛盾，等等。将大学生课堂学习内容与"现实"生活中的话题及利害难题相联系，是为了达到两个目的，其一是让学生认识到博雅教育（liberal education）中的每个部分都将以某种方式与他们毕业后所要遇到的生活有关；而同等重要的是，强调这些联系也有利于培养学生对其所学专业科目的长期兴趣。

通识教育课程因此必须：

- 至少实现一个前文第二节所述的通识教育目标；
- 提供大范围的材料，而非深度聚焦于某一个话题或较少的课本内容上；
- 帮助学生学习如何用抽象概念知识或是关于过去的知识来理解和表达具体的问题；
- 使学生意识到他们所有的课程都将影响到他们毕业后的为人与生活。

我们提议的通识教育课程并不力图建立一个全面的指南，并以此来指明一个受过教育的人所要知道的每件事。这显然需要覆盖太多的知识，因而是不能实现的。因为上述那八个方面的每一个方面都可指向相当宽泛的学科领域，于是老师们就会有很多发挥的空间，来讨论各种各样的主题和讲述所有的学科。而将通识教育课程与大多数专业课和选修课相区别的那些特征，则应是对通识教育特定目标的关注，是对上文所述准则和下文所列对应于不同科目领域的诸要点的贯彻执行。我们因此努力不使这八个科目被划归到相应的学科中去。我们希望在一部分通识教育课程中有不同的学系甚至是不同的部门和学院的老师们参与进来进行合作教学；其他课程则可以用单一学科的视角来讲授。

我们要充分认识到，我们可能会从许多已被核准的课程中挑选出来一部分作为通识教育课程，以满足学生的选课要求。被选中的这些满足学生要求的课程会

---

[1]　除了通识教育的要求之外，哈佛学院目前还要求学生在英语之外的语言学习方面达到一定的水准，要求他们修习一门写作课程。我们不强调现行的这些要求，我们支持演讲和写作委员会在其领域内所做的努力，我们鼓励学院重新审视对学生语言能力的要求。

被从各院系中选出,并排在课表的前部;未被选中的课程则会被作为系内课程。我们没有办法改变通识教育课程在整个课程体系中所占的比重,然而我们可以设法使通识教育课程成为学生的双计算课程(double-count couse),即该课程被计算作通识教育课程学分的同时,也被算作专业课程学分。特别是,如果一些专业课程同时满足了上述的一个或多个通识教育的目标以及下文将要叙述的相关科目领域的要求,学生将可以通过对这些专业课程的学习来满足他们对通识教育课程学分的要求。另一方面,我们同样希望各院系允许将某些合适的通识教育课程用于专业课学分的计算。① 一些课程可能并不仅仅适合在通识教育领域计算学分,学生应该有权对这些课程的学分如何计算作出评判。非常重要的一点是要避免给学生一份高度限制的选课单,另一个同样重要的问题是要避免学生对通识教育课程形成千篇一律的选课要求。

B. 教学方法

教学方法是我们设想的通识教育工程中不可或缺的组成部分。② 大课演讲模式可能是进行教育的一种有效方式,但是通识教育课程应该努力创造一个师生间、生生间形成互动关系的学习环境。③ 本校的不少课程评估委员会已经指出,提高学生对课堂的参与是教学中普遍迫切需要的一项内容,而这也恰恰是通识教育课程所特别应该期望的。我们建议所有的通识教育课程都应以一种互动式的模式来讲授,学生将有机会在课上和授课老师以及其他学生对讲课内容进行讨论。这在某种程度上说是可行的,并作为当今迫切需要的教学方法,可以在整体上对改进学校的教学有所帮助。在大班的条件下,这种教学方法则意味着要在演讲中为问题和评论留出专门的时段。由于学生通过具体的练习可以加深他们对学习内

---

① 被选出列在课表前部的通识教育课程应该与学生们的专业存在广泛而接近的联系。系内课程一般会更加专业,并将从其他课程中获取关于知识宽度有关的内容,也因此更适合在该专业领域有一定基础的学生。

② 改进教学方法常务委员会和一月学期委员会都提出了倡导增加课堂参与程度的观点。具体可参见其报告 *Curricular Renewal in Harvard College*(January 2006),及其后的 CRHC。这两份报告可以在线获取,具体网址为:http://www.fas.harvard.edu/curriculum-review/cr_committees.html。

③ 关于师生互动重要性及互动方式的一些论文,可参见 Ernest T. Pascarella and Patrick T. Terenzini, *How College Affects Students*, *Volume 2: A Third Decade of Research*(San Francisco:Jossey-Bass, 2005),122 - 124,189 - 190.直接的智力互动比社会互动具有更强的影响力,可参见 Richard J. Light, *Making the Most of College: Students Speak Their Minds*(Cambridge,Mass.:Harvard University Press, 2001),93 - 98,108 - 110.关于教学班的规模,参见 Pascarella and Terenzini,94 - 95。

容的记忆,通识教育课程应该努力致力于将老师所讲的基础概念和基本原则应用到对具体问题的解决、对具体任务的完成、对实际物体的创造和对课外经验的积累中去。[1]

C. 学科领域说明

所有的通识教育课程都应该符合上文所说的要求,而下文的描述则表达了在一个特定的科目范围内判断课程是否符合通识教育目标的附加标准。每一个科目范围的一整套标准将应用于该科目范围所对应的所有课程。这些标准的制订及科目范围本身的确定得益于与许多老师大范围的讨论。这种交流始自10月13日的初步报告会。截至目前,工作组的成员们已经与以下组织或个人进行了接触(在某些情况下不止一次):教师理事会(Council)、核心主席团(the Caucus of Chairs)、教育政策委员会、本科生教育委员会、教学和职业发展工作组、哈佛的牧师们、生命科学理事会、社会科学顾问理事会、人类学系、化学与化学生物学系、经济学系、英美语言文学系、历史系、美国文明史系、科学史系、音乐系、心理学系、哲学系、物理学系、传奇语言文学系及社会学系。我们还与以前通识教育委员会以及核心执行委员会的成员进行了接触,另外还接触了涉及学生课外活动的管理者,接触了哈佛理事会(College Board)的监事(Overseers)。我们还与不少教师组织及个体教师有许多的联络,并在本科生理事会的支持下组织了数次和学生的对话,而且我们已经进行了许多次与老师们的"一对一"讨论。我们还分别召集了数次相对独立的工作组会议来讨论特定的所涉科目领域。我们在此对慷慨地分享他们的时间和观点的哈佛社区成员表示感谢。

1. 审美与诠释性理解

通识教育的目标之一是帮助学生认识到他们自己和其他人都是文化与信仰传统的产品和参与者。获取这样认识的关键一步是培养对艺术的敏感度和培养对各种文化表达形式的解读能力,这些形式应包括文学性或宗教性的文章、绘画、雕刻、建筑、音乐、电影、舞蹈、装饰艺术等多个方面。这些技能可以有助于学生智慧而批

---

[1] 关于基于案例和问题的教学方法的成功,参见 Bok,125-27。我们注意到科技教育委员会同样建议关于科学的介绍性课程,不论是通识教育课程还是系内课程,都应该是问题导向性的,而且他们还重点强调"科学的背景介绍应处在比基本原理更加优先的地位"。(见"科技教育委员会报告,"*CRHC*, 120).也可见《加强哈佛的理工科:哈佛理工规划委员会的初步报告》,(July 2006), 20-22。(可在线获取,网址为:http://www.provost.harvard.edu/reports/UPCSE_Interim_Report.pdf.)

判地融入世界的艺术和思想大潮中来,而且他们也有必要理解文化对象的含义(meanings)是如何被创造和获取的。读一首诗,看一幅画和听一段音乐都是复杂的才能,它们可以帮助人们在内心建立一种广泛的敏感以及一种知性和感性间的交互作用。另外,学生还需要知道如何来阐释文化工作,比如要知道如何区分文字和符号。同时,他们还要了解一些非常关键的东西,以用于评判和弄清从宗教典籍、抒情诗到流行音乐和电影这每一项的内容。多知道一些关于语言和感觉的东西,可以提高学生对文化品的艺术敏感度和解读能力。我们还应该探究一些理论和哲学的问题,来讨论创造、获取含义(meanings)和形成美学判断的过程,这样可以使学生更加了解文化品获取价值和意义(significance)的途径。

对艺术和艺术阐释的解读课程应该满足以下要求:

- 培养学生对艺术的批判技能、他们的艺术敏感性以及对艺术的阐释能力。
- 通过至少一种媒体向学生介绍艺术工作或主课本中的内容。
- 向学生讲授如何在理论框架的背景下分析文艺家们的工作,这些理论包括评论理论、美学、艺术哲学、修辞学、语言和意义理论、感知理论等。
- 包括一些可行并合适的课外活动,比如参观展览会、看表演、阅读等,或是与演员、导演、博物馆馆长等各方面的人士接触交流,或是让学生进行一些创造性的工作,等等。

2. 文化与信仰

在学生意识到他们自己和其他人都是文化与信仰传统的产品和参与者之后,学生不应仅仅局限于感受和阐释艺术、观念——上文已经提到的"对艺术和艺术阐释的理解"科目领域的课程目标,而是应该获得更多的技能。他们需要把观念和艺术的工作放到一个背景之下,并进而关注社会、政治、宗教、经济和跨文化等各方面的条件是如何作用于这些工作的创作和感知过程的。他们也需要了解文化与信仰是如何传达人们对世界和人的自身的理解的。

文化与信仰在作用于个体和群体的过程中所扮演的角色并非简单的:文化与信仰可以引起变化,而它们也可以成为阻碍变化的根源。文化表达的方法至今为止从来没有广泛地传播过。而在二十年前,各种风格的音乐、图像和文学都已变得易于获得,即便它们在某种程度上仍然难于理解,这种变化改变了我们关于文化的思考方式。我们现在在一定程度上比原先更加有意识地去跨越国家、地区、宗教和种族的隔膜来提取文化的成分。但是我们却经常陷入各种相互矛盾的国家、种族文化的名称中去。

宗教信仰和准则是该课程中所要讲解的内容。宗教在历史上一直是一股塑造全世界人类个性和行为的强大力量,而且它还将持续扮演这样的角色。虽然哈佛是一个世俗的公共机构,但是宗教仍然是我们学生生活中一个重要的组成部分。[①]当学生进入校园,他们总是会努力试图寻找他们与同学各自的宗教信仰、行为准则之间的关系,以及他们的宗教背景与完全世俗的学术世界的关系。因此让学生有机会学习一些宗教信仰和准则对世界和他们自身影响的有关内容对学生是同样重要的。

在文化与信仰课程中,我们可以讲授许多宽泛而又拥有实际和知识重要性的主题,诸如:翻译的难题、著作权的概念(它在剽窃或版权方面的重要性)、审查制度、对宗教和其他文本的矛盾解读、对艺术感受的制度性影响、教规的构成、现代性与相关反思之间紧张的关系、暴力和抗议等。

文化与信仰课程应该满足以下要求:

• 通过至少一种媒体引导向学生介绍主要文本和(或)艺术作品中的内容。
• 教会学生如何从他们自己的历史、社会、经济,以及跨文化背景的视角,去分析课程涉及的内容。
• 考察文化与信仰传统是以何种方式形塑个体、团体特征的。
• 描述学生日常关注或感兴趣的文化问题与课程内容之间的联系。

3. 经验推理

在学生毕业后,他们将为他们自己或是别的什么人在拿不准的情况下作出许多重要的选择。他们将不得不决定许多诸如此类的事情:应该选择怎样的医疗程序,应该在什么时候判定法庭上的被告有罪,是否应该支持一项政策提案,应该怎样管理私人的财政,等等。在作为个人和一般市民时,他们同样将会遇到如何评判别人作出的经验判断的问题。经验推理课程就是要帮助学生认识到应该如何做决定,并帮助学生在涉及经验数据评估的情况下作出推理过程。我们要教会学生如何收集和评估信息,权衡证据是否重要,理解评估中的概率问题,解决难题,通过已知数据做出推理程序,以及如何认识那些基于已知证据无法解决的问题。为了培养学生这些方面的能力,学生要学习如何把概率理论、统计学、决策论、逻辑学和数

---

① 哈佛学生中有94%的受调查表示他们会"经常"或"偶尔"讨论宗教问题,另有71%的受调查学生表示他们参加宗教服务。

学等领域中的抽象概念和原则运用到具体问题上去。本课程基本上应把实际操作练习作为学生学习的主要方式。正如没有人会通过阅读关于波士顿马拉松赛的书籍成为马拉松运动员一样，也没有人能通过听讲座和阅读统计学书籍就可以成为一个好的问题处理者。学生应该通过实践来学习经验推理的技巧。

经验推理并非一些离散凌乱的知识。它是引导人们进行有效推理和决策过程的一系列相关概念技能。通过经验推理课程，学生可以认识到很多东西，比如：例外向平均值回归的统计学原则；记录不确定性事件时放松标准，会导致合格和失败的记录的同时增加；一个表现出某些少见疾病典型特征的人可能根本没有这种疾病；对于相互作用的情形，对每一个体来说的最优选择可能会导致对群体来说最差的结果。这门课程同样可以帮助学生了解不少人们在推理过程中常犯的错误，比如弄错因果关系，评估概率时忽略数字的等级，过度解读偶然性，等等。了解这些推理过程中经常出现的错误，可以帮助学生避免这些情况的出现。

经验推理课程应该在多种学科的背景下讲授，这样可以使学生按照他们自身的兴趣来选择主题，可以包括医学和疾病、公共政策、政治表现、法律或经济决策等多方面的内容。我们希望许多学生可以通过该课程来实现他们在统计学和分析方法方面的学分要求。而被认为可以将它们的方法应用于实际问题的数学和逻辑学课程也应该可以用于计算该课程的学分。

经验推理课程应该满足以下要求：

- 教授一些概念和理论工具，并可以使学生运用它们进行推理，解决问题。这些概念和理论工具应来自统计学、概率理论、数学、逻辑学和决策论等学科。
- 提供一些实践练习机会，使学生可以将这些理论工具应用到本科生所普遍感兴趣的领域中的一些具体问题中去。
- 当可行的时候，把那些人们在推理和解决问题时常犯的典型错误告诉学生，让他们熟悉这些错误。

4. 伦理推理

我们的学生在未来的个人和职业生涯中的各种决定很多都难免与伦理牵连：选择支持某个政治候选人、评价公共政策、进行职业交流、解决家庭矛盾，并最终选择不同的晚年生活方式，等等。伦理推理课程教导学生以一种有原则的方式做关于道德、政治信仰和实践的推理，并让他们学会如何做关于伦理问题的讨论和评估。这门课程将探究许多相互间存在冲突的概念和理论,诸如自由、公正、平等、民主、权利、义务、好的生活(the good life)之类,还将阐明这些概念将导致哪些学生未来可能遇到的具体的伦理冲突。由于该课程与理论、实际两方面都明显相关,故此如果有一些专业的老师参与进来将会十分有益。

在学习如何处理伦理问题的过程中,遇到一些与他们自身价值观完全不同的价值体系,对于学生来说常常是非常有益的,因为一个人在讨论问题时可能做了很多伦理假设,但他却从未认识到这一点。这种碰撞可能是一个价值体系与过去的价值体系的碰撞,也可能是不同文化下不同价值体系的碰撞,而且这种碰撞很可能和宗教传统的背景有关。

伦理推理课程可能会使学生重新评估甚至是改变那些伴随着他们成长而形成的假设和价值,这门课程也会由此而促进学生的个人成长,并为有效的市民协商机制(civic agency)提供重要的争论、商讨能力。科技的发展会在未来继续产生不曾被预料到的一些棘手的伦理问题,而社会和经济的全球化必将使不同文化之间碰撞产生的伦理冲突暴露得更加明显。学生必须要准备好面对这些 21 世纪即将产生的现实挑战。

伦理推理课程应该满足以下要求:

- 探究许多相互间存在冲突的伦理概念和理论,比如好的生活、义务、权利、公正、自由,等等。
- 教会学生如何评估和权衡这些各式各样的概念和理论,并教会学生如何分析是应采纳还是反对它们。
- 把这些概念和理论应用到学生未来可能会遇到的具体的伦理冲突中,诸如在医疗、法律、商业、政治和日常生活中可能遇到的一些情况。
- 当可行的时候,要让学生熟悉那些与他们自己完全不同的价值体系,例如不同宗教世界或是不同历史朝代的价值体系。

5. 生命系统科学

伴随着科学与工程技术的发展,科学知识的增长对于所有社会成员(包括科学家和非科学家)都有深刻的影响。随着科学的范围扩大以及技术活动的发展,了解生命——我们对于生命的起源、生命与环境之间的互动,及其与人体之间的关系有了进一步的了解,但目前这仍是一块有待开发的领域。科学与工程技术对于有机体的研究可以使学生获得大量新知识,这一类研究正在推动着医药业、诊断技术以及病理学方面的进步。遗传工程培养出的动植物在成为人类食物的新来源的同时,也将成为一场生物战争的因素。生命科学正处于激烈争论的十字路口中央,此刻大众对于生命科学的认识也在发生变化,这些问题包括自然选择的进化理论、胚胎干细胞研究的合法性,以及人类克隆的伦理性问题。

通识教育课程中的生命科学将讲授生命科学的核心概念与知识,并将其与教室实验室以外的生物联系起来。这门课并非以引导或训练学生未来成为科学家或是为选修更多高阶课程打好基础为目的。因此,该课程并不包含某一特殊领域的深入知识。在某种程度上,通识教育的生命科学课程事实上是使学生将这些生物知识运用到课堂以外。因此,它应当做到:

- 将核心概念、事实,以及生命科学的相关理论介绍给学生。
- 通过实验室中的实际操作经验,讲授生命科学实验的基本性质。
- 相关的科学概念、事实理论,以及现实世界广泛关注的问题。
- 在适当可行的基础上,讨论知识、从业者、科学机构的所扮演的社会角色,社会环境在科学知识发展中的角色,课堂上讲授的内容是如何被人类发现的相关科学史,分析、评估现有的知识对于世界认识的状况。

尽管其他的课程中可能已经包含了很多与真实世界有关的问题,这门课仍会为学生提供一些理论方法帮助他们客观精确地评估他们在未来可能遇到的科学断言。

通过了解生命科学知识,现在的学生就会对由于以后生命科学进步所产生的新医疗技术可能对他们身体上的改变做好准备。了解科学实验能做到什么,不能做到什么,可以使学生在进入社会后对于评估各种科学断言有所准备,思考观察实验中发现中多种结果,重视在科学发现中经常存在的模糊性。进一步,有关生命科学的知识可以为学生提供必要的知识材料,使他们在未来毕业后能够面对很多与伦理尺度有关的争议和决定。

6. 物理世界科学

生命圈以外的物理宇宙的研究进展对于社会有着深远影响。这种探索和发现使得我们可以储存和获取能量,发展核能,探视我们行星以及星系的起源,发明计算机和互联网。处于一系列争论中的物理科学概念正在全世界范围内对社会产生影响,包括对于化学燃料的依赖、空间探索、核武器的增加、气候变化、数字化交流的隐私权,等等。通过以新的方式研究与控制能量和物质,物理宇宙的科学与工程技术将在学生的生活中扮演一个重要的角色。

物理宇宙的通识教育课程将讲授物理学的核心事实概念,并将其同学生的日常生活联系起来。这门课程不是为了培养科学家和工程师的候选人,而是为学生提供一个物理世界的坚实基础。该类型的通识教育课程将主要为学生毕业后提供一些广泛运用的知识储备,为了达到这个目的,该课程应该:

- 讲授核心概念、事实以及物理宇宙的理论,帮助学生了解在他们毕业后该领域可能作出的新发现以及理论性突破。
- 通过实际操作,讲授物理科学实验的基本性质。
- 相关的科学概念、事实、理论,以及大学生所关注的解决现实世界问题的方法。
- 在适当可行的基础上,探讨知识、从业者和科学机构的社会角色,以及社会环境在发展科学知识过程中所扮演的角色。课堂上讲授的内容是相关的科学史,说明知识是如何被人类发现的,分析、评估所谓现有的知识对于世界认知的状况。

尽管其他的课程中可能已经包含了很多与真实世界有关的问题,这门课仍为学生提供一些理论方法,帮助他们尽可能客观精确地评估他们在未来可能遇到的科学断言。

学生对物理科学的理解对于实现通识教育的一些目标是非常重要的。物理环境(不管是在国内还是别的国家)的许多特性都已经成为物理科学深入研究的主题。这些性质并不是一成不变的:并不只有大自然在改变我们的世界,人类自身的力量也改变着我们生活的世界。当了解到物理的关键因素、核心理论及有关概念后,如果学生准备面对这种改变,他们就会意识到物理世界的重要性,会像对此已经有认识并开始觉醒的人们那样,可以批判性地思考诸如选择能量来源这样一类与现实世界相关并且涉及伦理的问题。

7. 世界诸社会

哈佛大学的毕业生已经成长为一支在世界范围有影响的重要力量。这种影响力通过美国的文化、经济、军事、科技等诸方面惊人的成就展现在世界面前。然而,由于某种原因,今天美国的学生仍然很难用一种全球性的开阔视野,去了解美国这样一个受到全世界广泛关注的国家(这种关注是来自正反面的)。学生有时很容易被别国的出版物或者公众宣传中的舆论影响,认为其他社会中的人,广义上来说也符合美国人的特点。世界诸社会课程一项重要目标在于通过介绍学生所不熟悉的价值、习俗、制度,帮助他们克服认识上的狭隘,更好理解与其不同的价值观、习俗以及社会组织形式是如何形成的。

此课程可能包括多学科的研究内容,包括经济学、政治学、法律制度、社会关系学等。课程中也会介绍文化和宗教传统,以及它们对于社会结构的作用。所采用的文本选自当代作品以及从历史文献,意在帮助学生了解人类对于其社会存在性质的不同认识方式。目录列表中的有些课程可能着重关注某一过去的或现有的社会形态,但是必须注意其与不同历史时期或不同区域的其他社会形态(例如美国)之间的联系。别的课程强调的主题可能会超越单一国家的限制,分析金钱、商品、人口、资源、信息、或思想等在不同社会间的流动及其变化。

在世界诸社会课程中有很多相当实际的充满思辨的题目可供选择研究,包括移民政策、族群异同、宗教与政府、全球市场、宪法制定,等等。

世界诸社会课程包括:

- 对美国以外的一种以上社会类型的审视探讨。
- 说明在不同社会间及同一社会内不同历史时期之间的联系。
- 对学生可能会在全球化过程中遇到的与社会类型有关的政治、法律或经济课题的相关问题进行研究。

8. 世界中的美国

学生需要了解美国以外的社会,但哈佛通识课程同时要求学生对于美国社会自身的掌握也应是深入的。此类课程包括美国社会、政治、法律、经济现状以及制度,以及它们与美国和其他社会之间的联系。课程内容可能会挑战学生刚进大学时所持有的观念,例如:作为一个美国人意味着什么? 美国价值观的独立性与多样性,美国国内以及美国与其他国家社会间的不同族群等问题。这样将帮助学生从国际性的多个角度了解多样化的美国社会。"世界中的美国"这一课程将帮助学生通过历史的和横向比较的角度,系统地了解美国的社会、政治、法律、经济等一系列问题,使他们对于美国社会机构具有一定的认识。

课程中包含大量类似于经济学、政治学、法律、社会关系课程的研究内容,也包括文化宗教传统,以及它们对于美国社会结构的建立所起的作用。事实上该课程可以作为"世界诸社会"课程的一种补充,审视美国社会自身,以及从美国视角放眼全世界。无论该课程选取历史文献或当代资料作为课程内容,都必须将这些材料同学生未来可能在全球化进程中会面对的那些研究美国社会、政治、法律、经济制度的课题相结合起来。

在"世界中的美国"这一课程中,有很多相当实际充满思辨的题目可供探索,包括贫富差距、医疗状况与国家环境、确认行为、移民、选举法、地区划分与城市扩张、共和党州与民主党州现象、双重语言现象、原教旨主义,以及对于历史文件的解释说明,等等

"世界中的美国"课程应该做到:

- 从当代以及历史的视角,审视美国的社会、法律、经济制度与实际运行情况等。
- 说明这些制度与实际运行之间内在的联系以及其他社会中的此类联系。
- 将研究材料与学生在全球化时代可能面临的社会、政治、法律、经济课题联系起来。

四、积极学习法:主动性

课外活动是哈佛大学成功之传奇。学校为学生提供大量的活动以及项目,通过哈佛大学菲利普屋协会提供了从《深红》(CRIMON,哈佛学生日报)到大学生音乐戏剧作品等一系列大量的志愿者机会。60%的大学生认为他们在哈佛的时期曾关注过某种社会公众服务事业。去年,大约有 1 200 名学生——占学生总数的1/5——完全以学生的身份参加了哈佛赞助的国际体验项目。学生参与表演与视觉艺术、政治选举活动,以及校区管理与其他各种项目的实习工作。还有很多学生在实验室中做研究工作。

但很少有正式的活动鼓励学生探究他们在课堂中学习的内容与他们倾注大量精力参与的活动(大多数情况下,这些活动将与学生未来的工作生涯密切相关)之间的联系。然而这种联系的确真实存在。我们建议指定一个教师委员会,该委员会的宗旨在于发展这种通过活动的学习。这将帮助学生看到他们在课堂中学习到的知识如何贯穿在他们在教室外从事的活动之间的,反之亦然。我们并不想将哈佛大学的课外活动项目变成官方固定的制度,我们希望通过为学生提供课内外活动相联系的知识,增加他们在课堂内外所获取的经验。

这个项目仍有很多细节有待挖掘,因此我们建议教师成立专项委员会(由美国科学家联合会、学校相关的负责人、教授、学生共同组成),去规划通过活动的学习项目。这个委员会应该确立基于活动的学习项目的机制,例如当引入项目时,关于

该项目的课内外活动之间的关系的研究报告应该作为可选择的评估项目。委员会也应列出项目中的具体知识内容及执行方法：谁管理这个独立的项目？如何评估他们的工作？是否所有的学生都应当参与？工作是否应该升级？将学校的学术能力投入该项目能使我们获得什么？委员会应当作出一份规范的项目规划程序，将其用于在以后对项目及其工作作出评价。

我们认识到，学生在处理基于活动的学习所涉具体项目时，其判断的逻辑是相当严肃认真的，但是有很多学生仍倾向于将他们的课外活动工作经验与课堂知识完全割裂开。我们相信我们能使学生更容易找到这种联系。如果哈佛教育目的的一部分就是让学生在未来的生涯中掌握自主学习的能力，那么通过活动的学习方式就是为此创建的。

五、执　　行

尽管对这种新的通识教育项目的执行与管理的细节实际上超过了我们制定这个纲要的预期目的，但这里仍提供我们与同事们对于通识教育的发展所提建议。

A. 课程发展

通识教育的成功与否取决于很多条件，但是好课程最关键的是优秀的老师，这需要时间、想象力，以及达到这些所要求的各种资源：需要从教职工队伍中聘请老师，需要有一个全新的指导方针领导通识教育项目，各系需要指定与通识教育有关的系内课程，新系统不一定要很快的建立起来，不应将许多已经存在的课程生硬地加入通识教育课程这一新系统中。也许有些已有课程通过小的调整能够很快适应新通识教育课程要求，但只有建立那些全新的有激情的课程才是开始这个项目真正有效的方法。因此我们呼吁，成立一个重要的资源委员会，来负责解决通识教育重要课程的制定与发展问题。

B. 管理

我们认为，教师们应该负责通识教育项目，更长远的目的是建立一种新的通识教育常务委员会，该委员会应该由熟悉通识教育中一个或多个项目的小组委员会的主席组成。委员会成员应该包括学院的院长、研究生院院长、文理学院院长、学生代表。鉴于通识教育的种类并不局限于某些部门或系,因此小组委员会应当包括各部门系列以及各方面的代表。

常务委员会(以及小组委员会)应当履行如下责任:

- 聘请教师发展新的通识教育课程。
- 鉴别已有的适合通识教育的课程,必要情况下帮助教师对课程进行调整,以适应通识教育新标准的要求。
- 引导教师抓住新教育改革的机会。
- 向学院院长提出建议,使其为通识教育课程项目发展分配所需要的资源。
- 任命一个独立的委员会,管理通识教育未来 5 年规划中所对应的要求及其能够发挥的作用,内容包括课程领域的定义及在这些领域所提供课程的标准要求。

通识教育委员会(及其小组委员会)不应把一种硬性标准(例如阅读量、考试次数,等等)强加到所有的通识教育课程中。通识教育课程应当列在普通课表之前,以便学生根据自己的要求,选择适合自己的通识课程以及委员会所指定的大量符合通识教育标准的系内课程。这样学生应当能够通过自己选取课程,满足通识教育对他们的要求。

各学系应当积极向通识教育推荐课程。常务委员会的工作不应只与负责通识教育的个别老师有关,而是应当与学系主席共同努力,推动他们的教师既发展通识教育课程以满足学生对此类课程的需求,也发展可为专业和非本专业学生提供通识教育学分的系内课程。学生应当能够通过对这些被常务委员会和学系认定的课程(无论是位于"排课表前列的"通识课程还是系内课程)的学习满足对通识教育学分的要求。

委员会应当鼓励其通识教育教师寻求其与哈佛大学其他学院老师进行团队合作的可能性。我们相信,经济问题不会成为哈佛大学不同学院之间从事此类非本学院课程教学的障碍,也不会成为增强教师从事新的课程教学机会的障碍。我们也希望学校以及学院的领导们降低其专业教师队伍参与通识别教育课程的门槛与限制。

就某种程度来说,应当努力为通识教育课程提供小班教学,这样可以增强鼓励学生与老师之间更多的互动、教师的参与能力,以及学生的积极学习体验。同时,被认定的通识教育课程应当获得与现在的核心课程一样的特殊支持地位。

最后,历史表明,通识教育项目在长期进行后可能会丧失其针对性和重点。学生和老师很难理解一门通识教育课程的要求,以及为什么一门类似于它的普通课程无法做到这些。现在有种倾向使得通识教育变得更加狭隘以及专业。这也许是由于这个世界的变化引起我们追求的知识及追求知识的方式也发生了变化,老师需要根据相应的变化对科目的范围及课程的标准作出适当的调整。因此,我们认为,每5年就应当由非通识教育委员会成员的老师及学生代表对通识教育课程的选取进行评估。

C. 研究生教学

新课程的出现,自然要求我们考虑其对研究生能力培养方面的影响,以为其发现教学工作机会。因为我们提出的这一项目并不是完全直属于某个学院的某个学系,它看上去似乎带来了某种不确定性。然而,我们督促教师应减少研究生从某一特定专业教学中获得报酬。我们需要锻炼研究生并将他们作为综合教学(例如新教学法中的压力环境下工作,小组实习,以及参与实验室活动获取经验)的参与者。我们对鼓励三四年级社会人文学科的研究生参与关注教学、实践训练及相关形式的专业发展的允诺将保持不变,但我们应当在本科课程需要的基础上为其发展出更多的机会,而不是依赖于那种刚性的标准教学方式,例如提供那种大班课。研究生阶段在学校里积累的教学经验越多,当我们的博士生在他们成为教授并准备所教授的课程时,所拥有的材料就会越多,教学就会越有成效。

结　　论

通过制订这项报告中的各项计划,我们坚定地认识到,我们的教师拥有独特的品质和专业的知识,有令人满意的本科生课程,最重要的是,知道了学生的兴趣、才能和需求。这项计划对师生双方都是有益的:就学生而言,它在一系列要求范围之内向学生提供了一种学习的灵活性;就教师而言,它提供了一种寻求富有想象力的教学方式的机会,借此来向非专业领域的学生传授其特定领域的知识。这项计划强调的是学科题材而非学术训练,寻求的是如何在理论知识同实际问题相结合的教育法下激发本科生对于该学科题材的毕生兴趣。如同博雅教育每一个环节所做的那样,该计划也在寻求以批判性的态度、技能和知识武装我们的学生,而让他们受益终身。此项计划与哈佛过去所执行的通识教育计划是一致的,即它规定了一系列的要求,同时要求设立一系列超越学系界限的课程,而不是提倡学生自由选择受公开分配制度模式影响的各科系课程。自 1945 年起,我们的教师就已经意识到教授学生何种知识这一问题的重要性,而通识教育正是对博雅教育重要意义的一种阐述。

通识教育工作组

2007 年 2 月

附：通识教育工作组成员名单

斯蒂芬·M. 考斯雷恩(Stephen M. Kosslyn),约翰·林兹利(John Lindsley)心理
学冠名教授

大卫·R. 刘(David R. Liu),化学和化学生物学教授

路易斯·曼纳德(Louis Menand,联合主席),安·T(Anne T)和罗伯特·M. 巴斯
(Robert M. Bass),英美语言文学冠名教授

莱恩·A. 彼德森'08(Ryan A. Petersen'08),昆西研究室社会学研究员

大卫·R. 菲尔彼姆(David R. Pilbeam),亨利·福特二世(Henry Ford Ⅱ),人类进
化学冠名教授

爱丽森·西蒙(Alison Simmons,联合主席),哲学教授

利默·S. 斯伯特'07(Limor S. Spector'07),洛威尔研究室物理学研究员

玛丽·C. 沃特斯(Mary C. Waters),M. E. 祖科曼(M. E. Zukerman)社会学冠名
教授

斯蒂芬尼·H. 凯门(Stephanie H. Kenen,当然委员),哈佛学院院长助理

附录一：哈佛大学文理学院关于通识教育报告的决议

2007年5月15日,哈佛大学文理学院于例会中投票通过了下述决议:

鉴于哈佛大学通识教育的目的是将博雅教育(一种体现自由探索精神、鼓励学生自身权利的教育模式)和终生教育结合,因此会议提出了一项关于通识教育的全新计划。新的通识教育与仍在开设的课程相辅相成,它最终希望达成四个目标,以便使学生把大学学习经验与毕业后的生涯更紧密地联系起来。这四个目标是:为让学生成为合格的公民做准备;教育学生把自己理解为传统艺术、思想、价值的产物和参与者;使学生能够对变革作出批判性的、有建设性的回应;培养学生从伦理层面理解自身言行的能力。

自从学院上次设立通识教育课程以来,世界在变化,知识在发展,哈佛也经历着变革。这一切都决定了教师有义务帮助学生,使他们获得知识、技能并养成习惯来理解和适应现今复杂的世界,并扮演好自己的角色。学生必须学会质疑假设,自我反思,批判与分析相结合地进行思考,以及有效地衔接不同历史时期和文化形态。由此,虽然通识教育的课程内容与学院其他课程内容仍在并行讲授,但通识教育的课程却是以一种独具特色的方式进行的,并为上述的特定目标服务。

决议内容:

Ⅰ. 建立通识教育计划及一套通识教育新规定,以取代核心课程教育计划和核心课程教育规定,以此为基础对四年制的文学学士和理学学士进行学位教育。通识教育课程设置旨在为通识教育的理论基础和目标服务。(通识教育的理论基础与目标在2007年2月的《通识教育工作组组报告》中已作陈述,并在此处注释中附印。)

A. 通识教育课程应为《通识教育工作组报告》中所述四项目标中的一项或者多项服务,同时还要以致力于以下的教学目标:教学内容广博,避免在某一单一主题或少量文本上深度挖掘;培养学生利用抽象概念或已学过的知识理解和解决具体问题的能力;让学生意识到他们所接受的课程教育将对今后的人生和生活产生重大影响;在可行的情况下,尽量采取互动式教育模式,给予学生与课程教员、其他参与者充分探讨的机会;努力运用基本概念和原理去解决具体问题,完成特定任务,在课外活动中创造实际主题和见识的能力。

B. 通识教育的具体规定包括：学生要从八个不同学科领域的每一领域选取一个以字母打分的半课程,这些课程要基本上能与学生的已学课程衔接。这些课程要满足的具体标准如下所列:

1. 审美与诠释性理解

   a. 发展学生批判能力,即美学鉴赏力和阐释能力;

   b. 通过研究任何一种语言的初级文本、语言结构或各种媒体中的作品来培养学生的书面、听觉、视觉、动觉和其他形式的理解能力;

   c. 培养学生在上下文结构框架中分析作品的能力,如批判理论、美学、艺术哲学、修辞艺术、语言语义理论及认知能力等;

   d. 如果可行,要增加学生的课外经验,如参观展览、观看演出、参加朗诵会或者与演员、导演、馆长互动交流抑或引导学生进行创造性工作。

2. 文化与信仰

   a. 培养学生对人类社会不同的文化传统和信仰的鉴赏和理解能力;

   b. 向学生引介任何一种语言中的初级文本,各种媒体中的艺术作品、人种学、社会史及其他中级文本;

   c. 发展学生从文本不同的历史、社会、政治、经济、宗教和跨文化背景来分析这些文本作品的能力;

   d. 研究文化与信仰在塑造个体和团体身份时起到的作用方式;

   e. 注重将课程所涵盖的内容与可能出现在学生生活中的文化议题或兴趣联系在一起。

3. 经验推理

   a. 教授学生概念和理论工具以便推理和解决问题,如统计学、概率、数学、逻辑学和决策论;

   b. 为学生提供应用上述工具解决他们所关心的具体问题的锻炼机会;

   c. 如果可行,让学生熟悉人们在推理和解决问题时容易犯下的一些典型的错误。

4. 伦理推理

   a. 教育学生如何对道德、政治信仰和实践进行推理分析,如何思考和评价道德议题。

b. 研究相互抵触的观念和道德观念理论,如义务、权利、公正和自由;

c. 让学生学习评价和衡量支持或反对采纳这些不同观念和理论的缘由;

d. 将这些观念和理论应用到学生在他们生活中遇到的具体道德困境之中,如发生在医疗、法律、商业、政治和日常生活的困境;

e. 如果可行,要使学生熟悉与他们自身价值体系不同的价值观,如不同宗教背景、不同历史时期、不同语言体系的价值观,或让学生了解道德生活的经验性研究。

5. 生命系统科学

a. 介绍与生命系统科学相关的关键概念、事实和理论;

b. 讲授与生命系统相关的实验的本质,最好通过实验室实验的方式进行;

c. 把科学的概念、事实、理论和方法同现实中广泛关注的问题相结合;

d. 相关和适合的课题(由讲授者决定),可以结合以下内容综合讨论:历史、哲学和与科学工作相关的背景知识。

6. 物理世界科学

a. 介绍物质宇宙的关键概念、事实和理论,让学生更好的理解我们的世界和所处的宇宙;

b. 讲授理工学科中实验的本质,最好能够以实验室进行实验的形式进行;

c. 把科学的概念、事实、理论和方法与现实中广泛关注的问题相结合;

d. 相关和适合的课题(由讲授者决定),可以结合以下内容综合讨论:历史、哲学和与科学工作相关的背景知识。

7. 世界诸社会

a. 研究美国以外的一个或多个社会;

b. 解释不同社会之间或同一社会在不同历史时期之间的联系;

c. 将讲授的内容与学生日后可能在全球背景下遇到的不同的社会、文化、政治、法律、语言和经济形态下的相关议题联系起来。

8. 世界中的美国

a. 从同时代的、历史的和分析的视角来研究美国社会、政治、法律、文化和经济的机构、习惯和行为方式;

b. 实证展示上述机构、习惯和行为方式与世界上其他社会相关方面的联系,或展示美国从殖民时代起至今在这些方面发生的变化;

c. 利用讲授的材料提供学生批判性的工具帮助他们认识美国在全球背景下所面临的社会的、文化的、政治的、法律的和经济的重要议题。

Ⅱ. 通识教育执行委员会将随同小组委员会一起建立,以便对学科领域的内容和该计划的其他方面在必要的情况下进行监督。执行委员会成员将由本学院院长任命。

A. 担任通识教育执行委员会主席一职人选应具备双重资格:该人选应是通识教育计划的负责人同时还是学院资深成员。执行委员会委员组成应包括本院教职人员和学生代表。

B. 负责监督学科领域设置的小组委员会成员,其组成应包括本学院各部门和科系的教职工和学生代表。

C. 执行委员会成员(连同小组委员会成员)职责包括:

1. 招募全院教员同各系合作致力于发展新通识教育课程;

2. 与相关科系教授商讨决定各个科系哪门课程应该算作通识教育学分;

3. 提出可供讨论的政策性建议,涉及以下内容的在需要时由学院全体教员投票决策:

a. 与通识教育有关的全部课程的其他方面(包括留学、大一新生研讨会计划、语言要求、次要领域选修要求等);

b. 相关行政和学术问题;

c. 任何通识教育政策规章的中期调整结果其重要性视同执行委员会继续履行的规章。

4. 向课程领导人、各科系、文理学院院长和其他相关行政管理人员提出建议。建议内容主要是如何将课程发展和教学创新所必需的机会和资源最有效用于支持通识教育计划。

Ⅲ. 在 2007 到 2008 这一学术年度,执行委员会将承担起制定向新课程过渡时期所有的计划和要求的职责,并在一年内向学院全体教员提出过渡性和实施性计划。这一计划应逐项列出从核心教育计划向通识教育计划过渡时期的所有细节,包括过渡时期新生从入院注册到如何完成学位要求的所有问题。

Ⅳ. 在 2008 到 2009 学年的开始,通识教育执行委员会及其小组将在核心教育计划结束时掌管核心教育计划委员会的管辖权职责,届时核心教育计划委员会将被解散。

Ⅴ. 由本学院院长所任命组成的委员会将会对通识教育的计划和课程要求进行复核(复核项目包括学科设置范围及其说明和该学科课程的设置标准)。该委员会的权限从计划开始之日起五年内有效。

附录二：解释性说明：施行通识教育的缘由

哈佛教育是一种博雅教育，这是一种鼓励学生在权利范围内进行自由探索的教育。这种模式不仅是对已有知识的强化，也是对文化的学习。它帮助学生更好地认识人类及人类居住的自然世界。这样的学习使学生更相信自己的信仰和选择，更自觉，对自己的预设和动机更具批判眼光，在解决问题时更有创造力，在理解世界时更敏锐。这种学习还能够帮助学生更好地去认识生活中产生的个人问题、专业问题乃至社会问题。在这样的教育模式下，大学是一个在时间和精力上都没有太多限制的学习机会。

对于学生来说，博雅教育也是对未来生活的准备。本科生能够在进行课题研究的过程中提高科研技能并培养良好的科研习惯，这些对于他们以后的生活有着重要意义。离开学校后，我们的一些学生将继续研究生涯，还有很多人会成为医生、律师、商人等等。[1] 作为美国或其他国家的公民，他们将从大学所受到的教育中获得帮助并作出可能会影响到他人生活的决定。每一个人都会同文化、宗教、政治、民主、科学技术，乃至行星打交道。每一个人都必须接触经验主张，解释文化表现，并面对个人生活和职业生涯中的伦理困境。在学生面对这些挑战时，博雅教育能够帮助他们在深思熟虑后作出合理选择。

博雅教育是有用的。这并不意味着其目的在于培养学生专业能力或教给他们大学毕业后的生活指南，也不在于给学生灌输信心，使他们建立其所熟悉的世界是世界唯一如此的个人幻象。与此相反，博雅教育的目标是通过揭开熟悉事物的面纱，揭示问题的实质，以此帮助青年人找到重新定位自己的办法。博雅教育的目的是给予学生甚至我们自己充分理解的能力，这是通过使学生质疑原有假定，使学生自我反思并进行批判性的思考和分析，使学生理解他们由于遭遇迥然不同的历史时刻和文化模式所产生的疏离感来完成的。博雅教育至关重要，这是因为，专业学院、雇主甚至学术味最浓的研究生教育课程都不向学生教这些内容，这些机构训练的只是使学生从专业角度思考。学生要想提高专业领域以外的思考能力和批判能

---

① 大约5％的高年级学生打算在今年秋季毕业后继续进行艺术及科学领域的博士后研究，同时18％的人计划在未来的一段时间追求博士学位。2006年的毕业生中有53％计划进入商业、医药，或法律方面的专业学院。

力,在自由主义艺术和科学上进行适当准备是至关重要的。从历史的、理论的及相关背景的角度来看,博雅教育可以为学生过好今后的生活提供启示。就自由学习的这个方面来说,我们继博雅教育之后提议的通识教育,会影响学生现在乃至他们离开哈佛后的生活方式。

这个世界在上次通识教育课程体系的建立后已经改变了,知识发生了变化,哈佛大学本身也发生了变化。我们认为在安排通识教育课程时需要把这些变化考虑在内,然而,我们并不认为,这意味着教师讲授课程时只是去教学生学会如何处理当下面对的问题,教师应当教育同学将课堂与未来会在身边发生的事情联系起来。对学生来说,这种联系的重要性在于可以帮助他们更好地认识世界。我们不建议向学生讲授新闻提要。但博雅教育通过讲授那些和学生生活中的许多事情相关的新闻提要,能够帮助学生获得更好的体验。我们都认为自己所讲授的内容是重要的,希望学生了解。通识教育为我们提供了机遇,使我们能够解释为什么我们所讲授的内容是重要的。

哈佛大学的教育是多维的:学生组织、艺术表演、体育和居家生活等,都会对本科生的智力、道德乃至个人成长有所帮助。然而,学术阅历仍然位于教育的核心。学术能力培养主要关注三个方面:专业课、选修课和通识教育课程。专业课使得学生能够深入一门学科内部;选修课程使他们能够在其专业之外的学术领域继续探索,拓展兴趣,激发热情。正如我们所想,通识教育将学生在哈佛所学同其毕业之后的人生以一种明确的方式连接在了一起。通识教育还能帮助学生理解并欣赏世界的多样性以及他们自己在其中扮演的角色。

我们面临的挑战是,如何让我们的学生领导未来世界的繁荣和生产生活的发展,彼时的世界与我们所熟知的当今世界有很大不同。当今世界是以三四十年前完全想象不到的方式相互关联的。这是一个隐藏在公众生活的压力和文化背后的世界,是一个深刻分裂的,既不稳定也不确定的世界。哈佛大学的学生需要在一个复杂的环境中向着新的未知目标前行,这不仅会影响他们自己,也会影响其他人的生活。我们的使命是帮助他们找到自己的路,同时给他们提供能适应 21 世纪的通识教育课程,以使他们能够承担起自己的责任。通识教育课程中使用的材料是与其他课程中的材料相关的。通识教育是博雅教育的一个组成部分,但通识教育是以一种独特方式为实现独特目的而实施的教育。通识教育可以使学生理解我们教给他们的与其生活和将来要面对的世界相关的艺术和科学的内容,通识教育是博雅教育的大众版。

通识教育课程目标

我们设计的通识教育课程有四个总体目标,这些目标将毕业生在校的阅历与其要面对的世界相联系,而且在许多方面相互重叠,但与特定的学科或学系无关。

通识教育是在为学生成为公民做准备。成为公民就意味着参与公共生活。哈佛应该寻求使学生通过学校阅历,特别是其通识教育课程,激励学生成为积极参与地方、国家乃至国际事务的公民。要实现这一目标,学生需要了解促使地方、国家乃至全球产生变化的力量,多元文化形成不同的社区及身份认同,政治、经济、和社会机构,以及科学技术的进步。学生需要明白,今天的公民身份给他们带来从地区到国家乃至国际事务的责任。我们大部分学生是美国公民,但无论他们是不是美国公民或会不会在毕业后返回故乡,我们都应该帮助他们形成对美国历史、机构、价值观以及变化的全球背景下对这些机构和价值观的均衡认识。

通识教育使学生了解自己既是传统艺术、思想、价值观的产物,也是参与者。学生应该懂得文化冲突中何者是利害攸关的因素。他们需要理解协调文化差异的巨大困难,也需要看到无论传统如何冲突,不同的文化也总是在深远地影响彼此。学生还应该知道如何"阅读"文化和表达审美。无论来否来自自己的文化,艺术史知识、宗教知识和思想都会帮助学生理解不断变化中的信仰世界和他们所熟知的那个真实世界的本质,帮助学生检查自己的社会身份是如何形成的,帮助学生了解自己的传统与其他传统的关系。无论是过去还是现在,熟悉文化的推动力量,对于学生认识当今世界来说都是必不可少的。

通识教育能帮助学生对外界变化作出审慎和建设性的回应。学生需要知道现代生活中导致变化和转型的巨大力量,这不仅是为了帮助他们以公民的身份作出明智的决定,还能在某种程度上驾驭自己的生活。当今时代,也许不会有什么领域在推动社会变革方面能够比科学技术更有力量。通识教育能使所有的学生熟悉这些领域的重要概念和问题,并同其社会的、个人的和伦理启示的作用相抗衡。快速的变革是当代政治、经济、和文化生活的另一个特点。我们的世界并不稳定,学生今天学习的内容并不一定能涵盖未来的政治、社会经济、科技知识,这是现今教育的一个缺陷。在离开哈佛时,学生需要掌握使其能够适应未来世界的那些技能。

通识教育注重发展学生在伦理维度上的理解力,这会影响他们今后的言行。

博雅教育重视的并不仅限于信息、技能和技巧的获得，它也重视将把握伦理后果与实际应用相联系的能力。伦理意识是通过在一定程度上帮助学生批判地对待自己的信仰和价值观，并教他们学会如何在争辩中为自己的论点辩护而获得的。伦理意识通过以历史主义和国际化的视野向学生展示信仰、价值观是如何形塑他人生活的，使学生能够选择一个可以引导自己行为的原则。学生应该自觉地、有意识地将他们来到哈佛后学到的伦理准则变成习惯。此外，他们还应该更深入地了解其他那些甚至他们自己并不认同的信仰体系。他们应该认识到，价值观的冲突体现在众多方面，包括文化差异、宗教差异、社会经济的差异，以及科技进步的影响。

加强哈佛理工

——哈佛理工规划委员会报告（译文）

2006 年 12 月

目　录

总　纲

一个多世纪以来,哈佛在科学、医学、数学和工程学方面的研究和教学都十分卓越。直到最近,这些学科间的界线慢慢地发生了变化。当科学发展加速,学科界线消失时,哈佛必须对此新时代作出快速灵活的应答。比如:

- 用干细胞破译生物发展的密码,并且使医学发生变革。
- 生物学家、物理学家、化学家和工程师合作,致力于了解和解释生物系统的组织、再现、功能和进化的基本原理,以及运用这些知识促进医疗保健和工程学的发展。
- 用强大的计算机阵列更好地连接庞大的数据库,并试图解释它们的各种原理。
- 新的认识生物进化和多样性的方法,使我们能够更好地保护我们的星球。
- 基础科学、工程学和公共政策的结合,制定并实施可持续能源生产和消耗的计划。

哈佛理工规划委员会(UPCSE)是为了确保哈佛可以抓住机会,加强理工研究和教育而成立的。哈佛已经对理工教育有很大的投入,包括成立西北实验室和设在剑桥的科学与工程联合实验室,在奥尔斯顿建造一个新的科学实验室,承诺创办哈佛干细胞研究所,建立哈佛工程与应用科学学院,在哈佛医学院创立系统生物学系,并且建立了麻省理工学院与哈佛附属医院联合研究所。哈佛理工规划委员会提出,在这些进展的基础上,哈佛要抓住这些机会,对其理工未来的发展前景有大胆的设想。委员会的工作遵循以下四项基本原则:

(1) 哈佛首先是一所大学。它承担着转变教育模式,培养学生理工知识的职责。它有义务指导理工学生学会在教育和训练之间的转换。

(2) 哈佛必须吸引、引进和提拔最优秀的科学家和工程师,并且为他们提供有助于他们出色完成工作所需的环境、资源和机会。

(3) 哈佛要提高科学家和工程师的灵活性,允许他们在新灵感来临时,去实现他们的新灵感。

(4) 哈佛必须确保整个校园中都充满着令人感兴趣的理工研究和教育。

哈佛理工规划委员会工作进程

自 2006 年 1 月到 7 月,哈佛理工规划委员会每周举行例会,并另外召开了三个半天的工作会议,来确定和讨论如何加强哈佛理工。委员会委员是从文理学院、哈佛公共卫生学院、哈佛医学院和哈佛附属医院中遴选的,还包括文理研究生院院长赛达·斯科坡尔(Theda Skocpol)。五个月以来,三位委员会联合主席与文理学院十一个系、哈佛医学院九个系、哈佛公共卫生学院和四个主要附属医院负责研究的领导会面进行了讨论。

过去五年来,哈佛收到了很多关于理工科发展的建议,这些建议很多得到了详细的审查,被吸收为理工科发展工作组报告的一部分。我们在本报告中不再审查或评议这些建议,目的是避免导致人们产生这样一种想法:既然哈佛理工规划委员会已经审议了这些建议,在该委员会解散后,新的倡议就不会再被批准了。当然,我们相信我们提出的关于理工管理的建议是最好的。我们建议由哈佛理工委员会(HUSEC)——我们建议建立的监督机构,对现存的关于哈佛理工科的诸多建议和时常出现的加强理工科的呼吁进行全面审查。

在以下的调查中,我们首先认定了哈佛在发展理工中的薄弱环节。接下来,我们建议扩大哈佛的理工教学和研究,并且使学术研究更加灵活和有效。下面我们会展示委员会的建议。其中很多都是受到哈佛已有模型启发而来的。这些建议在 2006 年 7 月发布的初步报告中首次提出,之后通过哈佛一系列的会议和讨论,我们又做了很多的修订和说明,最后用这一文件取代了哈佛理工规划委员会的初步报告。

调查结果

哈佛的教育没有充分利用学校本身和其附属机构的有利因素。尽管可享有利益,但仍没有正规的机制或诱因,促使非文理学院的教师对大学生进行教学。很多研究生的跨部门工作能力和导师的选择受到部门资金结构的限制。理工教学基础设施的缺乏使其无法增加学生的实际动手操作机会。

在哈佛已经建立的学系中,对理工方面的研究已有很好的开展。许多研究是各系的教师和学生独自完成的,也有一些项目是由横跨各个系的师生小组共同完成的,他们常常会与其他学院合作。哈佛不可摒弃或削弱它现有的优势,并且要继续在主干学科和现有计划上取得新进展。

然而,哈佛需要付出更多的努力去促进合作,对已经显现的研究机会要作出快速反应。很多教职员工认为,跨学科,特别是超越学校和部门界限进行研究或建立新的教育体系是十分艰难的。对跨部门活动的支持一般是临时提出的,这导致联合研究成了一项富有挑战性的活动,要实现这样的研究十分费时费力,并且跨校补助和协议也没有统一的标准。哈佛研究实体的规模使人们很难了解大学其他部分的研究,没有中央数据库提供简单易取的关于哈佛研究和奖学金的信息。

"自负盈亏"的资源管理哲学阻碍了对哈佛理工发展的协同管理,致使哈佛各个机构都付出大量(偶尔有竞争意味)的重复努力。文化差异阻碍了合作,哈佛各教学与研究机构中独立的行政和财政结构也对合作产生了同样不利的影响。

在生物医学中,哈佛的规模尤其庞大,并且它的组织结构特别复杂。哈佛医院与众不同,因为它是自主企业,拥有自己的管理方法、资金筹措方式和科学决策过程。医院为哈佛大部分学科提供了场所,有 1 200 位专职研究人员和每年 15 亿美元的科研资金。这是教师数量(≈550)的两倍、研究资金的两倍,由大学的几个单位(文理学院+哈佛医学院+哈佛公共卫生学院)联合收取。此外,医院为哈佛教师提供了 300 万平方英尺的研究空间,另外在哈佛校内还有 180 万平方英尺。由于这些原因,哈佛协调所有科学研究不仅需要在哈佛内各院系之间进行,还需要在大学和它的多个医院合作伙伴之间进行。

最后,基础设施的不足阻碍了哈佛理工科的教学和研究达到其潜在可能性,特别是我们注意到高端研究计算机设备的状态不佳。

初步报告中讨论的重要主题是需要加强哈佛理工科与其他学科之间的合作。科学和技术对社会产生很多影响,而政治和文化也反过来会影响科学研究和技术应用,并且有时候甚至会控制科学和技术的研究及应用。在哈佛大学中,人类学家、艺术家、社会和自然科学家都有扩大人类知识领域、培养下一代探索者和进一步了解人类境况这三个目标。理工教育和其他领域的联系显而易见,能源和环境研究必定会与管理和法学院的教师产生互动。其他的则更为隐秘:印象派画家和科学家似乎对于怎样感知光线和颜色,并且利用它们使静止的图像显现出动态有着相似的理解。因为哈佛大学试图更好地整合它在理工科发展方面的活动,所以就需要加强并保持与其他学科的联系，同时还要创建新的联系。

建议

哈佛面临接受并扩展跨学科科学，同时保持自身在原有核心学科中的优势地位这一挑战。我们提出九项主要建议，试图提升大学促进合作以及发展尖端理工学科的能力。六项是制度方面的建议，三项强调了面临的挑战。

建议 1：改变理工教育中对学生的教学与训练。

我们肯定对哈佛学生进行杰出教学的重要性，这使得我们致力于这一方面的研究。哈佛的教学任务作为一种重要的凝聚力，可以把哈佛学者聚集到一起。

- 动员全校不同院系的师资力量，贯彻把实践学习作为大学本科生理工教育的基石的理念。

为了使理工教育活跃起来，我们建议哈佛增加大学生现有课程中的实践学习，并且给予非文理学院教职员工更多机会参与研究生和本科生的各方面教育。具体来说，我们建议为对理工教育感兴趣的所有学生创建课程，在原创试验、分析或计算研究中为他们提供以项目为导向的体验。许多情况下，这些课程可能需要新的或翻新的实验场所来进行本科教育。创新的实践学习在哈佛已有显著的例子，但我们仍需扩大和增加对其所需物品的供应。哈佛要调整教职工荣誉和激励机制，认识到本科生在实验室和大教室学习具有同等的重要性。

另外，我们建议哈佛有才能的学者（并非仅仅按照现行等级制度遴选的教师），通过创建新机制可以设计并讲授新课程，其中包括为大学生提供有意义的经历，以及提供更多进入哈佛实验室机会的研究课程。

- 最大限度地提高研究生理工教育和研究的机会。

通过建立更具有合作性质的项目，比如哈佛生命科学协同项目（哈佛生命科学一体化，HILS），使大学生能够跨越传统院系和课程界线找到从事研究的机会，选择指导教授。具体来说，我们提倡类似于哈佛生命科学协同项目（哈佛生命科学一体化）的哈佛物理学和工程学协同项目（哈佛物理科学与工程，HIPSE）的创建，它能使学生从一系列合作研究生项目中选择指导教授。哈佛生命科学协同项目（哈佛生命科学一体化）和哈佛物理学和工程学协同项目（哈佛物理科学与工程）自然会有重叠部分，需要共同实施以确保其成功。

哈佛为所有项目和院系的研一学生提供了一笔可观的资金，以促进机动性和灵活性,适应使研究生的利益和教职员工的研究得到优化的要求。这确保研究生是基于兴趣而不是不同项目助学金的差异来选择项目,并且它允许研一的学生探索研究项目,跨院系选择指导教授,避免狭义地以院系资金为基础来分配学生。最好的学生将会被这种灵活性吸引至哈佛,如果学生和导师之间能达到最佳匹配,那么一年之后,他们在申请联邦政府和基金会资金方面将更有竞争性。

建议2:创建校级规划委员会,以正式和透明的方式评估、排序和支持哈佛理工活动的投资组合。

我们建议立即建立一个常设委员会,即哈佛理工委员会,来进行评估并且为学校理工研究提供部分资金,同时对理工教育和规划问题提出建议。

这一委员会应由教务长主持,并且要包括文理学院、哈佛工程与应用科学学院、哈佛医学院和哈佛公共卫生学院的院长,附属医院的负责人和由教职工提名校长任命的教职工代表。这些被选出的成员代表了理工教育的支持者,包括哈佛附属医院。为了维系并且建立与法律、政府、社会科学、人文学科的联系,我们认为哈佛理工委员会中应有一位非理工教育领域的成员。女性和少数族裔教职工参与委员会是十分重要的。我们认为哈佛理工委员会(HUSEC)拥有12—18位成员是较为适合的。

哈佛理工委员会将在十年间协调75个跨学科专业员工的调度,并且分配每个校区的研究场所。它将评估并且对跨学科研究给予建议,以确保其最终包含各种适当的因素(比如:系、女性和少数族裔职员),并且能通过对分配专业员工、基金和/或研究场所的建议进行筛选,选出优秀的建议。哈佛理工委员会将会对交叉理工教育研究提出建议,以确保其在各院系的平衡。它将建议成立跨系委员会(适当分配员工),会向校长和公司建议创建跨院学系,并且会定期审查研究情况。因为许多跨学科研究工作将涉及广泛的哈佛地区,哈佛理工委员会将会成为理工教育和其他学院对此感兴趣的教职工的纽带,包括政府学院、教育学院和法学院。特别是,哈佛理工委员会将致力于改进附属医院和哈佛其他学院理工教育之间的联系。但它不会控制现存部门中传统的基于学校的职员任命。

另外,哈佛理工委员会会鉴别理工教育中的战略机遇,促进新建议的发展,并且作为咨询机构提升所有理工教育规划的透明度,包括对防范部门雇佣和空间规划的潜在重叠提出建议。哈佛理工委员会也将对发展和筹集资金的重点提出建议。

今后,实现哈佛理工教育的全部潜能,需要哈佛医学院附属医院和学校其余部分更好地协调与合作。附属医院除了通过在哈佛理工委员会的表现来实现规划,还应该发展促使独立机构参与适当具体活动的机制。当实现资源共享和分配时,需要尊重机构的自主性,但要减少教师的合作障碍。

要有效的代表教师,最为关键的是哈佛理工委员会处理事务要尽可能透明。我们建议公布它的议事日程和会议摘要,并且校长建立一个机制,定期检查其执行情况。

建议 3:形成灵活的能快速反应的组织机构,支持跨学科理工教师的招募、晋级和研究。

我们相信新的跨学科的理工教育工作需要多种组织机构的支持。

我们建议成立跨系委员会和跨学院的系(有推荐任命教职员工的权力),以促进学者的任命。学者的工作连接了现有部门和学院,并且将哈佛校内相似的工作连接在一起。

跨学院的系和跨系委员会是由哈佛理工委员会建立的,具有足够的资源和权力招募教职员工,对他们的晋升提出建议。我们认为,哈佛所有教职员工被任命到一个或多个部门是十分重要的。跨院学系要向由学院院长组成的哈佛理工委员会小组委员会汇报工作,并且小组委员会要向教务长汇报工作。此外,我们建议正式确认这样一种机制,即教师主导的理工发展可以从哈佛理工委员会渠道也可以从院系渠道接纳全职职员和所需空间,这主要是由所提议的岗位和工作性质所决定的。

建议 4:通过为学校招募更具有代表性的交叉领域的学者提升哈佛理工教育的多样性。

促进理工教育民族和性别的多样性,将促进哈佛的创新研究和知识活力。哈佛理工委员会必须确保在招募和聘请中采取并且使用最好的训练。重要的资格较高的女性和少数科学家必须位列哈佛理工委员会之中,该委员会必须评估满足种族和性别多样性愿望的进程。

同样,在科学技术活动、跨学院委员会和学校跨系委员会中,哈佛理工委员会在确保领导层和成员的种族及性别多样性中应该扮演关键角色。各部门要确保他们的评价和搜索程序,以加强哈佛吸引最优秀人才的能力。有关部门应该为日益增加的多样性制定明确的计划。其进展应由其所在学院(及哈佛理工委员会)成立的学校跨系委员会和跨学院委员会进行评价。应采取类似的方法,以确保研究生和博士后的多样性。

为了吸引和维持哈佛理工的多元化背景,我们建议探讨能够增加职业生涯灵活性的途径,包括再就业能力、改进伴侣职业生涯、研究科学家定位和儿童保育设施。我们建议成立由科学、工程学、社会科学和人文学科的代表组成的哈佛理工委员会下属的小组委员会,以此来探索和定义与分管教师发展与多元化的高级副教务长办公室合作的机会。

建议 5:继续投资核心学科。

哈佛大学在理学和工学方面有杰出的学者和教师群体。但在许多建构完整的学科中长期存在着一些重要问题,它们尚未得到解决,新的问题又浮现了出来。哈佛应该继续投资核心学科并且鼓励它们发展,这里有三个原因:

(1) 已建立的核心学科中存在重要的悬而未决的问题。解决这些问题是哈佛大学扩充人类知识至关重要的使命。

(2) 我们的学生需要受到良好的天文学、生物学、化学、计算机科学、地球和行星科学、工程学、数学、物理学和统计学基础知识的教育。

(3) 学科界限移动与变化的速度及其不可预测性。解决核心学科的中心问题可以为跨学科研究创造重要的新机会,并且其他领域的进展可以使其意外地接触到核心学科。

我们建议哈佛的每个学院继续增加其理学和工学学科的教职工,包括核心学科建议任命的教师在内。在此背景下,我们建议哈佛理工委员会作为一个论坛,以便相关学院院长讨论增加独立系科力量的意义,促进本科生和研究生教育,激励各学系之间的相互作用,并且避免各院系的重复努力。

建议 6:将奥尔斯顿(Allston)校区建立为跨学科理工研究、教育和文化的中心,帮助周围社区和以至整个世界。

奥尔斯顿校区可以通过多学科研究、教育和文化活动影响哈佛和整个社区。奥尔斯顿的教职员工应该跨越一系列理工学科,从生物学和医学到化学、物理学、数学和工程学。他们可以一起解决生命科学、医学、物理学和工程学交接的基础及应用的问题。

哈佛理工规划委员会对奥尔斯顿的设想包含三个相互联系的部分:

(1) 整合生物学、化学、工程学和物理学的各要素,以揭示其基本原理:解释细胞如何整合内部和外部的各种讯息,在多变的环境中生存和繁衍,领会这些原理怎样解释发展的可塑性,并且利用它们进行研究和生产医药。

(2) 促使生物学和医学相结合,用来发展再生生物学的新领域及应对传染病。

(3) 培养强大的多学科计算分析能力,特别是解决目前我们研究计算方面面临的问题。

我们建议在奥尔斯顿校区设置大量的合作科学实现这一设想。其包括哈佛大学公共卫生学院(HSPH)、再生生物学和医学、哈佛大学生物工程研究所(HIBIE)、微生物学、系统生物学,创新计算,以及定量分析的重要部分。因为学院的专业教职员工在他们学院有教学职责,我们建议奥尔斯顿校区的所有哈佛教职工对大学教学任务作出坚定承诺。

除了加强哈佛跨学科理工研究,奥尔斯顿校区要为社区提供进行文化和教育的途径。我们建议在奥尔斯顿进行大力的社区合作和教育工作,包括将哈佛科学博物馆和教育研究生院(GSE)迁移到奥尔斯顿,建立哈佛科学拓展小组(Harvard Science Outreach group)以协调教育工作。

奥尔斯顿校区也由此得到一个难得的机遇,来改善生活安排,支持研究生、博士后和青年学者。住宅和日托设施的建立将促进理工教育方面的职业发展,并且提供了照顾看护儿童的宝贵体系。

哈佛大学承诺在不损坏剑桥和朗伍德(Longwood)校区理工教育的情况下,在奥尔斯顿建立一个强大的校区。我们为这些学院提供具体的新建议。

建议7:建立具体的跨院学系、跨系委员会,增加科学与技术发展的主动性。

我们已经确定了九项研究工作,这将通过组织支持跨学科理工研究的跨院学系或跨系委员会获益。我们为这些活动建议了一些地点,并且发现一些研究设想也许能够比其他的更快实行,这取决于它们的发展和成熟水平。当一些有助于发展新型的理工交叉学科的机遇来临时,应该首先在其所在校区给予支持,而非一定要在奥尔斯顿校区。

• 我们建议立即建立两个跨院学系:1) 再生生物学和医学;2) 系统生物学,以统一大学的研究工作,促进新的跨学科教师的任用。

• 我们建议考虑以下五个跨系委员会:哈佛大学生物工程研究所、微生物学、能源与环境、人类遗传学和定量分析。因为哈佛大学生物工程研究所和微生物学已经获得了种子基金或捐助者的支持,这些支持为立即建立跨系委员会提供了一个机会。

- 许多科学技术方面的举措是由早期的科学技术工作小组（Science and Technology Task Force）提出的：创新计算、生命起源、量子科学与工程和全球健康。规划阶段的设想包括翻译研究中心（Translational Research Center），计算与社会（Computation and Society），基本物理定律（Fundamental Physical Laws），以及进化生物学（the Evolutionary Biology），生物多样性及其保护（Biodiversity, and Conservation initiative）。这些领域的建议，以及稍后会出现的其他建议，应该得到哈佛理工委员会的评估和潜在支持。在适当时候，一些最初的努力举措可能演变成跨系委员会或部门。

建议 8：解决哈佛大学研究和教学技术基础设施的不足。

理工教学和研究需要一套不断发展的尖端工具和设施。对一些价格不菲的设施的合理购买和管理，如核磁共振成像仪和计算资源，将产生巨大的红利。另外，哈佛大学应该对创新教学的技术基础进行投资。这里有三个步骤来实现这些目标：

- 建立一个哈佛科学家和工程师兴趣和才能的数据库，以增加他们之间的联系。
- 不断更新理工教学技术基础设施，以适应学生实际动手学习的需求。
- 对计算资源和高级技术进行投资，这将为未来几十年所有领域的科研奠定基础。

建议 9：启用多种资金机制，资助新的理工计划。

哈佛必须确保哈佛理工委员会可以有足够的资源（试验设备、空间和资金）支持开始新的跨学科理工研究。资源的来源应该是多方面的，其中包括发展办公室的募集，文理学院、哈佛医学院和哈佛公共卫生学院所拥有资源的调整和协调。合适的人员和空间也可能源于医院的努力，例如与学校的联合投资。

如果哈佛打算利用奥尔斯顿新校区带来的机遇，那它必须面对教职工严重扩张引发的财政挑战。即使奥尔斯顿的大多数学院要从剑桥或朗伍德搬来，大学也必须重新安置它们。因此奥尔斯顿的花费很大程度上与我们是否通过建立、迁移或二者的结合定居在这里无关。随着时间的推移，哈佛愈加渴望达到理工发展的目标，开启新项目，这预示理工院系将大幅增加。我们需要为此作出相应的计划。

如果整个学院,比如哈佛公共卫生学院或教育研究生院迁移到奥尔斯顿,就会出现异常。在这些情况下,我们不希望用类似的活动来填补空出的空间。

我们预计在奥尔斯顿开展大量智力活动需要两种费用:1)一次性基本建设成本,其中一些来自借贷;2)实质上无期限的经营成本。在计算这些运行成本时,大学必须考虑增加更多教职员工的真正成本,比如增加的研究生和行政支持。我们给出下面的参照标准来估算大规模扩展的全部成本。

哈佛理工委员会将正式提出对哈佛理工交叉学科的评估和资金投入建议。哈佛理工委员会将会对来自中心管理部门提出的跨系和跨学科科研所需所有资金投入给予建议。

关于关键实施环节的建议

我们建议哈佛理工委员会立即成立两个跨院学系。同时,哈佛理工委员会也应当立即考虑我们的建议,成立跨系委员会。我们希望哈佛理工委员会将会成为教职员工和管理部门探索和解析哈佛在奥尔斯顿发展哈佛理工的主要论坛。

1.0 导　　言

研究和教学构成了哈佛科学、数学、医学和工程学的优势基础,并且是我们将来成功与否的关键。为了促进研究和教学的持续发展,追求卓越的品质,有必要在这些传统学科中任用一流的教师。

哈佛汇集的人才、研究质量和范围、对世界一流研究人员的吸引力和它具有的资源一起营造出了这样一个环境,这个环境会对世界产生巨大的帮助并且促进社会的改进。

这份报告提出了我们应该怎样使哈佛的理工更为高效,尤其指出两点:1)我们怎样汇集哈佛各个部门相关但尚未有联系的人才进行研究活动,2)我们怎样提高我们学者的效率,特别是跨越现有学科的研究和教育的效率?

1.1 哈佛理工规划委员会

2006年1月底召开的哈佛理工规划委员会全面审视了哈佛理工学科的未来,并对教学和研究机会提出建议。委员会名册见表1,委员会职责见附录 A。

表1 哈佛理工规划委员会名册

共同主席	安德鲁·墨里,文理学院	赫歇尔·史密斯分子遗传学冠名教授;Bauer基因组学研究中心联合主任,分子与细胞生物学(MCB)主席
	克里斯托弗·斯塔布斯 文理学院	物理和天文学教授
	克里斯托弗·沃尔什,哈佛医学院	哈密顿·库恩生物化学和分子药理学冠名教授
文理学院教师	辛西娅·弗兰德	西奥多·威廉·理查德化学冠名教授、材料科学教授,化学与化学生物学系(CCB)主席
	丹·卡内	化学和化学生物学教授,生物化学和分子药理学教授
	安德鲁·比文纳	查理斯·P. 莱曼生物学冠名教授,有机体与进化生物学系(OEB)主席
	大卫·刘	化学和化学生物学教授
	大卫·穆尼	戈登·麦凯生物工程学冠名教授
	道格·梅尔顿	托马斯·杜德利·伽柏自然科学冠名教授
	艾琳·奥谢	分子与细胞生物学教授;Bauer基因组学研究中心联合主任
	杰里米·布洛克萨姆	马林克罗特地球物理学冠名教授;哈佛学院教授,地球与行星科学(EPS)主席
	约翰·胡思	唐纳自然科学冠名教授,物理主席
	赛达·斯科坡尔	文理学院研究生院院长;维克多·S. 托马斯政府和社会学冠名教授
	维基·纳拉亚纳莫提	约翰·A和伊丽莎白·S. 阿姆斯特朗工程及应用科学冠名教授;物理学教授;工程及应用科学学部部长,物理学院院长
哈佛医学院和附属医院	杰夫·弗莱尔	乔治·C. 赖斯曼医学冠名教授;柏斯以色列狄肯尼斯医学中心(BIDMC)
	丹·波多尔斯基	马林克罗特医学冠名教授;马萨诸塞总医院(MGH)及布里格姆妇科医院(BWH)

哈佛医学院和附属医院	南希·安德鲁斯	基础科学和研究生院院长;乔治·R.迈诺特儿科冠名教授;波士顿儿童医院;戴纳-法伯癌症研究所
	戴维·阿特舒勒	哈佛医学院(HMS)及马萨诸塞总医院(MGH)遗传学和医学副教授;哈佛和麻省理工博德研究所医学与流行遗传学项目主任
	卡拉·沙茨	内森·马什·蒲赛神经生物学教授、神经生物学系主任
	约翰·米卡兰诺斯	阿黛尔·雷曼微生物学和分子遗传学冠名教授;哈佛-麻省理工健康科学与技术学部教师;微生物学和分子遗传学系主任
	马克·基施纳(2006年5月由哈佛理工规划委员会(UPCSE)退休)	卡尔·W.沃尔特,系统生物学冠名教授;系统生物学系主任
哈佛公共卫生学院(HSPH)	迪安·沃思	免疫学和传染病学系理查德·皮尔逊·斯特朗冠名教授
	格克汗·霍塔米斯里吉尔	遗传和复杂病学系詹姆斯·史蒂文斯·西蒙斯遗传和代谢冠名教授

　　委员会被赋予广泛的权力审视哈佛的所有学院,来探索最佳的组织和管理结构,以促进理工研究和教学,并找出最引人注目的研究思路和举措。

　　我们承认,在委员会成立之前战略规划就在哈佛展开了,并且在我们解散后它还将继续进行。我们是在哈佛理工女性发展工作组报告(哈佛大学2005年发布)和各种各样的奥尔斯顿工作组报告的基础上开展自己的工作的。

　　我们还注意,在过去的五年中,哈佛大学已经对理工教育的三项工作给予了巨大投入,为现在的研究和将来的计划提供了平台和环境。这些是：(1)文理学院,哈佛医学院和附属医院共同筹建的哈佛大学干细胞研究所(the Harvard stem cell institute);(2)哈佛和麻省理工学院赞助的博德研究所(the Broad Institute);(3)规划中的设在文理学院的哈佛工程与应用科学学院(HSEAS)。

　　我们采用结构化的方法、通过多种渠道吸引哈佛的教师参与我们的讨论：同哈佛理工规划委员会成员谈话,呈交研究方案,以及组织与理工教职工的联席会议。在哈佛理工规划委员会成立早期,联合主席就会见了文理学院 11 个部门、哈佛医学院 9 个部门和哈佛公共卫生学院的教师以及 5 个主要哈佛附属医院的执行委员(关于院系与医院联合主席会议名录,可参见附录 B)。作为这些会议的结果,许多研究和教育提案被呈交给哈佛理工规划委员会进行评审和讨论。

自 2006 年 1 月至 6 月,委员会每周举行会议,并以另外三天半的会议作为补充。我们通过哈佛和其他地方的"经验教训",充分了解了组织结构和资源分配的实验结果。

委员会联合主席一直将相关进展及时通报给哈佛的领导层。文理学院、文理研究生院、哈佛医学院和哈佛公共卫生学院的领导在这个过程的中间举行了一次会议,过程结束时另外举行了一次会议。联合主席还将执行摘要交给了校长萨默斯和即将上任的代理校长博克。哈佛集团(The Harvard Corporation)在委员会审议之初会见了联合主席,并且在 2006 年 7 月的会议上接到了初始建议。

哈佛理工规划委员会初步报告的研究结果和建议被提交给博德委员会(the Board of Overseers)、学校科学委员会(the University Science Committee)、文理学院、哈佛公共卫生学院、附属医院和哈佛医学院的教师。在整个哈佛共同体,各系,以及各种治理机构,都召开了各自的社区会议。哈佛大学的成员也利用这个时机向哈佛理工规划委员会成员和执行成员提供反馈信息。

作为初步报告的反馈,博克校长召开了一个由布鲁斯·阿尔伯茨教授(Bruce Alberts,旧金山加利福尼亚大学),苏珊·格拉汉姆教授(Susan Graham,加利福尼亚大学伯克利分校),莎伦·隆教授(Sharon Long,斯坦福),查尔斯·珊教授(Charles Shank,加利福尼亚大学伯克利分校),马乔里·夏皮罗教授(Marjorie Shapiro,加利福尼亚大学伯克利分校),琼·施泰茨教授(Joan Steitz,耶鲁)和理查德·扎尔教授(Richard Zare,主席,斯坦福)组成的外部委员会来评审哈佛理工规划委员会初步报告。他们的报告建议建立哈佛理工委员会和两个跨院学系,哈佛理工委员会的角色应该是建议者而不是决策者,主要资源和新资金应该用于扩大理工教育综合活动,院长应该带头执行哈佛理工规划委员会的建议,并且减少当前的阻碍,以促进学科和学院之间的相互合作。

扎尔(The Zare)委员会注意到了其他学校跨院学系的成功,例如耶鲁的分子生物物理和生物化学系和斯坦福的生物工程。完整的报告见附录 F。

这一内部和外部讨论的过程对委员会提炼修改某些建议,阐明最终研究报告有很大帮助。

我们非常感激史蒂夫·海曼(Steve Hyman)院长,他具有敏锐的洞察力,坚定的鼓励和支持我们的工作。负责管理的副院长埃里克·布伦斯(Eric Buehrens)是我们规划会议的重要参与者,委员会十分感激他给予的许多重要贡献。

我们非常幸运得到麦肯锡公司的大量帮助。我们非常感谢他们的洞察力、保证和坚持。

凯瑟琳·巴芭(Catherine Barba)、布鲁克·普利策(Brooke Pulitzer)、特里内提·凡特(Trinette Faint)和塔拉·菲利普斯(Tara Phillips)的崇高工作是我们取得成功所不可缺少的,我们非常感谢他们的耐心和勤勉。

我们同时也想感谢哈佛的许多成员,他们从繁忙的工作中抽出时间出席参与各个哈佛理工规划委员会会议。

1.2　哈佛理工规划委员会报告:结构和目标

这一报告总结了我们的研究结果和建议。它由五个章节组成:
- 哈佛的理工教育
- 研究结果和机会
- 建议
- 关于实施环节的建议
- 结论

2.0　哈 佛 理 工

哈佛理工学科规模的广度和深度令人印象深刻。文理学院,包括工程和应用科学部和其最近宣布的继承者,哈佛工程与应用科学学院,哈佛医学院和哈佛公共卫生学院以及哈佛大学附属医院(the Harvard-affiliated hospitals)在科学、数学和工程学方面都实施严格的研究和教学。附录 C 是对哈佛学校和医院举行的此类活动的概述。在文理学院、哈佛医学院和哈佛公共卫生学院,2005 年大约有 550 位主要的研究人员创造出超过 4.5 亿美元的外部资金,并且占据了哈佛 170 万净可分配面积的科研空间。18 家哈佛附属医院和科研院所增加了哈佛委派的 10 000

多位职员从事科研和临床护理,其中 1 200 多人的主要工作方向是基础研究。在 2005 年,哈佛科学家和工程师共创造出超过 15 亿美元的外部资金,并且占据了 3 百多万的净可分配面积的科研空间。

每个学院和医院都有一个充满抱负的科研和教育五年发展计划。哈佛三所主要从事理工教育发展的学院到 2010 年从事理工教育的教员大约增长 13%,同时附属医院也有它们自己的发展计划。作为哈佛在理工教育发展的例子,2001—2005 年间,文理学院用于科研的外部资金从 9 800 万美元增长到 1.44 亿美元。外部资金发展全面总结可以从哈佛资助项目办公室(the Harvard Office of Sponsored Projects)发布的年度总结报告中得到。

哈佛大学的科学家分布在生命科学、物理学、医学和工程学领域。其数量和范围表现出了既有生命力,又有缺点。原则上跨学科合作的机会很多,但是我们的规模使科研人员很难独自在较大的学者团体中找到潜在的合作者,特别是他们自身研究领域之外的合作者。因此,合作往往是偶然的结果。我们缺乏的是可搜索的可以帮助科学家获得更多校园中正在进行的活动的信息数据库。

2.1 研究范围

哈佛是生命科学、物理学和工程学领域的佼佼者,它们中有很多科研人员来自哈佛三所科学和工程学院(文理学院、哈佛医学院、哈佛公共卫生学院以及附属医院)。整体来说,他们的科学研究和随之而来的教育是其成果最终能够得到应用的真正的基础。

研究和教育跨越生命科学、物理学和工程学多个学科并且包含以下各部门:

- 文理学院:天文学、生物人类学、化学与化学生物学、应用数学、机械学、生物工程学、应用物理学、材料学、计算机科学、电气工程、环境科学与工程、地球与行星科学、数学、分子和细胞生物学、有机物与进化生物学、物理学、心理学、统计学。
- 哈佛医学院:哈佛医学院的生物化学与分子药理学、病理学、细胞生物学、遗传学、卫生保健政策、分子遗传学与微生物学、神经生物学、社会医学与系统生物学,和设在附属医院的几十个临床科室。在生物物理学、化学生物学、免疫学、系统生物学、神经科学和病毒学等学科中,也存在跨部门研究生课程,其跨文理学院和哈佛医学院的部分,由哈佛医学院管理。

- 哈佛公共卫生学院:实验科学(免疫学和传染病,遗传学与复杂疾病,环境卫生,营养学),计量分析学科(流行病学,生物统计学),社会科学(卫生政策与管理,人口与国际健康,社会学,人类发展与健康)。

除了以往和目前在学科研究和教育方面的投入,哈佛已经启动了多种跨学科理工活动。一批跨越多种学科的研究院已经建立或确定将要建立(例如,鲍尔基因组研究中心,博德研究所,脑科学中心,干细胞等)。哈佛大学还推出了跨学科本科教育(例如,化学与物理生物学)和生命科学一体化(Harvard Integrated Life Sciences or HILS)研究生课程体系,以提供和促进跨学科教育。

2.2 研究空间概述

在短期内,如果要把哈佛的学院当作独立的实体的话,没有足够的空间。哈佛最近通过剑桥的西北实验室(the Northwest Laboratory)和里斯大楼(LISE)的新的科研空间投资理工,并致力于在奥尔斯顿校区建立首座理工大楼。由此,奥尔斯顿校区近期科研空间的增长,主要是由新校区发展的战略利益而不是由对额外空间的需求所推动的。

然而,教员发展计划意味着各学院最终要面临空间束缚(参见附录中关于研究空间需求的一览表)。由于缺乏新的设施,哈佛公共卫生学院目前缺乏空间,不能满足发展的需求。随着 2008 年西北大楼的使用和其他建筑的整修,到 2011 年文理学院将有足够的空间安置剑桥的 52 个新员工。虽然这足以满足短期发展计划,但剑桥除那 52 个新员工之外就几乎没有扩张的余地了,这限制了校园里理工学科最终的规模。哈佛医学院具有更大的灵活性和足够的空间满足将来扩展的需要,但是它必须重组它控制的租给第三方的空间。如果没有重组,2009 年哈佛医学院的发展将受到空间不足的限制。

图 1 表明了哈佛理工在剑桥所需空间的演变。实线表明净可分配空间(左侧竖轴),或可支持的员工数量(右侧竖轴)。说明:自西北大楼和里斯大楼投入使用,从 2008 年起剑桥的空间就不够用。这些建筑将在已有 650 个的基础上允许再添加 52 个系部。剑桥进一步发展需要新的空间。其中一个选择就是迁移博物馆。

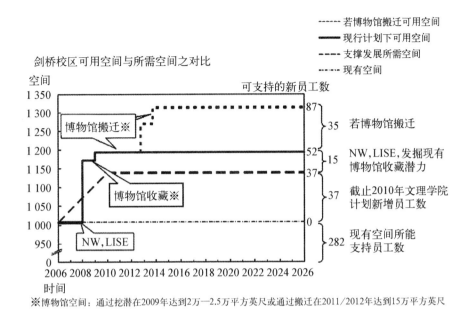

剑桥校区可用空间与所需空间之对比

------ 若博物馆搬迁可用空间
—— 现行计划下可用空间
- - - 支撑发展所需空间
-·-·- 现有空间

※博物馆空间：通过挖潜在2009年达到2万—2.5万平方英尺或通过搬迁在2011/2012年达到15万平方英尺
来源：学院团队分析

图1　剑桥校区各种情况下的研究空间需求变化

3.0　研究结果：挑战与机遇

尽管认可哈佛大部分的成就，但委员会认为我们当前在很多方面的做法并不能很好地为我们服务。以下章节可以证明这些。我们建议解决这些问题，并且希望利用这些机遇。

3.1　本科教育

哈佛大学吸引优秀的本科生和研究生。进入哈佛接受教育竞争激励，供不应求。幸运的是这带给我们学校具有高素质、积极性和充满激情的学生。

哈佛学院是以研究为主的四年制住宿学院。文理学院主要负责制定本科教育政策，以满足本科生受教育的需求，并授予本科学位。本科教学和本科课程的管理实施是文理学院所有成员的主要职责。文理学院教师的升职、加薪和终身教职聘用都要考虑本科教学。文理学院教师的九个月补偿制度是对其这些职责的认可。

一些理工教育的选课与文理学院的各部门有直接关系(数学、物理学、天文学等),然而其他的(化学和物理、环境课程等)本质上是跨系的。集中资料信息和它们各自的要求可以在哈佛大学学生手册中找到(哈佛大学,2006)。

为适应学生不断发展的学术兴趣和需求而建立本科生中心,对将哈佛的学者组织到一起,是一个重要的机会。我们的委员由衷地支持这一充满灵活性的项目。文理学院对新的中心的评价和评估机制似乎是合理和有效的,我们认为没有必要修改。

2005 年/2006 年的课程审查引发生命科学和物理学导论课的改革,我们十分赞成这一发展。理工方面课程审查主要集中于这些导论课程和非科学专业的一般教育要求(参见哈佛 2006 年课程评估报告,Curricular Review Reports,Harvard University,2006)。因此我们将把注意力放在本科教学的后期,并将注重那些选择理工科学的学生。

事实上,哈佛本科教育工作取得显著成绩,并不意味着我们不需要继续努力将它做得更好。不久前的图书《预料之外的挑战》(*Our Underachieving Colleges*,博克,2006)清楚地指出:即使在哈佛,它的本科教育也一定有可提高的空间。我们建议采取如下的措施,不但促进本科学习,而且促使理工的联系更加紧密。

实践学习

现在有充分的证据表明,以学科指导为依据的课程要比多数人想象中低效(Handelsman et al. 2004,DeHaan 2006,Boyer Commission 1998),学生明显受益于更加直接和师生无程式化互动的课程。尽管美国国家科学院(NAS 2003a,2003b)和其他的一系列报告指出需要修订科学的教育方法,但变化却十分缓慢。

我们主张哈佛作为领导角色探索新方法,将传统课堂和学生实际动手学习相结合,以促进学生理工学科的学习。我们将实际动手学习定义为开放式的研究项目,其允许学生在从事理工方面问题的分析、计算或实验时和教师密切互动。虽然学校也有一些科学教育先驱(E. 梅热、R. 罗斯克及别的学者),但并没有明确的方法实施新的教育理念和评估其有效性。哈佛没有明确的资源支持专业技术课程的发展,并且其教学人员的分配和班级构成没有考虑到课程创新的需求。

特别是,我们认为实际动手学习应该在大学生理工教育中发挥更大的作用。

通过对新方法的尝试和其效果的监控,哈佛可以成为全球理工教育创新的领导者。

令人遗憾的是,现在很多哈佛理工科毕业的学生没有切身体验到真正的实际动手进行科学研究。虽然他们中的大部分不会从事科学家或工程师的职业,但是我们相信面对现实的研究是课堂经验的重要补充。

不是所有的本科研究经验都达到我们的预期效果(G. Fowler,2000)。从开始到结束的整个过程,哈佛大学都必须积极监控和指导。这就对教师有相当高的要求,而我们将它看作增加文理学院理工教师数量的重要原因。

这些动机没有激励更多的学生或教师参与到发展本科生研究经验中来。许多学生从附属医院得到科研的经验,但可能得不到学分。这可能会使学生放弃寻找令他们感兴趣的科研项目,因为进行这一研究的门槛太高或从中受益太低。

同样,许多教师几乎不愿教授本科课程,或在他们的实验室里进行和指导本科生科研项目。一些非文理学院教师表示他们希望可以更多地参与学生的教学和指导工作,但这些教师教授本科课程得不到什么益处,他们所在的学院也不鼓励他们这样做。如果文理学院教师花费时间指导本科学生在他们的实验室里独立学习,他们本身也从中受益很少。整个学校几乎没有资金援助本科项目的实验室。

除了这些阻碍,对于教师和学生来说,哈佛不同学院项目实验室资源不均衡。

我们注意到就科研机会来说,哈佛有两个主要的未充分使用的资源。哈佛附属医院的专家都是权威的科学家和技术人员,他们中很多人都有极大的兴趣指导本科生的学习。在物理学方面,哈佛拥有史密森天体物理观测台(the Smithsonian Astrophysical Observatory,即 SAO)和许多热心指导哈佛本科生的同事。

因此我们看到这样一个机会,利用哈佛学者的优势和兴趣来支持每个理工本科生得到现实的研究经验。目前有一个不平衡现象,哈佛附属医院的科学家有一部分是哈佛任命的,而史密森天体物理观测台却没有这种情况。这大概是哈佛行政管理结构遗传下来的产物,我们建议管理部门纠正这种不平衡。

为了增加教育实际动手操作,哈佛必须做到:

1. 对指导本科生的文理学院和非文理学院教师给予公平的报酬和奖赏;

2. 对医院和史密森天体物理观测台的科学家采取同样的管理方法;

3. 教职员帮助学生得到符合其利益的机会;

4. 对指导本科生科研的教师的期望和责任意识给予明确的指导。

哈佛将从这些转变中获得两大益处：学生将拥有更广泛的经验,哈佛研究领域的不同部门将会建立起新的联系。

3.2 研究生教育

我们认识到,在研究生培养中尽早地提高研究生探究跨学科课题能力,是很重要的。然而现今研究生可能并不总是基于学术兴趣选择研究组和论文指导教授。因为资金常投向特定的部门,甚至捐赠给部门里的附属小组或教师的项目,所以学生通常在入学时就被预先分配好了。

甚至就在那些基础科学系中,它们接受了文理研究生院为一年级学生拨付的大部分资金,学生也因为担心失去部门专用资源而不愿跨越系的界限。研究生与其他部门的教师共同工作,通常被看作是对其他部门科研工作的资助。

学校已经有了一些安排,以克服研究生跨系流动的这些障碍。工程与应用物理学系已经积极促进与物理学的跨学科联系。最近组成的哈佛生命科学一体化促进了剑桥(Cambridge)和朗伍德(Longwood)生命科学项目的合作与一体化。虽然哈佛生命科学一体化的12个博士项目都只接受自己的学生并且为他们提供资金,但只要曾经是哈佛的学生,就可以交替循环并且选择本专业之外的科研项目和指导教授。哈佛生命科学一体化使用基金来使变动顺利进行,并且确保研究生的变动不会对项目和教师造成损失。

通过哈佛生命科学一体化项目,研究生更加具有适应性。这种安排加强了哈佛生命科学研究的适应性和竞争力,因为它可以防止学生和教师配合不当,有助于培训津贴的发放,以培养那些兴趣符合各种联邦资助机构要求的新的科研人员。

哈佛大学应该确保,至少第一年以统一的方式拨款给自然科学博士课程的学生,并且这种拨款方式与进入的具体体系、项目和培训资助无关。为所有研一的学生提供一致的经费将消除许多障碍,使研究实验室和导师的选择更灵活,从而促进跨学科研究。这项措施也会增强教师从事项目的竞争力,因为他们在完成联邦或基金会委托的项目的同时,必须在实现研究目标和吸纳同事及学生参加二者之间找到合适的平衡方式。

3.3 教师任命和教师的多样性

聘用教师无疑是大学管理部门最重要的一个任务。哈佛大学在确定、聘用和任命那些学识充分适合现有部门的人员时做得很好，但是在人才的跨院系任命方面仍有很大的困难。主要有两个障碍。

当某一部门一半职位被划分给跨系研究者时，文理学院内部会出现一个机会成本。这些资源往往被视为牺牲该部门核心研究而得来的。这将是一个持续的挑战，特别是当哈佛努力推出新的跨学科举措时。

第二个问题是对跨学科教师的晋级和聘用。由于他们的工作可能要跨越两或更多个部门，他们常常无法从最初的部门得到足够的支持，所以他们的晋级和聘用都会有困难。当知识价值观和部门重点有很大差异时，这种双重管理特别难办。

在招聘、任命和指导拥有广泛学术兴趣的教师这种挑战方面，哈佛迄今所为已经得到了充分认可（NAS，2005），并且哈佛女性理工人员工作组（the Harvard Task Force on Women in Science and Engineering）也对此有过深入调查（www.news.harvard.edu/gazette/daily/2005/05/wise.pdf）。鉴于这一问题的重要性，我们投入了大量时间思考哈佛怎样解决它。扩大哈佛奖学金范围的愿望与严格聘用和晋级评估的需求之间关系紧张。我们赞成这一想法，所有哈佛教职员工在一个现有部门中得到任用。

我们的建议是，哈佛可以在保留优良传统的同时扩展其人员聘用方式。

我们认识到了科学家和工程师性别和种族多元化的重要性。哈佛像大多数大学一样，需要确保在确定领导和委员会成员，以及招聘和晋级的过程中重视这一多样性。

吸引和维持具有代表性的教师和学生这一挑战是有案可稽的（Rosser 2004，Preston 2004）。

尽管哈佛本科和研究生项目中的女性对理工教育有着浓厚的兴趣，但这个数目在教师队伍中却急剧下降。图2充分说明了这一点。学术界为理工学科就职人员提供的职业路径缺乏灵活性和再次选择的机会。终身教授这一职位的缺乏，限制了真正的各种科研人员的聘用和保留。教师有浓厚的兴趣探索增加科研职位和再次聘用职位灵活性的办法，以使其背景和经验更为多元化。

哈佛存在很少的非长聘轨岗位。在医院之外，人们根据个人特点创造了一些非医院岗位。比如，哈佛公共卫生学院共有56个全职和兼职研究员职位，文理学院（生命和物理科学及工程和应用科学部门）拥有21位高级研究员。

那些满足多样化需求的部门也没有得到学校的奖赏。

部分跨学科科研资金是通过教务办公室获得的。然而,这种临时性使其很难及时得到各种支持。由于这一活动没有标准,因此它很难以明确的理由进行选择或拒绝某些项目。

一些医院的常务研究委员会为常务委员正式评估科研活动、增加决策透明度提供了很好的例子。比如,马萨诸塞总医院(MGH)的研究执行委员会(ECOR)建立了一个论坛,用来讨论进行科研和制定科研政策中遇到的所有重要问题。一个相似的、内部的委员会将改进哈佛理工规划,并且有助于规范跨学科科研项目的选择和资金的使用。

3.7 对智力发展的阻碍

如果人们把哈佛在发展理工方面已有的努力按人员聚集程度分成等级,并将其与活动期间相对应,就会发现存在两个集中区域。对一些调查者来说,其中一个持续存在三到五年的时间——只要有典型研究资助的存在。同时,也存在由各系组成的几十个人员的研究群体,他们活跃的期限并无特定的时段。中等水平的即五到十名成员形成的研究群体的合作研究会持续十年,但这种现象较少见。这是人们主动进行合作研究的主要区域,也是人们关注的中心之所在。哈佛确实存在大量类似的活动,如果教师能够抓住时机提出开展研究活动的提议,并且其提议能够以可预测的方式得到评价,我们将从这样的结构中受益。现在,哈佛缺乏一套良好的机制去征求建议,我们对这些建议的评估往往是临时性安排的结果。

通过建立一套明确的标准来评估有关建议和定期征求新理念的承诺,我们就能够使哈佛学者可以对新的知识有所回应。如果我们决心在阻止创新的同时能够以同样的速度来重启它们,我们创新的能力就会得到改进。

无论是科研还是教学,哈佛都没有明确的方式促进整个学校的理工发展。它们仅仅是依靠纯粹的意志和参与教师的承诺而存在的,并且由于晋升标准、任命程序、薪金、资源和教学要求的差异,它们时常不能正常运转。

3.8 哈佛现有基础设施的不足

理工教学和科研需要工具。哈佛教学实验室的设计和装备主要是为班级授课所准备的,而不是用作实际动手学习和学生项目。哈佛并不管理这些资源,以使教师可以申请资助、维持和修复这些设备。我们特别要注意的是,哈佛的研究计算能力远低于人们对这样一所领导机构所期待的。系统管理和科学规划人员的缺乏,阻碍了想要进行具有挑战性计算研究项目的学者。在哈佛的系统中,这些计算设备还没有被赋予明确的角色和职责,并且很多团体被迫安排学生或博士后作为系统管理员。主动创新计算正在解决这些问题,我们需要一个更全面的方法,该方法将为学校的每一位研究者提供尖端的科研计算工具。

4.0　建　　议

建议 1:改变理工教育中学生的教育和培养方式。

加强本科教育

本科实验教学除培养实验技能外,还应包括基于项目的工作。这里有一些令人印象深刻的例子,比如分子与细胞生物学(MCB)100(学期科研项目)和计算机科学与工程中的工程和应用科学部门(DEAS)课程(CS50,ES51 和 ES100),但是哈佛所需的相似课程涵盖理工学科各个领域,并且还要保证数量充足,以使每个对它感兴趣的学生都可以学习。虽然培养学生如何在实验室工作的基本知识是必须的,但通过一系列的实验提出新的问题,将会提高教育价值观和学生对理工职业的兴趣。将实验室课程融入教学课程,建立起技术性和"研究性"的技能,可以实现这一目标。

哈佛应该为全职教员提供机会,指导大学生在实验室进行实验,这需要增加教职工人数,以指导大学生进行以课题为基础的实验工作。在适当情况下,哈佛应该鼓励各学院的教师教授哈佛不同学院的学生,其中也应包括哈佛附属医院的教师。

哈佛应该建立一套方法,以追踪在教师实验室进行课题研究的大学生和研究生所接受的教学和练习。我们建议成立教师和辅导员小组来履行这一职能。

最大限度增加理工专业研究生的流动性。

我们提出两个具体建议提高研究生的流动性。

哈佛应为自然科学和工程技术专业建立与哈佛生命科学一体化(HILS)相似的协会。哈佛生命科学一体化协会是理工专业毕业生广泛融合的极好例子。建立这样的管理协会——哈佛物理科学与工程协会,将会极大地提高研究生流动性和导师的选择。比如,相关项目要求统一性。在这一进程中,招生、咨询和学位授予的监管也将最优化。这两大机构〔哈佛生命科学一体化、哈佛物理科学与工程(HIPSE)〕应该共同鼓励想从事跨生命科学、物理学和工程学领域的学生。任职于这两个协会的指导委员会的教师应当鼓励这种合作。

作为研究生项目的相关组织,哈佛生命科学一体化和最近设立的哈佛物理科学与工程(HIPSE)应当适当鼓励新的跨学科博士项目。不久的将来,这种在生物医学和生物工程学中称为转化研究的新领域可能适于发展新的博士培养项目,而且这些项目将适当包含来自哈佛医学院、文理学院和医学院的教员。

哈佛还应为所有研究生提供至少第一年的与独立于各部门资源之外的奖学金。为一年级研究生提供的主要奖学金将消除学生流动所遇到的障碍,特别是那种潜在的观念,即学生必须从部门中或项目中选择一位指导老师。

关于实施环节的思考

为了给予学生更加深入的实验室经验,有几个问题必须得到解决。哈佛大学将需要更多的实验室,使其能够支持基于项目的实验室课程,并且当课程变化时易于重新配置以便进行不同的实验。大学必须做好工作,以确保每个学院和部门承担均等的教学任务。重要的一步就是找到适当的标准,对大型公共服务课程、小讲座或研究班课程、基于项目的实验课程、学院实验室大学生和研究生的管理等这些不同的教学形式进行评价。

实际动手学习的实施与我们的教学实验室有所联系,我们在下面的建议中提到了这一点。

夏季的几个月为大学生提供了充分参与研究小组工作的机会。我们赞成PRISE项目,它为参加夏季研究活动的学生提供薪金和住宿。我们建议哈佛扩大这一项目,因为我们预期学生对实际动手学习的要求会平稳增长。

我们对克服本科教育某些组织障碍方面的建议需要特别关注。学院之间教学预期差异很大,很少有学院鼓励或奖励他们的教员到其他学院进行教学。在某些情况下,教员的跨学院教学会遇到障碍。比如,如果一个哈佛医学院的教师在为文理学院上课时,如果他的相关费用得到了医学院的补偿,而医学院并未事先得到这笔费用的话,他们不会有兴趣鼓励教师去上这样的课。哈佛医学院、哈佛公共卫生学院、文理学院和附属医院的管理、监督和激励机制需要调整,以便允许和鼓励教师在适当的时候在非所属院系的进行实验室指导和普通课程教学。

我们建议所有的研究生课程对参与教师制定明确的要求,其中包括教学、参加学生研究报告和项目管理等。教育委员会需要考虑针对研一或更多学生的院系独立奖学金的成本问题。充足的研究生奖学金对理工年轻教师的招聘和晋升都十分关键。

建议 2:建立全校范围内的科学计划委员会,以正规、透明、全面的程序评估、排序、支持和监督全校范围内理工活动的一系列投资。

为了更好地支持和管理跨学科研究,我们建议创建哈佛大学理工委员会来评估整个大学的跨学科理工研究工作,并且对在特殊研究领域设立新的分组提出意见。这种正式的常设委员会应由教务长担任主席,并且应包含两部分:大学里不同的学术结构代表(理工学院的院长和一位哈佛附属医院的 CEO)和由众多教师提名最终由校长任命的一组教师。哈佛理工委员会将增加哈佛关于理工决定的透明度。

哈佛理工委员会有四项主要职责:

1)评估研究提案
2)协调跨学科和交叉研究的资源分配
3)设置理工教育的发展重点
4)对跨系委员会和跨学院学系的形成和定期评估提出建议

评估研究提案

哈佛理工委员会将对哈佛大学跨学科理工研究的建议进行评估。学院将有机会向哈佛理工委员会提交详细的提案,要求每年给予资源以支持其跨部门科学和技术活动。所有申请必须以标准格式呈现,以便哈佛理工委员会可以用来评估每个提案。对要求得到超越一定水平的资助的提案,其申请需更为详细和精确。作为评价过程的一部分,哈佛理工委员会应确保工作中委员会成员组成适当,应询问是否需要涵盖更多部门的教师(比如额外部门),并且确保领导和创始人中有适当的女性和少数族裔。哈佛理工委员会要能够支配一笔公共基金(将在下面详细讨论),以便为这样的提案提供所需资金。

哈佛理工委员会还对哈佛目前薄弱的理工研究的重要领域给予支持或对其提出建议。

协调资源分配（详情如下）

对于研究工作,哈佛理工委员会会将人员、空间和资金协调分配给跨院学系、跨系委员会和基于与其他跨学科申请相比的重点提案的研究活动。

设置优先发展重点

在发展办公室为理工筹措资金的提案和评估中,哈佛理工委员会将起到至关重要的作用。

建立跨系委员会和跨院学系及对之定期评估的建议

哈佛理工委员会将会建议通过创建跨系委员会来促进跨学科研究。如果研究需要长期的智力投入,哈佛理工委员会将向校长和学校董事会建议成立跨院学系。哈佛理工委员会和参与学院将为此提供人员和空间。哈佛理工委员会要确保考虑女性和代表性不足的少数族裔,并且在领导职务、委员会成员和这些新结构创设的其他职位中要有女性和少数族裔的代表。

哈佛理工委员会将负责跨院学系、跨系委员会和科技项目等的定期评估。

跨院学系和跨学科委员会的监管

跨院学系将要向由其教师所属学院院长组成的哈佛理工委员会的一个下属委员会进行汇报,而该下属委员会则需要向教务长汇报。跨系委员会的教师不但要向其所在系主席汇报,还要向跨系委员会的执行委员会汇报。执行委员会要向由跨系委员会教师所属学院的院长组成的哈佛理工委员会的下属委员会汇报,并且下属委员会要向教务长汇报。

咨询作用

在提高跨学院理工研究的知名度和决策透明度中,哈佛理工委员会同样发挥着重要的咨询作用。哈佛理工委员会会为文理学院、哈佛医学院、哈佛公共卫生学院、哈佛工程与应用科学学院的学院院长和每个医院的执行委员会提供论坛,以便讨论他们的计划中可能的联合研究活动。这个常务委员会还将为研究空间的规划和大学如何满足理工工作性别和种族多样性的目标提供讨论论坛。

哈佛理工委员会在协调附属医院和哈佛其他部门活动的方面也发挥着重要的作用。在建设和开发这些连接点上,我们看到了重要的机会。

因为哈佛理工委员会的评估和扶持在本质上是跨学科的,所以委员会也将成为理工委员会与大学中对此感兴趣或参与的教师的中间人。在哈佛之外更广泛的社区(比如工业、政治团体等),它也担当着相同的职能。

虽然没有直接参与本科或研究生教育(这将继续通过传统渠道)管理,在需要时哈佛理工委员会也会对科学和工程相关课程和教育活动给予建议。

哈佛理工委员会要负责评估跨系委员会和科学与工程活动。评估有不同层次,包括哈佛理工委员会的连续非正式监测,哈佛理工委员会的正式评估,哈佛理工委员会指定和委托哈佛教师进行的正式评估,哈佛理工委员会指定和委托外部教师进行的正式评估。这样的评估将与董事会相协调,由董事会任命评估委员会对系进行评估。

对哈佛理工委员会角色的限制

哈佛理工委员会的目的是促进哈佛各学院和附属医院的跨学科研究,协调大型活动。哈佛理工委员会不负责跨院学系、跨系委员会、科学创新和传统的基于学校的部门的日常管理。在与学院院长的协调中,哈佛理工委员会将制定政策,最大限度地减少学校内和学校间招聘教师和研究生的竞争,但哈佛理工委员会不负责授权或监控各个教师的招聘。

(1)哈佛理工委员会的结构:常务委员会的构成要能够完全代表哈佛医学院的生命科学、哈佛公共卫生学院、文理学院的物理学、工程和应用科学部门,以及哈佛大学附属医院的主修科目[马萨诸塞总医院(MGH)、布里格姆妇科医院(BWH)、柏斯以色列狄肯尼斯医学中心(BIDMC)、儿童医院,丹纳-法伯癌症研究所(DFCI)]。

哈佛理工委员会要向校长汇报。哈佛理工委员会(HUSEC)由教务长担任主席。委员会要有12—18名成员,其中5名成员是依据职位确定的,剩余的教师成员则由校长指派。依据职位任命的成员应是教务长、文理学院院长、哈佛工程与应用科学学院(HSEAS)院长、哈佛医学院院长、哈佛公共卫生学院院长和哈佛附属医院的一名CEO或选派者。在哈佛理工委员会中代表哈佛各学院和附属医院的教师应该公开选举。需注意委员会委员中女性和种族多样性的平衡,确保其成员分别代表不同的选区,指派的成员要致力于学校更大的目标而不是特定团体的狭隘利益。至少一名哈佛理工委员会成员要来自社会科学、艺术学科或人文学科。

(2)由哈佛理工委员会协调资源:哈佛理工委员会将建立人员、空间和资金协调投资的机制。它的目的是确定和实施哈佛理工学院新的综合机遇,而不是仅作为一个咨询机构。我们的愿景是,每个参与学院从其资源中拿出一部分,用来支持哈佛全校性的理工项目,并通过学校统一管理的资源来增强这部分财力。

将来,要开发哈佛理工的所有潜能,需要哈佛医学院附属医院和哈佛其他部门更好地协调与合作。除了附属医院通过它们在哈佛理工委员会的表现参与到计划中,机制还应该继续发展促使多个机构参与适当的具体项目。

如能实现,资源共享和分配应该尊重自主性,但要减少教师合作障碍。

在下一个十年中,哈佛理工委员会应当协调分配不少于 75 名新增跨学科专业员工。它将会向科技项目和跨学科委员会提供员工(或者是专业员工,或者是与学院或学系相适应的半职员工)。随着时间推移,这些员工在离职或退休后,相应岗位将重归哈佛理工委员会支配。当人们向校长和董事会推荐成立一个跨学院学系时,必须同时向其提供所涉四个学院间有关人员、空间和经费分配的比例说明。

哈佛理工委员会将在四个校园中(奥尔斯顿、剑桥、朗伍德和与哈佛有联合投资的麻省综合医院)提供确定的协调空间,以确保活动的顺利发展。随着时间推移,这一空间将涵盖一部分西北建筑、奥尔斯顿所有新理工的空间、剑桥腾出的科学博物馆(如果博物馆搬到奥尔斯顿),还有朗伍德腾出的哈佛公共卫生学院(HSPH)空间(如果哈佛公共卫生学院搬到奥尔斯顿)。

我们建议哈佛理工委员会对新的理工地点给出意见,以确保通过以下准则使其在校园中达到平衡:大量的科学合作必须设置在奥尔斯顿,以确保这个新校区成为一个理智、充满活力并且对学者有吸引力的校区(见建议 5)。相似的,哈佛其他校园(剑桥、朗伍德和哈佛附属医院的其他合作或联合投资),不但仍然需要保持足够的分量,更重要的是,而且同样能够成为激发新灵感的地点。

在评估这些提交给哈佛理工规划委员会的建议,以决定哪一个项目(新提议及先前在奥尔斯顿规划中生成的提议)可以设置在奥尔斯顿(见建议 5)时,我们采用了这样的准则,即综合考虑确保各校区已经存在的那些学者团体拥有新的活力,同时能够形成新的有凝聚力的学者团体。哈佛理工委员会将在适当的地点评估特定的提议时使用同样的准则。

哈佛理工委员会应该对新的资金如何分配给予建议。医院和学院的资金应该相互独立。这将为早期的活动提供种子资金,为共享设备提供部分资金,并为复合型博士后和研究生提供财政支持。

(3)关于实施环节的思考:哈佛理工委员会是合法且有效的团体,它从一开始就被赋予协调管理和分配专业员工、空间和资金的权力。学校通过这样的机制支持新的技术、工程学和科学。这些资源是评估哈佛理工教育范围的保障,利于其管理哈佛理工教育投资。

哈佛理工委员会的结构对它的成功至关重要。哈佛理工教育的支持者需要足够的代表,并且有关学院院长必须积极参与哈佛理工委员会的讨论,以确保资源分配的透明度,并对委员会早期工作给予合理的意见。哈佛理工委员会应该成为一个特别的评估场所,通过跨院学系、跨学科委员会和科学技术项目帮助院长们制定、实施和评价完整的议程。

哈佛理工委员会将参与意见的评估和生成,而且还要确定哈佛理工教育的方向,所以它需要高层次人员来完成任务。

为了有效的代表教师,哈佛理工委员会的工作要尽可能透明。我们建议哈佛理工委员会公布它的议程和会议摘要,校长建立一套机制定期审查其工作。

建议 3: 建立敏捷和快速的组织结构支持跨学科理工教师的聘用、晋升和科研。

我们建议成立两个新的组织,以促进交叉学科教师的聘用、晋升,跨越哈佛那些拥有理工人才的学院的界限,充分发挥哈佛理工的教师人才的作用。

- 跨系委员会
- 跨院学系

我们还建议延续科技项目。我们提议的这些宽泛的分类,旨在帮助理工新项目的评估和管理,但是我们意识到一些新的或进行中的工作可能不完全符合这些分类。

跨系委员会

我们建议哈佛理工委员会拥有建立跨系委员会和任命教师的权力,它要负责大学跨系教师的聘用和晋升。通常,跨系委员会是关于智力工作(比如本科教育)或科研工作(比如微生物科学研究)的常设委员会。哈佛理工委员会分配具体数量的跨部门教师,跨系委员会有权雇用、指导和推荐这些教师的晋升。所有跨系委员会任命的教师属于大学下属学院现有部门,在其所属部门中有教学和服务义务。跨系委员会考虑任命的教师应由所涉及的系对该任命进行投票以决定取舍。

表 2　现有部门、计划中的跨院学系、跨系委员会和项目
之间的区别。目前本科生主要适用于文理学院

组织架构差异

	传 统 学 系	跨学院学系	跨系委员会	科 技 专 项
范围	单个学院	多个学院	差别	差别
期限	＞20 年	＞20 年	＞10 年	～5—10 年
职员岗位归宿	返回学院(通常返回到系)	返回到 HUSEC(通常返回到系)	新职员岗位回归 HUSEC	新职员岗位回归 HUSEC 或学院
空间分配权	系	系	不定(由 HUSEC 或者由系/学院)	不定(由 HUSEC 或者由系/学院)
本科生教育	承担	承担	不定	不承担
研究生项目中的角色	承担	承担	通常承担	通常承担
分配教学	是	是	取决于具体安排	非
招聘人员	是	是	是	基于专项研究
长聘决定	是	是	是	不承担(通过系进行)

　　跨系委员会结构:一般来说,跨系委员会是为专项科研或教育项目人员的招聘而建立的(通常,但并不一定,是为了那些被任命到两个或更多个系的教师;大部分教师被任命到哈佛一个或多个学院的一个系)。这样的委员会将负责管理多项招聘,推荐复合型教师(达到教师资源的限制为止)。因此不必为每次跨系委员会的招聘成立新的招聘委员会。委派到跨系委员会的教师三到五年为一期,将受到哈佛理工委员会的审查以确保其连续性。偶尔,可以为某位有特殊成绩的学者成立特设招聘委员会,通常这位学者会被聘为高级教员。虽然常设跨系委员会由从事普通脑力工作(活动,教育等)的教师组成,但不是所有从事这种工作的教师都需要成为跨系委员会成员。跨系委员会的成立促使开发新的知识领域,推荐教师的聘任,指导和支持青年教师,并向各部门对跨系委员会教师晋升和聘用提出建议。

跨系委员会的构成：跨系委员会成员将被划分为跨学科专项教师代表或来自跨大学的相关学系的专业代表。跨系委员会现有教师会代表那些新聘跨系委员会教师的院系,但这并不是必须要求。一旦教师被任命,则表示其所在院系中有跨系委员会的成员。在总体构成和委员会的领导层应该有女性和代表性不足的少数族裔的代表。哈佛理工委员会(HUSEC)将会对跨系委员会的成立提出正式的建议,并且为校长挑选出最早的教师成员候选人。

报告结构：跨系委员会将向代表其学院参加的院长们汇报工作。我们强烈建议哈佛理工委员会参与其初期运行,并提出建议,定期对跨系委员会的发展进行正式评估,并且哈佛理工委员会应有权力建议解散跨系委员会。

跨院学系

我们建议跨学科调查研究需要长期进行,希望"永久"的智力团体进行研究和教育,或哈佛高度重视某一领域工作的情况下临时成立跨院学系。这些可能是全新的部门,或通过重组哈佛一个或多个学院现有的院系而产生的组织。跨院学系将履行传统院系各部门的所有职能,但是要向由学校的教务长和哈佛工程与应用科学学院、哈佛医学院、哈佛公共卫生学院、文理学院等多个在自然科学或工程学上有重要建树的院长组成的执行委员会汇报工作。哈佛理工委员会将评估教师兴趣小组的建议,对跨院学系的成立给出建议,并确保性别和种族多样性尽可能在重要领导角色和结构中得到体现。

跨院学系的构成：教师将被任命到跨院学系中,每个人都被指定加入一个与他们研究兴趣和教学领域相匹配的学院(文理学院,哈佛工程与应用科学学院,哈佛医学院,哈佛公共卫生学院)。某一跨院学系的所有教师都会有相同的教学前景,但会通过多种方式满足他们的需求(比如给本科生、研究生或医学生上课,在实验室指导学生,临床训练和指导等)。

报告结构：跨院学系的系主任向由教务长和哈佛医学院、哈佛公共卫生学院、文理学院等在自然科学或工程学上有重要建树的学院院长组成的执行委员会汇报工作。哈佛理工委员会与监管机构相配合,对跨院学系进行定期评估。图3显示的是对这些跨院学系报告结构的建议。

科技举措

我们倡导在评估哈佛教师提出各类举措时要有规范化的过程。这些举措可能有不同的规模和范围,有些还会随着时间的推移演变成其他结构,就如上面所说

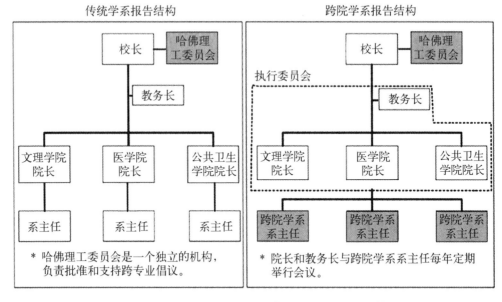

图3　倡议的新建跨院学系报告结构与现有结构比较

的,有的可能会终止。我们希望哈佛可以将精力集中于挑选那些能够持续更新和智力创新的举措。我们看到了申请资源(通常是向某个种子基金)的机会,这使我们能够开始推动把培养学生机敏能力和彼此协作作为校园文化的重要组成部分的举措。

哈佛理工委员会将发展一套清晰的标准,以应用于对新举措的评估上。

关于实施环节的思考

跨院学系成立之初,所涉及学院的院长会挑选一些现有教师成立"执行委员会"。这一团体将成为新部门的核心,它稍后将会在内部和外部为新部门寻找教师。因为该团体将决定新部门成立时最初的教师,所以院长挑选执行委员会成员时要非常谨慎。院长们应在一开始或新部门成立并运行时,商定从院系成员中指派一位系主任。在跨院学系中,院长可以制定系主任任期,规范其权力,这可能不同于传统的文理学院和哈佛医学院的系主任。

因为我们明确地支持延续所有哈佛教师的任命权属于各系这一政策,我们目前面临的挑战是:如何设计出一个程序,在相关学系的教师的聘用最初是由一个跨系委员会推荐的情况下,仍然能够在实质上与该政策不矛盾?我们建议,由被提议的院系投票表决是否任命,如果表决同意,跨系委员会和院系成员交给管理人员一封密件,在密件中他们要表明对于所讨论职位的意见。我们建议在初期,跨系委员会和跨学院学系的招聘委员会中也包括不是其最初成员的那些老师。

跨系委员会教师成员的选择至关重要,它要确保新聘教师得到充分的指导。因为新员工从属于两个或两个以上的系,而这些系也许会同样缺乏对此类新员工的激励措施,跨系委员会的成员要确保这些学者在哈佛任职期间得到恰当的指导和发展机会。因为这个原因,跨系委员会的教师应当特别关注哈佛体系中年轻教师的发展。

对跨系教师终身教职的推荐是跨系委员会教师的职责,这应与跨系委员会教师所在系的教师获得终身教职的程序相一致。

建议4:通过招聘更具代表性的复合型学者促进哈佛理工的多样性。

哈佛必须努力确保理工教育改革中教师的招聘能够促进教师的多样性。在自本科到博士后所有层次的教育和培养中也要考虑这些因素。每个系都要根据已有的程序和步骤,对现有的招聘和雇佣的实践进行评估,制订明确的促进多样化的计划。保存所有搜索到的好数据,可以对进展和多样化的效果进行评估。

要确保委员会和领导职务中性别和种族多样性的平衡。随着新的研究工作的产生,哈佛理工委员会将确保其成员不但包含合适的院系教师,而且涉及女性和少数族裔教师。同样,在跨系委员会和跨学院学系中也要考虑多样性。

为了营造理工教育多样性的氛围,哈佛应该探索那些具有选择性的工作岗位,以增加灵活性和劳动力的重新选择的机会。改进合作伙伴支持机会,例如通过创造一个研究岗位,或者由教务长掌握的全职教师岗位,使其得到获得长聘岗位的机会。同样,在奥尔斯顿校园设计中(见建议6),提供儿童保育设施和不太昂贵的住房,也提高了对教师的职业支持。我们建议哈佛理工委员会成立一个包含社会科学和人文科学教师代表的小组委员会,对其他职业选择和具体方法进行探究和定义,与教师发展和多样性办公室高级副校长合作,以加强和支持哈佛的多样性。

关于实施环节的思考

为使哈佛理工教育充分体现和受益于多样化的社区,必须全方位地考虑多样性的要求,要将其置于从本科生到哈佛的领导各层级的最优先地位。

在定义和评估是否满足性别和民族多样性要求的问题上有一个挑战。主管多样性事务的高级副教务长在这方面已经取得了巨大进展,但仍然应当被作为一个积极的合作者征求意见,以确保该委员会的建议能够以这样的方式进行,即利用每一个机会促使哈佛成为一个多元智能的社区。

对于教师职务,最重要的是从应聘者中寻找合适的人选,而不仅仅是依靠委派教师。应该鼓励所有学术团体中的成员去发现那些有潜力的地位较低的人员,关注他们的职业生涯,追踪他们的成长,在他们的研究生涯的合适阶段,鼓励他们申请哈佛的职位。各系、各跨系委员会和项目组应该呈交在该领域进行活动的年度报告。

建议 5:在核心学科继续投入。

在理工学科方面,哈佛拥有一支杰出的学者和教师队伍。在已经建设得相当好的那些学科中,出现了一些重要的长期无法解答的问题和一些使人感兴趣的新问题。由于以下三个因素,哈佛要继续对核心学科进行投入,鼓励它们成长:

1)核心学科中存在重要的和悬而未决的问题。解决这些问题对哈佛实现其提高人类知识水平的使命至关重要;

2)确保学生在天文学、生物学、化学、计算机科学、地球与行星科学、工程学、数学、物理、和统计学方面受到良好的基础教育;

3)学科分界线移动和侵蚀的速度和不可预测性。回答位于核心学科中心的那些问题,可以为跨学科研究提供新的机遇,而别的领域的进展可以令人意外地使他们接触到核心学科。

我们建议哈佛的学院继续按计划扩充理工学科的师资,包括计划内的核心学科。在这种背景下,应所涉及学院院长的要求,我们建议哈佛理工委员会审查系扩张计划,并且就这些计划来增强各个系的实力,促进本科和研究生教育,刺激各系之间的相互作用,避免学院之间无效重复工作这些方面产生的影响提出意见。

建立跨学院学系,很可能需要从现有的以学院为基础的各系中抽调一些教师。在某些情况下,教师会从一个学院调到哈佛理工委员会协调的机构,从而留下一个空缺,那就需要充实以学院为基础上机构,以维持现有各系的运行。还有一些情况下,院长可能将他们的机构转变为哈佛理工委员会协调的机构。

建议6：将奥尔斯顿校区建立成为一个跨学科的理工研究、教育和文化中心，广泛帮助周边社区和整个世界。

奥尔斯顿校区建设提供了一个难得的机遇，将多学科包括生命科学、物理科学以及社会科学汇集到一起。这些工作不仅包括那些最吸引人的理工学科，还常常聚焦于可能影响社区和整个世界的主题上。新校园的建立为建立这样一个社区提供了机会，它致力于教学、研究，鼓励校内或与校外强于本校的院校之间的联系。除了令人兴奋的研究，这些学者还可以加强和改革包括基础教育在内的各级学校的理工教育。与扩展哈佛的研究与教育使命相类似，奥尔斯顿为更广泛的团体提供了独特的文化和教育通道。

哈佛必须保证其资源和教师在各校区中的合理分配。要使其蓬勃发展，奥尔斯顿必须迅速达到关键学术标准，但是剑桥校区和朗伍德校区也要同步发展，以免造成校区间的失衡，好像有的校区胜利了，有的校区落伍了。

研究

我们关于奥尔斯顿的科学愿景包括三个相互联系的科学要素：

1) 整合生物学、化学、工程学和物理学，揭示说明细胞如何整合无数内部和外部信号以便在各种环境中生存和繁殖的那些基本原理，理解这些原理怎样解释进化的可塑性，并且利用它们控制细胞进行研究和医疗；

2) 融合生物学和医学发展再生生物学这个新领域，解决传染病的问题；

3) 提高多学科和计算分析的能力，促进生物学、工程学和其他科学之间的相互作用，找出我们当前在研究计算上的弱点。

我们建议为实现这一愿景，定位于奥尔斯顿校区的协同科学必须达到一个可观的数量。例如，根据以下诸原因，应包括以下团队和工作：

• 哈佛大学公共卫生学院的任务是培养在公共卫生方面领先的科学家和实践者，促进创新和新发现，改善发展中国家和发达国家的健康状况。

• 再生生物学和医学的任务是理解基础生物学，说明哺乳动物细胞及其在组织和器官发展、保持和更新时的角色，运用这些知识治疗人类疾病，比如糖尿病和帕金森病，它们源于某种细胞的损毁。

• 哈佛大学生物工程研究所（HIBIE）致力于生物学和工程学的衔接，将创建纳米方法测量和改变细胞的功能，理解、模仿和改善生物材料的性能，并且研究控制生物行为的路径,运用这一知识激发创造出可以被人类工程师所使用的控制方法。

- 微生物科学项目。这一小组汇集了各个系和文理学院、哈佛医学院、哈佛工程与应用科学学院中的微生物学教师。微生物构成了地球上绝大多数的物种和细胞,它使分子生物学家、地球化学家、海洋学家、进化生物学家和环境工程师共同工作,了解细菌和单细胞真核生物在控制地球历史、现在和未来中的角色。

- 系统生物学将整合这些小组,它们综合生物学、物理学和计算机科学的方法,去了解生物成分的相互作用所引起的细胞和生物体的复杂行为,并且以此作为合成生物学的一个跳板,创造细胞内的新型生物装置。

- 创新计算能够开发和使用新的方法(在分布式计算,科学数据库,计算方法和可视化中)。在收集、分析和呈现哈佛科学家和工程师从基因组学到天文学跨学科中生成的大量数据的过程中,需要这些新的方法。

- 定量分析的突出部分,是一个新的分组,旨在把数学家和统计学家聚集在一起,他们用共同的观点和分析计算框架去处理跨越广泛专业领域的问题。

- 全球传染病项目将汇集微生物学家、人口遗传学家、流行病学家、化学家和卫生政策方面的专家协调攻克传染病和寄生虫病。这一组织将特别强调这些疾病对不发达国家人口的影响。

奥尔斯顿的首批建筑物

要使奥尔斯顿校区取得成功,为其理工学科创建一批至关重要的智力项目是非常必要的。随着奥尔斯顿第一座科学建筑物的落成,并于 2010 年投入使用,要满足我们所建议的那些科技活动的范围和频次,还需要相当规模的科学建筑。此外,哈佛公共卫生学院需要另外的建筑物,以安置各类设备,满足分配需求。我们建议作为奥尔斯顿第一批建筑物的一部分,应计划三个综合大楼,使之成为一个连贯的集群。

必须把奥尔斯顿校区的活动,作为哈佛知识活动的一部分进行选择和管理。哈佛理工委员会在提供这种广阔的视野中发挥重要作用。

主要合作伙伴

奥尔斯顿校区的建设,为除生命科学、物理学和工程学之外的部门铸造合作关系提供了一个机会。其中包括与工业、与哈佛其他院系之间建立联系,以探索公共政策和科学。位于奥尔斯顿的哈佛商学院将是关键因素,这就像哈佛大学肯尼迪政府学院是公认的全球政治学的旗手、文理学院则执全球社会科学的牛耳一样。

教育和社区的延伸

我们建议奥尔斯顿所有的哈佛教员承诺,一定要承担哈佛的教学任务。跨学科委员会和跨学院学系委员会中的专业学院教师需对他们学院承担教学义务。我们相信致力于教育是奥尔斯顿文化重要的一部分,这些教师对本科教学作出的贡献便是最好的证明。教学工作的测评类似于肯尼迪政府学院的体系,教授们依据他们不同的教学类型被授予各种荣誉。这一荣誉体系将进一步满足奥尔斯顿总的教学需求,所有教师将会同意把教学工作作为其所有努力的一部分。

我们对奥尔斯顿社区服务和教育有一个重要的建议,包括迁移哈佛科学博物馆和奥尔斯顿的教育研究生院,设立哈佛科学协调组来协调教育工作。假如教育研究生院要使教育在科学中处于优先地位,就需要在项目主管下面组建一组特殊领域协调员,他们可以与教育研究生院和当地学院一起开发科学课程,由当地学院和 the Crimson Summer 学社一起检测。这需要教育研究生院教师和课程的战略转变,因为教育研究生院从没重视过小学阶段的理工教育。在奥尔斯顿,K—12 教育项目包括科学博览日和从特许区域到当代科学范围内揭示波士顿地区中学生的学习的内容。在当地成功的基础上,哈佛理应渴望塑造更为广泛的美国科学教育。大学应该与科学博物馆、波士顿公共学校系统、剑桥和附近社区,以及其他对 K—12 科学教育感兴趣的团体合作。向公众呈现哈佛科学展,鼓励互助教育的一种方法是建造一个进化博物馆,它将呈现出从 Peabody 博物馆代表的文化演变到自然历史博物馆代表的地球生物和地质演化的全过程。这是由多个博物馆提出的一个具有潜力的新倡议,我们认为这一有趣的方案的确值得进一步考虑。

尽管奥尔斯顿理工设施的建设尚未完成,但也给哈佛提供了一个特别的机会来改善研究生、博士后和青年教师的生活设施并对他们给予支持。生活宿舍和日托设施的建造将加强理工教育事业,并为其提供有用的支持体系。

奥尔斯顿职能的延伸还应包括拓展与工业和哈佛其他部门及院系的伙伴关系,共同探索公共政策和科学。坐落在奥尔斯顿的哈佛商学院的作用会像在国内外公认的文理学院之于社会科学、肯尼迪政府学院之于公共政策一样,成为关键因素。

关于如何实施的思考

要将奥尔斯顿建造为生机勃勃的哈佛校园,需要集中配套的建筑和基础设施的投资。鉴于将来哈佛理工委员会可能会赞同并建议各跨学院学系、跨系委员会和科学技术项目设在奥尔斯顿,这一需求变得更为紧迫。我们委员会认为,对相应空间的需求意味着短期内奥尔斯顿需要额外的建筑,正如上文所述。

随着大学致力于在奥尔斯顿建立一个充满活力的社区,我们注意到了办公建筑可以出租用于商业、科学和技术活动。这将有助于培养奥尔斯顿的企业家精神,并将提供短期流动资金,以便用于奥尔斯顿的建造。

尽管将博物馆从剑桥校区迁移到奥尔斯顿校区所需费用不菲,但哈佛科学博物馆对改革教育并将其影响延伸到社区有巨大潜力,此事仍值得为之。在奥尔斯顿建立一个新博物馆,从剑桥移走博物馆和重新布局空间,这一系列程序从决定到竣工需要相当长的时间(可能超过 6 年)。在为剑桥提供更多空间之前,更为关键的是下定决心,达成决策。为此,在考虑博物馆搬迁这一举动带来的好处的同时,也要考虑搬迁博物馆和翻新空出空间的成本,而且要与不搬迁情况下将博物馆的藏品和展品在原地改造所需费用进行比较,以便了解搬迁所需净成本。此外,剑桥校园中因此增加的空间对计划中的生物学、物理学或工程学的扩展具有相当的价值。除非大学愿意在北院建造新建筑,博物馆腾出的空间将是剑桥物理大规模扩张唯一可行的选择。

奥尔斯顿的成功将在很大程度上取决于哈佛与波士顿地区文化、教育和商业活动相互影响的情况。与该地区生物技术和制药公司的联系、与波士顿地区博物馆的关系、和与波士顿 K—12 院校的合作,都会加强将要建立在奥尔斯顿的知识社区。应该创造性地发展合资企业。同样,与哈佛商学院、哈佛肯尼迪政府学院和哈佛法学院的强大联系将加强哈佛的相关学科对金融、商业、政治和法律的影响,并且将帮助科学家和工程师了解他们在更广阔世界中的角色。

建议 7:建立特别的跨学院学系、跨系委员会,实施科学技术创新举措。

某些正在进行的跨学科理工研究将受益于组织的跨学院学系或跨系委员会的支持,我们已经确立了 9 个此类研究项目。我们对这些活动的地点给出了建议,并且意识到在这种情况下,一些研究设想可能会很快得以实现。当然,这取决于它们的发展水平和成熟度。

除了推荐适合每个建议的组织结构,我们也考虑了哪个建议最有可能立即形成新的组织实体。在这一方面,我们会考虑对这一提案的资金和支持是否与目前已有的联合机构的努力一致,如果一致则该建议可以立即实施;否则就需要尽快形成新的组织结构,以便统一大学内各个项目。

选择的标准

我们制订了一套标准草案供哈佛理工委员会斟酌参考(参见附录 E,哈佛理工委员会的要求)。理工学科的新发展必须有的观念:

- 科技意义:研究应有助于平衡和加强整个哈佛研究活动的组合,并且扩大当前理工学科的界限。
- 成熟的理念:这一理念应该有一个强大的教师核心,他们对之感兴趣并且愿意支持相关研究。教师中的核心群体应引导相应的努力,要有详细的提案。
- 大学的受益之处:这项研究有利于哈佛各领域志同道合的学者之间的合作,而在当前哈佛的结构下,他们的合作难以实现。
- 具体的实施方案,包括空间、人员和资金的要求。
- 引人入胜的教育理念:这一理念加强了现有的教育计划和/或者创造了新的学习机会。
- 可行性:哈佛社区拥有必需的资源,包括专业知识、设施和资金。

跨学院学系

我们建议建立再生生物和医学、系统生物学这两个新的跨学院学系,以便统一整个大学的研究工作,并促进新的跨学科教师的任用。

- 再生生物学和医学(奥尔斯顿,参见建议 6)。哈佛干细胞研究所在捐助者的资金支持下已经建立,并且我们建议该研究所立即重组为跨学院学系。
- 系统生物学(奥尔斯顿,建议 6)。

我们的初步报告建议成立跨学院神经科学系(剑桥和朗伍德)。哈佛在神经科学方面有巨大的实力,它有哈佛医学院的神经生物学,教师分布在文理学院的多个学系,其中多人参加了脑科学中心,并且有来自附属医院的教师。他们的共同任务是综合理解单个细胞中的化学和电气活动最终如何引起复杂的神经过程,产生情绪和认知,并且运用这些知识更好地了解人类的情况,预防和治疗神经系统疾病。尽管这一领域的许多教师已经参加了单个的神经科学研究生课程,但两边的情绪仍然十分强烈。为此成立的神经生物学的跨学院学系将会不可避免地过于庞大。神经科学研究生课程已经提供了有效的机制,用于融合哈佛医学院和文理学院的神经科学家们。

具有任命权的跨系委员会

另外,我们建议为哈佛大学生物工程研究所、微生物学、能源与环境、人类遗传学和定量分析学成立五个跨系委员会。哈佛大学生物工程研究所(HIBIE)和微生物学统一工作需要的种子资金和/或捐助支持已经到位,这为立即建立跨系委员会提供了机会。能源和环境、人类遗传学和定量分析是激动人心的机会值得支持。根据正式的全校范围的合作计划,如同再生生物学和医学、系统生物学的合作一样,这些应该成为哈佛理工委员会考虑成立的首批跨系委员会。

- 哈佛大学生物工程研究所(奥尔斯顿,建议 6 有具体描述)。
- 微生物学(奥尔斯顿和剑桥,建议 6 有具体描述)。
- 能源与环境(剑桥)。这一项目汇集了来自哈佛文理学院、哈佛工程与应用科学学院、哈佛公共卫生学院和肯尼迪学院的教师。他们关注的是人类如何生产消费能源,这些活动如何影响我们的环境这一大问题。他们关心的有新的生产和节能方法,当前和未来能源消费模式对环境的影响,能源使用的公共政策等。
- 人类遗传学(朗伍德、马萨诸塞总医院、博德研究所)。这一团体将开发人类基因组全序列的可用性,利用 DNA 分析和计算技术的进步,发挥附属医院和博德研究所的优势,对人类疾病的基因基础进行探究。
- 定量分析(奥尔斯顿、剑桥、朗伍德,建议 6 有具体描述)。

科技创新

我们支持的科技创新包括正在进行的生命起源、创新计算、量子科学与工程、基本物理定律、全球健康,以及为转化研究中心(该中心系为促进创新成果而设立)提出的新思路、进化生物学、生物多样性、自然保护以及计算和社会。

- 进化生物学、生物多样性及其保护(剑桥)。进化是生物学的基本概念,它的学生经常会提出这样两个基本问题:生物如何产生,为什么它们看起来以及行为是这样?哈佛在该领域有着悠久的研究历史,并在基因组测序、探索野外和实验室进化的新方法、种群遗传学研究的新进展、编目和保存地球生命的多样性、所有关于进化生物学的争议研究等方面处于长期领先地位。

- 生命起源（剑桥）。以前相距甚远的天体物理学、宇宙化学和生命起源的研究最近发生了碰撞。对围绕其他恒星的行星可能存在生命的发现，以及化学物质如何促进自我复制系统的实验，也许能够回答地球上的生命如何起源以及其他行星上是否存在生命体等问题。哈佛是这些独立研究的领导者，应该在它们的基础上建立一个跨学科中心，将这些项目放在同一屋檐下。

- 基本物理定律（剑桥）。近期的天文观测和理论进展都表明我们对宇宙结构的了解是不完整的。解决基本物理学的这一危机需要基于集成加速器的基本粒子探查，并将其与天文观测、精密实验室的测量为一体做综合考察。这一活动将把致力于探索宇宙是由什么构成的、它如何开始和演变、真空的性质及其基本成分的性质和相互作用如何形成我们生活的世界的天文学家、物理学家和数学家更加紧密地联系在一起。

- 量子科学与工程（剑桥）。信息理论与量子力学和新技术的联系催生了新的方法用以计算、信息网络覆盖和对基础系统的控制。新的哈佛项目包括从量子光学和量子信息的理论和实验室工作到固体物理学和设备工程学。

- 创新计算（奥尔斯顿，建议 6 有具体描述）。

- 计算和社会（奥尔斯顿、剑桥）。信息革命连接了人类和数字世界。计算机现在是社会结构的一部分，它的发展和使用决定了我们的现在和未来。这些技术如何影响人类的阅历、将如何改变未来、我们要如何最大化地促进好的改变以及将不好的变化最大限度地减少？这一项目将把计算机和社会科学家汇集到一起，涉及法律与政府学院。

- 全球健康计划（奥尔斯顿、剑桥、朗伍德）。全球只有六分之一的人口获得适当的医疗照顾。这一计划的重点是寻找适度的方法，以便显著提高世界上大多数人口的健康水平。它汇集了医生、公共卫生工作者和社会学家，可以缩减从基础到应用生命科学的差距，其中包括影响全球健康的社会、经济、政治和道德问题。

- 转化研究中心〔奥尔斯顿、朗伍德、马萨诸塞总医院（MGH）〕。理工学科旨在增加知识，提高生命质量。某一领域的研究在其他领域得到应用常常是偶然的。好的研究意味着基础学科和应用之间更好的关系以及学术界、临床医学和商业各种文化之间差异的弥合。我们建议通过在奥尔斯顿建立转化研究中心扩大附属医院现有工作。中心将致力于为物理和生命科学及其转变以及新的技术和仪器提供极具发展的理念,这将有助于科研、医药和提高生活质量。

建议 8:应对哈佛研究和教育技术设施缺陷。

教学设施

理工学科的教学和研究需要不断改进的工具和设施。为了使哈佛进行重大的改变促进理工教育的学习,必须要有必要的教学设施投入。这需要初步的投资和教育创新资金,通过教师间的竞争获得。目前缺乏的是计算机教学设施。尽管哈佛在科学中心有一些基于计算机的教学设施,但对于大大增加的实际数据分析和发现的支持是远远不够的。

因此我们推荐一种稳定的投资,更新教学设施。

共享研究工具

理工学科的某些方面可以使用共享设施。我们建议可以通过在哈佛的协调投资促进可观的收益(财政和智力)增长。它包括分析设备,比如质量和 NMR 光谱仪、测序技术、半导体器件制造能力和核磁共振成像系统。此外,许多实验室所具有的潜在能力并不为校园里的其他学者所知晓。

我们建议哈佛实施主要研究设备的协同采办方案,由哈佛理工委员会(HUSEC)监督。此外,如下所述,哈佛应该立即利用它的 IT 技术,更好地服务于校园里其他实验室和研究团体的学者。

研究计算

计算机改变了我们的社会,科学也不例外。理工学科现在非常依赖计算能力、依赖大数据存储能力和全球范围内的数据快速传递。分散在各地的合作者现在可以共享数据,来自世界各地的仪器和元件信息被实时传递给研究者的现象日渐增加。

根据研究发现一节所列,我们发现哈佛研究计算的基础设施,在硬件、相应的软件和工作人员的支持上远远低于我们对世界一流研究机构的期望。我们有计算需求的研究人员为此而恼怒,哈佛不仅为相关项目的设立付出了巨大的知识成本,甚至因为缺乏想象和资源而被人们无视。

我们建议哈佛大学致力于为其学者提供计算资源和适当的技术支持。在未来数十年这将是各个领域研究的基石。我们认为这是一个急需注意的重要问题。

利用技术缩小距离并建立联系

随着其他理工院校坐落于奥尔斯顿研究人员之间的地理距离的增加,我们鼓励大学用技术来促进校园之间的相互影响,使教师更易注意到大学中其他地方正在进行的研究。技术解决的方案所涉范围可从哈佛实验室和研究能力的数据库到哈佛研究提案摘要的检索库。每个校区的视频会议室也将使得跨校区会议的召开更加容易。

建议 9:启用混合资金机制,为哈佛理工的新发展提供资金。

如上所述,为了使哈佛理工委员会取得成功,投入充分的协调资源(专业员工、空间和资金)用以支持被认为是有益的科学研究是至关重要的。我们意识到,要满足哈佛理工委员会的需求,需要借助多个资金来源。虽然具体的资金安排是哈佛理工委员会和校长协商决定的,但我们建议其来源应包括以下一些或部分:

- 通过发展办公室和其他慈善机构筹款;
- 协调管理部分参与学校文理学院、哈佛医学院、哈佛公共卫生学院的资源;
- 各公司对哈佛理工委员会推荐的项目所给予的强力捐助,可以优先考虑将其部分捐助的资本化。
- 哈佛附属医院提供适当的人员和/或空间以支持与大学的合资企业。

随着一个或多个跨学院学系的成立,我们认识到对人员、空间、启动和运营成本的主要保证都需要大学提供。这些支出超出了哈佛理工委员会的范围和职权。

跨学科理工的评估和资金的议案将由哈佛理工委员会正式通过。学校统一用于支持跨系或跨学科研究工作的资金将由哈佛理工委员会管理。

根据对呈递的研究提案的初步估计,在未来十年哈佛理工委员会需要大约 75 个跨学科专业员工。我们建议制订严谨的财务规划进程,以规范未来的投资组合活动。我们正在与相关学院和医院一道努力,筹集和分配这些基金,以满足发展的需要。哈佛理工委员会将在调整和协调学院与学校的资源分配中发挥重要作用。

5.0 全面实施的思考

我们对管理、组织和结构的建议,为加强学校内部跨学科理工活动和促进跨越传统界线进行合作提供了机会。大多数建议的实施需要专门集中的努力和行政与院系领导强大和持续的支持,以确保成功。作为这一承诺的回报,学校资源将会得到更好地利用、授权的理工学院将得到更好的发展,并且形成一种新的文化,实现教育和大学的双重目标,使教师将彼此的合作置于比过去他们所习惯的那种方式更优先的地位。

我们所建议的许多变化需要理工教师、系主任态度的改变。院长要推进和管理跨系科研活动。领导从一开始就鼓励合作与创新是十分关键的。例如,对哈佛理工委员会初始成员的精心挑选,对确定正确的基调以应对各种变化和频繁调整及对各种进程的评估来说是十分重要的,这在哈佛理工委员会存在的初期尤其必要。四个学院的院长需要致力于这种学校范围内的科学、技术和工程投资的新合作,并且更好地与医院合作。

大学要鲜明地将对这一计划的支持态度传递给教师、医院、学院和更大的社区。从学校层面对早期的成功(比如哈佛理工委员会的设立、新系的形成、得到哈佛理工委员会认可的新项目,捐助者对哈佛理工委员会的支持等)和沟通导致的里程碑式的进展的肯定,将产生进一步的动力和持续的支持。

全校范围内的理工的教师应定期会面讨论哈佛理工的前景。我们建议每十年召集一个类似哈佛理工规划委员会的委员会对哈佛发展前景进行评估,鉴别那些能导致智力和组织创新的机遇,并为保持哈佛始终处于理工研究和教育的前沿提出新的建议。

6.0　财　政　考　虑

本报告中概述的理工发展前景是宏伟的,执行我们的建议需要大量的资源。因此,我们在本节中为实行我们的建议所造成的巨大财政影响给出解决框架。我们同大学的财务规划人员一道工作,尽我们最大的能力,提出为实现哈佛理工委员会(HUSEC)的建议所需资金成本的数量级的现实估算。本节的目的是依据投资规模提供所需的财务指南,而不是全额费用分析。我们第 9 条建议中强调,大学继续完善和生成财政模本和方案以便作出计划和决定是十分关键的。更详细的费用估算将在未来几个月完成,但下面的指南强调了未来十年预期的相关投资。

本文中我们的目的是,提供高水平的关于哈佛理工资金结构的概述,特别是对未来挑战的展望。

哈佛理工的经济状况

哈佛的财政资源多数都由各个学院管理,每个学院都有清楚的收入和支出记录。附属医院是独立的实体。像所有的学术活动一样,哈佛所有院系的科研都由过去和现在的慈善资金支持(礼物与捐款),其中多数由学院层级管理,也包括各种来源没有限制的收入,例如学费。与非科研活动相比,哈佛理工方面的智力活动也得到了大力支持并且是唯一一个得到由主要研究者筹集的资金和契约型基金的外部支持。这些外部研究经费主要来自美国的纳税人,通过联邦机构(主要是美国国立卫生研究院、美国国家科学基金会、美国能源部、国防部、国家航空和宇宙航行局等)而获得。基金会和公司的支持也是外部收入的重要组成部分。

这一资助式研究的支持和收入来自捐赠,是学院科研和教学活动资金的主要来源,而不同的学院间资金来源也不一样。对于包括艺术和科学的文理学院来说,捐赠是年收入的重要组成部分,而公共卫生学院的情况则并非如此。表 3 显示了拥有大量理工教师的学院的捐赠与赞助基金在过去十年间彼此比率的变化。

表 3　哈佛的理工学院年度预算中捐赠和基金赞助占比

学　　院	1995		2005	
	基　　金	捐　　赠	基　　金	捐　　赠
文理学院*	30%	21%	47%	17%
医学院	15%	51%	19%	46%
公共卫生学院	9%	71%	12%	76%

资料来源:哈佛学院监事会 2004—2005 财政年度报告

* 需要注意的是,文理学院的数字不仅是理工学科的,还包括所有项目。

通过表 3,最重要的是要认识到,大学的捐赠大约 80% 受到基金条款规定的限制而只能用于特定活动。被基金条款所允许的涉及科学的活动在哈佛公共卫生学院、哈佛医学院和文理学院中所占比例不同。除了基金本身对直接研究成本的支持(包括对研究生和博士后的部分支持),科研基金产生的间接成本回收,可部分用于支出哈佛不同园区科研设施和行政的费用。但即使最谨慎的精打细算,也依然会有不小的缺口,需要学院加以补贴。学术研究是昂贵的,一般的成本回收不能补偿这一活动的全部成本。此外,需注意的是,哈佛公共卫生学院、哈佛医学院和文理学院将继续承受来自联邦政府某些地区经济下滑影响赞助资金而带来的巨大压力。

6.1 哈佛科学研究目前的投资状况

考虑到理工扩张造成的财政影响,我们必须认识到哈佛目前在此领域大量持续的投资的必要性。

空间

哈佛现有理工科研活动的场地既有最近使用的新建筑(例如朗伍德的新科研大楼),也有历史悠久的老建筑,朗伍德医学院的四边形建筑早在一个世纪以前就开放了。这些哈佛老建筑的建设成本早已结清,剑桥的西北大楼和里斯大楼则正在建造。除了建筑费用(即服务和折旧费)和运行及维护费用,实验室和新老教师的办公室都要经常更新,装备以及(某些情况下)基本装修都需要资金支持。

基础设施

大学为理工事业提供了很多必需的行政骨干。赠款和合约管理、文秘、法律法规活动、卫生、安全和保障、会计和财务事务支持、人力资源等——这些支持科研和部分学术研究的“后台办公室”的成本通常由系、学院和大学管理部门承担。在哈佛和其他主要研究型大学,这些服务的实际成本超过上限,因此需要其他来源的收入补贴。

教师

每次新成员加入这个行列,哈佛都会做出大量投资。对理工新教师的投资平均高于给予其他学科新进教师的薪金和学术需求的投资。

除了实验室、行政支持和薪金的供给外,还有与新教师来到波士顿地区启动大型和复杂的实验室工作相关的巨额费用。帮助新教师(无论学科)处理波士顿的房租、安置和招聘费用是最重要的。更重要的是启动或搬迁一个大型实验室小组并且维持其科研活动直到可以得到赞助金所需的成本。实验室技术人员的支持、研究生和博士后、专业设备的采购等等,是必要的成本支出,多年来它抗御着这样一个充满风险的期望:与其水平相适应的资助基金能够部分抵消这些前期投资。这些实质性的启动成本与科学相关,不是所有的都能得到赞助。

6.2 新扩张的成本

在奥尔斯顿或其他地区为理工的新扩张建造新的建筑,意味着其边际成本远远超过目前在新老建筑中混合进行的理工事业的平均成本。新的科学项目往往要招聘新教师并使其开始工作,这样所需费用昂贵,并且他们可能定位于新的建筑中,这也需要支付费用。我们注意到,将现有教师转移到新的建筑中,只是在一定程度上帮助支付大学所有建筑的花费,它取决于教师可以筹集到的额外的资助。大学已经从事先募集的资助基金中获益。

作为具体的例子,我们已经与大学财务管理者一起为新的跨学科科研教师的边际成本评估创建了一个简单的模式。该模式反映了"一次性"花费与招聘、启动、工作中、年复一年所需的教师工资、技术人员、研究生和博士后、空间和设备,以及行政和其他支持所需平均成本。这一模式为花费在教师身上的成本规模提供了重要评估规则,但是并不完全覆盖所有成本,例如新建筑中非实验室部分的资金和操作维护费用、共享研究和核心设备的费用,或是像课程开发、本科实习、会议、研讨会或种子基金这一类项目的花费。

随后我们用这一简单的模式反映科研活动的规模和为创造充满活力的活动所需新教师的数量。我们估计这些新的事业十年内将需要雇佣大约 140 位专业员工。我们认为,多达一半所需的新的专业员工将与现有的对于文理学院、哈佛医学院和哈佛公共卫生学院的理工增长计划相重叠。然而,许多现有学院的发展计划仍然没有着落,所以为了我们的分析,我们选择将专业员工教师招聘由 70 人提升到 140 人。

根据对成本的估算(在解释过项目间接成本回收后),我们认为,根据研究类型的补贴,一位理科教员的一次性启动成本从 50 万美元到 300 万美元不等,年度净成本(工资和福利,科研和管理工作,债务服务,运营和维护)则为 60 万—80 万美元。假设处于其中位的一位"典型"教师,这意味着他的年度成本大约 1 400 万美元[①]。

假设在未来 10 年需要 70—140 个新的专业员工,大学的总成本将是 1.2 亿—2.4 亿美元的一次性启动成本和 0.5 亿—1 亿美元的年净运营费用。这将导致需要

① 原文为 $14M,疑应为 $1.4M,即 140 万美元。

总计 10 亿—20 亿美元的捐赠。假设专业员工在十年间呈线性增长并且启动成本采用直线摊销法,大约每年需要支付 7 500 万—1.25 亿美元的费用。

这些估计是初步的并且需要进一步完善。例如,在某种程度上 140 位新教师的增量未能到位,没有达到现有教师发展计划中对科学教师的要求,成本被夸大了。另一方面,虽然每个专业教师的成本包括空间成本和实验室操作(涵盖科研和管理),但不包括以新方法进行科研的大量花费,以及对共享核心设备和基础设施的需求,和新中心及研究院的管理成本。此外,考虑到具有挑战性的资金环境,成本估算反映的赞助资金规划可能是过度乐观。

"等效捐赠"数字折算出了所需要的年度净成本(即运行率),即将在现行的捐赠支付比率(包括一次性启动成本)条件下的长期运行所需的总成本折算为每年所需捐赠数字。另一方面,我们十分希望充分给予新的永久性的年度费用,以避免给大学运营预算带来新的缺乏基金的风险,这是学术和财政要优先考虑的。非常重要的是,增加了这么多教师这本身是有挑战性的,但无论如何,在新的研究领域,关键性的科学群体是十分必要的。未来十年甚至更长远管理这些投资的任务需要哈佛理工委员会(HUSEC)、学院领导、院长和大学管理者的充分参与和前所未有的合作。

6.3 哈佛在应对金融挑战时的选择

在这个时候,虽然我们认识到,大学管理机构不做决定是不明智的,但我们并没有满足这种规模和持续时间的财政计划。我们已经开始和财政人员一起创建新模式。这种分析必须继续而且必须吸引大学教师、学生和管理者的注意力。很明显,报告中建议的科学扩张的规模需要大学使用所有可用的收入,并且寻找新的资金来源。

大学的中心资源 Central University Resources

2001 年,哈佛的学院核准了关于大学的所有捐赠用于行政管理的费用的评估。这使大学可以重新注入资金,支持就像奥尔斯顿的基础设施那样重要项目的发展。在 2006 财年,该评估产生了约 1.3 亿美金的战略性基础建设基金。哈佛创造类似的融资工具的能力独一无二,这对我们在过去的岁月中获得的那些可观的捐赠的升值及其可靠成长是极为有利的。

尽管到现在为止还没有全面计算奥尔斯顿新校园基础设施(或学术项目)的成

本,但仅基础设施成本就会超过战略性基础建设基金所能承受的额度,需要新的慈善捐赠和其他收入。战略性基础建设基金从没打算或计划支持奥尔斯顿项目或学术的费用,其范围从科学到艺术文化、大学生生活和新的专业学院——实在是相当可观。

除了战略性基础建设基金,校长和院长也能够支持独立学院和大学内跨学科活动中新的学术举措。这些基金将会作为种子基金发挥作用,对于要使这些新的学术活动充分发挥其潜力所需要的支持而言,它们只是其中的一小部分,但却是很重要的。委员会推荐的大量新的科学活动已经或将会从这些自由支配的资金中获得启动支持。

中央管理部门手中并没有资金扩张奥尔斯顿、充分支持现有项目、为这篇报告中提出的理工创新建议等提供经费保障。要这样做,需要大量的分析、创意、新的收入和竞争优先权等艰难的选择。

新的募捐举措

我们认为,新科学知识的刺激、剑桥和朗伍德校区科学能力的扩大以及奥尔斯顿校区的发展将为哈佛带来更多的慈善机会。如果没有史无前例的募捐,新教师的设备和项目将无法持续下去。虽然在现任领导过渡期间大学资本募捐已被搁置,但科学探索领域中的新科研、新教师、新设备和创新以及领导力,将以我们从未见过的规模挑战大学。

新的收入

为了维护大学学术价值,我们必须更好地利用现有商业模式,从技术与知识产权商业化、与私营企业进行合作发展和房地产活动、拨款、礼物、与私营企业的其他合作关系,以及赞助资金中得到补贴收入。所有这些途径都有挑战:它们可能会支持创新、加速新科学知识到公益事业的应用、促进新疗法的产生、导致该地区经济发展的转变;它们也可能被滥用,导致大学学术声望受损。

现有捐赠

如果单独考虑哈佛近三年所获的捐赠,哈佛在此期间共获得了大约 70~80 亿美金,比我们基于合理和稳健的角度所预期的捐赠增长率要高一些。总体来说,很快会超过 300 亿美金。这些过去和未来的捐赠中的一部分返还支撑着大学各教师机构中的科学发展,对此应该给予审视。我们一直是大学一代又一代校友和朋友巨大捐赠和市场增长与稳健管理的受益者。现在是时候将我们一部分好运气投入到未来哈佛的理工发展中了。

7.0 结　　语

我们在过去六个月中的密集讨论,是大学努力协调各个学院之间理工新活动,并使其能够长期进行下去的前奏。通过对话和讨论,参与者也从中受到了教育,了解到了哈佛在剑桥、朗伍德和马萨诸塞总医院(MGH)校区研究和教育的规模和深度。

我们的提案旨在使大学大于各部分之和。为实现这一目标,哈佛需要更透明的教师管理、新的组织结构,以及灵活的制度,为个人和教师团体出谋划策,以抓住理工教育新领域的机遇。

对跨学院学系和跨系委员会教师聘任权的呼吁,是鼓励和协调哈佛跨学科科研的两个具体建议。它们将把哈佛各个校区凝聚到一起,为更加理性和完整地达成理工规划设置舞台,并且改变奥尔斯顿校区的规划。

我们建议哈佛理工委员会作为学校常务委员会,由文理学院、哈佛工程与应用科学学院、哈佛医学院、哈佛公共卫生学院和附属医院等的院长和教师代表组成。它负责提出启动和评估现有校区和奥尔斯顿校区中的新项目。我们相信,拥有公正和长远的眼光的哈佛理工委员会,将有助于建立一个成功且有序的奥尔斯顿校区,并且保持剑桥和朗伍德校区的强大和活力。

参 考 文 献

Reinventing Undergraduate Education: A Blueprint for America's Research Universities. The Boyer Commission on Educating Undergraduates in the Research University, S. Kenney et al., eds, 1998.

Evaluating and Improving Undergraduate Teaching in Science, Technology, Engineering and Mathematics, National Academies Press, 2003.

Improving Undergraduate Instruction in Science, Technology, Engineering and Mathematics, National Academies Press, 2003.

America's Underachieving Universities, D. 博克, 2006.

Allston Life Task Force Report, Harvard University, 2004.

Allston Science and Technology Task Force Report, Harvard University 2005.

Allston Professional Schools Task Force Report, Harvard University 2004.

Allston Undergraduate Life Task Force Report, Harvard University 2004.

Scientific Teaching, Handelsman, Jo, Ebert-May, Diane, Beichner, Robert, Bruns, Peter, Chang, Amy, DeHaan, Robert, Gentile, Jim, Lauffer, Sarah, Stewart, James, Tilghman, Shirley M., Wood, William B., Science 304, 2004.

The Impending Revolution in Undergraduate Science Education, DeHaan, R.L., Journal of Science Education and Technology, 14, 253, 2005.

Report from the Task Force on Women in Science and Engineering, Harvard University, 2005.

Curricular Review Reports, Harvard University, 2006.

Harvard College Handbook for Students, Harvard University, 2005.

The Anti-thesis, G. Fowler, Harvard Magazine July 2000, http://www.harvardmagazine.com/on-line/0700149.html.

The Science Glass Ceiling, S.V.Rosser, Routledge Press, 2004.

Leaving Science, *Occupational Exit from Scientific Careers*, A.E. Preston, Russel Sage Foundation Press, 2004.

Report of the Interdisciplinarity Task Force, NAS press 2005.

Annual Letter to the Faculty, W. Kirby (Harvard University 2006).

Harvard Office of Sponsored Projects 2005 Annual Report.

Financial Report to the Board of Overseers of Harvard College, Fiscal Year 2004 - 2005.

附录 A: 哈佛理工规划委员会职责

2006 年 1 月 9 日

亲爱的同事:

这是对哈佛理工作出的一次特别承诺。剑桥正在建设新设施,奥尔斯顿的规划正在全力进行。大学也对理工进行了空前的资源投资。因此,哈佛在未来几年有机会位于这些领域的前沿。本着这一精神,我写信给你们请你们加入大学理工规划委员会。这一委员会要毫无偏见地为院长、系主任和我提出最具前瞻性的我们科研设施和大量资源的使用意见。最近科学与技术特别小组计划专注于跨学院、跨学科科学。现在,我们必须整合这些以学校和系为基础进行规划的理念。我们应该为已经在这里工作和那些我们希望在未来几年招聘来的教师努力创造最具吸引力长期工作的环境,并且为我们的学生创造最好的教育机会。

这一进程的目的在于对哈佛全校未来的理工发展提出建议,它无关物理位置,在回答"我们能在哪里做得最好?"之前再次追问:"我们能将什么做得最好?"虽然使用尽可能广泛的方式努力全面研究大学理工未来的方向,但是请放心,我们仍将对教师们履行现有承诺。

其中包括:

- 对教师做出的正在建设中的空间和设施的承诺,如西北实验室和界面科学与工程实验室(里斯大楼)。
- 我们已经决定,在不久的将来,大学开始在奥尔斯顿设计和建设主要的新的科学设施。
- 我们承诺,哈佛干细胞研究所永久地设置在奥尔斯顿新设施内。我们将最早目睹这一设施建成开放,该所将是第一批使用者。
- 我们承诺,哈佛努力致力于科学与应用技术的实质性改进。
- 我们承诺,哈佛医学院基础科学系将依照其五年计划与哈佛附属医院开展更紧密的工作。
- 我们承诺,共同承担本科和研究生的科学教育任务。
- 柯比院长和马丁院长的共同决定,确认目前在文理学院和医学院内从事的研究定位于奥尔斯顿校区的重要节点。

与此同时,如果有方法加强科研和教育,深化我们在重要领域的专业知识,或通过重新调整当前的工作、相关事务和资源,更成功地发起系内或跨学科的探究,我们就应该去讨论它们。我期望委员会对我们的理工事业提出全面的建议。这是一个有雄心的目标,重要而且充满挑战性,需要在接下来的几个月付出极大的努力,最终在季春时期形成报告。首次组织会议将于 1 月 20 日上午 11 点到下午 1 点举行,位置待定。我将出席会议,对委员会委以重任,并且届时教务长和各位院长也将出席。三位教师代表,哈佛医学院的克里斯·沃尔什(Chris Walsh)、文理学院的安德鲁·默里(Andrew Murray)和克里斯·斯塔布斯(Chris Stubbs)将担任委员会的联合主席。他们将与大卫·富比尼(David Fubini)紧密合作,他来自哈佛大学之外但对哈佛十分了解,并且将作为会议主持。该委员会将在固定的时间召开周会,并需要在 2006 年 5 月 1 日为哈佛集团和我准备一份报告。教务长将出席这些会议,并且他的办公室将为委员会提供人员支持。同样,教务长办公室乐于给您适当的支持,以便您有更多的自由时间为理工委员会和整个大学服务。

我将给予这一工作最坚定的支持,因为它对哈佛的未来至关重要。我期待着您的回信并且真诚地希望您能够帮助我们。

非常感谢!

劳伦斯·H. 萨默斯

附录B：初步报告前相关学科联席会议

文理学院 11 个系

- 物理学
- 生物体与进化生物学
- 心理学
- 地球与行星科学
- 数学
- 天文学
- 分子与细胞生物学
- 生物人类学
- 化学与化学生物学
- 统计学
- 工程和应用科学系

公共卫生学院

- 全体教师

哈佛医学院 8 个系

- 生物化学与分子药理学
- 遗传学
- 卫生保健政策
- 病理学
- 社会医学神经生物学
- 细胞生物学
- 微生物学和分子遗传学
- 系统生物学（待定）

哈佛领导

- 博克校长
- 哈佛医学院院长
- 哈佛公共卫生学院（HSPH）院长
- 文理学院院长

五个主要的哈佛附属医院的研究执委会

- 马萨诸塞总医院（MGH）/研究执委会（ECOR）
- 柏斯以色列狄肯尼斯医学中心（BIDMC）
- 布里格姆妇科医院（BWH）/研究执委会（ROC）
- 丹纳-法伯癌症研究所（DFCI）
- 儿童医院的研究支持组（RSG）

附录 C：哈佛理工的背景与现状

目录

哈佛公共卫生学院概述

- 主要研究和教育焦点
- 系和学部结构
- 教育的作用和成就
- 管理结构和内部资源分配
- 未来的优先事项

哈佛医学院概述

- 教育的作用和成就
- 哈佛医学院参与的博士项目
- 管理结构和内部资源分配
- 未来的优先事项
- 学术重点

哈佛文理学院概述

- 工程和物理学部
    - 系
    - 中心和研究所
    - 跨系研究生项目
    - 科学计算
- 生命科学部
    - 分子和细胞生物学系
    - 有机体和进化生物学系
    - 化学和化学生物学系
    - 心理学系
    - 生物人类学（人类学系的一翼）（存目）
    - 系统生物学文理学院中心（鲍尔基因组研究中心）
    - 脑科学中心

哈佛附属医院

- 背景
- 行政架构
- 研究领域
- 教育目标
- 对未来的期望

哈佛-麻省理工博德研究所

- 概述
- 教师
- 组织
- 设施
- 资金

哈佛公共卫生学院概述

主要研究和教育焦点

自从 83 年前成立以来,哈佛大学公共卫生学院的教师对公共卫生发展作出了重要的贡献:发展人工呼吸器,为小儿麻痹症和水痘疫苗铺平了道路,创建职业健康作为公共卫生的一个领域,确定艾滋病病毒是逆转录病毒,并且在美国发动"代驾司机"运动,遏制与酒精有关的交通事故,等等。

哈佛大学公共卫生学院可能是大学研究生学院最多的跨学科学院。学院教师和学生的兴趣和专长跨越生物学、定量分析、社会学和政策学。事实上,公共卫生领域本质上是跨学科的,其重点是人口健康,尤其是贫困和弱势群体的健康。了解和改变国内外大量人口的健康情况需要通过各种途径。其基础在于生物学。哈佛公共卫生学院能够通过研究它们的基本结构和功能,面对当今最紧急的疾病——比如艾滋病、肥胖症和糖尿病、癌症和心脏病等。我们需要像流行病学和生物统计学那样的核心定量学科,以使学院能够去探究超越个体的整个人类群体所面临的风险、广泛的影响和健康问题。并且,因为疾病预防是公共卫生的核心,学院还从事政策和社会学研究以了解这些因素如何塑造与个人健康相关的行为以及社会对健康的影响。

系和学部结构

- 学院有九个系

  实验室科学：遗传学和复杂疾病、免疫学和传染病

  定量科学：生物统计学、流行病学

  实验室/定量：环境健康、营养

  社会和政策科学：卫生政策和管理、人口和国家健康，以及社会、人类的发展和健康

  这些部门负责教学和学术项目，以及教师的招聘、任用、晋升和保留。

- 此外，它有两个学部：生物科学部（DBS）和公共卫生实践部（DPHP）。这两个学部将学院的工作集中在这两个重要领域。生物科学部监管生物学博士课程，并且为实验室科学的优先设置和关键决策提供论坛。这是一个需要投入大量的空间和财政资源的学院工作领域。公共卫生实践部成立于 1997 年，是为了响应医学研究院提出的国家号召，致力于公共卫生实践以加强学院学生、教师和从业者的服务、教育和研究机会。该部门还帮助学生为进入领导阶层以及培养团体合作关系做准备，以应对健康挑战。

- 几个中心为跨学科重大公共卫生问题提供了工作重点：癌症的预防、损伤控制、社会和健康、健康传播、健康和人权、人口与发展研究。这些中心每五年审查一次，以确保它们继续充满活力，对学院和大学知识分子的生活作出贡献。

学系名称和规模表

系	教 职 员				其他专业教师		学 生					合计
	初级	中级	助教	合计	博士后	教授	博士	公共卫生博士	科学博士	公共卫生硕士	理学硕士1	理学硕士2	
生物统计学	32	15	8	55	16	40	69		4.5		4	6	83.5

续　表

系	教职员				其他专业教师		学　生						合计
	初级	中级	助教	合计	博士后	教授	博士	公共卫生博士	科学博士	公共卫生硕士	理学硕士1	理学硕士2	
环境卫生	31	15	12	58	59	145	6	1	53		1	16	92
流行病学	19	28	15	62	23	18	0	10.5	77		53	28	168.5
遗传学与复杂疾病	9	0	4	13	30	13	16		1				13
卫生政策与管理	27	16	24	67	4	66	71*		13.5		36	48	97.5
免疫学与传染病	14	6	5	25	40	66	28		3				20
营养学	10	4	1	15	18	26	0	1.5	25				26.5
人口与国际卫生	24	3	7	34	35	39		2	28			37	67
社会、人类发展与健康	25	11	13	49	23	24		4	57		1	41	103
公共卫生硕士										297**			297
	191	98	89	378	248	437	190	19	262	297	95	176	

* 公共卫生硕士(MPH)专业并不基于特定的学系

- 哈佛大学公共卫生学院的教师已经荣获了很多科学界的最高奖项：3 项麦克阿瑟奖、查尔斯·莫特奖、2 名诺贝尔奖获得者、艾伯特·拉斯克医学研究奖、2 项亨氏奖、文理学院(FAS)EB 卓越科学奖、ACS 荣誉勋章、20 位美国国家科学院(NAS 和 IOM)成员、3 位名列在过去十年临床医学中被引用最多的前 10 位科学家,等等。

教育的作用和成就

哈佛公共卫生学院提供与公共卫生相关学科和以公共卫生作为一个职业的研

究生课程。我们的学生大约 1 000 人,约有半数从事教育进行学术研究,另一半将从事公共卫生事业,其目标为由临床研究到医疗保健机构的管理,以及成为地方、州和国家卫生部门的领导。

公共卫生硕士课程是主要的专业学位课程,持有或获得博士学位的学生要经过为期一年的课程学习。在公共卫生硕士项目中,超过 95% 的学生是内科医生。学院还提供五个为期两年的专业学位课程使学生得到理科硕士学位。此外,各学系提供博士课程,颁发理科博士学位(D.Sc.)或公共卫生学博士学位(Dr.P.H.),以及通过文理研究生院(GSAS),获得博士学位(PhD)。

- 学院提供四个学位课程:理学硕士(M.S.)、公共卫生硕士(M.P.H.)、理学博士(Sc.D.)、公共卫生学博士(Dr.P.H.)。
- 哈佛大学公共卫生学院的公共卫生学博士课程:公共卫生和生物统计生物学。
- 公共卫生政策博士学位。
- 联合学位:医学博士(MD)/公共卫生硕士(MPH);法学博士(JD)/公共卫生硕士(MPH)。

成就:
- 因为哈佛大学公共卫生学院为博士后培养提供了唯一的公共卫生学硕士学位,在公共卫生学的毕业研究生中,担任高级领导职务的占有较高比例。
- 格罗·哈莱姆·布伦特兰(Gro Harlem Brundtland)1965 年获美国哈佛大学公共卫生硕士学位,1998 年至 2003 年任世界卫生组织总干事。
- 自 1962 年,疾病控制和预防中心的六位主管是哈佛公共卫生学院的毕业生。

管理结构和内部资源分配

院长和他的高级管理团队是学院的行政和学术领导。当选的教师委员会为教师会议准备议事日程,为教师制定活动行程,以及开发其他机制与教师沟通,使教师参与到学校事务中来。几个委员会被授权负责具体的学术项目,它们是招生与学位委员会、聘任工作常设委员会、教育政策委员会。

学院的预算主要包括赞助研究经费(70%),另外 30% 来自学费、捐赠基金和礼物。可分配资金按照一个分配模型返回到各系,该模型按照各系事先获得的捐助及学费收入进行计算。

未来的优先事项

通过近期规划活动,我们已经为未来活动的优先事项开发了多学科议程和交叉方式模型:

人口健康决定因素				
公共卫生议程	环　　境	生　物　学	社　　会	卫生政策
传染病	░	▓		
慢性病	▓	▓		
非流行性的暴力/伤害				
健康差异			▓	▓
卫生系统			░	▓

这一模式与以往相比发生了一些细微的变化,为学院学术、战略发展和业务规划提供了框架。阴影部分表示每个主要的公共卫生议程的学术重点(较深的阴影表明较大的活动)。在确定未来发展的重点和方向时,需要考虑几个因素:公共卫生的重要性、学院具有独特优势的领域、影响的领域以及领域差异。需要说明的是,关注的领域包括:

- 艾滋病、结核病和疟疾,估计它们每年共夺走了全世界七百万人的生命,其中主要是发展中国家的人口;
- 超重和肥胖症,一个在全球范围内飞涨的健康问题,引发了一系列健康问题,被称为"代谢综合征":高血压、高胆固醇和血脂水平、2 型糖尿病和心血管疾病;甚至哮喘、某些癌症和受环境毒素影响产生过敏的风险;
- 未来几十年影响人口健康的主要趋势(老龄化、多样性和差异性扩大、家庭和劳动力结构的变化,以及持续的全球化),要求了解全方位的公共卫生方法对健康的影响,以及实施和评估预计可达到的最高健康标准的政策;
- 利用我们现有的人口资源并将其扩展到包括亚洲大部分地区、拉丁美洲和非洲在内的世界范围的候补资源。

其他三个因素将对学院未来发展方向产生重大影响。第一个是跨越从生物数据(基因、蛋白质、小分子)到规模不断扩大的群组研究,应对用更复杂的方法测量曝光地理位置以及捕获和解释这些数据等的挑战。二是日益增长的全球化及其对卫生的影响。三是分配有限卫生资源降低卫生和卫生保健的差距和不平等的挑战。

哈佛医学院概述

哈佛医学院的任务是"创造和培养最优秀的人才团体,致力于领导减轻疾病引起的人类痛苦"。尽管拥有领先教育背景的医生一直是这一任务的核心,但哈佛医学院的声誉和贡献源自广泛的活动。凭借数字和哲学,哈佛医学院既是一所专业学院,也是一所研究生学院。约有七百名医学博士和六百名公共卫生学博士,其中150名学生同时拥有医学博士和公共卫生学博士学位。哈佛大学 70% 的生命科学博士在哈佛医学院及其附属医院的实验室完成他们的论文。医学博士和医学博士-公共卫生学博士项目被认为是全国最好的。公共卫生学博士项目与麻省理工学院、斯坦福和加州大学旧金山分校这些竞争对手一起名列前茅。

过去 25 年,哈佛医学院医学博士项目"新途径(*New Pathway*)和卫生科学与技术(*Health Sciences and Technology*)"为全球顶尖医学院设置了标准。正在进行的医学教育改革将有助于我们保持领先地位。我们的博士项目也进行相似的改革,反映在核心科学知识和持续的学生反馈变革当中。然而,学生仅仅因为医学或研究生教育质量就选择哈佛医学院是不可能的。还有另外两个重要因素。第一,我们拥有 15 所附属教学医院,其中很多在全国排名中位于或接近前列。这丰富的临床专业知识大大超过了我们的竞争对手。第二,我们的生物医学研究,作为一个整体,是无与伦比的。我们前辈的智慧促进了科学发现的发展,从单个分子的细致研究到大型、多机构的临床试验。我们研究组合的多样性确保了大量不可预测的变化、有关转型突破等在这里的发生。

就其性质而言,生物医学总是在不断变化。这使挑战和机遇并存。我们认为,哈佛医学院有巨大的优势来应对变化。如果临床部门的教师不继续改变医疗实践的标准产生和使用新知识,他们将不会留在这里。我们的科学家们是天然的学术企业家——如果不是不断的重塑自己和了解自己知识的界线,没有人能够留在他或她的领域的顶层。我们拥抱变化,因为我们的卓越取决于我们发现和突破的能力。

哈佛医学院的主要研究和教育焦点(已经形成的优势领域)

领域/项目	生物化学与分子药理学	细胞生物学	遗传学	微分子遗传学	神经病学	病理学	系统生物学
老龄化						X	X
细菌学			X				
生物化学	X						
癌症生物学	X	X				X	
细胞周期		X	X				X
细胞死亡	X	X					
细胞生理学	X	X		X	X		X
化学生物学	X	X		X			X
细胞/组织架构	X	X			X	X	
发育生物学		X	X				
新出现的疾病	X			X			
进化	X		X				
遗传学-模式生物			X	X	X		X
基因组学			X				
人类疾病	X	X	X	X		X	
人类遗传学			X				
成像(各级)	X	X		X	X	X	X
免疫学				X		X	
微生物致病机制				X		X	
神经生物学		X			X	X	
神经发育/退化		X			X	X	

领域/项目	生物化学与分子药理学	细胞生物学	遗传学	微分子遗传学	神经病学	病理学	系统生物学
神经生理学					X		
核酸：蛋白质相互作用	X	X	X	X			
器官发育	X	X	X		X	X	
药理学/药物发现	X	X		X	X		X
蛋白质组学		X				X	
干细胞	X	X	X				
结构生物学	X	X		X			
系统生物学							X
系统神经科学					X		
疫苗的发展	X			X		X	
医学博士教育	X	X	X	X	X	X	
牙科博士教育	X	X	X	X	X	X	
博士教育	X	X	X	X	X	X	X
博士后教育	X	X	X	X	X	X	X

哈佛医学院基础科学部门

系	初级教师（女）	高级教师（女）	系 总 计（女）	主要交叉任命（女）
生物化学与分子药理学	6(1)	16(0)	22(1)	11(1)
细胞生物学	7(0)	13(4)	20(4)	6(0)

系	初级教师 （女）	高级教师 （女）	系 总 计 （女）	主要交叉 任命（女）
遗传学	4(2)	7(1)	11(3)	21(4)
卫生保健政策	8(4)	10(2)	18(6)	N/A
微生物学与分子 遗传学	8(1)*	13(2)*	21(3)*	3(0)
神经生物学	6(3)	12(2)	18(5)	6(1)
病理学	5(1)	8(2)	13(3)	N/A**
社会医学(SM)	***	***	***	***
系统生物学	3(1)	4(1)	7(2)	4(0)
总计(包括SM)：	**47(13)**	**83(14)**	**130(27)**	**51(6)**

♯ 哈佛医学院没有责任从财政上支持主要交叉任命。

* 微生物学和分子遗传学的教师数量包括在索思伯勒的新英格兰灵长类动物研究中心的研究人员。

** 所有医院病理学教师均被认为是系的交叉任命教师。

*** 几乎所有教师都有多个职务；有些只隶属于社会医学系。

教育的作用和成就

医学教育

二十年前,哈佛医学院新途径课程及其强调的基于问题的学习为全球医学教育设置了标准。在过去二十年里,医学界发生了巨大的变化。自从 2001 年以来,医学院集中力量全面审查了四年标准医学博士课程,由此导致了一个新项目的产生,计划 07 学年开始实行。新课程提取了新途径的精华——基于问题,自我导向学习——并且充分利用第一个二十年的经验对它们进行改造。在新形式中,课程重视四个原则:

1. 必须重新建立有意义的密集的师生互动;

2. 基础科学和临床医学的教学必须通过教室和临床活动合并为一体;

3. 临床教育必须重新设计,以便得到直接的教师指导,直接的病人经验和学生的直接评估;

4. 就学术而言,应该要求所有学生深入体验,并提交实质性的书面报告。

人们为哈佛医学博士课程预想的变化是雄心勃勃的,它需要更多的教员作为教师和榜样。哈佛医学院的研究院成立于 2001 年,它在更大程度上认可了教学工作的努力、支持课程创新并且帮助教师提高技能。为了扩大其任务,研究院建立了卓越教学中心,重点促进教员发展成为高效、创新型的教师,成为教师模范。

哈佛医学院的医学生中有 20% 前两年会选择另一门课程。由哈佛和麻省理工学院共同开设的健康科学与技术(HST)项目的直接任务是培养医生科学家和医生工程师。该项目一直非常成功,其校友中有杰出的国家领导人。它一直是全国和世界各地类似项目的榜样。尽管新途径医学教育没有特别考查健康科学与技术项目,我们认为它也受到了医学职业变化的影响。2005 年我们对该项目进行了仔细的内部审查。这一审查重新确定了它的价值,但也确定了其需要改进的地方。我们认真地提出建议,并且对这一项目进行重要的更改,尽管这些更改不那么引人注目。

博士教育

哈佛医学院教员参与了 12 个哈佛整合生命科学项目(HILS)中的 10 个(见表)。其中四个项目(生物和生物医学、免疫学、神经科学、病毒学)处于同一个招生、资金和其他功能的伞状行政结构之下(医学部)。三个基于其他学院(化学和生物化学、生物科学-口腔医学、生物科学-公共健康),四个由哈佛医学院和文理学院共同管理(生物物理学、化学生物学、神经科学和系统生物学)。所有学位都由文理研究生院(GSAS)授予。

哈佛医学院参与的博士项目(哈佛医学院的专业项目未包括在内)

项　　　目	生物化学与分子药理学	细胞生物学	遗传学	微分子遗传学	神经病学	病理学	系统生物学
生物与生物医学科学(医学科学部)	X	X	X	X	X	X	X
免疫学(医学科学部)			X	X		X	
神经科学(医学科学部)		X	X		X	X	
病毒学(医学科学部)	X		X	X		X	
牙科中的生物科学	X	X	X				

项　　　目	生物化学与分子药理学	细胞生物学	遗传学	微分子遗传学	神经病学	病理学	系统生物学
公共卫生中的生物科学		X		X			
生物物理学	X	X	X	X	X	X	X
化学生物学	X	X		X			X
化学和化学生物学	X			X			
系统生物学	X	X	X				X

博士生的医学教育

对公共卫生学博士开设的医学领导科学(LMS)项目始于2006年,该项目利用其所提供的机会使学生能够接近一流的教学医院。其一部分资金是由默克研究生教育奖学金和霍华德·休斯医学研究所捐赠。医学领导科学项目有两个目标。第一,它为公共卫生学博士提供人类生物学和疾病的知识,充实他们的基础科学训练并且扩展他们的研究兴趣。尽管这些学生在该项目的工作得不到学位,但他们会为研究人类相关疾病做好更充分的准备。第二,这一课程揭开了医学文化和实践的神秘面纱。我们相信这将利于今后与临床医生和医生科学家的合作。

学生可通过任何哈佛生命科学一体化项目参加医学领导科学项目。医学领导科学项目课程穿插在其他博士生项目的要求之中,需时一年半。我们预期医学领导科学博士毕业生将更加倾向于选择与人类疾病相关的研究问题,使用更好的设备与合作医生共同工作。基础医学和临床医学的严格训练会使他们受益匪浅,使他们处于重要地位。之所以要增加这个项目是因为我们认为目前不能再单单依靠医生科学家来解决医疗问题了。

医学博士/公共卫生学博士项目是培养美国医学和生物医学研究领域扮演领导角色的医生科学家的最好的项目,享有国际声誉。它综合吸收哈佛医学院医学生和哈佛与麻省理工学院的医学生。项目为这些博士生的研究训练提供了世界上最大的学术合作实验室,以及准备将基础发现快速转移到新的临床应用上的教学医院。它使学生能够在哈佛社会科学系进行公共卫生学博士的学习,包括卫生保健政策、经济学、人类学、历史学和其他科学。学生可以选择标准医学课程（原新途径医学教育）或健康科学与技术课程（HST）。两种课程都要求学生在哈佛教学医院进行严格的临床实习。

管理结构和内部资源分配

哈佛医学院七个基础科学部门（还有两个社会学部门）中的每一个都由一位主席领导。主席是在国际范围内选举出来的，通常是（但并不总是）在跨国企业（MNS）以外招聘来的。过去，对部门主席没有规定的服务条款，但最近主席被邀请连任五年。部门主席管理部门资金（金额有很大的不同，很大程度上取决于过去的积累和知识产权的收入）和部门空间。主席直接向医学院院长汇报工作。

基础科学和研究生院院长南茜·安德鲁斯（Nancy Andrews M.D.，Ph.D.）和行政执行院长辛西娅·沃克（Cynthia Walker）共同合作处理延伸到部门之外的问题和请求。他们决定学院空间和财政资源的分配，并且与主席一起处理教师招聘、保留和其他问题。他们为全校性的核心设备和新技术分配启动资金。他们与教师咨询委员会（主席和非主席教师成员）共同工作开发新的学校政策。他们为哈佛医学院（HMS）协调战略和学术规划。他们向医学院院长汇报工作。

未来的优先事项

与哈佛其他学院的项目合作。

因为我们依赖附属医院的临床教学和研究，所以合作一直是哈佛医学院文化重要的一部分。我们的教师与文理学院和哈佛公共卫生学院的科学家有正式和非正式的合作。

我们热心参与哈佛生命科学一体化研究生项目。哈佛医学院已经举办了一些活动，这些活动对所有哈佛生命科学一体化学生和新开展的莱德尔医学项目学生开放。哈佛医学院与文理学院（FAS）在几乎我们所有的现有研究生项目上开展合作，特别是两个最新的生命科学项目（系统生物学和化学生物学）以及较早的生物物理学项目和神经科学项目。

两个联合学位项目，医学博士-公共卫生学博士（M.D.-Ph.D.）项目和医学博士-工商管理硕士（M.D.-M.B.A.）项目，分别促进了医学院与文理学院、医学院与商学院的直接联系。

哈佛医学院的卫生保健政策和社会医学部门与哈佛公共卫生学院、文理学院和肯尼迪政府学院都有牢固的合作并且积极参与本科教育。以社会医学为基础的医学伦理学项目,则具有教务长协调下的跨多个学院的合作规模,它也与哈佛法学院开展了对口合作。

学术重点

在 AY03 战略规划中,五个跨学科项目被视为学院重点。其中包括一个新部门(系统生物学)和四个跨部门项目-结构生物学、化学生物学、系统神经科学和生物防御/新兴传染病。最近,一项关于老龄化的新项目以其得到的慈善捐赠作为启动资金开始发展起来。遗传学将扩大新主席招聘的规模和范围(待定)。

除了这些活动,哈佛医学院在了解和治愈人类流行疾病方面也促成了全校性的合作。这些活动包括丹纳-法伯/哈佛癌症中心(900 名教职员工)和哈佛神经退变与修复中心(HCNR)(700 名成员)。哈佛医学院是国家卫生研究院(NIH)资助的新英格兰生物防御和新兴传染病卓越地区中心(NERCE/BEID)。杜克大学也是艾滋病疫苗免疫学(HIV/AIDS Vaccine Immunology)中心的主要参与者。

教育重点包括增强对医学生的财政援助,确定新资源支持国际公共卫生博士(Ph.D.)以及医学博士-公共卫生博士(M.D.-Ph.D.)项目的扩展。

文理学院(FAS)概述[①]

理工教育部门:天文学、生物人类学(人类学的一个分支)、化学和化学生物学系(CCB)、工程和应用科学系(DEAS)、地球与行星科学(EPS)、数学、分子与细胞生物学(MCB)、有机体与进化生物学(OEB)、物理学、心理学(与社会科学相关联)、统计学。

中心和研究所:天体物理中心(CFA)、脑科学中心(CBS)、纳米系统中心(CNS)、文理学院(FAS)系统生物学中心(包括 Bauer Center)、超冷原子中心(CUA)、能源和环境行动、哈佛大学环境中心(HUCE)、创新计算研究所(IIC)、量子科学与工程研究所(IQSE)、空间、时间和物质研究所(IST+M)、原子、分子和光学物理理论研究所(ITAMP),材料科学与工程研究中心(MRSEC)、微生物科学计划[与哈佛医学院(HMS)相关联,MSI]、纳米科学与工程中心(NSEC)、生命起源。

工程和物理学部

工程和应用科学部门(DEAS)和物理学系正在致力于一个为时一年的跨系计

---

① 以下是文理学院(FAS)概述的缩写版。可参考更完整的版本。

划进程,旨在检查这些系的核心项目和其独特的跨学科活动是否值得继续进行下去,抑或需要另起炉灶。这一进程还不完整,但已经完成了很多。本文作为规划概述,包括五个主要领域:各部门愿景、成立研究所和中心、跨学科研究生项目和科学计算。

由于篇幅的限制,在这里没有展示部门规划。正如本文强调的,跨学科工作中最具挑战性的部分是确定采用什么样的合作机制。本文高度评价这一工作。本文对该项工作的强调,不应该被视为对各部门核心任务的忽视。另外,虽然这种合作被视为大多数教师的首要任务,但并非在交界处都有很大的成功机会。

文理学院概况一览表

工程和应用科学学院及物理科学单位①	资金($M)	来　　源	教职员工	专职教师	职员	本科生
系						
天文学	3.7	国家科学基金(NSF),国家航天航空局(NASA)	20	17	2	27
工程和应用科学学院	34	国家科学基金(NSF),能源部(DOE),国防高级研究计划局(DARPA)	80	66		289
工程物理学	4.1	国家科学基金(NSF),国家航天航空局(NASA),能源部(DOE),P	26	15.5	32	44
数学	1.9	国家科学基金(NSF),P	18	18	10	150
物理学	14.4	国家科学基金(NSF),能源部(DOE),Private	38	30	189	14.4
统计学	1	国家科学基金(NSF),国家卫生研究院(NIH),P	14	9	5	8

---

① 文理学院(FAS)的生命科学系、中心和研究所分别在文理学院(FAS)概述的第二节有所论述。

工程和应用科学学院及物理科学单位①	资金（$M）	来　源	教职员工	专职教师	职员	本科生
中心、研究所①						
史密森天文物理中心	94	Harvard/Smithsonian	2		800	
纳米系统中心	1	国家纳米技术基础设施网（NNIN）	1	0	17	
超冷原子中心		国家科学基金（NSF）	5			
能源与环境						
环境中心	1.2	国家科学基金（NSF），P	90			
创新计算研究所		国家科学基金（NSF），能源部（DOE），P	11	90		
量子科学与工程研究所	6.1	国家科学基金（NSF），DTO，国防高级研究计划局（DARPA）	10		2	
空间、时间和物质研究所	10	国家科学基金（NSF），能源部（DOE），国家航天航空局（NASA）	12		6	
原子、分子和光学物理理论研究所		国家科学基金（NSF），Smithsonian	4		6	
材料科学与工程中心		国家科学基金（NSF）	24			
纳米科学与工程中心	2	国家科学基金（NSF）	15			
生命起源	2	P，国家科学基金（NSF）	10	5		
研究生项目						
生物物理学		国家普通医学科学研究所（NIGMS），文理研究生院（GSAS）	70	0	2	0

---

① 中心和研究所的全名和详细描述见接下去的内容。

工程和应用科学学院 及物理科学单位①	资金 （$M）	来　　源	教职 员工	专职 教师	职员	本科 生
能源与物理生物学	8.3	国家科学基金（NSF），国家卫生研究院（NIH）	26			
科学计算						
计算网格						
里斯（LISE）						
合计					155.5	707

中心和研究所

天体物理中心（CFA）：哈佛-史密森天体物理中心联合哈佛大学天文台（HCO）和史密森天体物理天文台（SAO）的资源和研究设施，在主管的领导下研究确定宇宙性质和进化的基本物理进程。大约300位史密森学会和哈佛科学家合作研究天体物理项目。

纳米系统中心（CNS）：中心为学生、教育工作者、研究人员和科技公司提供实验室、设备、物资、专家培训和资助。纳米系统中心获取并操作关键的综合设备和纳米级成像解析装置，使实验室可用来进行众多材料系统的研究，并且开发和训练用户按照使用规范进行使用。纳米系统中心高度肯定对纳米技术的模拟计算实验。纳米系统中心涉及的部门包括化学与化学生物学系（CCB）、工程和应用科学系（DEAS）、分子与细胞生物学（MCB）和物理学，并与马萨诸塞总医院（MGH）查理斯顿校区（Charleston campus）的医疗成像有关联。

超冷原子中心（CUA）：超冷原子中心汇集了来自麻省理工学院和哈佛的科学家，对超冷原子和量子气体相关的新领域进行研究。国家科学基金（NSF）给予超冷原子中心所需的支持。

超冷原子中心的核心研究项目由四个合作实验项目组成，它们的目的是提供超冷原子和量子气体的新源头和新型的原子-波设备。这些项目将对新课题如量子流体、原子/光子光学、相干性（coherence）、光谱学、超低温碰撞（ultracold collisions)和量子设备进行研究。此外，超冷原子中心还有一个基础理论项目，聚焦于量子光学、多体物理学、波动物理学、和原子结构及其相互作用。

能源和环境：这是一项新计划，目的在于寻找安全、可靠、清洁和可再生的能源，保护社会免受极端环境影响。这种主动探究活动的关键领域是能源技术的发展、能源科学和环境的影响。这一活动将连接文理学院(化学与化学生物学系、工程和应用科学系、地球与行星科学、有机体与进化生物学、分子与细胞生物学、物理学和统计学)和哈佛公共卫生学院、哈佛医学院、肯尼迪政府学院。这一项目还将创建跨学科本科和研究生课程。

哈佛大学环境中心(HUCE)：中心鼓励关于环境和环境与人类社会互动的研究和教学。该中心从不同领域的教职员工和学生处吸取能量，包括化学、地球与行星科学、工程和应用科学、生物学、公共卫生和医学、政府、商业、经济、宗教和法律。该中心致力于为新一代研究人员、政策制定者和企业领导提供全面的跨学科环境教育。

创新计算研究所(IIC)：研究所鼓励创造性的使用计算资源解决数据密集型科学前沿的问题。创新与计算研究所鼓励理念和发明沿着从基础科学到科学计算到计算科学再到计算机科学的方向流动。

创新计算研究所在 2005 年刚启动时拥有大约 20—25 名核心职员，到 2010 年经过独立设施的建设扩大到 90—100 人。该所将由六个部分组成：(1) 分析模拟；(2) 仪表仪器；(3) 显示；(4) 分布式计算；(5) 数据库；(6) 教育及扩展(在该所奥尔斯顿设施的基础上建立一个新的博物馆，用来进行公众教育)。

量子科学与工程研究所(IQSE)：这是一项新的项目，侧重于缩短量子论、基础实验科学和实用设备工程学之间距离的研究和教育项目。具体目标包括探索信息处理、光学和电学中量子现象的新兴应用。本所的参与者来自数学、物理学、工程和应用科学系(DEAS)和化学与化学生物学系(CCB)。

项目包括：主要教师的招聘；利用种子研究基金项目培育数学到设备工程学的互动社区；博士后奖学金项目和访问学者/科学家项目。目前，已经有五个涉及长期目标的教师参与进来。

空间、时间和物质研究所(IST＋M)：该所的成立是一项创新举措，汇集了数学、物理学和天文学领域从事粒子物理学、天体物理学、弦理论、宇宙天体学和精密测量的理论家和经验主义者。

大型强子对撞机所拥有的能级规模将揭示物质的起源，自然界的基本力的对称破裂。人们意识到宇宙加速扩张可能是因为一种空间内在属性"暗能量"所导致的，这为该领域带来很多令人兴奋的事情。在理论方面，数学、弦理论和现象学的发展试图找到统一量子力学和地心引力的途径。

原子、分子和光学物理理论研究所（ITAMP）：该所目标在于：1）吸引和培训原子、分子和光学物理理论领域最高质量的研究生；2）维持积极的访问项目，促进资深研究人员一起进行时间不等的科学合作；3）建立博士后奖学金项目，培养潜在教师资源。

我们处于一个原子和分子物理学知识活跃时期，它在某种程度上是受到激光、同步辐射、中子和质子捕获、和杰出的独创实验中的粒子束等的应用的刺激而产生的。人们逐步意识到原子和分子物理是一门关于存在和结构性质的可以定量分析的有价值的学科，这也部分促成了原子和分子物理学知识的活跃。

材料研究科学与工程研究中心（MRSEC）：这是一项跨学科研究，其成员来自包括工程和应用科学部的五个部门：化学和化学生物学、物理学、地球与行星学，此外还有哈佛医学院的参与。该中心也为本科生提供研究机会。该中心得到大学的强有力的制度支持，特别是来自纳米系统中心（CNS）的支持。供这两个中心的相关教师使用的新实验室里斯大楼（LISE）正在建设中。

目前材料研究科学与工程中心（MRSEC）有四个主要关注领域，当然这些领域不是固定的，并且会引起新的跨学科科学研究：a）薄膜与界面的通用力学；b）细胞生物制品研究工程材料与技术；c）软质材料的界面引导集成；d）界面修饰。

纳米科学与工程中心（NSEC）：是哈佛大学、麻省理工学院、加利福尼亚大学圣塔芭芭拉分校和位于波士顿的科学博物馆之间的合作，代尔夫特理工大学（荷兰）、巴塞尔大学（瑞士）、东京大学（日本）以及布鲁克海文国家实验室、橡树岭国家实验室和桑迪亚国家实验室也参加了该项合作。纳米科学与工程中心（NSEC）和波士顿科学博物馆之间也有合作。

纳米科学与工程中心（NSEC）的目标是开发了解纳米系统与物理学、化学和生物学之间联系的方法。它计划、构建、描绘和测试基于电子和光子的超小量子设备并且从理论上了解它们的行为。该中心有三项研究：a）集成纳米生物学工具；b）纳米模块建造；c）纳米成像。

生命起源：现在通过结合生物学、化学、遗传学、地质学和天文学的实验，生命起源问题的解决逐步取得进展。这种高度跨学科的中心涉及从行星形成和探测到生命的起源和早期演化等多个学科。它将为哈佛的本科教育提供独特的机会。该中心将通过五个不同领域（天文学、行星科学、古生物学、化学、摩尔生物）之间的协作达成发展。

该团队教师来自文理学院（FAS）和哈佛医学院（HMS）。哈佛医学院（HMS）〔马萨诸塞总医院（MGH）〕和天文学在校园中在地理上与其他的学科是分开的。我们与微生物学项目有亲密的关系和"共享"队员。

跨系研究生项目

生物物理研究生项目：哈佛生物物理项目试图招收拥有深厚的物理学和数学背景，对生物学和生物医学问题感兴趣的研究生（～50）。

该项目包括70位教师，分别来自剑桥的物理学、化学和化学生物学、分子和细胞生物学、工程和应用科学系（DEAS）以及有机体与进化生物学系（OEB），还有朗伍德校区的生物化学和分子药理学、细胞生物学、微生物学、病理学、遗传学以及系统生物学，及大部分附属医院，麻省理工学院健康科学技术的教师。

工程与物理生物学（EPB）：项目目标是培养新一代科学家，他们将通过工程和物理学的视角探索生物进程。该项目将培养科学家去探索基本的物理效应是如何在生物系统中发生的。项目的规模很小并且具有选择性（～5/yr）。该项目感兴趣的问题一般分为三类：力学和动力学；模式和集体现象；传播、信号和通信。

工程与物理生物学（EPB）项目的主要智识社团是达芬奇小组，成员几乎全部来自物理学、化学和化学生物学（CCB）、分子和细胞生物学（MCB）、有机体与进化生物学（OEB）和工程和应用科学部门（DEAS）。科学在哈佛医学院（HMS）和哈佛公共卫生学院（HSPH）校园中十分繁荣。教师在这些活动中不断形成新的联系。

科学计算

深红网（The Crimson Grid）：该项目始于2004年4月，旨在为科学计算构建新一代校园"技术基础设施"。这一哈佛全校范围项目的主要目标是为了发展出一种能力，帮助克服传统的"大大小小的集群计算壁垒"，这一问题分布于学校的各校区、学院和各种单位。该项目的意图是使用一种开关或曰"深红（grid）"的架构，发展出一种更加彻底的无缝响应技术。

哈佛活动计划说明整套网格服务的应用——计算、数据和信息。该项目涉及对技术支持组织的新测试模型,创建新技术技能、整合新兴网格工具和技术,以及发展新业务和政策。深红网是一个单一的结构,目的在于支持全校范围的研究环境的改善。

生命科学部

生命科学部的学系和中心:包括分子和细胞生物学、有机物与进化生物学、化学和化学生物学、心理学、生物人类学(人类学的一个分支)、脑科学中心、系统生物学文理学院(FAS)中心[鲍尔基因组研究中心(BCGR)]。

生命科学部的首要任务是整合生物问题的分析,促进以前物理学、化学、生物学和心理学等独立学科的共同发展。梅尔顿(Melton)教授负责的生命科学委员会(LSC)已经着手整合和协调这些学科,以便更好地服务本科和研究生教育、促进跨学科教师招聘,创建共享研究设施以服务生命科学系的教师。

为了有助于课程目标的评审,生命科学委员会成立了生命科学教育委员会(LSEC),由五个生命科学本科部主要导师组成。该委员会致力于为生命科学本科课程规划新前景。其第一个首要措施是在 2004/2005 学年开发两个新的课程(生命科学 1a/1b)。

除了我们系的基础活动,生命科学也在文理学院两个活动的开发上享有重大成功。脑科学中心(CBS)已经有一年特别成功地招聘了教师,并且计划在未来一年完善他们的项目,在西北大厦 2008 年开放时充分使用。随着脑科学中心启动教师招聘工作以及与哈佛医学院(HMS)合作进行新的联合研究生项目,脑科学中心将进入一个新的发展阶段。

生命科学委员会认识到通过共享前沿研究设施我们的工作可以进一步提高。我们可以将鲍尔中心(Bauer Center)遗传学和基因组学坚实的实力和成就作为进一步发展的基础,该中心已经创建了一组研究和计算的核心设施,服务于整个哈佛。我们未来的挑战是扩大这些设施,以满足与工程和应用科学部门和物理学不断协作发展,作为我们西北大厦项目工作的一部分的需求。

我们将部门、中心和核心设施概述如下。

分子和细胞生物学系

分子与细胞生物学系的成员是因为对生物学分子和细胞基础问题共同的兴趣聚在一起的。另一方面,我们也与文理学院的其他部门(例如,有机体与进化生物学系、化学与化学生物学系、物理学系、工程和应用科学系、心理学系),和医学院的其他部门(哈佛医学院)基础科学系有牢固的联系,并且在一些新活动〔例如,鲍尔基因组研究中心、文理学院在系统生物学的活动、脑科学中心、哈佛干细胞研究所和微生物科学活动〕中扮演主要角色。我们支持用综合方法对生物学研究生和本科生进行教学。

其研究领域:

1) 生物化学和物理生物学:对生物学中分子和分子集成的核心关注,导致形成分子与细胞生物学(MCB)的雏形。

2) 发育生物学:这一团体的目标是了解细胞的性质和它们怎样相互作用将受精卵转变为生理和形态上复杂的成熟动物。

3) 细胞生物学:尽管很多分子和细胞生物学教师的研究解决了细胞生物学的问题或采用细胞生物学的方法,但仍然没有很好地代表细胞生物学。

4) 神经生物学:文理学院神经生物学会的目的是了解神经系统最初在个体神经细胞相互作用中是如何工作的。这一团体现在与脑科学中心合作密切。

5) 计算系统生物学;从广义上讲,系统生物学试图了解生物系统的整体性能是如何通过缺乏这些属性的部分之间的相互作用产生的。这一领域的工作包括鲍尔中心。

<u>有机体和进化生物学系</u>

有机体和进化生物学系(OEB)旨在保持世界领先的研究,在三个领域支持创新的本科和研究生教育,它们是: 1) 有机体系统生物学和生态学;2) 进化遗传学和基因组学;3) 生物多样性和生命的历史。

这样的安排,有助于有机体与进化生物学系在这些项目中贡献力量,它们是:微生物科学、脑科学中心、植物学、生命起源、系统生物学以及生物多样性与进化。作为一个学系,有机体与进化生物学系的股份与哈佛医学院/博德研究所和分子与细胞生物学(MCB)通过其进化遗传学/基因组学教师和遗传学与基因组学训练基金(GGTG)相联系,也与进化发展生物学相关;也通过 the IGERT 生物力学训练基金与工程和应用科学部门及哈佛公共卫生学院(HSPH)相关;并通过在环境和全球卫生与传染病方面的股份利息与地球与行星科学(EPS)和哈佛公共卫生学院(HSPH)相关联。

该系负责有机体与进化生物学新的本科生项目(约 100 名学生),该课程有约1 135名注册本科生,研究生培养项目有 83 名研究生,每年毕业约 14 名博士。有机体与进化生物学系的组织结构是独特的,包括两个附属机构——比较动物学博物馆和哈佛大学植物标本馆——它们都拥有各自的基金。它还同阿诺德植物园(Arnold Arboretum)和哈佛森林园(the Harvard Forest)有牢固的联系。

有机体与进化生物学系的学术重点是:1)建立一个成功的新专业;2)加强与附属教师和院系〔生物人类学,分子与细胞生物学(MCB),地球与行星科学(EPS)和物理科学〕的联系,支持更广泛的本科和研究生培养项目;3)在进化生物学和有机体系统生物学领域的强项的基础上开展广泛建设。

化学和化学生物学系

哈佛大学化学与化学生物学系(CCB)成方形地坐落在物理学和生命科学系之间,因此是重点学科之间的桥梁,同时增强了化学系的核心优势。化学与化学生物学系实力强大是基于我们优秀的教师,以及高品质的学生、博士后研究人员和教职工。该系的知识中心位置由研究和教学两个方面反映出来。

化学与化学生物学系在特定领域有战略发展优势,特别是化学生物学和材料化学,这需要在化学其他重要领域保持下去。该系教师在哈佛现有跨学科工作中扮演重要角色,包括博德研究所、材料研究科学与工程中心(MRSEC)和纳米科学与工程中心(NSEC),并且参与了其他跨学科项目,例如脑科学中心(CBS)项目。化学与化学生物学系也与一些规划中的大学科学项目有密切联系,包括化学生物学、生命科学、能源与环境、材料和纳米科学,以及计算。该部门现在正在进行发展方向计划的开发,发展方向要与我们本科和研究生教育重点相一致,并且应该是对新知识的研究。

化学与化学生物学系还有提供优秀本科教育的传统。我们促进本科生研究的机会,提供优秀建议,并且由高级教员加强高质量的本科教育。

心理学系

心理学是研究心理和行为的科学。我们研究人们如何和为什么感知、记忆、交流和思考——其最终目的是理解认知、情感和动机(正常人和残疾人,年轻人和老年人,以及生活在不同环境下的人)。这种理解可引致应用研究,比如为计算机系统建立更好的用户界面,减少小组间的冲突,以及发展更有效的心理疗法。

为了达到这些目的,心理学的研究必须是广泛和多样的。我们的研究主题是多样化的,包括激素水平差异导致的空间能力差异、隐藏于记忆能力之下的脑活动模式、某些人群缺乏快乐感的原因、人生态度的社会基础等。此外,我们使用的方法从对解决问题能力的纸-笔测试到脑磁功能成像,到研究婴儿和成年人眼睛运动模式,到记录响应时间等。我们使用高端的统计技术进行大量数据分析。

心理学系被大概划分为四组(可彼此渗透):认知/大脑/行为组(9 名成员)有三个焦点:感知、记忆和语言。社会组(9 名成员)有两个焦点:社会认知和小组互动。发展组(4 名成员)的重点是了解认知发展的根源。临床/精神病理学组(4 名成员)专注于抑郁症、精神分裂症和相关疾病的性质。该部门目前有 378 名本科生和 88 名研究生。

系统生物学文理学院中心(鲍尔基因组研究中心)

鲍尔中心是文理学院系统生物学研究的主要基地。鲍尔中心的研究由鲍尔研究人员实施。这些年轻、独立的研究人员很大程度上受到中心的资助,来自不同的学科,愿意与他人和周围的教师互相交流。该中心目前有十位研究人员,包括两位物理学家、一位生物物理学家、一位生物化学家和一位计算生物学家。研究人员培养博士后、研究生(由哈佛大学教授共同指导)和本科生。除了研究,鲍尔中心也有大量的实验室和计算机资源,供文理学院和系统生物学的科学家使用。

脑科学中心

认识到知识和生物医学对了解大脑的重要性,文理学院最近决定对这一领域进行大量投资。主要步骤是建立一个多部门的脑科学中心,有足够的财力聘请跨基础科学和临床神经科学教师。很多神经科学家被安置在哈佛新建筑西北大楼中,在这里神经科学家将和物理学家、工程师、计算生物学家、心理学家和化学家一起攻克关于大脑如何运行和发生故障的基本问题。

脑科学中心的目标是了解脑循环的结构和运行。为此我们需要比现有工具更强大的工具,而工具只能在与物理学家、工程师、化学家和分子生物学家的密切合作中得到发展。

哈佛大学附属医院概述

哈佛大学附属医院是病人护理、研究和教学的主要机构。尽管作为企业实体,教学医院基本上独立于哈佛大学和其医学院,但因为哈佛任命的教师和对哈佛医学院和研究生的普通教育任务,它们与哈佛大学有强烈的学术联系。

背景

机构

共有五个哈佛附属医疗学术中心:马萨诸塞总医院(MGH)、布里格姆妇科医院(BWH)、柏斯以色列狄肯尼斯医学中心（BIDMC）、儿童医院医学中心（CHMC）、丹纳-法伯癌症研究所（DFCI）。此外,乔斯林糖尿病中心和麦克林大型私人精神病医院,也附属于哈佛。在哈佛这一系统中也有很多其他附属医院,它们包括：剑桥健康联盟、The CBR、福塞斯研究院、哈佛朝圣者医疗保健院、贝克法官儿童诊疗中心、马萨诸塞眼耳医院、马萨诸塞精神健康中心、蒙特·奥伯恩医院、斯格本斯眼科研究院、斯波尔丁康复中心,以及退伍军人事务部波士顿医疗保健系统。

教师

附属医院包括临床医生、教师和研究人员在内的所有教职工通过哈佛大学医学院任命为哈佛大学的教师。个别医院首先发起了哈佛大学内的任命和晋升,但是需要经过哈佛医学院监督和管理的调查和/或评估。总数超过 9 000 的基于医院的哈佛教师中,有 3 689 位在大学拥有投票权的教授、副教授、和助理教授,以及 5 744 位教师。其中 7 099 位教师是全职的。

这些教师中大约 1 240 位的主要活动是基于实验室的研究,其中大部分接受来自外部的资助,如国家卫生研究院（NIH）的 RO1 资助,或类似的其他资助。哈佛医学院与这些教师进行的研究有学术上的联系。

哈佛医学院的教师中有许多著名科学组织的成员：35 位美国国家科学院院士、73 位美国艺术与科学学院院士、55 位美国国家科学院医学研究所成员,20 位霍华德·休斯医学研究所成员。

学生

739 名医学生。

160—180 名健康科学与技术（HST）学生。

140 名硕博连读双学位学生。

209 名美国学术医学中心（AMC）实验室博士生（约 15 名来自麻省理工学院）

预期博士后 3 750 名：柏斯以色列狄肯尼斯医学中心（BIDMC）600 名,布里格姆妇科医院（BWH）800 名,儿童医院医学中心（CHMC）450 名,丹纳-法伯癌症研究所（DFCI）400 名,马萨诸塞总医院（MGH）1 500 名。

预计住校生和特别研究人员 2 700 名。

研究空间

哈佛大学附属医院和研究所在波士顿地区跨多个校园拥有或租赁超过三百万

平方英尺的研究空间并且进行研究。

空间分配包括：马萨诸塞总医院 1 030 000 平方英尺；儿童医院医学中心 590 000 平方英尺；布里格姆妇科医院 560 000 平方英尺；柏斯以色列狄肯尼斯医学中心 360 000 平方英尺；丹纳-法伯癌症研究所 290 000 平方英尺；乔斯林糖尿病中心(Joslin)85 000 平方英尺；麦克林医院(McLean)30 000 平方英尺。

许多医院计划在未来 5—10 年开发额外空间，其中布里格姆妇科医院计划 140 000 平方英尺，柏斯以色列狄肯尼斯医学中心计划建造 350 000 平方英尺，2008 年启用。医院教师使用的空间有一些是租用哈佛医学院的。

研究经费

哈佛大学附属美国学术医学中心(AMC)2005 年总的研究经费超过 15 亿。其中超过 10 亿是由美国国立卫生研究院资助。

这包括：马萨诸塞总医院 4.8 亿美元，布里格姆妇科医院 3.7 亿美元，柏斯以色列狄肯尼斯医学中心 2 亿美元，丹纳-法伯癌症研究所 1.6 亿美元，儿童医院医学中心 1.3 亿美元，乔斯林糖尿病中心(Joslin)0.45 亿美元，麦克林医院(McLean)0.4 亿美元以及其他八家医院和研究所的额外基金。

行政架构

美国学术医学中心(AMCs)和相关大学之间的关系是多变的。在某些情况下，医院属于大学，另一些医院是独立的，但研究是由医院教师负责的，遍布拥有研究设施的整个大学。相反，每个哈佛附属医院是一个独立的企业实体(501－3c)，向其自己的董事会负责。每个医院都是由院长/CEO 领导并且由独立于哈佛大学管理部门的管理团队经营。财政和资金结构很大程度上独立于哈佛大学。医院教师的研究建议由各医院提交给外部机构，并且各行政机构给医院分配并管理资金。

医院也互相独立，只有一个例外。马萨诸塞总医院和布里格姆妇科医院〔以及麦克林医院(McLean)〕成为更为完整的非营利组织美国联盟医疗体系的一部分。这一体系也与丹纳-法伯癌症研究所有联合，就如同 CHB 所做的那样。柏斯以色列狄肯尼斯医学中心则与乔斯林糖尿病中心(Joslin Diabetes Center)成立了联合临床项目。

研究委员会

一般来说，每个医院都有执行研究委员会，不同程度地负责一系列的投资分配决定。

在马萨诸塞总医院,研究执行委员会(ECOR)负责制订如下诸方面的决定:为马萨诸塞总医院行政当局和信托投资机构就马萨诸塞总医院未来研究的成长和优先发展方向及与总医院附属的外部机构的沟通模式等提供战略指导,此外,它还是制定与人类社会、研究计划评估、动物保健、动物研究以及研究设施等相关政策的论坛。

研究执行委员会主要负责研究空间的分配、核心机构的建立和资金资助,以及通过该委员会讨论引来的支持各项事业的基金的年度分配,也包括投资者直接捐给委员会本身的资金。它还支持职业发展(处于其职业生涯早期的妇女及少数族群)为其提供临时的/过渡性的基金。

在研究执行委员会拥有投票权的是主席、副主席、前任主席以及五位系领导(由领导人协会选举产生)。还有研究人员选出的六位成员,研究执行委员会(ECOR)领导选出的七位成员(在主席和研究人员选举之后选举,以确保涵盖所有类型的研究观点),一位跨学科主题中心的主管,以及包括校长在内的八位高级管理代表。无表决权成员包括小组委员会主席和研究执行委员会确定的其他人。

在柏斯以色列狄肯尼斯医学中心,研究咨询委员会的任务是作为首席学术官的咨询委员会负责与研究相关的事务,包括:空间的开发和利用,除了各系直接负责的投资之外的研究投资,跨系/中心项目,政策,奖励/提名的建立和评估。它还协调定期的外部科学评估,和年度研究日。

研究咨询委员会(ReAc)掌握由多渠道获得的年度资金,该项资金用于调查/募集/保管等项事务。它还负责所有机构的研究空间和核心设施。

研究咨询委员会的成员由五个主要研究部门(医学、病理学、神经科学、放射学、外科)的主席,以及七位非主席高级研究人员组成。另有其他人员支持该委员会。

在布里格姆妇科医院,最近建立的生物医学研究所(BRI)是为了促进跨领域中心的发展以及支持布里格姆妇科医院研究团体的活动。它管理一个执行委员会和研究监督委员会(ROC),成员和要求通常类似于研究执行委员会(ECOR)和研究咨询委员会(ReAc)。儿童医院医学中心和丹纳-法伯癌症研究所中有团体类似于其他医院分别指定的研究支持组(RSG)和研究执行委员会(ECR)。

资金结构

医院和文理学院这样的哈佛学院中的教员的主要不同,取决于其依靠软性资金来源支持教师工资和研究经费的程度的不同。附属医院的教师有217位获得了哈佛教授资格,这为他们的工资和项目带来帮助。大多数哈佛教授是医院员工,其职务是专门针对医院的。那些医院中的哈佛教师不担任哈佛主席(绝大多数),通常受到医院对他们工资和项目的支持,但这些都是个别的协定并且只占工资和研究经费的一小部分。因此,医院的研究人员依靠有竞争力的外部资源资助他们的工资和研究。外部竞争性的赠款是这些研究单位成功的关键。

2005年,这些机构共收到超过15亿美元的研究资金。其中10亿美元来自国家卫生研究院。国家卫生研究院对哈佛医院的支持是哈佛大学自身(文理学院+哈佛医学院+哈佛公共卫生学院)收到的捐助的两倍,并且多于其他大学(包括它们医院的教职工)收到的资金。国家卫生研究院拨款的所有美国独立医院中,五大哈佛附属医院排名1—5(麦克林医院是独立精神病院中所获资助最多的)。

研究领域

哈佛附属医院是生物医学研究的主要地点。医院从事研究项目的总的愿望,是带来最强大的技术和见解,以达到改善人类健康的目的。因此,这些机构进行的科学研究,是为了了解人类有机体的生理机能,识别人类疾病的成因,并且利用这些知识改善我们治疗和预防疾病的能力。当今医院一个重要的研究任务是应用基本见解去探索具体疾病过程。这样的目标需要强有力的基础研究,这样的研究可能发生在医院之外,或者在医学背景下发生,也可能发生在直接与人类学,包括对流行病学和人类行为研究的临床研究和转化研究上。

基础和转化研究

每个医院的主要的基础和转化研究均跨越广泛领域,人们从事此类研究的动力来源于其从探索基本发现到聚焦于疾病机制和应用这些发现治愈疾病的目标。在各主要医院,基于研究型教师(定义为接受R01或类似资助的研究人员)的实验室总共超过1 240个。

科技项目的范围从那些从事纯正的基础研究,不直接与疾病机制或疾病处理相关的研究到那些高度聚焦于疾病本身的研究。总体说来,在各疾病领域都进行着重大研究工作,并且很多领域(如神经科学、癌症生物学)的一些独立机构也进行着大量的工作。在其他重要领域,项目包括对传染病的研究和对艾滋病、肥胖症、糖尿病和人类基因学的大量工作,以及那些聚焦于信号传导机制的剪接、血管再生术/血管生物学、血栓症、炎症和免疫响应等的工作。基于研究的实验室包括那些基本上完全致力于研究的工作,以及一个医生科学家的核心小组,他们的主要工作是研究同时也参加临床项目。

临床研究

医院通过新药和设备的临床试验以及新治疗方案的开发参与面向病人的临床研究。他们通过建立 IRBs 有完善的计划保护人类受试者。在不同程度上特定机构的基础设施促进临床研究。这种基础设施总的来说包含四个总临床研究中心(General Clinical Research Centers)(在布里格姆妇科医院、儿童医院医学中心、柏斯以色列狄肯尼斯医学中心和马萨诸塞总医院);后者在麻省理工学院配备了卫星设施以便促进这些医院的临床研究。布里格姆妇科医院和马萨诸塞总医院已经开发了大量的教育改进项目以支持临床研究。所有参与哈佛医学院和哈佛公共卫生学院的医院管理与临床研究相关的项目。

作为财政各自独立的机构,在临床研究情况下,超越了各个医院的合作研究需要有分包契约和独立的临床试验评审及管理委员会(IRB)评估。随着国家卫生研究院在接下来的几年将临床研究项目(特别是 GCRCs)合并为直接与哈佛医学院连接的单一的伞状结构,哈佛医学院主要附属机构临床研究项目的协调和相互关系可能会而有所变化。

除了面向病人的研究,还有大量工作致力于卫生服务研究,其范围包括卫生政策的制定和结果的研究以及新技术的评估。

跨领域研究 Cross-cutting research initiatives

在过去的几年里,组织复合的新研究主题项目的努力而不是以系为基础的研究在研究机构内外都蓬勃兴起。这些可以以四大多学科中心作为范例。四大多学科中心占据了马萨诸塞总医院的西姆切斯大楼(Simches building)的主要部分,它们是人类遗传学、计算和综合生物学、再生医学和系统生物学领域新投入使用研究建筑的大部分。相比较之下,其他多学科主题中心是在各个主要的哈佛医学院附属机构建立或积极发展起来的。另外,过去几年中,一些已经开展的项目建立起了跨机构合作,这可以以丹纳-法伯哈佛癌症中心作为范例,该中心的跨机构合作包括了哈佛医学院主要医院的 900 多位附属科学家和临床医生。与之类似的是,哈佛大学神经退化和修复中心(HCNR),关注于神经退化疾病,有来自哈佛医学院附属医院、哈佛医学院和文理学院的 700 多位科学家和临床医生参与合作。

教育目标

除了病人护理和科学研究,哈佛大学附属医院还有大量的教育项目。医院里的教师教授 700 多名哈佛医学院的学生,包括健康科学与技术(HST)项目的学生、200 多位博士申请人,以及大约 3 750 位博士后。估计每年医院有 2 700 位医生和研究人员从事研究生培训。除了临床和医院教学外,哈佛医学院临床前几年的教学大部分由医院医生进行,并且他们是很多课程的指导老师。

哈佛医院继续履行它们的历史使命,成为医生科学家的主要培训地点,他们不但是哈佛医院教师的新生力量,而且是国内领先学术中心和国外很多医学院和大学的主要教师资源。如上所述,医院中的教师在哈佛医学院和哈佛公共卫生学院提供的项目中扮演不可或缺的角色。

对未来的期望

在临床护理、临床和基础研究,以及医生和科学家的培养方面,医院继续保持世界领导者地位。未来重要的任务是疾病的基本划分及通过实验室和临床研究将知识转化为疗法。很明显,在理解人类疾病的遗传学基础和环境因素对遗传学特性的影响的基础上,一个特别强有力的合作正在形成。

最终医院希望开发出比现有方法更有效和安全的治疗(或预防)策略。有一些机遇加速这些工作的进程,以确保哈佛医院继续保持在科学最前沿。

将发现转化为治疗方法

上述所有都是为了哈佛医院的病人和全球人类,最终改善人类健康。医院要建立更强大的基础设施,将实验室的发现扩展为新的治疗干预措施。这些包括大多数开发新技术和药物干预的特殊能力,以及能够结合具体病人对概念研究做细致的检验,这些概念研究可以与致病机制相关。由化学生物学延伸出的努力部分支持这一目标,但它们还需要加强,需要提升制造小分子或生物制品以及用于人类研究的基础设施的能力。

在评价关键的人类分子生理学技术中存在一个特别有力的发展潜力。这种技术通过应用新成像技术以及发展这些能力和设施而得到发展,它使得对人的个性化处理成为可能,而这种处理以前只存在于标准模型系统的试验中。

在研究和使用 IT 中作为合作伙伴的患者

考虑到哈佛附属机构治疗的大量病人,医院位于利用这些联系加强研究类型的特殊位置。通过使用人类模型了解更基本的分子遗传学,可以更好地定义疾病和疾病机制以及更好地实施治疗干预措施。

目前医院研究数据库的临床数据数量是惊人的,但是大部分尚未使用。通过使用 IT 以隐秘的方式开发数据,新类型的数据集可以开发使用并且可以启用新的分析,这在以前可能是昂贵的,要耗费大量的时间进行临床试验。IT 将是与遗传疾病病人合作的一个关键性的组成部分,它可以对临床病人作出响应,从而对病人有益。IT 技术所具有的潜力使得它将会成为这个个性化医疗时代的一块奠基石。

改善卫生保健服务的质量

除了希望得到对疾病更加基础的认识,以及应用这些认识进行更好的治疗和预防以减轻痛苦,医院希望发展有效途径了解健康保健服务的过程,并且提高其质量和价值,即临床受益和成本效益。研究任务的重要组成部分是要发展出文化和分析的方法,用于评估医学干预的结果,当然也要分析的错误来源,以便卫生保健可以更安全。

挑战

医院为基础的研究事业面临的很多挑战,但最关键的是大量的软钱资助机制①,致使它们极易受到国家卫生研究院环境或临床操作资金稳定性的影响。第二是竞争需求和其他压力,这是对吸引年轻人从事医生科学家职业的隐形挑战。最后,跨越机构界线合作的障碍会阻碍项目的发展。

美国哈佛-麻省理工的博德研究所

概述

美国哈佛-麻省理工的博德研究所是哈佛、麻省理工、怀特黑德研究所和哈佛教学医院合办的,于 2003 年 6 月宣布启动,2004 年 5 月正式成立。该研究所的任务是为医学应用基因组学创造强大的新工具,与科学界紧密接触,以及将其应用于了解和治疗人类疾病。研究所的使命在于创建强有力的新工具,使之将基因组学的进展应用于医学,使它们易于被科学界理解,并开拓它们在对人类疾病的理解方面的应用。

博德研究所由麻省理工学院代表两所大学共同管理。

教师

目前教职员工包括最早在博德研究所设立实验室的六位核心成员,以及深入

---

① 译者注:指政府机构为特殊目的而对一个项目进行的一次性融资。

参与博德研究所的研究但主要实验室位于大学或医院的 104 位相关成员。六个核心成员(计划是十二个)是戴维·阿特舒勒(David Altshuler,马萨诸塞总医院和哈佛医学院),德博拉·黄(Deborah Hung,马萨诸塞总医院和哈佛医学院),托迪·戈卢布(Todd Golub,丹纳-法伯癌症研究所和哈佛医学院),埃里克·兰德(Eric Lander,怀特黑德研究所,麻省理工学院和哈佛医学院),阿维夫·雷格夫(Aviv Regev,麻省理工学院),以及斯图尔特·施赖伯(Stuart Schreiber,文理学院)。相关成员来自文理学院、哈佛医学院、哈佛公共卫生学院、哈佛附属医院、麻省理工学院和怀特黑德研究所,详见以下站点:http://www.broad.mit.edu/about/assoc_members.html。

组织

该研究所是围绕科学项目和科学平台组织的。项目是教师、实习生和教职员工感兴趣的与博德的目标相关的科学学科或疾病研究的集成。项目包含基因组生物学(Genome Biology)和细胞电路(Cell Circuits)、医学与群体遗传学(Population Genetics)、化学生物学、癌症、代谢、精神疾病和传染病。平台是专业化的管理,强调技术的组织,其关注的重点和开展的活动促使项目不断提出医学和生物学领域的新问题。目前的平台包括基因组测序、基因分析、化学生物学、蛋白质组学和代谢物检测技术,以及基因干扰(RNAi)。博德对计算生物学和生物信息学有重大义务。

博德有大量专业知识用于大规模科学研究项目,比如全美最大的 DNA 测序项目(负责人类基因组、小鼠基因组、黑猩猩基因组和其他基因组的测序),NCRR 资助的国家基因定型和分析中心、国家癌症研究所倡议的化学遗传以及其他。

设施

博德主要坐落于肯德尔广场的两个地点:位于查尔斯大街 320 号 100 000 平方英尺的测序中心和位于剑桥中心 7 号 230 000 平方英尺的新大厦。约有 60% 的实验室用作专用平台,以及其余科学项目和教师的实验室。便利的停车、靠近公共交通和穿梭的公共汽车使哈佛广场、朗伍德和马萨诸塞总医院的同事之间的交流更为便利。

资金

博德现在每年拥有 1.1 亿美元的资金,其中 75% 来自联邦政府。博德启动于 2003 年,伊莱(Eli)和埃德斯·博德(Edythe Broad)捐赠出 1 亿美元,用于在十年

内资助博德研究项目;2005 年 11 月博德增加捐款 1 亿美元。这些资金使 SPARC
中的创新合作项目可以收到一年的种子基金,来资助博德教师、学生和教职员工的
新项目。在前两年,超过 1 200 万的美元通过 SPARC 投入到研究者发起的项
目中。

附录 D: 空间概述

理工研究空间概述

因为奥尔斯顿为大学进行新的研究和教学提供了空间,哈佛在短期内(五年内)不会受到空间限制。

然而,鉴于当前教师成长计划,随着时间的推移,每个学院将面临不同的空间限制。

哈佛公共卫生学院(HSPH)目前没有空间满足增加新设备的要求。

到 2011 年,文理学院(FAS)在同时使用西北和丽萨建筑情况下,将有足够的空间满足其 52 名全部教工的需求。

哈佛医学院(HMS)必须重新租用场地,以保证空间充足能够顺利过完 2009 年。

总空间概述

目前的空间分配

目前大学科研实验室分配有 1 761 000 平方英尺的使用面积。96％被 551 位教师和相关实验室所使用。

主要的哈佛附属医院,马萨诸塞总医院、布里格姆妇科医院、柏斯以色列狄肯尼斯医学中心、儿童医院、丹纳-法伯癌症研究所增加了另外的 2 945 000 平方英尺的研究实验室空间。

研究空间分布在三个主要校区:剑桥、朗伍德和麻省总医院。对于大学来说,58％在剑桥(主要是文理学院),42％在朗伍德哈佛医学院和哈佛公共卫生学院。医院的空间有 64％位于朗伍德,36％在马萨诸塞总医院校区,包括麦克林医院(McLean)。

计划中的增长

到 2012 年,通过建筑项目合并和租赁期满,将有 457 000 平方英尺的可使用空间(见图 1)。基于目前学院发展计划,至少需要 118 000 平方英尺的净可用空间,如果按照规划水平平稳发展则潜在的需求还要加倍,否则将有 37 位新增研究型教师无处安置。

在剑桥,通过西北大楼的完工可创造出 187 000 平方英尺可使用空间,里斯大楼(LISE)11 000 平方英尺,以及计划中的博物馆藏品搬迁 22 000 平方英尺。

在朗伍德,270 000 平方英尺可用空间可能是空置的,包括目前空置的空间 (66 000) 和柏斯以色列狄肯尼斯医学中心(184 000) 和丹纳-法伯癌症研究所 (20 000) 在合约期满后五年内不再重新续约所空出的空间。

文理学院和哈佛医学院正在多出的空间

净空间与愿景空间对比(千平方英尺)

文理学院	2006	2007	2008	2009	2010	2011	2012
西北大楼			90*				
Lise 大楼			11				
从文理学院腾出的屋宇			64				
博物馆藏品**				8	7	7	
合计	0	0	165	173	180	187	187
哈佛医学院	2006	2007	2008	2009	2010	2011	2012
现有空间	66						
HIM			146	38			
NRB							20
合计	66	66	212	250	250	250	270

图 1

* 包括约 33 000 计划好的净空间和 90 000 未列入计划的在工程和应用科学部门(DEAS)及生命科学部(DLS)平均分配的空间。

** 将集中于西北大楼地下室存储。

资料来源:哈佛的学院:区域分析团队

哈佛大学公共卫生学院

哈佛公共卫生学院受到空间不足的限制。他们通过租赁校外实体以及不再增加新的设施计划满足当前所需。

哈佛公共卫生学院主要位于或靠近朗伍德校区。它目前没有空置的空间,其大量医药设施的使用寿命即将结束。除了四个核心建筑,它们目前也租赁将近二十处独立空间来安置它们的教职员工。

哈佛公共卫生学院(HSPH)计划未来十年维持大约 2‰ 的教师复合年增长率(CAGR),全院共计聘用 37 位新教师。以目前每个教师平均分配的净空间计算,即使不考虑任何新增人员计划,也将凸显出超过 55 000 平方英尺的空间短缺。通过调整几栋现行建筑使其达到适应标准,并进一步压缩教师(因为没有"机动空间"来暂时安置人员),可以缓解这一短缺状况。

文理学院:生命科学、物理学以及工程和应用科学部(DEAS)

文理学院生命及物理科学和工程研究空间现在的容量受到限制,然而,2008年西北大楼启用,同时一些其他建筑也将陆续腾出空间以缓解短期空间不足,最终将可解决这一问题。文理学院将有足够的空间满足当前在理工学科净增(即,新增)37 名全职教员的计划,此外,还有能力解决另外 15 位全职教员。而且,在奥尔斯顿另建一座新博物馆,将原有博物馆综合体改造成为实验室空间和大楼,将会在相当可观的一段时间内为剑桥储备足够的空间,使得可以另外增加 35 位全职教员或在现行水平上增加到总数 87 人。(见图2)

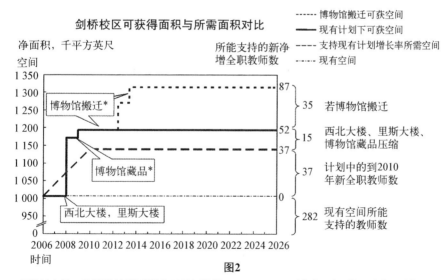

图2

*博物馆空间:或者通过压缩藏品在2009年得到20 000—25 000平方英尺净面积,或者通过搬迁博物馆在2011/2012年获得150,000平方英尺的面积。

资料来源:学院;团队分析

在剑桥文理学院的生命科学、物理和工程科学，未来两年没有足够的空间。然而，由于西北大楼和里斯大楼的开放，在 2008 年剑桥将有大约 175 000 平方英尺可以使用，并且 2012 年（甚至更早）博物馆搬迁会另外增加 22 000 净平方英尺（总计增加 13%）的使用空间。文理学院学科计划到 2010 年增加 37 位教师，工程和应用科学部门增长更为迅速（5% 以上的年复合增长率）。除了满足这一增长水平之外，还能为文理学院理工教育发展提供额外增加 15 位新教师的空间。

以后文理学院是以上述比率继续增长，还是在剑桥的支持下以大于 18 净增全职教师显著增长？将博物馆迁移到奥尔斯顿的新地址，能在剑桥腾出 150 000 到 190 000 平方英尺使用空间（如果不重新定位，而是将 220 000 平方英尺的面积用于博物馆藏品的展示，我们将一无所获）。这将减轻剑桥未来的空间限制，并且有助于在现有文理学院实验室的平均规模上增加 35 位全职教师（或超过现有水平达到大约 87 位）。

整个科学博物馆使用面积大约 296 000 平方英尺，目前 80 000 平方英尺被三个学术部门（有机体和进化生物学、地球与行星科学、人类学）所使用。其他 216 000 平方英尺包括：比较动物学博物馆 118 000 平方英尺（55%）；皮博迪（the Peabody）博物馆 59 000 平方英尺（27%）；哈佛自然历史博物馆 36 000 平方英尺（17%）；哈佛大学植物标本馆 3 000 平方英尺（1%）。

积极的博物馆搬迁和改造计划将使剑桥 2011 年产生 75 000—80 000 平方英尺的使用空间，2012 年产生另外的 75 000—80 000 平方英尺的使用空间。然而，博物馆的搬迁和空间修复将是十分昂贵的。整修现有博物馆建筑存在巨大障碍，因为许多人员需要移动，大量科学收藏在整修和施工时需要临时空间。建造生物实验室需要完全改造大部分建筑，并且空间不能改造成符合标准的有机化学实验室。

哈佛医学院

哈佛医学院目前空间过剩，如果医院不再延长当前租约，他们未来十年发展计划的空间仍然继续过剩。

哈佛医学院的基础科学也位于朗伍德校园。他们目前大约有六万五千平方英尺的闲置空间，另有 HIM 和 NRB 各种五年内租约到期的医院空出的空间可能会归还哈佛医学院。他们基础科学教师增长计划要求到 2010 年 2.5% 复合年增长率（CAGR），或 17 位新教师。按照这样的增长速度，到 2016 年他们将增加 38 位新教师。

　　如果他们不收回租给医院的空间,从 2009 年开始他们只会在三年内受到空间限制。然而,医院可能会将大部分或全部空间归还给哈佛医学院用来实施项目,因为在相似的时间和附近很多医院用于研究的建筑和用来出租的空间将要上线。如果哈佛医学院(HMS)收回合约到期的全部约二十万净平方英尺,除了 2010 年计划的 17 名教师增长计划外,它将仍将超出 2016 年教师增长计划预计所需的空间四万四千平方英尺。

　　哈佛大学附属医院规模庞大并且地理跨度相当大。然而,大多数规模研究都发生在波士顿区的五个医院,这些与 NASF 研究相关:马萨诸塞总医院(1 030 000);儿童医院医学中心(590 000);布里格姆妇科医院(560 000);柏斯以色列狄肯尼斯医学中心(360 000);达那-法伯癌症研究所(290 000);乔斯林糖尿病中心(the Joslin,85 000)和麦克林医院(30 000)。

　　此外,柏斯以色列狄肯尼斯医学中心正在建设 350 000 平方英尺新的研究使用空间,以及布里格姆妇科医院额外的 140 000 平方英尺使用空间。随着向朗伍德地区研究空间收费将成为现实,增加空间这一计划使医院不再续约的可能性增加,空置出来的空间将会归还该哈佛医学院。

附录 E: 哈佛理工委员会之审议标准草案

动机

内容和目标

主要观点和目标是什么？它们为什么重要？

影响

这种影响如何改变世界？

作为一个社会公共机构可能会对哈佛产生什么影响？

教育

可能会对教育(本科、研究生、博士后)产生什么影响？

内部环境和联系

哈佛内部相关的现有工作是什么,这一活动如何与其对连接,使其完善？

外部环境和竞争态势

竞争格局是什么,为什么我们希望成为最好的？

实施

范围、预算、资金杠杆和设施

有多少专业员工,什么水平,多少钱？

谁将聘用新教师？

我们目前缺乏什么设备？

这一工作可以使用什么资源(联邦政府和其他的)驱动？

速度和启动

提高的策略是什么？我们如何获得良好的开端？

组织结构和管理计划

这项活动现有的障碍是什么,以及它们将如何得到解决？

提议的管理和问责结构是什么？

将实施什么样的质量控制机制(内部和外部)？

将如何考虑青年教师晋升？

指标、预期寿命和退出策略

这一工作的预期寿命是多少？我们如何衡量成功？

什么是退出策略？我们应该按什么标准选择它们？

空间需求和空间演变

有哪些现有空间可以用来支持这一工作？

需要什么新的空间分配？

一旦工作接近尾声这些空间分配将会怎么样？

场地和地理

这一活动在哈佛将如何分布？

如果要分配工作，采取哪些措施确保凝聚力？

附录 F：扎尔(Zare)委员会关于哈佛理工规划委员会初步报告的审议报告(2006 年 10 月)

背景

现有的知识是一个整体,但是它传统上被大学各个学系所分解。哈佛大学也不例外,"人贵自立"的哲学造成各学校和学校各学系之间存在尖锐分歧和差异。然而,问题并不是写在各个学系上面的部门名称,要解决它们越来越需要不同来源的知识组合和应用。跨学科项目要为了探索发现重新整合知识。跨学科导致了思维方式的重大转变,对教学、学习和研究产生了重大影响。可能每个教师都希望能够超越传统院系界限扩展自己的研究,但必须实施组织变革以利用这些协同作用。如果哈佛找不到鼓励和接受跨学科活动的方法,那么它可能在许多重要的新兴研究领域无法成为领先机构。

带着这些想法,外部评审委员会于 2006 年 10 月 13 日开会,讨论哈佛理工规划委员会(UPCSE)2006 年 6 月完成的初步报告《加强哈佛理工》。外部评审委员会组成如下:

布鲁斯·艾伯茨(Bruce Alberts),加州大学旧金山分校生物化学与生物物理学教授

苏珊·L. 格雷厄姆(Susan L. Graham),加州大学伯克利分校电子工程和计算机科学系 Pehong Chen 特聘教授

沙龙·R. 隆(Sharon R. Long),斯坦福大学人文与理学院院长

查尔斯·V. 尚克(Charles V. Shank),加州大学伯克利分校化学、物理学、电子工程和计算机科学教授

马乔里·D. 夏皮罗(Marjorie D. Shapiro),加州大学伯克利分校系主任,物理教授

琼·A. 施泰茨(Joan A. Steitz)耶鲁大学分子生物物理学和生物化学斯特林(Sterling)讲席教授

理查德·N. 扎尔(Richard N. Zare)(主席),斯坦福大学玛格丽特·B. 威尔伯(Marguerite Blake Wilbur)自然科学讲席教授

评审人员验证和支持哈佛理工规划委员会(UPCSE)初步报告的目标和一般结论,指出它对哈佛理工专业的未来十分重要。下面是外部评审委员会具体的研究结果和建议。

研究结果

哈佛理工委员会(HUSEC)

大学跨学科科学与工程委员会(哈佛理工委员会)的建立与资源分配都是支持这些活动的。哈佛理工委员会计划关注跨越院系和学校的跨学科项目,并且需要有办法提升它们。

跨学院学系

跨学院院系的建立对哈佛新科学的发展和巩固至关重要。致力于本科教育和研究是这些新院系的特征。这一方面的成功可能会产生值得其他学术领域仿效的模型。外部评审委员会关注跨学院管理其他机构成功的例子,比如耶鲁大学分子生物物理学和生物化学系,斯坦福大学生物工程系,但是督促哈佛找到适合自己的管理这些跨学院院系的方法。

制度上的障碍

对大学基本结构变革一定会存在阻力,这虽然可以理解,但这些阻力最真实和重要的代表是制度障碍。哈佛著名的机构分权规划面临许多内在的结构性壁垒。局部成功和优秀的教育记录会导致人们反对任何提议中的改变。但初步报告中呼吁的学术灵活性是使哈佛理工研究和教育达到世界前沿必不可少的。在我们看来,哈佛制度上的保守主义已经威胁到它在很多重要领域的领导角色。

核心学科

审查委员会充分意识到在每个现存学系各自发展出其可以加强和扩大的重要领域的过程中形成核心学科的重要性。我们预计核心学科将为合作创造机会。

教育

报告的重点是教育,特别是本科研究经验,将为大学理工教育重点提供重要和合理的指导。最近的《通识教育工作组报告》可能对本科课程的科学要求提出了值得注意的变革,我们相信哈佛理工规划委员会(UPCSE)对本科教育更广泛地接触尖端科学的倡导是正确的。初步报告的研究结果指出,"尽管有强烈的兴趣,但没有正式的机制鼓励非文理学院(FAS)教师教授本科生",对此有必要给予足够的关注。对哈佛理工教育未来的大胆设想要求我们提出新的机制,以便发挥那些对本科教育感兴趣的非文理学院(FAS)教师的作用。

多样性

评审人员支持这一建议,我们"通过招聘更具有代表性的跨部门学者促进理工的多样性"。初步报告建议由哈佛理工委员会的最初成员负责这一理念,这是合适的,因为当成立新的跨学院院系和跨系委员会时哈佛理工委员会有义务负责。

<u>建议</u>

当有实施动力和激情时,哈佛大学应该尽快履行其理工规划委员会(UPCSE)工汇报工作的核心要求。奥尔斯顿计划也迫切需要这些决策的阐明和指导。

- 应该建立全校范围的跨学科科学协调委员会哈佛理工委员会。为了提高效率,它要尽可能地小,可能要少于 10 个成员。它应该包括作为主席的教务长或副教务长,3~4 位相关院长,以及杰出教师代表,小组成员是精心挑选的,代表的是哈佛而不是狭隘的他们工作的单位的利益。无论是教务长或副教务长担任主席,委员会每个成员是平权的,每个人都必须对委员会的决定负责。在设置优先级时,委员会应该广泛咨询跨部门教师的意见,这种咨询可能通过使用小组委员会来进行。委员会在聘用人员、空间分配和资金方面必须有学校的资源支持。资源的使用应遵循与参与学院和部门发展相匹配的战略,其他机构已经成功地使用这种方法,这可以促进学校和部门竞相加入跨学科项目投入的双赢文化。

- 管理部门应开始创建跨院学系的进程,在这个学年,应创建两个这样的学系。每个系主要负责一项大学本科教育。他们要向相关学院的院长而不是委员会汇报工作。其他学术机构已经在这种由两个不同学院同时聘用的教师向双方院长汇报工作的结构中获得成功,尽管我们期待这些教师选择其中一家作为其基本单位。

- 院长必须带头鼓励适当的跨学科活动以及努力减少当前障碍(财政、教育信贷分配、奖赏结构等等)。

- 哈佛理工委员会应该强烈关注实施创新、实践本科教育和促进非文理学院教师参与教学和指导哈佛本科生。

• 没有广大教师的支持,大学变革就不会成功。因此,建立这些规划所绘蓝图所需的初始资源应在抽取现存项目的收益上精打细算,而不是利用校长们手中明白可见的权力,即指导新资金的使用方向的能力来获得。

研究结果和建议的基础

哈佛大学理工规划委员会(UPCSE)召开的目的,是在哈佛理工领域最新研究进展的基础上,推进哈佛理工发展。这些领域的进展包括剑桥和奥尔斯顿校区的规划和新设施的建造、工程和应用科学学部的扩大,以及通过最近创建的项目比如哈佛干细胞研究所、哈佛医学院系统生物学部门以及与麻省理工学院和附属医院联合的博德研究所的合作等等所产生的新的机遇。

2006 年 7 月,经过五个月的讨论,哈佛理工规划委员会发表了其初始报告《加强哈佛理工》。紧跟这一报告,哈佛以不同方式给出了反馈,包括召开教师会议评议,目标是在 12 月发布最终报告。除了与大学团体的非正式会议,德里克•博克校长还委托了正式的外部审查,参与者来自同类机构中的相关理工领域的学术领导,以及有担任相关行政职务的经验的学者。

2006 年 10 月 13 日,评估专家聚集在哈佛大学召开全天会议,集中讨论报告本身,分析它作为哈佛理工发展前景清晰而又令人信服的初步规划蓝图的可行性。会议程序为首先与教务长海曼举行简短的介绍会,然后是与会教师和哈佛理工规划委员会成员以及文理学院、哈佛医学院、哈佛工程和应用科学部门和哈佛公共卫生学院院长之间的多个小组会议。受邀与会者不会被提供预先设定的问题和材料。评审委员会请每位与会者根据他自己的理解来评估报告的优劣。接下来是自由讨论。与会者对哈佛理工规划委员会的工作进行了深刻的讨论,涉及范围从最初变革的前景和职责到初步结果和建议的确立,以及最终在 7 月份报告中达成的内容。经过一系列的会议之后,博克校长参加了最终会议,在会议中评估专家提出并讨论了他们的初步调查结果和建议。

7 月份的哈佛理工规划委员会报告代表了委员会 24 位委员的工作成果。对其中所涉及的许多人来说,一个普通然而令人鼓舞的共识就是,哈佛理工规划委员会内容广泛的讨论改变了他们对大学社区的认识。由此,尽管许多教师现在对委员会关于哈佛可以成为什么的观点缺乏认同——这丝毫不令人惊讶,然而,我们相信报告中建议的良好的开端将很快改变许多教师的看法。

结论

我们谦卑地认为,一定会有外部团体向哈佛大学这样具有声望和传统的机构提供建议。但是我们确信,这里倡导的关于理工发展的行动方针将对整个机构产生重大的积极影响。让我们重申我们的坚定信念:大学必须迅速、认真地为研究和教育的新方向采取行动。

（栗璐　译,关增建　校）

参考文献

一、著作

Alan Ryan, *Liberal Anxieties and Liberal Education*, New York: Hill and Wang, 1998.

Allen, M., Assessing *Academic Programs in Higher Education*. San Francisco: Jossey-Bass, 2003.

Allen, M., *Assessing General Education Programs*. San Francisco: Jossey-Bass/Anker, 2006.

American Association of Colleges and Universities, *2009 Survey Talking Points*, 2009. http://www.aacu.org/membership/2009survey talking points.cfm.

American Association of Colleges and Universities, *Liberal Education and America's Promise*, N.d. www.aacu.org/leap/vision.cfm.

Bartholomae, D., *Inventing the University*, In M. Rose(ed.), *When a Writer Can't Write: Studies in Writer's Block and Other Composing Process Problems*, New York: Guilford Press, 1985.

Bean, J. C. *Engaging Ideas: The Professor's Guide to Integrating Writing, Critical Thinking, and Active Learning in the Classroom* (2nd ed.), San Francisco: Jossey-Bass, 2011.

Chet A. Bowers, *Elements of a Post-Liberal Theory of Education*, New York: Teachers College Press, 1987.

Clark, J. "Effective Pedagogy." In P. L. Gaston and others, *General Education and Liberal Learning: Principles of Effective Practice*, Washington, D. C.; American Association of Colleges and Universities, 2010.

Daniel Mulcahy, *The Educated Person: Toward a New Paradigm for Liberal Education*, Lanham, Maryland: Rowman & Littlefield Publishers, Inc., 2008.

Daniel S. Schipani, *Religious Education Encounters Liberation Theology*, Exeter: Religious Education Press, 1988.

Danielewizc, J., and Jordynn, J., *Teaching Writing in the Disciplines: A Genre Based Approach*, Workshop at Roanoke College, Feb. 13 – 14, 2009.

David Jayne Hill, *The American College in Relation to Liberal Education*, Charleston, South Carolina: Biblio Life, 2009.

David Weeks Diana Pavlac Glyer, *The Liberal Arts in Higher Education*, Lanham, Maryland: University Press of America, 1998.

David Williams Cheever, *Is the Study of Medicine a Liberal Education*, Whitefish, Montana: Kessinger Publishing, LLC, 2009.

Derek Bok, *Our Underachieving Colleges: a Candid Look at How Much Students Learn and Why They Should Be Learning More*, Princeton: Princeton University Press, 2005.

Diamond, R. M., *Designing and Assessing Courses and Curricula: A Practical Guide*, San Francisco: Jossey Bass, 2008.

Edited by Louis G. Locke, William M. Gibson, George Arms, *Toward Libera Education*, New York City: Holt, Rinehart and Winston, 1967.

Edited by Nicholas H. Farnham and Adam Yarmolinsky, *Rethinking Libera Education*, Oxford: Oxford University Press, 1996.

Edmond Holmes, *What Is and What Might Be: A Study of Education in Genera and Elementary Education in Particular*, West Roxbury: B & R Samizdat Express, 2011.

Emery J. Hyslop-Margison, *Liberalizing Vocational Study: Democratic Approaches to Career Education*, Lanham, Maryland: University Press of America, 2005.

Enhancing Science and Engineering at Harvard: The Preliminary Report from the University, Planning Committee for Science and Engineering, July 2006, http://www.provost.harvard.edu/reports/UPCSEInterim_Report.pdf.

Eoyang, E., *Two Way Mirrors: Cross Cultural Studies in Glocalization*, Lanham: Md. Lexington Books, 2007.

Everett Dean Martin, *The Meaning of Liberal Education*, New York City: W. W. Norton & Company, 1926.

Franklin Harvey Head, *What Is a Liberal Education: An Address (1883)*, Whitefish, Montana: Kessinger Publishing, LLC, 2009.

General Education in a Free Society: Report of the Harvard Committee, with an introduction by James Bryant Conant, Cambridge, Massachusetts: Harvard University Press, 1950.

H. W. Heymann, *Why Teach Mathematics? A Focus on General Education*, London: Springer, 2011.

Harry R. Lewis, *Excellence without a Soul: How a Great University Forgot Education*, New York: Public Affairs, 2006.

Hoyt H. Hudson, *Educating Liberally*, San Francisco: Stanford University Press, California London: Humphrey Milford, 1945.

Ira Shor, *A Pedagogy for Liberation: Dialogues on Transforming Education*, Santa Barbara, California: Bergin & Garvey Paperback, 1986.

James B. Conant, *On Understanding Science: An Historical Approach*, New Haven: Yale University Press, 1947.

James O. Freedman, *Liberal Education and the Public Interest*, Iowa City, Iowa: University of Iowa Press, 2003.

Kim Paffenroth, *Augustine and Liberal Education*, Lanham, Maryland: Lexington Books, 2008.

Klein, J. T., *Creating Interdisciplinary Campus Cultures: A Model for Strength and Sustainability*, San Francisco: Jossey-Bass, 2010.

Laura Christian Ford, *Liberal Education and the Canon*, Columbia: Camden House Publishing, 1994.

Levine A. *Handbook on Undergraduate Curriculum*, San Francisco: Jossey-Bass Publishers, 1978.

Mark Van Doren, *Liberal Education*, New York: Henry Holt and Company, 1945.

Martha C. Nussbaum, *Cultivating Humanity: A Classical Defense of Reform in Liberal Education*, Cambridge, Massachusetts: Harvard University Press, 1998.

Matthew Robert Dodd, *The Effect of Inclusion Classrooms on the Science Achievement of General Education Students*, Ann Arbor: UMI Dissertation Publishing, 2011.

Meira Levinson, *The Demands of Liberal Education*, Oxford: Oxford University Press, 1999.

Meisler, Richard, *Trying Freedom: A Case for Liberating Education*, San Diego, California: Harcourt Brace Jovanovich Pub., 1984.

Merlin M. Ohmer, *Mathematics for a Liberal Education*, Boston: Addison-Wesley Publishing Company, 1971.

Michael Davis, *Wonder lust: Ruminations on Liberal Education*, St. Augustine, Florida: St, Augustine's Press, 2006.

Michael H. Mitias, *Moral Education and the Liberal Arts*, Santa Barbara, California: Greenwood Press, 1992.

Myi Library, Liberalism, *Communitarianism and Education: Reclaiming Liberal Education*, Farnham: Ashgate Publishing, 2007.

Nancy Kindelan, *Artistic Literacy Theatre Studies and a Contemporary Liberal Education*, London: Palgrave Macmillan, 2012.

Noah De Lissovoy, *Power, Crisis, and Education for Liberation*, London: Palgrave Macmillan, 2008.

P. L. Gaston and others, *General Education and Liberal Learning: Principles of Effective Practice*. Washington D. C.: American Association of Colleges and Universities, 2010.

P. L. Gaston and others, *General Education and Liberal Learning: Principles of Effective Practice*, Washington D. C.: American Association of Colleges and Universities, 2010.

Peter C Emberley, *Bankrupt Education: The Decline of Liberal Education in Canada*, Toronto: University of Toronto Press, 1994.

R. C. Wallace, *A Liberal Education in a Modern World*, Toronto: the Macmillan Company of Canada Limited, 1932.

Rene Vincente Arcilla, *For the Love of Perfection: Richard Rorty and Liberal Education*, Abingdon-on-Thames: Routledge, 1995.

Report of the Task Force on General Education, February, 2007, http://www. fas. harvard. edu/~secfas/General_Education_Final_Report.pdf.

Richard J. Light，*Making the Most of College: Students Speak Their Minds*，Cambridge，Mass.：Harvard University Press，2001.

Rob Reich，*Bridging Liberalism and Multiculturalism in American Education*，Chicago：University of Chicago Press，2002.

Robert M. Hutchins，*The Great Conversation the Substance of a Liberal Education*，Chicago：Encyclopedia Britannica，Inc.，1952.

Suskie, L.，*Assessing Student Learning: A Common-Sense Guide（2nd ed.）*，San Francisco：Jossey-Bass，2009.

Thomas McCulloch，*The Nature and Uses of a Liberal Education Illustrated: A Lecture*，Whitefish，Montana：Kessinger Publishing，2009.

W. B. Carnochan，*The Battleground of the Curriculum: Liberal Education and American Experience*，San Francisco：Stanford University Press，1993.

Walvoord，B. E.，*Assessment Clear and Simple: A Practical Guide for Institutions，Departments，and General Education*（2nd ed.），San Francisco：Jossey-Bass，2010.

William Whewell，*Of a Liberal Education in General，Parts1－2*，Whitefish，Montana：Kessinger Publishing，2008.

［美］保罗·汉斯特（著），付辉、王立祥、徐延宝（译），通识教育概要——对大学教师的指导，济南：山东大学出版社，2018.

［美］博耶（著），复旦大学高等教育研究所（译），美国大学教育——现状·经验·问题及对策，上海：复旦大学出版社，1988.

［美］德雷克·博克（著），侯定凯、梁爽、陈琼琼（译），回归大学之道——对美国大学本科教育的反思与展望，上海：华东师范大学出版社，2012.

［美］哈佛委员会（著），李曼丽（译），哈佛通识教育红皮书，北京：北京大学出版社，2010.

［美］哈瑞·刘易斯（著），侯定凯（译），失去灵魂的卓越：哈佛是如何忘记教育宗旨的（第二版），上海：华东师范大学出版社，2012.

［西班牙］奥尔特加·加塞特（著），徐小洲、陈军（译），大学的使命，杭州：浙江教育出版社，2001.

［英］海斯汀·拉斯达尔（著），邓磊（译），中世纪的欧洲大学——博雅教育的兴起，重庆：重庆大学出版社，2011.

北航高研院通识教育研究课题组，转型中国的大学通识教育：比较、评估与展望，杭州：

浙江大学出版社,2013.

蔡达峰,我们的通识教育,北京:生活·读书·新知三联书店,2017.

蔡瑶,价值观教育视域下的美国大学通识教育研究,北京:人民出版社,2017.

曹智频,大学通识教育研究,湘潭:湘潭大学出版社,2014.

崔丽丽,高校数学教学与通识教育,哈尔滨:东北林业大学出版社,2019.

董成龙(编译),大学与博雅教育,北京:华夏出版社,2015.

冯惠敏,中国现代大学通识教育,武汉:武汉大学出版社,2004.

冯惠敏,中国特色通识教育模式研究,北京:科学出版社,2018.

冯晓云、崔凯,初心·广博·融通:川渝通识教育探索,成都:西南财经大学出版社,
　　2020.

甫玉龙、于颖、申福广,大学通识教育比较研究,北京:光明日报出版社,2019.

付淑琼,好的通识教育　理论与实践,上海:华东师范大学出版社,2015.

甘阳、孙向晨,通识教育评论　总第1期,上海:复旦大学出版社,2016

甘阳、孙向晨,通识教育评论　总第2期,上海:复旦大学出版社,2016.

甘阳、孙向晨,通识教育评论　总第3期,上海:复旦大学出版社,2017.

甘阳、孙向晨,通识教育评论　总第4期,上海:复旦大学出版社,2018.

甘阳、孙向晨,通识教育评论　总第7期,上海:复旦大学出版社,2020.

甘阳、孙向晨,通识教育评论　总第8期,上海:复旦大学出版社,2021.

甘阳、孙向晨,通识教育评论　2021年,北京:商务印书馆,2022.

高竞艳,高校通识教育的创新策略研究,长春:吉林出版集团股份有限公司,2020.

关念红,通识教育·心理健康,广州:中山大学出版社,2020.

胡显章,走出"半人时代":两岸三地学者谈通识教育与文化素质教育,北京:高等教育
　　出版社,2002.

胡燕华,大学通识教育理念与实践新探,长春:吉林大学出版社,2017.

黄进,大学理念与通识教育——海峡两岸大学通识教育暨大学校长治校理念与风格学
　　术研讨会论文集,武汉:武汉大学出版社,2002.

黄俊杰,大学通识教育的理念与实践,武汉:华中师范大学出版社,2001.

黄俊杰,大学通识教育探索——中国台湾经验与启示,广州:中山大学出版社,2002.

黄俊杰,全球化时代的大学通识教育,北京:北京大学出版社,2006.

黄俊杰,中国现代大学通识教育,北京:北京大学出版社,2006.

黄坤锦,美国大学的通识教育——美国心灵的攀登,台北:师大书苑有限公司,1995.

黄一如、张宇钟,同济通识教育探索 第1辑,上海:同济大学出版社,2020.

黄振中,整合式批判性思维教学模式的探索——一项基于大学工科生通识教育的研究,北京:社会科学文献出版社,2021.

姜有国,全球博雅教育,青岛:中国海洋大学出版社,2014.

李本义,通识教育导论,武汉:长江出版社,2017.

李本义,通识教育实践与探索,武汉:武汉:长江出版社,2021.

李会春,通识教育理论、方法及中国实践,合肥:中国科学技术大学出版社,2018.

李佳,近代中国大学通识教育课程研究,杭州:浙江大学出版社,2010.

李建中,武汉大学通识教育研究报告,武汉:武汉大学出版社,2018.

李曼丽、林小英,后工业时代的通识教育实践:以北京大学和香港中文大学为例,北京:民族出版社:2003.

李曼丽,通识教育——一种大学教育观,北京:清华大学出版社,1999.

李引进,通识教育的裂变与重建,上海:上海交通大学出版社,2017.

梁桂麟、刘志山,港澳台高校通识教育比较研究,北京:中国社会科学出版社,2008.

梁媛,通识教育的现状与未来,延吉:延边大学出版社,2018.

刘冰,中国传统文化通识教育,长春:吉林出版集团股份有限公司,2018.

刘兵、江洋,科学史与教育,上海:上海交通大学出版社,2008.

刘大椿、李韬,通识教育高阶读本,北京:中国人民大学出版社,2013.

刘道玉,中国大学之殇,武汉:湖北人民出版社,2010.

刘定一,通识教育新思维,上海:上海三联书店,2011.

刘少雪,中国大学教育史,太原:山西教育出版社,2007.

龙跃君,现代大学通识教育课程研究,长沙:湖南大学出版社,2013.

陆一,教养与文明——日本通识教育小史(增补版),北京:生活·读书·新知三联书店,2017.

吕明,大学通识教育课程目标结构研究,广州:广东高等教育出版社,2019.

马早明,周边国家科技大学通识教育模式研究,广州:中山大学出版社,2015.

马早明,港澳台科技大学通识教育模式研究,广州:中山大学出版社,2017.

庞海芍,通识教育 困境与希望,北京:北京理工大学出版社,2009.

钱铭,美国大学通识教育学习成果的评价——教学学术的视角,武汉:武汉大学出版社,2021.

沈文钦,西方博雅教育思想的起源、发展和现代转型:概念史的视角,广州:广东高等教育出版社,2011.

宋伯宁、蔡先金主编,高校通识教育理论与实践研究,北京：中国海洋大学出版社,
2008.

宋尚桂,大学通识教育的理论与模式,北京：中国海洋大学出版社,2007.

隋晓荻,中西通识教育的思想与实践,广州：世界图书广东出版公司,2014.

田建国,大学教育沉思录,济南：山东教育出版社 2010.

田雪芹,儒家教育与哈佛大学通识教育,北京：中国商务出版社,2019.

汪建华,大学通识教育课程变革史论(1912—1948),成都：西南交通大学出版社,2020.

汪霞、钱铭,世界一流大学研究丛书　世界一流大学通识教育课程研究——以美国大
学为例,南京：南京大学出版社,2017.

王清华,应用型大学通识教育导论,武汉：湖北人民出版社,2019.

王霞,美国研究型大学通识教育反思,杭州：浙江大学出版社,2010.

王燕晓,中美大学通识教育比较研究,北京：知识产权出版社,2019.

王玉生,蔡元培大学教育思想新探,成都：电子科技大学出版社,2014.

韦宏,高职通识教育的构建与实施,苏州：苏州大学出版社,2020.

吴坚,中美大学通识教育模式研究,北京：科学出版社,2019.

向仲敏、沈如泉,以文化人　人文通识教育与教学改革探究,成都：西南交通大学出版
社,2018.

肖云林、王少芬,秘书通识教育,北京：北京理工大学出版社,2021.

熊思东、王德峰,通识教育与大学：中国的探索,北京：科学出版社,2010.

徐志强,哈佛大学通识教育课程改革研究,北京：中国社会科学出版社,2015.

杨福家,博雅教育,上海：复旦大学出版社,2014.

杨颉,大学通识教育课程：借鉴与启示,上海：上海交通大学出版社,2009.

杨叔子,杨叔子教育雏论选(上、下),武汉：华中科技大学出版社,2010.

姚中秋、闫恒选编,现代中国通识教育经典文集,杭州：浙江大学出版社,2013.

尤西林,通识教育文献选辑　第 1 卷　起源与制度,北京：科学出版社,2019.

尤西林,通识教育文献选辑　第 2 卷　海外通识教育,北京：科学出版社,2020.

尤西林,通识教育文献选辑　第 3 卷　当代通识教育的理论与改革探索,北京：科学出
版社,2020.

于淑秀、孙琦、姜林林,大学通识教育研究,北京：九州出版社,2014.

翟彦斌,博雅教育探寻,武汉：湖北人民出版社,2016.

张德昭,通识教育与现代性批判,上海:上海三联书店,2021.

张家勇,国际视野下的通识教育实践模式研究,广州:广东教育出版社,2019.

张亮、孙乐强,哲学通识教育的理念、历史与实践研究,南京:南京大学出版社,2016.

张寿松,大学通识教育课程论稿,北京:北京大学出版社,2005.

张亚群,中国近代大学通识教育与创新人才培养,福州:福建教育出版社,2015.

赵光锋,应用型本科院校通识教育研究,北京:中国水利水电出版社,2019.

朱镜人,大学通识教育比较研究,合肥:安徽大学出版社,2019.

朱小梅、王丽丽,通识教育与阅读推广,北京:朝华出版社,2019.

朱友林,通识教育文集,南昌:江西高校出版社,2013.

邹春霞,通识教育教学改革研究与实践,重庆:重庆大学出版社,2019.

二、论文

白彤东,从美国通识教育反思中国大学教育改革,高教探索,2010(06).

白鑫刚,新时期高校通识教育的现状与发展策略,教育探索,2008(02).

鲍宇科,专业教育与通识教育:一种哲学的视角,浙江社会科学,2007(07).

北京大学老教授教学调研组、张翼星,北京大学通选课的现状、问题和建议,现代大学教育,2011(02).

蔡达峰,我们的通识教育:关心人与社会的发展,读书,2006(04).

蔡基刚,大学英语是通识教育还是专业教育?再论大学英语教学的专门用途英语定位,当代外语研究,2022(03).

蔡景华、吴治国,香港高校通识教育:经验与借鉴,现代教育科学,2006(03).

蔡松伯,高校通识教育课程教学策略分析,中学政治教学参考,2022(07).

蔡瑶,价值观教育与大学责任——基于对美国大学通识教育变迁的研究,高教探索,2019(12期).

蔡颖蔚、施佳欢,一流大学通识教育目标的价值取向——基于布鲁贝克高等教育哲学的思考,江苏高教,2017(02).

蔡映,高校通识教育课程设置的问题及改革对策,高等教育研究,2004(11).

蔡忠兵,当前高校开展通识教育的困境与对策,教育探索,2010(07).

曹莉,东亚一流大学通识教育的新趋势,中国大学教学,2010(11).

曹莉,关于文化素质教育与通识教育的辩证思考,清华大学教育研究,2007(02).

曹盛盛、王晓阳,哈佛大学通识课程改革及其运行管理服务体系研究,中国高教研究,

2015(05).

常洁、袁爱雪,高等学校通识教育存在的问题与思考,文史博览(理论),2011(12).

常甜、马早明,美国大学通识教育课程实践模式及哲学基础探析,清华大学教育研究,2014(06).

常甜、马早明,台湾大学通识教育课程:理念、模式与问题,现代教育论丛,2014(05).

常艳芳、回宇,功利教育的"脆弱"与人性培养的"治疗"——玛莎·C.努斯鲍姆大学通识教育思想研究,东北师大学报(哲学社会科学版),2022(01).

陈恩维、高宇,美国通识教育理念与课程设置的变革及其启示,扬州大学学报(高教研究版),2007(02).

陈洪捷,中国古代通识教育的传统及其问题—知识的视角,清华大学教育研究,2014(02).

陈建平,通识教育理念下的高考制度改革,中国高教研究:2007(01).

陈建平,通识教育与素质教育——美国芝加哥大学通识教育的启示,广东外语外贸大学学报,2003(04).

陈建忠、邹一琴,新工科范式下地方高校通识教育维度和路径研究,高教学刊,2021(28).

陈劲、楼杨亿、梅亮,通识教育新探索——工程教育,高等工程教育研究,2013(03).

陈骏,融合国际经验建设通识教育与个性化培养相结合的本科教学模式,国家教育行政学院学报,2011(01).

陈丽微,从批判性思考到慎思明辨——对香港中学"通识教育科"批判性思考教学法的反思,教育学术月刊,2015(12).

陈琳、张亮,论中国大学哲学通识教育的内容改革,重庆大学学报(社会科学版)2016(04).

陈敏生、潘梅芳,美国大学通识教育的实践及其启示,高教探索,2012(02).

陈慕泽,再论逻辑学与通识教育——与王路教授商榷,西南大学学报(社会科学版),2009(06).

陈平,试论博耶的通识教育思想及其启示,黑龙江高教研究,2009(08).

陈平、严燕,论文化育人视野中的通识教育与高素质人才培养,常州大学学报(社会科学版),2013(01).

陈三平、谢钢、杨奇、王尧宇、高胜利,如何将一门理科基础课程建设成通识教育核心课程——以"化学与社会发展"课为例,中国大学教学,2010(05).

陈廷柱、张静,国内外高水平大学通识教育课程改革的基本走向,高等教育研究,2016(11).

陈向明,从北大元培计划看通识教育与专业教育的关系,北京大学教育评论,2006(03).

陈向明,大学本科通识教育实践研究,大学(研究与评价),2008(04).

陈向明,对通识教育有关概念的辨析,高等教育研究,2006(03).

陈小红,美国通识课程教学的发展趋势及启示,外国教育研究,2006(01).

陈小红,汕头大学学生通识教育的调查及分析,汕头大学学报,2005(04).

陈小红,试论通识教育与大学改革,复旦教育论坛,2006(01).

陈小红,通识教育课程模式的探讨,复旦教育论坛,2010(05).

陈晓辉,通识教育与促进当代中国人的全面发展——有感于北京大学元培学院的教育
　理念,黑龙江高教研究,2010(05).

陈秀平、刘拓,我国高校通识教育现状比较分析,中国电力教育,2003(06).

陈媛,我国通识教育的理论误区,复旦教育论坛,2003(06).

陈跃红,大学通识教育面向广度还是面向深度,探索与争鸣,2009(06).

陈智,高职院校通识教育与专业教育结合的探索,教育研究:2007(03).

谌启标,海峡两岸大学通识教育课程之比较研究,比较教育研究,2000(12).

程晋宽、潘双月,台湾暨南国际大学通识教育课程特点及启示,黑龙江高教研究 2014(12).

程千,人文主义精神对开展通识教育的启示,教书育人,2022(03).

初立萍,论潘光旦的通识教育思想,高教探索,2007(03).

褚雷,中美日通识教育比较研究——哈佛大学、广岛大学、北京大学通识教育比较研
　究,现代教育论丛,2008(01).

崔金贵,大学的卓越灵魂:通识教育教学改革与管理——哈佛大学哈佛学院前院长哈
　瑞·刘易斯教授访谈录,高校教育管理,2014(03).

崔军、汪霞,从历史走向未来:麻省理工学院通识教育理念探析,大学(学术版),2012(06).

崔乃文,组织理论视域下的通识教育改革,江苏高教,2015(02).

崔迎春,日本北海道大学的通识教育实践与启示,黑龙江高教研究,2022(02).

崔永光,大学通识教育理念的嬗变与创新——一种基于过程教育哲学的后现代视角,
　辽宁师范大学学报(社会科学版),2015(01).

戴玉蓉、熊宏齐、张远明、吴俊,贯彻通识教育理念构建新生引导性实验实践课程,中国
　大学教学,2012(02).

邓传德、范雄飞、孙华、李进才,也谈当前我国高校通识教育存在的问题与对策,中国高
　等教育,2008(16).

丁琴海,大学人文教育的几点思考,国际关系学院学报,2007(03).

丁怡,高校音乐通识教育路径思考,中国音乐教育,2022(03).

丁怡、王湉,美育视域下北京师范大学音乐通识教育变革与发展,艺术教育,2022(07).

董成武,美国大学通识教育的内涵及其对中国的启示——基于本土化的视角,复旦教育论坛,2014(01).

董静兰、张晓宏,电力特色类高校通识教育课程体系的设置研究,华北电力大学学报(社会科学版),2022(01).

董宇艳、陈杨、荣文婷,台湾地区高校通识教育理念与模式,高校教育管理,2012(05).

董志学,美国高校本科阶段通识教育模式及其借鉴意义,世界教育信息,2007(11).

杜志强、陈时见,大学通识教育:回顾、反思与追求,教育科学,2009(06).

杜祖贻,通识教育究竟是什么——《后工业时代的通识教育实践》序,北京大学教育评论,2005(04).

段斌、胡红梅,大学流行音乐通识教育中"家国认同"的构建策略,当代教育理论与实践,2022(01).

鄂彬华、谢黎智,通识教育的内涵辨析,教育学术月刊,2010(06).

樊华强,我国大学实施通识教育的困境与出路,当代教育与文化,2014(02).

方华梁,通识教育与专业教育如何相互促进:基于课程层面的扎根理论研究,复旦教育论坛,2016(04).

方志梅、战洪飞,基于通识教育的工程图学课程体系重构,中国大学教学,2013(04).

房欲飞、文茂伟,通识教育和大学生领导力教育——以美国大学为例,复旦教育论坛,2007(04).

冯惠敏,梅贻琦的通识教育观及其对当代教育的启示,黑龙江高教研究,2003(07).

冯惠敏,我国内地高校推进通识教育发展的瓶颈及对策,复旦教育论坛,2007(05).

冯惠敏、曾德军,武汉大学通识教育调查与分析报告,武汉大学学报(社会科学版),2003(04).

冯惠敏、黄明东,我国台湾地区通识教育实施策略及其启示,武汉大学学报(人文科学版),2006(05).

冯惠敏、黄明东、左甜,大学通识教育教学质量评价体系及指标设计,教育研究,2012(11).

冯惠敏、李妍霖、黄明东,自然科学领域通识教育课程特点及其设计理念,高等工程教育研究,2016(05).

冯惠敏、彭锦、熊途、杨波、吕蒙蒙,践行通识教育理念,提升通识教育品质,中国大学教学,2016(02).

冯惠敏、熊涂、徐仙,大学生核心通识素养结构的理论建构,中国高教研究,2016(12).

冯建昆、朱学文,大学本科通识教育课程体系的构建—以云南民族大学为例,云南民族大学学报(哲学社会科学版),2007(03).

冯倩倩、曹宇、邱小立,从通选课到通识教育核心课——北京大学通识教育选修课的建设与发展,北京教育(高教),2016(04).

冯新华,论大学英语选修课的课程设计——以通识教育为视角,黑龙江高教研究,2008(11).

冯英,近二十年来我国大学通识教育课程研究综述,黑龙江教育(高教研究与评估),2012(01).

冯增俊,通识教育与大学教育精神,江苏高教,1999(06).

冯增俊,香港高校通识教育初探,比较教育研究,2004(08).

冯增俊,中国台湾高等学校通识教育探析,比较教育研究,2003(12).

赴美国、加拿大通识教育考察团,美国、加拿大高等学校的通识教育,中国大学教学,2003(03).

傅思雯,精粹本质主义的传承与延续——论哈佛大学通识教育课程改革新动向,高教探索,2007(04).

傅添,论通识教育与我国高等教育体系间的张力,北京师范大学学报(社会科学版)2015(04).

甘阳,大学人文教育的理念、目标与模式,北京大学教育评论,2006(03).

甘阳,大学通识教育的纲与目,同济大学学报(社会科学版),2007(02).

甘阳,通识教育:美国与中国,复旦教育论坛,2007(05).

高皇伟、吴坚,麻省理工学院通识教育课程模式部署,外国教育研究,2016(06).

高建国、宋才琼、张俊峰,西南联大课程设置中的通识教育,国家教育行政学院学报,2011(07).

高建国、张俊峰,西南联大教授群体通识教育的思想认同与实践效应,云南师范大学学报(哲学社会科学版),2010(06).

高黎,耶鲁大学通识教育课程的改革与发展,教育评论,2012(12).

高翔,在实验教学中加强通识教育,中国大学教学:2012(11).

高翔、高超、王腊春,在自然地理实践教学中实施通识教育,中国大学教学,2014(01).

高晓清,通识教育及其功能——一种以"研究意义"为起点的逻辑考证,现代大学教育,2012(05).

高晓清、李思思,通识教育知识观下的教师合作教学模式一一种实践观,教师教育研究,2012(04).

高延宏、王馨,美国高校通识教育的基本经验及启示,教育探索,2016(09).

高圆圆,通识教育和专业教育融合实践中的障碍与改革路径,教育探索,2016(05).

葛宇宁,论大学通识教育与逻辑教育,教育评论,2016(09).

龚放,现代大学通识教育之我见,上海高教研究,1997(02).

龚放,重视异质文化的交流与理解——全球化时代大学通识教育的新使命,高等教育
研究,2002(03).

龚金平,通识教育背景下大学公共艺术教育的理念革新与实践研究,理论界,2011(06).

龚金平,我国大学通识教育的实施现状与反思,黑河学刊,2011(03).

谷建春、潘文利,美国著名大学通识教育与专业教育整合的现状研究,黑龙江高教研
究,2008(05).

谷建春、张传隧,梅贻琦的大学通识教育观及其现实价值,江汉论坛,2003(06).

谷建春、张世英,论通识教育与专业教育整合的学理依据,求索,2004(12).

顾海良,"全面实施素质教育"中的思想政治教育与通识教育,中国高等教育,2006(04).

顾露雯、汪霞,回应历史教学法——美国大学通识教育实施的创新途径,复旦教育论
坛,2011(06).

关贝贝、陈阳,我国高校通识教育与专业教育的融合探究,才智,2022(08).

关增建,通识教育背景下的科学史教育功能探析,上海交通大学学报(哲学社会科学
版),2012(02).

管文,浅谈我国高校开展通识教育存在的问题及建议,科教导刊(电子版),2021(18).

管兴华,理工科大学通识教育的价值塑造路径探析,教育教学论坛,2022(17).

郭传真、王文硕、侯茂书、侯心萌、霍春艳,通识教育理念指导下的线上思想政治教育实
践探索,当代教育实践与教学研究(电子刊),2021(15).

郭德红,当今美国和日本大学的通识教育课程实践,华北电力大学学报(社会科学版),
2006(04).

郭芳芳,新世纪以来通识教育研究文献的文本内容分析,江苏高教,2010(01).

郭齐勇,我开的两类"四书"课程——作为通识教育与作为专业训练的国学经典课中国
大学教学,2012(09).

郭晓丽、张源清、何云峰,论高等教育中通识教育与专业教育的整合,煤炭高等教育,
2022(02).

郭园兰、钟秋明,通识教育视域下的高校就业指导误区及对策,现代大学教育,2011(05).

过勇,本科教育的组织模式:哈佛大学的启示,高等教育研究,2016(01).

哈佛大学通识教育工作组、罗宴,哈佛大学通识教育的理念创新与改革——哈佛大学

通识教育工作组报告,北京航空航天大学学报(社会科学版),2015(05).

哈佛大学通识教育委员会、王永茜,哈佛大学通识教育的历史与未来——哈佛大学通识教育报告,北京航空航天大学学报(社会科学版),2015(05).

哈里·李维斯,21世纪的挑战:大学的使命、通识教育与师资的选择,教育发展研究,2007(05).

哈迎飞、周忠昊,论通识教育视野下的文学经典教育——以"中国现代文学经典导读"课程建设为中心,高教探索,2015(06).

韩冬芹,师生共识:通识教育本土化理念探索,大学,2021(教师,30).

韩萌,西方大学通识教育的历史演进与我国的实施路径,山东社会科学,2009(07).

韩益风,现代大学通识教育的反思与超越,教育发展研究,2013(05).

何海伦、岳庆来、邵思蜜,海洋通识教育探讨,高教发展与评估,2014(02).

何慧星、李亚飞,21世纪以来我国通识教育研究的文献计量分析,黑龙江高教研究,2016(07).

何太碧、范国英、马力,专业教育视域下人文类通识教育课程的改革,黑龙江高教研究,2014(06).

何锡辉、赵修文,试论大学通识教育的凸显及其路径探析,黑龙江高教研究,2014(02).

何云开,论中国特色通识教育的构建,教师教育研究,2010(05).

洪明,台湾的通识教育,高等工程教育研究,1997(02).

洪艺敏,对我国高校通识教育改革的再思考,现代教育科学,2010(05).

胡涵锦、顾鸣敏、狄文、何亚平、张艳萍,通识教育视域下深化医学人文教育的探索与思考——基于教学理念与教学实践相统一的视角,中国大学教学,2013(09).

胡佳,通识教育对大学生思政教育的启示,大学,2022(08).

胡莉芳,儒家通识教育思想的传统流变与现代诠释,清华大学教育研究,2009(01).

胡莉芳,中国近代大学校长的通识教育理念和实践,复旦教育论坛,2008(03).

胡莉芳、王亚敏,理念和行为的矛盾与思考——基于某研究型大学师生通识教育观念调查的研究,现代大学教育,2010(01).

胡显章,对深入开展文化素质教育的调研和思考,中国高教研究,2015(05).

胡晓娟,通识教育与专业教育的辩证关系刍议,教育评论,2014(10).

黄岑,美国高校通识教育中的艺术素质培养,东北大学学报(社会科学版),2011(02).

黄达人,关于大学通识教育的一些思考,中国高等教育,2015(22).

黄福涛,从自由教育到通识教育——历史与比较的视角,复旦教育论坛,2006(04).

黄国华、孙淑娟,通识教育在本科应用型人才培养中的价值分析——以新建本科院校为考察中心,教育理论与实践,2009(01).

黄海,当前我国通识教育的困境与突破,现代教育管理,2014(04).

黄海,通识教育视野下当代大学生道德教育的创新维度,现代教育管理,2013(07).

黄海燕,高校写作通识教育的"金课"建设之道——基于江西财经大学"写作与沟通"课程的创新实践,写作,2022(03).

黄进,将通识教育和专业教育有机结合起来,中国高等教育,2004(12).

黄俊杰,21世纪大学通识教育的新方向:生命教育的融入,高教发展与评估,2014(03).

黄俊杰,大学通识教育与基础教育的深化:理念、策略与方法,交通高教研究,2004(03).

黄俊杰,大学通识教育中的主体觉醒与群体意识:教学理念与实践,高教发展与评估,2005(03).

黄俊杰,二十一世纪大学理念的争衡与通识教育的新方向,书屋,2022(07).

黄俊杰,迈向21世纪大学通识教育的新境界:从普及到深化,交通高教研究,2002(06).

黄俊杰,全球化时代大学通识教育的新挑战——以台湾高校为例,云南大学学报(社会科学版),2004(03).

黄俊杰,台湾大学院校通识教育现况:对于评鉴报告的初步观察,高教发展与评估,2006(04).

黄坤锦,大学通识教育的基本理念和课程规划,北京大学教育评论,2006(03).

黄明东、冯惠敏,通识教育:我国高等教育改革的新走向,高等教育研究,2003(07).

黄明东、刘光临、冯惠敏,论大学通识教育的多元性,中国高教研究,2002(03).

黄素芳,试析中国大陆高校通识教育的模式,广东工业大学学报(社会科学版),2011(01).

黄岩、黄汇娟,博雅和通识教育:概念的演进及其经验批评,重庆教育学院学报,2011(05).

纪宝成,加强通识教育追求卓越的本科教学,北京教育(高教版),2007(08).

纪谦玉,人的全面发展:通识教育的灵魂,教育评论,2016(01).

季诚钧,试论大学专业教育与通识教育的关系,中国高教研究,2002(03).

贾宏春,美国大学通识教育对我国高等教育的启示,教育探索,2011(01).

贾晓慧、杨立新,大陆素质教育与台湾通识教育比较,天津大学学报(社会科学版)2002(05).

贾永堂,我国大学通识教育难以深化的根本因素分析,现代大学教育,2005(02).

江波、刘楚佳,美国研究型大学通识教育课程设置:特点与启示,广州大学学报(社会科学版),2008(02).

江海,哈佛大学通识教育实践及其启示,教育评论,2015(02).

江净帆,当前美国通识教育发展走向与新兴实践——基于《通识教育发展走向与新兴实践》调查报告的分析,教育导刊,2011(13).

江明辉,高校通识教育与中国传统文化教育契合性研究,教学研究,2016(02).

江宜桦,从博雅到通识:大学教育理念的发展与现况,(台湾)政治与社会哲学评论,2005(03).

江涌、冯志军,日本大学的通识教育改革及其启示,教育研究,2005(09).

姜国钧,《哈佛通识教育红皮书》镜诠,大学教育科学,2012(06).

蒋红斌、梁婷,通识精神的彰显与我国大学通识教育改革,教育研究,2012(01).

蒋莱、王颖,研讨型课程:大学通识教育的有效途径,中国大学教学,2007(09).

蒋香仙、洪大用,创新通识教育　促进学生全面发展,中国大学教学,2012(12).

蒋宗珍,高校通识教育选修课程设置的现状及改革,重庆教育学院学报,2008(02).

焦炜,我国高等教育通识课程设置与实施的问题及对策——以兰州大学为例,当代教育科学,2012(03).

金家新,高校通识教育的斯诺命题及其求解,现代教育管理,2012(08).

金娟琴、谢桂红、陈劲、陆国栋,浙江大学通识核心课程建设的探索与实践,中国大学教学,2012(08).

金任琼、李忠、彭雷、刘学年、雷淑媛,医学通识教育与专业教育融合的实践模式研究,医学与哲学(A),2012(11).

康全礼,我国大学通识教育的反思,江苏高教,2009(02).

康志峰、邱东林,通识教育·核心课程·大学英语——以哈佛和复旦通识教育为例,现代教育科学,2009(06).

孔德、魏丹,通识教育视野下的创新人才培养,大学教育,2015(03).

孔令帅,20世纪90年代以来美国研究型大学通识教育课程的革新,复旦教育论坛2006(04).

孔令帅,当前美国研究型大学通识教育课程改革:背景·困难·趋势,教育科学,2007(06).

乐毅,90年代以来我国通识教育研究的缺憾与偏颇,现代大学教育,2007(03).

乐毅,复旦本科通识教育改革的经验及启示——核心课程、讨论课、助教制,理工高教研究,2008(02).

乐毅,简论复旦学院的书院学生管理模式,国家教育行政学院学报,2008(08).

乐毅,新加坡国立大学通识教育及其启示,高教探索,2007(04).

乐毅,亚洲一流大学本科课程设置与课程管理特点评析,中国高教研究,2015(02).

乐毅,影响"通识教育"实施的"专业教育"因素分析,江苏高教,2007(02).

乐毅、王霞,试论本世纪以来"九校联盟"本科课程设置改革的现状与问题,现代大学教育,2014(01).

黎海燕,通识教育、闲暇教育与思想政治教育关系研究,理论月刊,2008(06).

李成明,美国大学通识教育的历史发展,东南大学学报(哲学社会科学版),2001(03).

李诚封,试论高师院校通识教育的课程设置,高等师范教育研究,2002(02).

李定国,美国高校通识教育的实施对我国大学生思想政治教育的启示,湖北社会科学,2008(12).

李桂红,哈佛大学通识教育课程改革研究高教发展与评估 2012(02).

李会春,哈佛大学的通识教育课程改革透视,中国高等教育,2008(10).

李会春,哈佛大学通识教育改革新动向及其教育理念探讨,复旦教育论坛,2007(05).

李会春,通识教育的意义:一个话语分析的视角,教育学术月刊,2015(09).

李会春,通识教育的知识中心倾向及新通识教育模式初探,复旦教育论坛,2011(06).

李会春,中国高校通识课程设置现状研究,复旦教育论坛,2007(04).

李加林、徐谅慧,高校通识教育核心课程体系建设研究,宁波大学学报(教育科学版)2015(01).

李佳,中国大学通识教育改革的反思,国家教育行政学院学报,2012(03).

李婧芸,锦上添花的"痛"与"通":我国高校通识教育的困境与未来,煤炭高等教育,2022(02).

李静,君子不器——大学通识教育中经典课程的实施,教育与教学研究,2012(04).

李静,美国加州州立大学通识教育课程体系的研读与思考,中国高教研究,2007(08).

李克安,"元培计划"与通识教育,复旦教育论坛,2006(01).

李立国,工业 4.0 时代的高等教育人才培养模式,清华大学教育研究,2016(01).

李曼丽,北京大学通识教育的现状与分析,中国高等教育评估,2002(02).

李曼丽,美国大学通识教育实践研究,高等工程教育研究,2000(01).

李曼丽,再论面向 21 世纪高等本科教育观一通识教育与专业教育相结合,清华大学教育研究,2000(02).

李曼丽,中国大学通识教育理念及制度的构建反思:1995～2005,北京大学教育评论,2006(03).

李曼丽、汪永锌,关于"通识教育"概念内涵的讨论,清华大学教育研究,1999(02).

李曼丽、杨莉、孙海涛,我国高校通识教育现状调查分析——以北大、清华、人大、北师大四所院校为例,清华大学教育研究,2001(03).

李曼丽、张羽、欧阳压,大学生通识教育课程实施效果评价研究,教育发展研究 2014(13).

李曼丽、张羽、欧阳压,大学生通识能力评估问卷研制,清华大学教育研究,2012(04).

李楠、周建华,中美大学通识教育课程建设比较与启示,科技进步与对策,2011(14).

李勤,高校思想政治理论课教育与通识教育的关系,思想理论教育,2013(03).

李清,关于生命科学类通识教育课程特色建设的思考,中国大学教学,2014(05).

李硕豪,普通教育·通识教育·通才教育·素质教育,高等农业教育,2002(06).

李松林、蒋晓侠,论通识教育的德育功能,思想理论教育,2013(01).

李万鹰,试论中国特色的高校通识教育,黑龙江高教研究,2010(08).

李文章、詹文都,通识教育改革模式分析:利益相关者视角高校教育管理,2012(05).

李晓军,核心素养:技术本科院校通识教育的新走向,教育发展研究,2014(17).

李艳、岳学军,大学通识教育的认知障碍及其超越,现代教育科学,2010(01).

李有亮,通识教育视阈下的应用型人才培养,高校教育管理,2013(06).

李贞,我国高校通识教育选修课课程现状及对策,航海教育研究,2013(01).

李志超、靳玉乐,通识教育价值取向的古今流变与当代启示,南京社会科学,2013(02).

李志义,大学教育教学中几个热点问题的反思,中国大学教学,2013(06).

李志义,关于通识教育的思考,大连理工大学学报(社会科学版),2008(01).

李治国,大学通识教育的比较与借鉴,教育评论,2016(06).

理查德·莱文,通识教育在中国教育发展中的角色国家教育行政学院学报,2010(07).

栗长江,通识教育:概念、借鉴、发展,高等财经教育研究,2015(01).

连进军、解德勒,作为概念体系的自由教育及其发展脉络——兼与博雅教育、通识教育辨析,高等教育研究,2013(01).

梁美仪,香港中文大学的大学通识教育,国家教育行政学院学报,2005(10).

梁爽,从《通识教育工作小组初步报告》看哈佛通识课程改革,比较教育研究,2007(07).

梁显平、周坚中,加州伯克利大学通识教育创新实践,高教发展与评估,2022(04).

梁燕,台湾地区大学通识教育开展的回顾与反思,河北师范大学学报(教育科学版),2013(06).

林春逸,论通识教育对思想政治教育发展的推进作用,思想教育研究,2006(10).

林杰、赵武,北京师范大学通识教育制度的建构与变迁,高校教育管理,2013(01).

林琳、安泽会,我国大学通识教育研究进展:网络、热点及演化——基于CNKI数据库814篇文献的知识图谱分析,高教探索,2017(03).

林晓,美国高校通识教育领域学生思辨能力评估的现状与启示,高等理科教育,2015
　　(05).

林中燕,博雅视角下的台湾本科院校通识教育体系研究,江苏社会科学,2012(06).

刘楚佳,通识教育与职业核心能力培养的比较分析,黑龙江高教研究,2011(02).

刘楚佳、王卫东,大学通识教育课程设置与优化探讨——以地方本科院校为例,广州大
　　学学报(社会科学版),2009(01).

刘道玉,论大学本科培养人才的模式,中国地质大学学报(社会科学版),2008(02).

刘德宇,全球化时代我国大学通识教育的发展策略,黑龙江高教研究,2006(11).

刘凡丰,通识教育的理想与现实,高等工程教育研究,2004(05).

刘封燕,通识教育,抑或专业教育的补充?——对北京大学本科生素质教育通选课的
　　分析,复旦教育论坛,2006(01).

刘海春,朋辈教育:高校通识教育的新路径,中国青年政治学院学报,2014(06).

刘后滨,资治通鉴》为什么不可替代?——兼论历史学在大学通识教育中的地位,中国
　　大学教学,2015(08).

刘建平,大学通识教育的困境、反思与对策,江西财经大学学报,2008(02).

刘建平,中国大学通识教育改革的难点与对策,华北电力大学学报(社会科学版)2007(05).

刘鲁文、许峰,基于美中通识教育比较视角下的创新人才培养,理论月刊,2012(05).

刘梅,通识教育理念辨析,南华大学学报(社会科学版),2007(06).

刘少雪,美国著名大学通识教育课程概况,比较教育研究,2004(04).

刘少雪、洪作奎,综合课程:现代大学通识教育之路,高等教育研究:2002(05).

刘绍晨,课程思政背景下高校通识教育课程教学实践,新课程教学(电子版),2022(06).

刘爽、李曼丽,日本大学之通识教育变革(1991—2015):进步抑或倒退——七所综合性
　　基干大学改革与实践的回顾与反思,清华大学教育研究,2016(01).

刘天星,简析素质教育下的高校音乐通识教育改革,高教学刊,2021(13).

刘铁芳,大学通识教育的意蕴及其可能性,高等教育研究,2012(07).

刘拓、陈秀平、李平康,中美部分大学通识教育实践比较研究,黑龙江高教研究2004(03).

刘小枫、甘阳,大学改革与通识教育,开放时代,2005(01).

刘晓明、禹奇才,从返身到反身:穿越大类教育与通识教育的深层理据,教育研究,2012(08).

刘旭、梁婷,我国大学通识教育:内涵及实施研究述评,大学教育科学,2011(04).

刘学东,新思维,新课程——斯坦福大学通识教育改革,清华大学教育研究,2014(05).

刘学东、汪霞,斯坦福大学通识教育课程新思维,比较教育研究,2015(01).

刘雪琪,国外通识教育对我国高校教育教学的启示——以美国、日本和新加坡为视角,西部素质教育,2022(06).

刘艳侠、刘铁芳,走向人生的通识教育:一种课程实施的视角,湖南师范大学教育科学学报,2013(01).

刘燕、潘金山,走向通达之路:通识教育的问题与改进对策,江苏高教,2013(06).

刘元,科南特校长与哈佛通识教育改革,社会科学论坛,2010(06).

刘振天、杨雅文,论"通识"与"通识教育",高等教育研究,2001(07).

柳珏玺,美国大学通识教育的历史变革对我国高等教育的启示,西部学刊,2021(12).

龙大为、何兰英,美国高校的通识教育评介,中国高等教育,2006(08).

龙晓虹,高校图书馆嵌入通识教育协同发展策略研究,图书馆工作与研究,2022(03).

龙跃君,关注联结:复杂性科学视野下大学通识教育课程理论的思考,高等教育研究,2007(06).

龙跃君,人性教育:现代大学通识教育的理想,大学教育科学,2014(03).

龙跃君,我国大学通识教育实践亟待解决的三个重要问题,中国大学教学,2010(10).

卢军霞、卢益东、刘翔,通识教育:高校德育的有效促进,高等工程教育研究,2013(04).

卢晓东,从通识教育深入到通识学习,中国高校科技,2015(01).

鲁洁,通识教育与人格陶冶,教育研究,1997(04).

陆国栋、章雪富,大学教育的课程谱系,中国高等教育,2014(22).

陆国栋、周金其、金娟琴、留岚兰,从"制器"到"成人"的系列核心课程建设,高等工程教育研究,2014(03).

陆一,21世纪日本大学通识教育再出发:东京大学与京都大学两种模式的比较,北京大学教育评论,2015(01).

陆一,把握通识教育的真实效果:"复旦大学通识教育学生调查"工具的研制与信度、效度验证,复旦教育论坛,2016(01).

陆一,从"通识教育在中国"到"中国大学的通识教育"——兼论中国大学专业教育与通识教育多种可能的结合,中国大学教学,2016(09).

陆一,通识教育核心课程质量监测诊断:"高能课"与"吹水课"的成因分析与甄别,复旦教育论坛,2017(03).

陆一、徐渊,制名以指实:"通识教育"概念的本语境辨析,清华大学教育研究,2016(03).

路德维希·胡贝尔、赵雅晶,通识教育与跨专业学习,北京大学教育评论,2007(04).

罗海鸥,通识教育与大学文化发展——海峡两岸跨世纪大学文化发展研讨会综述,高等教育研究,1999(07).

罗磊,通识教育视野中的批判性思维,新教育时代电子杂志(教师版),2021(35).

罗索斯基、黄坤锦,罗索斯基论通识教育与核心课程(下),高教发展与评估,2022(03).

吕春媚,礼仪文化引入高校音乐类专业通识教育课程探讨——以"新文科"建设为背景,山西财经大学学报,2022(A1).

吕红梅,论"强基计划"视域中的通识教育,江苏高教,2021(06).

吕培明,国际化背景下的通识教育——哈佛大学本科课程改革综述与启示,社会科学家,200904).

马凤岐,核心课程作为通识教育的主要途径,中国大学教学,2015(04).

马凤岐,通识教育的政治学,江苏高教,2011(04).

马辉洪,大学图书馆在推行通识教育课程中的角色——以香港中文大学新亚书院通识教育为例,图书馆论坛,2011(08).

马莉萍,寻求通识与专业的平衡——美国高校双专业教育的挑战与应对策略,比较教育研究:2014(09).

马璐,王阳明教育思想对高职通识教育的启示研究,教育教学论坛,2022(24).

马晓春,通识教育应是全人教育——与陈跃红教授商榷,探索与争鸣,2009(10).

马晓春、郭崇林、朱佳颖,中美大学通识教育课程对比研究及启示,世界教育信息,2010(01).

马星、董垢希,"以学为本":新一轮台湾通识教育评鉴探析,高教探索,2016(05).

马彦,大学英语应该成为通识教育的重要组成部分,现代大学教育,2009(07).

马早明、高皇伟,大学通识教育价值取向的演进与转向,教育研究,2016(04).

马臻、张士成、杨新,在通识教育背景下培养具有国际化视野的研究性人才,中国大学教学,2015(06).

梅红、宋晓平,论大学教育的基本宗旨与实现——从美国通识教育到"社会人"的全面发展,高教探索,2014(02).

梅红、宋晓平,中国通识教育实践回顾:目标分析与改革策略研究,研究生教育研究,2012(04).

孟卫青、黄晟,我国大学实施通识教育的制度困境与出路,清华大学教育研究,2013(04).

孟祥林,通识教育的理论探源、现实问题及我国的发展路径选择,当代教育论坛,2005(01).

孟永红,本科通识教育课程建设的实践探索,教师教育研究,2006(05).

孟源北,加拿大魁北克社区学院通识教育的实践与启示——以维尼尔学院为例,中国高教研究,2015(03).

孟振华,国外高水平大学通识教育的制度建设与启示,首都师范大学学报(社会科学版),2015(06).

孟振华,哈佛大学新版哲学通识教育的特点与有益启示,西南民族大学学报(社会科学版),2013(05).

苗文利,我国大学通识教育研究述评,高校教育管理,2007(05).

苗文利,中国大学通识教育二十年的发展现状及理性省察,大学教育科学,2007(04).

明阿欢,高校通识教育现状及优化建议,课程教育研究,2020(16).

明国辉,通识教育视野下的高校传统文化教育,黑龙江高教研究,2012(11).

莫亮金、刘少雪,从通识课程改革看人文教育与科学教育融合,中国高等教育,2010(02).

倪胜利,通识教育:真谛、问题与方法,教育研究,2011(09).

聂欢欢,关于对新闻传播学科通识教育的认识和实践,传播力研究,2021(28).

牛畅,2007年哈佛大学通识教育课程改革新举措,世界教育信息,2007(19).

潘彩霞,高校通识教育平台建设研究,黑龙江高教研究,2016(03).

潘俊杰、徐司奇,英国通识教育对我国高校教育的启示,文学教育,2021(29).

潘懋元、高新发,高等学校的素质教育与通识教育,煤炭高等教育,2002(01).

潘晓璐,通识教育与课程教育的共生发展研究,新教育时代电子杂志(教师版),2022(11).

泮伟江,理工科大学的通识教育——麻省理工大学的经验与启示,北京航空航天大学学报(社会科学版),2015(05).

庞国斌,试论我国大学通识课程建设走出困境的对策,黑龙江高教研究,2007(12).

庞海芍,素质教育/通识教育在中国的实践历程与未来发展,教学研究,2022(02).

庞海芍,通识教育:困境与出路,江苏高教,2006(06).

庞海芍,通识教育:台湾与大陆之比较,中国高教研究,2007(06).

庞海芍,通识教育的动力与阻力,高校教育管理,2012(03).

庞海芍,通识教育的三个层面,复旦教育论坛,2007(01).

庞海芍,通识教育课程建设的困境与出路,江苏高教,2010(02).

庞海芍,通识教育与创新人才培养,现代大学教育,2007(01).

庞海芍,通识教育与文化素质教育的发展路径分析,大学(学术版),2012(07).

庞海芍、王瑞珍,通识教育在香港,北京理工大学学报(社会科学版),2007(S1).

庞海芍、郇秀红,素质教育与大学教育改革,中国高教研究,2015(09).

庞海芍、郇秀红,中国高校通识教育:回顾与展望,高校教育管理,2015(06).

庞海芍、余静,通识教育课程的领导与管理——哈佛大学和MIT的经验与启示,黑龙江高教研究,2016(01).

庞海芍、余静、郇秀红,港台高校的通识教育管理模式与启示,江苏高教,2016(02).

彭湃、梁红,内化论视阈中大学通识教育的现实困境与变革,中国地质大学学报(社会科学版),2010(06).

彭振宇,高职院校推行通识教育的目标、内容与实现途径,职教论坛,2007(07).

彭振宇,美国社区学院通识教育特色及其启示,职业技术教育,2012(16).

彭振宇,英、德、日三国高职通识教育研究及其对我国的启示,职教论坛,2012(10).

彭振宇、彭春萍,台湾技职院校通识教育发展及其对大陆的启示,河北师范大学学报(教育科学版),2012(01).

浦家齐,求索通达之道——论通识教育的深度层面,复旦教育论坛,2010(01).

戚田莉,通识教育视角下大学英语课程设置的调查与思考,现代教育管理,2010(09).

漆玲玲,高校通识教育改革与探索研究,科教导刊,2022(17).

钱铭、汪霞,美国公立大学通识教育课程前入式评价,现代教育管理,2013(11).

钱文彬、黄启兵,论我国通识教育的制度困境,教育探索,2005(03).

钱小龙、汪霞,加拿大通识教育课程改革:以基本就业技能培养为导向,现代大学教育,2013(03).

钱颖一,论大学本科教育改革,清华大学教育研究:2011(01).

钱志刚、祝延,通识教育:在理想与现实之间,高教探索,2012(06).

乔戈、高建民,美国通识教育"核心课程"体系改革的理念及思考——以哥伦比亚大学和哈佛大学的教育方案为例,南阳师范学院学报,2012(10).

乔连全、殷小平,甲美大学校长纵论通识教育,中国大学教学,2006(11).

秦春华,我们需要什么样的通识教育,中国大学教学,2016(11).

秦光远,以通识教育课程为载体推进高水平课程思政改革,教育评论,2022(07).

秦绍德,学习与探索:复旦对于通识教育的理解和实践,中国高等教育,2006(16).

邱容机、王松良,台湾地区高校通识教育体系及其人才培养目标演变及其启示,东北师大学报(哲学社会科学版),2016(10).

渠默熙,来华留学生通识教育现状与对策,教育现代化,2021(10).

瞿帅伟、吴宏翔,通识教育理念比较与大学治理结构创新,南京社会科学,2013(10).

曲铭峰,关于建立我国研究型大学通识教育核心课程的若干思考——美国哈佛大学和哥伦比亚大学成功经验之启示,中国大学教学,2005(07).

阙青敏、吴奉奇、黄东,科教融合背景下通识教育课程的探索与实践——以省级科研平台教育课程为例,育教学论坛,2022(25).

阙青敏、吴奉奇、黄东,科教融合背景下通识教育课程的探索与实践,教育教学论坛,2022(25).

任伟伟,通识教育的现状审思与路径探寻,教育发展研究,2011(14).

阮邦球、刘静文,澳门高等教育化学通识课程:设计和实施,中国大学教学,2013(10).

桑新民,创新学习文化　回归大学精神——21世纪大学通识教育新探,教育研究2010(09).

邵华,通识教育视野下的大学英语课程体系改革研究,现代教育科学,2014(01).

沈廷川,借鉴美国大学通识教育的经验,促进我国高校思想政治理论课教育的发展,教育探索,2010(08).

沈文钦,从博雅到自由——博雅教育概念的历史语义学分析,清华大学教育研究2013(01).

沈文钦,赫钦斯与芝加哥大学的通识教育改革,比较教育研究,2006(04).

沈文钦,通识教育的观念与模式在"二战"后的全球扩散,高教发展与评估,2013(03).

沈文青、孙海涛,通识教育视野下的创业教育课程体系建构,当代教育科学,2014(19).

沈壮海,通识教育视野中的学校德育,思想·理论·教育,2002(16).

施林森,国内一流大学通识教育课程本土化初期的问题及对策——基于南京大学的个案分析,福建师范大学学报(哲学社会科学版),2016(05).

石仿、裴旭、方洪英,创造力战略下台湾高校通识教育的发展及启示,中国高教研究,2007(01).

石书臣,高校思政理论课与通识教育课程的关系探讨,中国高等教育,2011(05).

史彩计,美国大学通识教育评价的一种方法:课程嵌入式评价法,复旦教育论坛,2007(02).

舒大刚、朱汉民、颜炳罡、于建福,国学经典价值与高校通识教育,国家教育行政学学报,2016(12).

舒劲松、梁忠、郑启玮,医学院校开展通识教育之研究概况,中国高等医学教育,2012(07).

舒志定,对通识教育构造的一种认识,江苏高教,2003(01).

苏鸿,通识教育的文化品性与文化自觉,江苏高教,2017(01).

眭依凡、汪征,论通识教育的文化价值,现代教育管理,2014(11).

孙海涛、李东、王维,关于我国大学通识教育的思考,贵州社会科学,2009(07).

孙华,通识教育的理想类型,教育学术月刊,2015(04).

孙华,通识教育的欧洲模式,江苏高教,2015(02).

孙华,通识教育的中国境遇,江苏高教,2013(03).

孙华、郝瑜,西方大学专业教育与自由教育理念的 1000 年分野,现代大学教育,2012(06).

孙怀远、廖跃华、杨丽英、丁立军、胡兆燕,"先进制造技术"通识教育课程建设,教育教
　　学论坛,2020(30).

孙康宁、傅水根、梁延德、王仁卿,浅论工程实践教育中的问题、对策及通识教育属性,
　　中国大学教学,2011(09).

孙莉,通识教育与高校创新创业教育融合研究,科教文汇,2021(11).

孙培华,通识教育理念背景下大学书院制创新策略,数字化用户,2022(19).

孙媛慧,OBE 理念下通识教育选修课教学模式,课程教育研究,2020(16).

谭小芳,专业教育、通识教育与人才培养模式,湖北社会科学,2010(11).

谭永基,将数学建模思想融入通识教育数学核心课程,高等数学研究,2009(02).

檀钊,高职院校应慎行通识教育,高校教育管理,2007(04).

汤俊雅、别敦荣、易梦春,哈佛大学课程革新:来自通识教育委员会的报告,山东高等教
　　育,2014(12).

唐帼丽,中国高校通识教育应当走本土化发展之路,中国大学教学,2016(08).

唐曦、杜鑫燕,"通识教育"与高校图书馆阅读推广工作——《书香满园》和《分校阅读》
　　的个性与共性,图书馆杂志,2022(02).

唐燕、高昊,提升大学通识教育质量的路径选择,教育评论,2014(02).

陶春元、曹小华,通识教育与大学生健全人格培养,宁波大学学报(教育科学版),2014(02).

田秋生,通识教育打造媒体精英——复旦、清华新闻学专业本科人才培养方案考察,西
　　南民族大学学报(人文社科版),2010(01).

田雪芹,科南特基于"全人类共同利益"的哈佛大学通识教育改革,高教探索,2017(02).

童杰、张晓鹏,国内高水平大学通识教育实践现状扫描——基于 39 所大学本科教学质
　　量报告的分析,新课程研究(中旬刊),2012(17).

涂文波,构建基于通识教育的信息素养课程体系,当代教育实践与教学研究(电子刊),
　　2021(16).

万露,高校通识教育课程教学应注意的几个问题,江苏高教,2007(05).

万秀兰,国外通识教育的方式及其启示,湖北大学学报(哲学社会科学版),1995(06).

汪晓蓉、乔少平,应用型本科院校通识教育课程体系建设研究,科教导刊(电子版),
　　2020(28).

汪洋,我国研究型大学通识课程建设——基于 5 所大学的实证研究,现代教育管理,
　2012(08).

汪征,美国研究型大学通识教育的文化传播策略,现代教育管理,2011(06).

王本法,简论通识教育的历史嬗变和时代内涵,济南大学学报(社会科学版),2005(03).

王斌,论通识教育与技能型创新人才的培养,黑龙江高教研究,2013(05).

王德峰,从大学理念看通识教育的方向与道路,复旦教育论坛,2006(03).

王定华,哈佛大学的通识教育,中国高教研究,1997(12).

王冬梅,美国的文化论争与通识教育的变革,高教探索,2007(01).

王宏海,论跨文化语境下的通识教育本土化,高校教育管理,2014(04).

王洪才、解德渤,中国通识教育 20 年:进展、困境与出路,厦门大学学报(哲学社会科学
　版),2015(06).

王慧锋,加强理工类高校通识教育　落实立德树人根本任务,中国高等教育,2021(21).

王建华,高等教育的理想类型,高等教育研究:2010(01).

王剑敏,"课程一书院"通识教育模式研究,教育评论,2014(06).

王俊,跨学科通识教育课程模式探析——以杜克大学 FOCUS 课程为例,高教探索,
　2011(04).

王蕾、漆新贵,对大学通识教育创新的思考,教育探索,2010(06).

王丽娟、姜伟宏,赫钦斯的通识教育理念述评,当代教育科学,2009(15).

王列盈,论蔡元培的通识教育思想,教育评论,2012(02).

王玲,美国通识教育与专业教育之间关系的历史演变及其制度成因,济南大学学报(社
　会科学版),2010(05).

王前新、陈艳,文化德育视野下的通识教育,教育发展研究,2006(24)12.

王生洪,追求大学教育的本然价值——复旦大学通识教育的探索与实践,复旦教育论
　坛,2006(05).

王姝珺、陈志芳、童慕兰,通识教育视域下我国大学生科学素养和人文素养培养研究,
　当代教育理论与实践,2013(06).

王爽,高校传统文化通识教育中的课程思政路径研究——基于新媒介技术赋能的视
　角,教育教学论坛,2021(27).

王维荣、章厚德、安·贝腾多夫,美国通识教育改革的理念与行动——以伊利诺伊州立
　大学生物课改革为例,比较教育研究,2011(06).

王霞,通识教育宗旨再探,江苏高教,2010(05).

王霞,由哈佛核心课程改革透视研究型大学通识教育的困境,高等工程教育研究,2006(06).

王晓峰,课程思政视角下通识教育课教学改革研究——以逻辑与批判性思维课为例,新教育时代电子杂志(教师版),2022(16).

王晓阳、曹盛盛,美国大学通识教育模式、挑战及对策,中国高教研究,2015(04).

王晓阳、王紫怡,论本科教育的目标与通识教育的价值,大学教育科学,2017(02).

王彦锐,突破大学通识教育的瓶颈,西安建筑科技大学学报(社会科学版),2009(03).

王艳芳,哈佛大学和北京大学通识教育课程的比较,文教资料,2020(34).

王义遒,大学通识教育与文化素质教育,北京大学教育评论,2006(03).

王义遒,通识教育使命及其教学多样化,中国大学教学,2016(10).

王义遒,推进通识教育,催生一种新的教师模式,北京大学学报(哲学社会科学版),2005(05).

王义遒,文化素质教育与通识教育关系的再认识,中国大学教学,2009(11).

王益宇,论大学通识教育的根本出发点,中国高教研究,2008(10).

王毅、傅晓微,哈佛课程体系改革考论:以美育类课程为例——哈佛通识教育(美育类)实地考察报告之二,美育学刊,2011(06).

王毅、傅晓微,哈佛通识教育委员会主席哈里斯访谈录——哈佛通识教育(美育类)实地考察报告之一,美育学刊,2011(05).

王毅、傅晓微,哈佛通识课程改革创新理念与践行——哈佛通识教育(美育类)实地考察报告之三,美育学刊,2012(01).

王毅、王维倩,多视角辨析大学英语教学与通识教育的关系,外语电化教学,2012(02).

王英伟,人才培养模式再造下的通识教育建设,中国政法大学学报,2014(06).

王瑜,通识教育的产生背景及其实施方法,江苏高教,2003(03).

王兆义,通识教育在德国应用科学大学中的重构与裂变 CA,浙江科技学院学报,2022(02).

王哲、李军军,大学外语通识教育改革探索,外语电化教学,2010(05).

王震、李竹梅,发掘现代大学体育的通识教育内涵,复旦教育论坛,2011(06).

韦家朝,宾夕法尼亚大学通识教育课程改革及其启示,现代教育管理,2011(04).

韦玮、俞建伟、陆开宏,我国高校通识教育的实践类型与课程设置探讨,高教探索,2009(02).

韦宗发,建国后我国大学通识教育的迷失,湖南师范大学教育科学学报,2015(03).

魏传光,大学通识教育的异化及其反思,教育发展研究,2010(11).

魏殿林、倪旭前,综合性高校艺术通识教育课程体系构建的思考与实践,中国大学教学,2022(04).

魏红心,爱丁堡大学通识教育的理念与实践对我国通识教育的启示,当代教育科学,2019(11).

魏蕾如、朱秋月,通识课改新动向——来自中美三所大学2019年通识教育改革的审思与启示,教育现代化,2021(47).

魏宁海、张亮,论我国大学哲学通识教育教学方式改革,湖南科技大学学报(社会科学版),2016(04).

吴飞、赵晓力,作为文化事业的通识教育——"全国首届文化素质通识教育核心课程讲习班"综述,北京大学教育评论,2007(04).

吴坚,哈佛大学与复旦大学通识教育课程设置比较研究,高教探索,2016(01).

吴坚,美国研究型大学通识教育课程模式及启示,华南师范大学学报(社会科学版),2016(06).

吴坚,中美研究型大学通识教育实施机制的比较分析,华南师范大学学报(社会科学版),2015(02).

吴健、刘昊,面向新时代通识教育的探索与思考,中国大学教学,2022(04).

吴平、陈学敏、曾德军,武汉大学通识教育的实践探索,中国大学教学,2005(01).

吴锵,从博雅教育、通识教育到人文素质教育——兼论理工科大学的人文素质教育,南京理工大学学报(社会科学版),2004(02).

吴守蓉、郭晓凤、白石则彦,日本东京大学通识教育路径探究——基于PDCA分析中国高教研究,2016(10).

吴新中,高校通识教育与专业教育的冲突与融合,西南民族大学学报(人文社科版),2009(10).

吴新中,工科院校通识教育课程设置探索,重庆交通大学学报(社会科学版),2009(03).

吴亚娜、杨茂森,双一流建设背景下艺术院校研究生通识教育改革研究,吉林省教育学院学报,2022(07).

吴影、滕玉梅,哈佛大学通识教育新课改对我国高校通识课程设置的启示,教育探索,2012(05).

吴自选,通识教育与翻译人才培养的关联——以西南联大外文系的课程设置为例,上海翻译,2013(03).

伍小东、郑立、段海燕,完全学分制背景下通识教育的改革与实践,陕西教育(高教),2021(11).

武宏志,批判性思维:一种通识教育中的逻辑教学,延安大学学报(社会科学版),2013(01).

武卫红,从大学生就业看高校通识教育的问题与对策,黑龙江高教研究,2005(01).

夏寒,财经类高校通识教育的困境及对策,高教论坛,2009(03).

夏文斌,新文科背景下通识教育体系的创新实践,中国高等教育,2021(12).

县祥、王雪,以导师制为平台构建高校通识教育人才培养新模式——北京大学元培计划和复旦大学复旦学院的启示,教育与教学研究,2009(07).

向东平,民办高校通识教育的现状与对策分析——以上海六所民办本科高校为例,高教学刊,2020(16).

向涛、杨吉云、廖晓峰,人工智能时代下通识教育对研究生综合素养的育化作用,高教学刊,2022(01).

肖亚林,另一种大学竞争力:中国台湾高校通识教育的两次评鉴,教育理论与实践,2005(28).

谢桂红、颜治茂、金娟琴,强化通识教育推进大类培养,中国大学教学,2008(03).

谢艳娟,通识教育与专业教育关系的辩证思考,教学与管理,2015(14).

辛均庚,我国大学通识教育的缺失与路径构建,高等农业教育,2014(08).

熊耕,美国研究型大学通识教育课程设置模式的分析及启示,高教探索,2012(04).

熊耕,中美研究型大学本科课程体系的比较分析——以北京大学、南开大学、哈佛大学和芝加哥大学的文学和数学专业为例,现代大学教育,2012(02).

熊光清,关于行业特色型高校加强通识教育的思考,北京教育(高教),2021(09).

熊静、杨颉,过渡与适应:哈佛大学新生指导与支持服务体系探微,高教探索,2018(07).

熊明艳、李蓓、吴敏,中美研究型大学通识教育比较研究与建议,教育与现代化,2007(04).

熊贤君、金保华,通识教育的课程设置与实施途径,教育评论,2000(08).

徐冬青,关于大学推进通识教育的思考,复旦教育论坛,2007(05).

徐高明、张红霞,我国一流大学创新人才培养模式的新突破与老问题,复旦教育论坛,2010(06).

徐光台,从科学史的观点来看通识教育中科学教育与人文教育的会通问题,台湾通识教育季刊,1995(02).

徐辉、季诚钧,中国大陆、香港、台湾地区高校通识教育之比较,比较教育研究 2004(08).

徐岚,基于经典阅读的通识教育——以东西方两所推行核心文本课程的高校为例,复旦教育论坛,2016(01).

徐琴,哲学在高校通识教育中的地位与作用,教学与研究,2014(10).

徐绍华,美国大学通识教育经验的借鉴与启示,昆明理工大学学报(社会科学版),2009(03).

许克祥、张少栋、黄慧芬、陈剑鸿,关于高校在线网络通识教育的有效性思考,科教导刊,2021(07).

许园,耶鲁大学的通识教育思想及其实践——以《耶鲁报告》为起点,高教研究与实践,2015(01).

许长青,研究型大学高素质人才培养如何得以实现——中山大学本科教育教学改革的探索与实践,中国高教研究,2014(07).

薛桂波,教育生态学视阈下通识教育与思想政治教育的融合创新,高校教育管理,2014(03).

薛桂波,通识教育"专门化"误区及其转向,高教探索,2014(03).

闫来洪、张秀霞、李石,通识教育体系对大学生思维模式构成分析,教育现代化,2021(58).

严浪,香港中文大学图书馆在通识教育中的实践及启示,图书馆工作与研究,2013(09).

阎光才,关于本科通识教育的林林总总,中国高教研究,2021(12).

颜海波,试析"全人教育"关怀下通识教育的价值导向,高等理科教育,2011(03).

杨持,生态学教育中的通识教育,中国大学教学,2012(12).

杨春梅,关于通识教育的路径,教育评论,2002(09).

杨春梅,通识教育:本质与路径,现代教育科学,2004(04).

杨春梅,通识教育三论,江苏高教,2002(03).

杨春梅,英国大学专业教育和通识教育融合的实践及其启示,教育探索,2011(02).

杨凡、李蓓,哈佛通识教育改革的步骤方法及其借鉴意义——以 21 世纪哈佛大学新一轮本科生课程改革为例,教育与现代化,2009(04).

杨颉,如何培养高等教育学博士生的学术思维,中国高教研究,2020(05).

杨颉,智能科技时代高等教育面临的挑战与变革,上海交通大学学报(哲社版),2020(2).

杨颉,中国高等教育国际化的挑战与突破,苏州大学学报(教育科学版),2018(01).

杨颉、钟启泉,大学通识教育课程研究,高等教育研究,2010(06).

杨九斌,通识教育在美国:近一个世纪来的成就与危机,复旦教育论坛,2012(04).

杨莉、郭晶,图书馆开设通识教育课程的实践与思考,图书馆杂志,2012(03).

杨叔子、余东升,文化素质教育与通识教育之比较,高等教育研究,2007(06).

杨兴林,应用型人才培养的通识教育研究,现代教育科学,2010(06).

杨杏芳、朱曼,透视当代大学通识教育的文化问题,清华大学教育研究,2004(03).

杨秀芹、陶美重,通识教育的实践:困境与路径选择,黑龙江高教研究,2007(01).

杨洋,芝加哥大学与复旦大学通识教育课程的比较研究,现代教育科学,2016(03).

杨玉良,深入实施通识教育培养未来社会中坚,中国高等教育,2010(19).

杨洲,高校通识教育存在的问题及应对策略,教育探索,2011(11).

姚孟春,论通识教育的必要性及实施途径,学术探索,2007(02).

姚中秋,论通识教育之文化自觉,教育学报,2014(02).

姚中秋、李强、丛日云、千春松、钱永祥,通识教育与文明复兴,学海,2013(04).

叶静萍、赵玥、何思怡、汪春红,高校通识教育课程教学效果的影响因素分析,教育教学论坛,2020(29).

易红郡,英国大学通识教育的理念及路径,华东师范大学学报(教育科学版),2012(06).

殷冬玲、朱镜人,古希腊自由教育思想的嬗变及对英国大学通识教育的影响,高教探索,2015(06).

殷小平,中国有通识教育传统吗? 复旦教育论坛,2007(01).

尹萌芽,通识教育的本质特征与实施路径,湖南师范大学教育科学学报,2008(05).

尤西林,中国当代通识教育的起源背景与现状问题——兼论通识教育"评估—调整"机制的意义,华东师范大学学报(教育科学版),2022(08).

於荣,美国大学通识教育课程一致性问题的历史发展及启示,清华大学教育研究,2015(06).

于志刚,推动大学通识教育课程体系的培育与完善,中国高等教育,2016(11).

余东升,通识教育:知识、学科、制度整合的新范式,医学教育探索,2005(02).

余凯,关于我国大学通识教育的调查与分析,现代大学教育,2003(01).

余籽滢、曾诚,论自由教育、博雅教育、通识教育、素质教育的联系与区别,长江丛刊,2020(32).

俞学明,以中西文明通论课程为统领打造"有灵魂的通识教育体系——中国政法大学通识课程改革的实践与探索",中国大学教学,2017(03).

袁川,大学通识教育与人的和谐发展,现代教育管理,2013(03).

袁川,论"通识教育"与"专业教育"的有效结合——兼谈社会转型期我国高等教育目的的价值取向,教育探索,2014(08).

袁广林、周巧玲,大学全人教育与通识教育论析,现代大学教育,2008(05).

袁维新,论科学史的教育价值,自然辩证法通讯,2006(03).

岳林琳、程乐森,高等医学院校通识教育课程设计的模式,教育评论,2014(01).

岳林琳、程乐森,提升医学人文素养背景下通识教育课程设计问题的思考,中国医学伦理学,2014(03).

张碧,中美高校通识教育课程体系差异及启示,山西财经大学学报,2012(12).

张灿辉,人文学科与通识教育,陕西师范大学学报(哲学社会科学版),2000(01).

张冲,大学本科通识教育的他山之石——评哈佛大学与哥伦比亚大学本科通识课程体系之争,复旦教育论坛,2011(01).

张楚廷,素质教育是通识教育的灵魂——兼论我国高校素质教育之走向,高等教育研究,2008(07).

张春莹、平章起,新学制下香港高校通识课程设置与启示,高校教育管理,2013(05).

张翠萍、程乐森,医学院校加强医学人文通识教育的研究,中国医学伦理学,2014(02).

张德启,台湾高校通识教育课程发展及其特色,河北师范大学学报(教育科学版)2009(09).

张东海,通识教育:概念的误读与实践的困境——兼从全人教育角度理解通识教育内涵,复旦教育论坛,2008(04).

张东辉,我国高校通识教育改革研究——从组织文化的视角,国家教育行政学院学报,2010(04).

张凤娟,"通识教育"在美国大学课程设置中的发展历程,教育发展研究,2003(17).

张富生,我国通识教育与专业教育的制度变迁——基于新制度经济学的视角,东北大学学报(社会科学版),2011(04).

张海红、于泽源、李荣军,大学通识教育课程实施的困境与思考,东北农业大学学报(社会科学版),2009(04).

张海生,赫钦斯通识教育思想及其实践,扬州大学学报(高教研究版),2015(02).

张海生、许园,中美研究型大学通识教育课程比较研究——以麻省理工学院、中国科学技术大学生物学专业为例,煤炭高等教育,2015(05).

张昊雁、刘皆谊,工科通识教育课程思政教学改革与实践,教育教学论坛,2021(47).

张红霞,高等教育课程国际化的文化思考——兼谈通识教育课程改革,清华大学教育研究,2007(01).

张红霞,科学教育在通识教育中的地位:历史与逻辑的分析,教育发展研究,2009(15).

张华英、张传,论通识教育与创新型人才培养策略,高等教育研究学报,2008(01).

张会杰,大学通识教育的课程考核:意义、困境及管理之改进,高教探索,2015(03).

张会杰,问题及改进:大学通识教育的价值引领与制度回应,江苏高教,2012(06).

张会杰、张树永,哈佛大学通识教育课程体系及其特点,高教发展与评估,2013(02).

张慧洁,通识教育课程设置:经典与多元,复旦教育论坛,2006(04).

张慧洁、孙中涛,我国大学通识教育研究综述,高等工程教育研究,2009(05).

张家勇、朱玉华,美国大学通识教育的若干理论问题探讨,教育文化论坛,2010(03).

张剑,学生的价值观教育探析——以美国哈佛大学通识教育为例,毛泽东邓小平理论研究,2012(04).

张锦旺、潘卫东、李杨,通识教育课程融入思政元素教学改革探索,教育教学论坛,2021(42).

张晶,加强通识教育,提升大学生人文素质,中国高等教育,2015(19).

张俊洪、陈钰、杨文萍,纽药理工大学通识教育课程设置理念及启示,高校教育管理,
    2013(04).

张丽、阚阅、张雪军,大学通识教育:杜威的经验启示,高教探索,2022(02).

张丽霞、李运庆,"双一流"背景下高校领导力与通识教育发展探析,教育教学论坛,
    2021(48).

张亮,我国通识教育改革的成就、困境与出路,清华大学教育研究,2014(06).

张亮,我们应当提供什么样的哲学通识教育?北京理工大学学报(社会科学版),2013(04).

张玲,英美通识教育模式与核心价值诉求之比较,文教资料,2021(20).

张明强,大学通识教育与中国文化共同体建构,黑龙江高教研究,2015(11).

张嵘,台湾高校思想政治理论教育的发展及其启示,中央社会主义学院学报,2012(01).

张寿松、徐辉,试论大学通识教育实践——以香港中文大学下属学院为例,高教发展与
    评估,2005(05).

张寿松、徐辉,通识教育的八个基本问题,浙江社会科学,2005(07).

张寿松、徐辉,通识教育课程建设的问题与建议,课程·教材·教法,2005(01).

张铁勇,美国高校通识教育的现状、特点功能与启示,教育探索,2009(10).

张铁铸,经济新常态、创新能力与金融专业人才通识教育,高等财经教育研究,2015(04).

张团慧,通识教育实施现状及对策研究,教育教学论坛,2020(27).

张炜,基于素质教育框架的通识教育与专业教育集成,中国高教研究,2015(12).

张希胜、张兴旺,美国大学本科生院建设及其对我国高校的影响,高校教育管理,2015(05).

张喜梅、张雪非,麻省理工学院的通识教育对理工大学课程设置的启示,中国冶金教
    育,2005(02).

张晓鹏,港台地区大学通识教育的发展及其启示,江苏大学学报(高教研究版),2006(02).

张昕,高校通识教育及其课程改革,教育探索,2016(12).

张绪忠、郭宁宁,美国高校通识教育课程改革的发展方向及启示,教育评论,2016(01).

张雪蓉、许淋萍,卡内基·梅隆大学通识教育课程理念与实践的演变,中国大学教学,
    2016(03).

张亚群,大学素质教育:通识教育的特殊形态,中国地质大学学报(社会科学版),2013(01).

张亚群,郭秉文的通识教育理念及其现代价值,高等教育研究,2014(11).

张亚群,科举制下通识教育传统的演变及其启示,华中师范大学学报(人文社会科学版),2009(04).

张亚群,中国大学通识教育传统的现代价值,华中师范大学学报(人文社会科学版),2014(01).

张亚群、冯寅,经典的价值——"大学通识教育联盟"四校的传统文化课程评析,深圳大学学报(人文社会科学版),2016(03).

张亚群、刘淼,梅贻琦与清华大学通识教育实践,大学教育科学,2011(04).

张亚群、王毓,论高等教育的专业性与通识性,中国地质大学学报(社会科学版),2016(04).

张砚清,美国研究型大学通识教育课程设置及其启示,高等教育研究:2015(09).

张砚清,中美高校通识教育理论比较,江苏高教,2015(04).

张雁,通识教育的文化使命,教育发展研究,2012(17).

张一蕾,通识教育与大学特色,高教发展与评估,2010(01).

张翼星,当今大学通识教育之我见,现代大学教育,2016(04).

张翼星,试论当今大学的通识教育,北京大学教育评论,2006(03).

张翼星,我对大学通识教育的几点认识,现代大学教育,2012(03).

张喆、韩斌、徐畅,大学生科学素养与通识教育关系的实证分析,复旦学报(自然科学版),2012(04).

张芷欣,通识教育与拔尖创新人才培养,武当,2022(10).

张子照,我国高校实施通识教育的问题、困难及对策,高等建筑教育,2002(05).

长北,台湾通识教育与艺术教育述略,东南大学学报(哲学社会科学版),2011(03).

赵本全、姚纬明,通识教育:我国大学教育的必然趋势,湖南师范大学教育科学学报,2004(03).

赵红梅、戴茂堂,通识教育究竟通向何处?——从康德说起,中国大学教学,2016(12).

赵菊珊、娄延常,大学通识教育若干问题的思考,高等理科教育,2009(05).

赵君、张瑞,通识教育视角下高校思想政治理论课建设的思考,思想教育研究,2012(05).

赵强、郑宝锦,哈佛大学通识教育理念的嬗变,湖北大学学报(哲学社会科学版),2010(06).

赵少杰、吴文朋、杨栋,土木工程专业研究生通识教育模式探究,教育教学论坛,2021(37).

赵爽,民办高校通识教育课程教学管理的问题与对策研究,现代商贸工业,2022(13).

赵晓梅、俞永康,通识教育课程规划之实例研究——以麻省理工工学院为例,电子科技大学学报(社科版),2005(S1).

赵义华,通识教育的困境及其因应——基于对近年美国研究型大学通识教育改革报告文本的分析,现代教育管理,2011(03).

赵艺、邹虹、吴晓丹、朱宁、马广富,高校本科通识教育课程体系构建研究,高教学刊, 2022(15).

赵艺、邹虹、吴晓丹、朱宁、马广富,高校本科通识教育课程体系构建研究——以哈工大 深圳校区为例,高教学刊,2022(15).

赵媛、陈丽荣,通识教育选修课课程设置的分析与探讨,教育教学论坛,2014(01).

郑德洛,政治正确对美国大学通识教育的统摄及其实践反思,毛泽东邓小平理论研究, 2021(09).

郑旭辉,通识教育与专业教育的融合・高校教育管理,2012(03).

郑盈,通识教育与素质教育——中美大学通识教育之比较,黑龙江教育(高教研究与评 估),2007(02).

郑珍珍,高等师范院校教师教育类课程体系构建的思考——基于通识教育理念,扬州 大学学报(高教研究版),2015(06).

钟英,地方本科院校通识教育选修课课程建设策略探究,黑龙江高教研究,2013(07).

周奔波、丁为、王细芳,大学通识教育的理论与实践初探,高教论坛,2005(02).

周谷平、李佳,通识教育视野下的大学公共外语课程——以近代清华大学为个案,高等 工程教育研究,2007(05).

周光礼,论高等教育的适切性——通识教育与专业教育的分歧与融合研究,高等工程 教育研究,2015(3).

周海燕、周景辉,美国大学本科的通识教育及其启示,外国教育研究,2009(09).

周景辉、英杰,中美大学通识教育课程比较与分析,辽宁师范大学学报(社会科学版), 2013(04).

周良君,浅论美国通识教育——美国著名大学之旅对我院通识教育的启示,广州体育 学院学报,2010(05).

周全、张翔,师范院校加强通识教育探析,中国高等教育,2022(07).

周廷勇,通识教育与大学理念——艾伦・布鲁姆大学教育思想研究,复旦教育论坛, 2006(05).

周晓辉、陈舒怀、骆少明,通识教育的理论与实践探索,高教探索,2007(03).

周雁翎、周志刚,隐匿的对话:通识教育与自由教育的思想论争,北京大学教育评论, 2011(02).

周叶中,努力营造通识教育文化　扎实提高人才培养质量,中国大学教学,2016(12).

周莹,实行大学英语通识教育,培养高素质复合型人才,江苏高教,2008(05).

朱九思,似曾相识燕归来—评《中国现代大学通识教育》,高等教育研究,2004(03).

朱晓刚,美国大学通识教育的理念解析,内蒙古师范大学学报(教育科学版),2005(01).

朱晓刚,美国名校通识教育的价值导向,高校教育管理,2008(06).

朱燕飞、石云里、陈长荣,从MIT看中国高校通识教育的发展策略,清华大学教育研究,2005(02).

朱自强,通识教育与现代大学,高教探索,2009(06).

注禄应,胡适哲学思想对工科大学人文通识教育的启示,现代大学教育,2013(02).

祝家麟、陈德敏,大学通识教育与专业教育的矛盾冲突与融合,中国高教研究,2002(06).

宗娅琮,通识教育"博雅性"与故宫学博雅教育深意探究,艺术科技,2022(14).

左崇良,研究型大学通识课程实践的误区与路径,中国高教研究,2007(03).

索引

二、术语索引